De Gruyter Studium

Elsen
Grundzüge der Morphologie des Deutschen

Hilke Elsen

Grundzüge der Morphologie des Deutschen

De Gruyter

ISBN   978-3-11-023791-7
e-ISBN   978-3-11-023790-0

Library of Congress Cataloging-in-Publication Data

Grundzüge der Morphologie des Deutschen / edited by Hilke Elsen.
   p. cm. -- (De Gruyter Studium)
   Includes bibliographical references and index.
   ISBN 978-3-11-023791-7 (alk. paper)
   1. German language--Morphology--Study and teaching. I. Elsen, Hilke.
   PF3171.G78 2011
   435'.9--dc22
                                                           2011014718

Bibliografische Information der Deutschen Nationalbibliothek
Die Deutsche Nationalbibliothek verzeichnet diese Publikation in der Deutschen Nationalbiblio-
grafie; detaillierte bibliografische Daten sind im Internet über http://dnb.d-nb.de abrufbar.

© 2011 Walter de Gruyter GmbH & Co. KG, Berlin/Boston

Gesamtherstellung: Hubert & Co. GmbH & Co. KG, Göttingen
∞ Gedruckt auf säurefreiem Papier

Printed in Germany

www.degruyter.com

Vorwort

Endungen komplexer Wörter nutzen sich ab, sie verkürzen sich oder gehen ganz verloren. Die Information aus den verlorenen Endungen übernehmen kleine grammatische Wörter, die wieder mit dem Bezugswort verschmelzen können. Der Ursprung der Wortbildung liegt oftmals in der Zusammensetzung zweier Wörter, von denen sich einige zu Ableitungselementen, ja Flexiven entwickeln und dann verloren gehen können. Dann haben wir wiederum Simplizia, die sich aus einem Beieinander heraus zu neuen Komposita zusammenfügen, und der Kreislauf beginnt von Neuem. Aus diesem Szenario greifen wir uns für den vorliegenden Band die aktuellen komplexen Wörter des Deutschen heraus und stellen sie in einen systematischen Zusammenhang, der ihre Bauweise nachvollziehbar macht.

Dieses Buch versteht sich als Lehr- und Nachschlagewerk zur Morphologie des Deutschen und orientiert sich gezielt an den neuen modularisierten Studiengängen. Die umfassende Darstellung von Flexion und Wortbildung der deutschen Wörter, die auch Randerscheinungen wie Fremdaffixe oder die Wortbildung der Präpositionen und Pronomen behandelt, ist in zwei große Teile gegliedert, Grundlagen für Anfänger einerseits und Vertiefung für Fortgeschrittene andererseits, damit die Anfänger bei Bedarf weiterlesen und die Fortgeschrittenen wiederholen können.

Der Band entstand im Rahmen des Projekts *Deutsche Wortbildung*. Unterstützung kam von verschiedenen Seiten. Zahlreiche Kapitel gewannen durch kritische Diskussionen mit Wolfgang Schindler. Karin Schlipphak las das Manuskript, nicht nur einmal, und steuerte zahlreiche Verbesserungsvorschläge bei. Sie erstellte auch das Register. Die thailändischen Beispiele stammen von Surachai Payawang, einige Belege im Bereich der Kontamination von Alex Wegmaier. Von Elke Donalies kamen gute Literaturtipps. Seidl Vermessung, Dachau, und die Deutsche Forschungsgemeinschaft förderten das Projekt finanziell. Technisch-praktischen Beistand erhielt ich von Bau + Plan, München. Allen sei an dieser Stelle ausdrücklich und ganz herzlich gedankt.

Gewidmet sei der Band H.J.H.   Oberschneitbach, im April 2010

Inhalt

EINFÜHRUNG

NOMEN

VERB

ADVERB UND ARTIKEL

ANDERE WORTARTEN

Tabellenübersicht

Schreibkonventionen

einfache Hochkommas: Bedeutung:	'vwxyz'
kursiv: Beispielwort:	*vwxyz*
gesperrt: Fachbegriff, der definiert wird:	v w x y z
Asterisk: falscher bzw. rekonstruierter Ausdruck:	*vwxyz
Fragezeichen: Richtigkeit eines Ausdrucks unsicher:	ˀvwxyz
spitze Klammern: graphematische Einheiten:	<vwxyz>
geschweifte Klammern: morphologische Einheit:	{vwxyz}
Schrägstriche: phonologische Einheiten:	/vwxyz/
eckige Klammern: phonetische Einheiten:	[vwxyz]
Punkt: Silbengrenze:	vwx.yz

Abkürzungen

ADV	Adverb
ADJ	Adjektiv
Ahd.	Althochdeutsch, bezogen auf die Schreibsprache im hochdeutschen Raum etwa vom 6. bis 7. Jahrhundert bis Notker (11. Jahrhundert), eher zeitlich und nicht wie heute als Standardsprache zu verstehen
Akk.	Akkusativ
Bair.	Bairisch
Dat.	Dativ
F.	Femininum/weiblich
Fnhd.	Frühneuhochdeutsch, frühe Form des Neuhochdeutschen, etwa 1350 bis 1600
G.	Germanisch
Gen.	Genitiv
Got.	Gotisch
Gr.	Griechisch
Idg.	Indogermanisch
Ind.	Indikativ
Lat.	Lateinisch
M.	Maskulinum/männlich

Mhd.	Mittelhochdeutsch (nach dem Ahd. bis etwa Mitte des 14. Jahrhunderts, eher zeitlich und nicht wie heute als Standardsprache zu verstehen)
Mndd.	Mittelniederdeutsch
Mndl.	Mittelniederländisch
N	Nomen, hier gleichbedeutend mit Substantiv verwendet
N.	Neutrum/sächlich
Ndd.	Niederdeutsch
Ndl.	Niederländisch
Nhd.	Neuhochdeutsch (1350 bis 1600: Frühneuhochdeutsch)
Nom.	Nominativ
Pers.	Person
Pl.	Plural/Mehrzahl
Präs.	Präsens
Prät.	Präteritum
PRO	Pronomen
PRÄP	Präposition
Russ.	Russisch
Sg.	Singular/Einzahl
UL	Umlaut
V	Verb
vgl.	vergleiche!
vs.	versus/gegenüber („vergleiche mit!")

Zeichenerklärung

$\bar{a}$	Der Balken zeigt an, dass der Vokal lang gesprochen wird (eigentlich $\bar{a}$ für idg., $\hat{a}$ für g., ahd., mhd., *a:* für nhd. Ausdrücke)
æ	das phonetische Zeichen steht für einen offenen ä-Laut wie in englisch *that*
ƀ	frikativ gesprochen, also wie *w* in *Wasser* (g. stimmhafter labialer Reibelaut)
đ	frikativ gesprochen, also wie *th* in engl. *this* (g. stimmhafter dentaler Reibelaut)
ë	kurzes offenes *e* (aus g. *a*, im Ahd., Mhd.)
ə	Schwa, unbetontes *e* wie in *Dusche*
ç	das phonetische Zeichen steht für einen Konsonanten wie in dt. *ich*

þ   das graphische Zeichen bezieht sich auf das stimmlose „th" im Eng-
        lischen wie in *thorn* 'Dorn', dies ist auch der Name des Zeichens (g.
        stimmloser interdentaler Reibelaut)

χ   das phonetische Zeichen steht für einen Konsonanten wie in dt. *Dach*

*   Asterisk, rekonstruierter oder falscher Ausdruck

?   Form nicht eindeutig akzeptabel, weder ganz richtig noch falsch

Im Anfang war die Komposition
Walter Henzen

Einleitung

Das Buch ist in zweimal 14 Kapitel eingeteilt, die auf die entsprechenden Unterrichtseinheiten zugeschnitten sind. Die Kapitel sind im ersten Teil für den Einführungskurs gedacht. Sie klären Termini und Grundfragen und üben wissenschaftliche Verfahrensweisen ein. Sie sind synchron ausgelegt. Die daran anschließende Vertiefung ist für das Fortgeschrittenenseminar oder das Hauptseminar gedacht, für das der erste Teil als Wiederholung dient. Sie beschäftigt sich mit problemorientierten Diskussionen und diachronen Aspekten und gibt Literaturhinweise. Morphologische Analysen stellen bestimmte Anforderungen, die dieses Buch vermitteln will. Dabei soll es praktisch in der Handhabung sein und in die etablierte Terminologie einführen. Denn die unterschiedliche Verwendung der Begrifflichkeiten stellt in der Morphologie, speziell in der Wortbildung, wohl eine der größten Schwierigkeiten nicht nur für die StudentInnen dar. Hier war es oft unvermeidlich, Stellung zu beziehen.

Im Mittelpunkt der Grundzüge steht das heutige Deutsch. Da aber eine rein synchrone Betrachtungsweise den sprachlichen Fakten nicht gerecht werden kann, ergänzen gegebenenfalls historische Informationen die Darstellung, denn das Heute als Ergebnis vom Gestern können wir beschreiben, aber nur mit dem Gestern auch verstehen.

Die Kapitel werden durch Übungen zur Wiederholung und Vertiefung ergänzt. Für die Lösung der Aufgaben sind auch Nachschlagewerke zum Wortschatz allgemein, zur Wortgeschichte und zum Fremdwortschatz heranzuziehen. Die Übungen sollen generelle Arbeitstechniken wie das Rezipieren von Fachtexten, Nachschlagen und wenn möglich eigenes wissenschaftliches Formulieren in Stil und Form schulen.

Die Einführung setzt Grundlagenwissen auf Basis allgemeiner linguistischer Einführungen voraus, geht aber trotzdem auf die relevanten Begriffe ein.

Dieses Zeichen kündigt Analysebeispiele und praktische Hinweise zum Vorgehen an: Der Grundlagenteil kann begleitend bzw. vertiefend ergänzt werden durch ausführliche Werke wie die von Fleischer/Barz, Simmler oder die entsprechenden Kapitel in der Dudengrammatik, denn um der leichteren Lesbarkeit willen wird zunächst auf Literaturhinweise verzichtet. Für die Vertiefungskapitel empfiehlt sich außerdem der Blick in ein etymologisches Wörterbuch wie den Kluge oder Pfeifer. Die Studierenden sollten die Übungen gewissenhaft, möglichst in Gruppen und mit schriftlich fixierten Lösungen bearbeiten, weil sich erst im Gespräch und während des Schreibens so manche Wissenslücken und Unsicherheiten offenbaren. Insgesamt sollten Sie mehr als nur hören und lesen; zur Vertiefung kann eine eigene, laut formulierte Version eines Gedankengangs oder einer Definition schon helfen, auch die nachträgliche Analyse eines Analysebeispiels ohne Hilfe des Buches – je mehr Kanäle Sie bei der Informationsverarbeitung nutzen, desto effektiver lernen Sie!

Und selbstverständlich reicht das einmalige Durcharbeiten nicht. Erst wenn Sie Kapitel und Themen wiederholen, werden Sie den nötigen Überblick für eine erfolgreiche Analyse gewinnen. Planen Sie also genügend Zeit ein!

 Solche Abschnitte weisen auf Fehlerquellen hin und geben Diskussionshilfen.

 Unter diesem Symbol finden Sie Hinweise zu weiterführender Literatur (Stand Februar 2010). Folgende Werke waren für den vorliegenden Band wegweisend, vor allem für die Grundlagenkapitel: Duden, Band 4, *Die Grammatik,* Mannheim 2006; Fleischer, Wolfgang/Barz, Irmhild, *Wortbildung der deutschen Gegenwartssprache*, Tübingen 1995; Simmler, Franz, *Morphologie des Deutschen, Flexions- und Wortbildungsmorphologie*, Berlin 1998.

 Schließlich gibt es auch die Möglichkeit, das gerade Gelesene zu vertiefen. Antworten und Lösungen finden Sie am Ende des Buches.

1.   Einführung I

1.1.   Grundlagen

Einführung, Termini, morphologische Einheiten

Die Morphologie (gr. *morphos* 'Gestalt', *logos* 'Lehre') ist die Lehre von den Gestalten, Formen und ihren Organisationsprinzipien und bezieht sich in dieser Bedeutung zunächst auf den Bau lebender Organismen, dann auch auf Oberflächenformen der Erde. Der stark von darwinistischem Gedankengut beeinflusste Sprachwissenschaftler August Schleicher bezog den Begriff 1859 auf den Bau der Wörter. In diesem Zusammenhang konnte J. Baudouin de Courtenay Ende des 19. Jahrhunderts das Morphem als Oberbegriff verwenden statt der zuvor üblichen Formelemente wie Endung oder Stamm. Leonhard Bloomfield schließlich versuchte sich mit einer ersten Definition. „A linguistic form which bears no partial phonetic-semantic resemblance to any other form, is a simple form or morpheme" (Bloomfield 1933: 161). Heute gilt in der Regel das Morphem als kleinste bedeutungtragende Einheit einer Sprache, parallel zum Phonem auf der Lautebene als der kleinsten bedeutungsunterscheidenden Einheit einer Sprache. Geschweifte Klammern dienen der Kennzeichnung von Morphemen, wenn sie von anderen Einheiten, etwa Lauten, Silben oder Wörtern, abgegrenzt werden sollen. Auf den Begriff des Morphs als kleinstes, aber nicht klassifiziertes bedeutungtragendes Element wird hier verzichtet, weil er zu theoriegebunden ist. Die Morphologie ist diejenige Teildisziplin der Linguistik, die sich mit dem inneren Aufbau der Wörter in ihrem systematischen Zusammenhang befasst, also mit Flexion und Wortbildung. Sie untersucht Vorkommen, Formen und Kombinationen der Morpheme einer Sprache oder sprachübergreifend. Diese Begriffe und Definitionen gehören zum strukturalistischen Gedankengut, das noch heute die Vorgehensweise bei sprachlichen Analysen beeinflusst und zu einer Mehrfachkodierung der Einheiten führte. Denn was traditionell ein Laut oder eine Endung war, wurde definitorisch präzisiert zu Phonem oder Affix.

Im Zentrum der Morphologie steht das Wort, ein Begriff übrigens, der sich einer allgemein anerkannten Definition entzieht, hier verstanden als formal selbständiges Element, im Satz beweglich, mit eigener Bedeutung, zu komplexeren solcher Elemente verbindbar. Zu der strukturalistischen Betrachtungsweise, die eine Einheit, ob Satz oder Wort, als in sich geschlossenes strukturiertes Ganzes versteht, das analytisch in elementare Einzelteile zerlegt werden kann, gehört auch die Verbildlichung dieser Struktur durch vorwiegend binär (zweiteilig) verzweigende Strukturbäume, z.B. bei dem Wort *glücklich*, das sich in die Morpheme {glück} und {-lich} gliedern lässt.

glücklich
　　　⁀⁀＼
{glück} {-lich}

Die Einheiten, die sich Schritt für Schritt ergeben, sind die unmittelbaren Konstituenten, die in unserem Beispiel identisch sind mit den Morphemen {glück} und {-lich}. Der Strukturbaum versinnbildlicht einerseits die Schritte der Entstehung des Wortes, andererseits repräsentiert bzw. beschreibt er die Struktur als Ergebnis der Entwicklung. Wie wichtig das ist, sehen wir erst bei komplizierteren Beispielen wie

Überprüfbarkeit
　　　⁀⁀＼
überprüfbar {-keit}
　　　⁀⁀＼
überprüf {-bar}
　　　⁀⁀＼
{über-} {prüf-}

Hier zeigt sich, dass die unmittelbare Konstituente *überprüfbar* durch die unmittelbare Konstituente {-keit}, in diesem Fall wieder ein Morphem, abgeleitet wird. Dann folgt im nächsten Schritt die Ableitung der unmittelbaren Konstituente *überprüf* durch {-bar}. Solch ein Strukturbaum oder eine ihm vergleichbare Darstellung, beispielsweise mit indizierten Klammern

$[_1[_2[_3[_4\{\text{über-}\}]_4[_5\{\text{prüf-}\}]_5]_3[_6\{\text{-bar}\}]_6]_2[_7\{\text{-keit}\}]_7]_1$ bzw. $[[\{\text{glück}\}]^N[\{\text{-lich}\}]^{Aff}]^{Adj}$
o.ä.

bildet einen wesentlichen Teil der morphologischen Analyse eines Wortes. Genauso wichtig ist die Charakterisierung der Morphemtypen. Wir unterscheiden einerseits f r e i e von g e b u n d e n e n Morphemen. Die freien können auch in Isolation vorkommen, vgl. {glück, über, frau, tür, sie, ihm, weil}, die gebundenen hingegen nicht. Sie sind vielfach platzfest, z.B. {-bar, -keit, ver-, ge-}. Eine andere Aufteilung bezieht sich auf die Bedeutung der Morpheme. Sie sind entweder allein sinntragend bzw. l e x i k a l i s c h und beziehen sich auf Gegenstände und Sachverhalte etc. wie {glück, tür, frau, prüf-}. Oder sie sind g r a m m a t i s c h und versprachlichen Beziehungen zwischen lexikalischen Elementen oder Bedeutungsänderungen an einem Lexem, z.B. {in, ihm, und, -bar, -keit, ver-, -e}. Bei der Analyse sind die Morpheme nach diesen beiden Aspekten zu bestimmen, sodass sich eine Kreuzklassifikation ergibt. {glück} ist ein freies lexikalisches Morphem, {weil} ist ein freies grammatisches Morphem, {ver-} ist ein gebundenes grammatisches Morphem und {prüf-} ist ein gebundenes lexikalisches Morphem. Im letzten Fall gab es in der Vergangenheit Diskussionen, weil *prüf!* in der Befehlsform existiert. Da aber viele Verben im Imperativ eine Formveränderung zeigen (*sprich!, gib!, atme!, sammle!*), wird für alle Verben ein gebundenes lexikalisches Morphem angesetzt, um eine Aufteilung in gebundene und freie Verbwurzeln zu verhindern. Hier ist die Einheitlichkeit bei der Analyse ausschlaggebend.

Bild 1: Morphemtypen

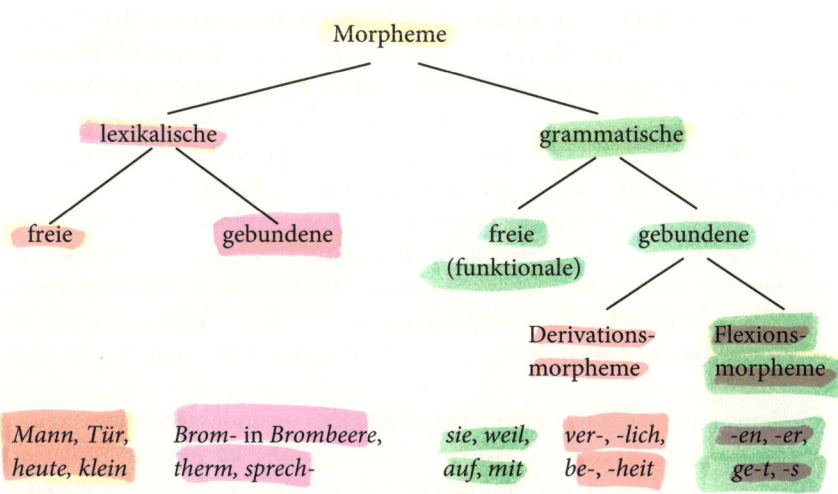

Mit dem Begriff der Wurzel kommen wir zum nächsten Unterscheidungsaspekt. Viele Wörter lassen sich morphologisch nicht weiter zerlegen, etwa *Glück, Schuh, Haus*. Deswegen heißen sie S i m p l i z i a (im Singular Simplex). Sie sind gleichzeitig auch freie Morpheme und gehen historisch auf eine, in der Regel rekonstruierte, Ausgangsform zurück, die als Wurzel bezeichnet wird. Der Begriff Wurzel als morphologische Einheit verbindet diesen geschichtlichen Aspekt mit der Tatsache, dass sich das Morphem nicht weiter zerlegen lässt und damit auch die Wurzel des Wortes ist. Wenn der zweite Aspekt im Vordergrund steht, finden sich auch Begriffe wie Stamm oder Basis- bzw. G r u n d m o r p h e m . Aber Achtung! Als Stamm wird genauso oft die Wurzel selbst wie auch der Wortrest ohne die gerade abgezweigte Endung verstanden, etwa *überprüfbar* zu *Überprüfbarkeit*. In diesem Band wird S t a m m / B a s i s verwendet für ein Morphem oder eine Morphemkonstruktion, die durch ein Morphem erweiterbar ist. Als Wortstämme gelten daher sowohl gebundene (*gib-st, Graph-ie*) und freie Morpheme (*Schuh-e, Glück-s, glück-lich*) als auch Morphemkonstruktionen (*Hausschuh-e, glücklich-er*). In dem Wort *glücklicher* ist {glück} die Wurzel, sie ist morphologisch nicht weiter zerlegbar, und *glücklich* die Basis/der Stamm, an die das Suffix {-er} gehangt wird.

Eine W u r z e l ist sowohl ein lexikalisches Grundmorphem, also nach Tilgung aller Affixe oder anderer Grundmorpheme, als auch historisch gesehen die Ausgangsform. Ein Grundmorphem ist typischerweise lexikalisch. Freie grammatische Morpheme wie *von* oder *in* werden in den Lehrbüchern nicht dazu gezählt. Sie bilden zwar in sehr wenigen Fällen auch Komposita (*Vormittag, Untertasse, Weil-Satz*) und verhalten sich dann wie Grundmorpheme, aber sie kommen nur als bestimmende, nicht als bestimmte Komponente vor und sind damit auch nicht der Wortbildungskern, sodass hier rein semantisch auch kein „Grund"morphem vorliegt. Ein komplexes Wort baut in der Regel auf einem lexikalischen Grundmorphem bzw. einer Wurzel auf.

Aus heutiger Sicht sind manche ursprünglich komplexe Einheiten nicht mehr als solche erkennbar. Auch Formen, die zwar vielleicht einmal erweiterte Wurzeln waren, heute aber aussehen wie ein Simplex wie *Kind*, fassen wir synchron als Wurzeln auf. Manche Wurzeln kommen nur gebunden vor {werf-}. Eine Wurzel ist gleichzeitig ein Stamm beim letzten Analyseschritt wie bei dem Wort *Überprüfbarkeit* {prüf-}. Die Termini Wurzel und Grundmorphem können bei der morphologischen Analyse ausgetauscht werden. Allerdings hat der Begriff Wurzel in der Wortgeschichtsforschung eine eigene Bedeutung.

Demgegenüber sind Affixe unselbstständige, positionsgebundene, reihenbildende Wortbildungs- und Wortformbildungseinheiten wie {ver-, -ung, -lich, -s}, die an eine Wurzel bzw. Stamm gehängt werden. Sie werden nicht abgeleitet. Im Gegensatz zu den Grundmorphemen haben sie weniger lexikalische als grammatisch-relationale Bedeutung, obwohl einzelne von ihnen mit charakteristischen Inhalten verbindbar sind, so *-chen* 'klein' (*Kindchen, Pröbchen*) oder *-er* 'Person' (*Denker, Turner*). Daher ist die inhaltliche Bestimmung sekundär gegenüber der rein strukturellen. Die Termini Affix und Grundmorphem stammen aus dem Strukturalismus, davor wurden Begriffe wie Endung oder Wurzel verwendet, die weniger präzise sind. Denn analog zu Affix unterscheiden wir je nach Position u.a. P r ä f i x (vorne angehängt), S u f f i x (hinten) und Z i r k u m f i x (beides, auch diskontinuierliches Morphem genannt). I n f i x e , die in einen Stamm eingefügt werden, gibt es im Deutschen nicht, im Lateinischen haben wir *convalēre* 'gesund sein', *convalēscere* 'gesund werden'. Ein I n t e r f i x tritt zwischen zwei Stämme. Eine andere Unterscheidung bezieht sich darauf, ob das Affix die Wortform ändert, dann handelt es sich um ein F l e x i o n s a f f i x oder F l e x i v (*Kind-er, turn-t*), oder ein neues Wort bildet, dann ist es ein D e r i v a t i o n s a f f i x (*kindlich, Turn-er*). {-er} in *Kinder* ist ein Flexionssuffix, grammatisch und gebunden. {zer-} in *zerteilen* ist ein Derivationspräfix, ebenfalls grammatisch und gebunden.{kind} ist ein freies, lexikalisches Grundmorphem, {turn-} ist ein gebundenes lexikalisches Grundmorphem, *kindlich* ist der Adjektivstamm, an den {-e} angehängt wird: *kindliche*. Flexionssuffixe treten außen an ein Wort, Derivationsaffixe sind im Vergleich dazu näher am Ausgangswort, vgl. *kind-lich-e Lieb-ling-e.*

Bisweilen sind die Grenzen zwischen zwei Morphemen verschwommen, so bedeutet *im* eigentlich 'in dem' oder *beim* 'bei dem'. Es handelt sich um P o r t m a n t e a u m o r p h e m e , die Teile mehrerer, sonst getrennter Morpheme verbinden.

Manchmal gleichen sich zwei Morpheme wie {-in} in *Läuferin, in der Schule* oder {-er} in *Kinder, schneller*. Hier handelt es sich um h o m o n y m e M o r p h e m e . Sie sind gleichlautend, aber funktional unterschiedlich. Denn in *Läuferin* leitet {-in} die weibliche von der männlichen Form ab, in der Phrase *in der Schule* ist es eine Präposition. {-er} tritt einmal als Plural-, einmal als Steigerungssuffix auf. Aufgrund der unterschiedlichen Bedeutungen müssen getrennte Morpheme angesetzt werden.

Im Gegensatz dazu klingen manche Morpheme leicht unterschiedlich, tragen aber die gleiche Bedeutung, vgl. *Schultor/Schule*, rötlich/rot, *Haustür/ Häuschen, sprechen/sprich, Erde/irdisch.* {haus} und {häus} sind Morphemvarianten bzw. A l l o m o r p h e . Die Schrift vertritt die Lautung, darum können manche Allomorphe nur in phonologischer Umschrift deutlich werden. Die Verbformen *lieben* und *liebte* unterscheiden sich bei der Aussprache der Stämme. In *lieben* liegt ein (stimmhaftes) /b/ vor, in *liebte* ein (stimmloses) /p/. Dann ergibt sich zur Verbwurzel {/līb/-} das Allomorph {/līp/-}. Das liegt an der A u s l a u t v e r h ä r t u n g , einer phonologischen Erscheinung im Deutschen. Im Silbenauslaut treten bei uns nämlich nur stimmlose *p, t, k, f* und *s* auf, unabhängig von der Schreibung. In *lieb* und *lieb.te* bildet das *b* jeweils den Silbenauslaut und wird stimmlos ausgesprochen, also /p/, in *lie. be* und *lie.ben* jedoch bildet das *b* den Anlaut der zweiten Silbe und bleibt stimmhaft. Die Auslautverhärtung ist einzig von der Stellung der betroffenen Laute in der Silbe bestimmt und führt unabhängig von der Wortart oder der morphologischen Veränderung zu Allomorphie (*Rad* vs. *Rä.der*, *red.selig* vs. *re.den*, *fies* vs. *fie.se*).

Viele Allomorphe kommen nur gebunden vor, vgl. *schul-isch*, *Schül-er* vs. *Schule*. Wenn aber diejenige der Varianten frei ist, die, in der Regel aufgrund von Häufigkeiten bzw. geschichtlichen Bedingungen, als Bezeichnung für das Morphem verwendet wird, gilt das Morphem als frei – *rot* ist die frühere Form und zugleich auch die häufigere, sie tritt auch in Komposita auf (*hellrot*, *Rotlicht*). Das Morphem heißt {rot} und tritt auch mit der Variante {röt} auf.

Bei der morphologischen Analyse muss zuerst einmal die Konstituentenstruktur (morphologische Struktur), möglichst in Zweierschritten und vom ganzen Wort aus beginnend, veranschaulicht werden. Dabei trennen wir zunächst die Flexive ab und bilden die Grundform. *Dummheiten* gliedert sich in die Grundform *Dummheit* und das Flexiv {-en}. *Dummheit* besteht aus {dumm} und {-heit}. Ob die während der Analyse ermittelten unmittelbaren Konstituenten groß oder klein geschrieben werden, ist Ansichtssache. Nur sollte es einheitlich geschehen.

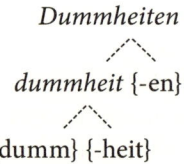

Dann sind die Morphemtypen zu bestimmen: Sind sie frei oder gebunden, grammatisch oder lexikalisch, verbal, adjektivisch oder substantivisch etc., Grundmorphem/Wurzel oder Affix, Derivationsaffix oder Flexionsaffix, Prä-, Suf-, oder Zirkumfix? {dumm} ist eine adjektivische Wurzel, lexikalisch und frei. {-heit} ist ein Derivationssuffix, grammatisch und gebunden. {-en} ist hier ein Flexionssuffix, grammatisch, gebunden. Es handelt sich um eine Variante bzw. ein Allomorph des Pluralmorphems. Die Wortart ist sowohl für die Grundform als auch für alle Stämme anzugeben: *Dummheit* ist ein Nomen, *dumm*, wie bereits erwähnt, ein Adjektiv. Denn viele Affixe bewirken einen Wortartwechsel. Die Wortart können Sie im Begleittext aufführen oder im Strukturbaum über die üblichen Kürzel angeben, z.B.

$$\text{Dummheit}_N \quad \text{glücklich}_{ADJ} \quad \text{machen}_V \quad \text{dort}_{ADV} \quad \text{für}_{PRÄP} \quad \text{meinereiner}_{PRO}$$

Achten Sie auf die Aufgabenstellung! Wird die Wortbildungsanalyse auf der ersten Ebene gefordert oder sollen Sie den hierarchisch letzten Wortbildungs-schritt angeben, dann ist das Lexem auch nur nach den ersten unmittelbaren Konstituenten zu analysieren, bei *Überprüfbarkeit* nur *Überprüfbar-keit*. Bei einer kompletten morphologischen Analyse hingegen ist auch die grammatische Form zu bestimmen. Manchmal ist das ohne Kontext aber nicht möglich. Außerdem wird die Wortbildungsstruktur bis zur untersten Ebene erwartet. Bei der Wortbildungsanalyse ist stets zunächst die Grundform zu bilden. Die Bestimmung der Flexive ist dann nicht verlangt.

Schwierig sind Formulierungen wie „Bestimmen Sie die Struktur!" oder „Analysieren Sie!", die in den Aufgabenstellungen gemieden werden sollten – hier müssten Sie, wenn möglich, rückfragen und im Zweifelsfalle eine komplette morphologische Analyse erstellen, obwohl streng genommen auch die lautliche Struktur gemeint sein kann.

Zeitliche und dynamische Aspekte

Die Morphologie beschäftigt sich mit der Bildung, als Prozess sowohl als auch als Ergebnis, von Wortformen. Das wird als F l e x i o n bezeichnet. Dazu kommt die Bildung neuer Wörter, die W o r t b i l d u n g . Die Wortbildung ist aber nur eine Möglichkeit, unseren Wortschatz zu erweitern. Es geht auch durch die Übernahme von Fremdwörtern. Dabei wird bei F r e m d w o r t im Gegensatz zu Lehnwort gewöhnlich keine A s s i m i l a t i o n (Anpassung) vorausgesetzt. Das bedeutet, es ist in Flexion, Schreibung und/oder Lautung nicht deutsch, vgl. *Flirt, Courage*, *Niveau, Receiver, Perpetuum Mobile*. Ein L e h n w o r t hingegen ist assimiliert, es ist daher nicht mehr als fremdes Wort erkennbar, z.B. *Fenster* aus lat. *fenestra* oder *Streik* aus engl. *strike*. Allerdings sind die Grenzen fließend. Ist ein Wort in mehreren Sprachen in fast gleicher Form und Bedeutung übernommen, sprechen wir von I n t e r n a t i o n a l i s m u s , vgl. *Linguistik, Mikroskop, Television*. Werden einzelne Teile des fremden Wortes Stück für Stück übersetzt, liegt eine L e h n ü b e r s e t z u n g vor, vgl. *Halbwelt* zu frz. *demi-monde*, *Eigenliebe* zu frz. *amour propre*, *Jungfernrede* zu engl. *maiden speech*. Bei ungefährer Übersetzung sprechen wir von L e h n ü b e r t r a g u n g wie bei *Vaterland* zu lat. *patria*, *Fegefeuer* zu lat. *purgatorium* oder *Wolkenkratzer* zu engl. *skyscraper* „Himmelskratzer". Wird ein neues Wort gebildet in Anlehnung an das Fremde, nennen wir dies L e h n s c h ö p f u n g (*Umwelt*, frz. *milieu*, *Niethosen*, engl. *blue jeans*).

Nicht zu vergessen ist auch die Bedeutungsveränderung (N e o s e m a n t i s m u s), wenn wir ein bereits etabliertes Wort mit einer neuen Bedeutung verwenden, wie sich etwa der Begriff *Virus* aus der Biologie nun auch bezieht auf ein sich selbst verbreitendes Computerprogramm, das in fremde

Programme eingeschleust wird, sich reproduziert und den BenutzerInnen in der Regel Schaden zufügt. Bei *geil* kam in den letzten Jahren, ausgehend von der Jugendsprache, zu 'lüstern' die Bedeutung 'sehr gut' dazu. Einen anderen Aspekt benennt die L e h n b e d e u t u n g . Hier wird gezielt auf die Übernahme der neuen Bedeutung aus einer anderen Sprache verwiesen. Dies gilt für das gerade genannte erste Beispiel im Gegensatz zum zweiten auch, weil wir die zweite Bedeutung von *Virus* aus dem Englischen übernommen haben, vgl. außerdem auch *Maus* für die Computerbedienung oder *Ente* 'Falschmeldung' zu frz. *canard*, 'Ente', 'Falschmeldung'. Der allgemeinere Begriff der L e h n p r ä g u n g umfasst die Erscheinungen der Lehnschöpfung, -übertragung, -übersetzung und -bedeutung.

Schließlich gibt es noch K u n s t w ö r t e r bzw. W o r t s c h ö p f u n - g e n . Sie sind nicht über die reguläre Wortbildung des Deutschen entstanden, daher morphologisch nicht komplex und bilden somit neue Wurzeln/ Grundmorpheme. Sie können nicht morphologisch, allerdings lautlich motiviert sein. Für die Standardsprache spielen sie keine Rolle, jedoch in manchen Ausprägungen der Literatur wie Kinderbüchern, Science Fiction oder Fantasy und in der Werbesprache (*Fa*, *Mum*, *Elmex*, *Kodak*, *Urmel*, *schmurks*).

Was genau „neu" ist und wie lange ein Wort neu ist, kann definitorisch nicht festgelegt werden. Vielfach findet sich die Unterscheidung zwischen O k k a s i o n a l i s m u s (Gelegenheitsbildung, Einmalbildung, Ad-hoc-Bildung) und N e o l o g i s m u s (Neuwort), wobei der Neologismus noch so neu ist, dass er nicht in den Wörterbüchern steht, aber gleichzeitig keine Einmalbildung mehr ist und bereits mehreren Sprechern bzw. Sprecherinnen bekannt ist. Es handelt sich hier um ineinander übergehende Erscheinungen, die nicht eindeutig voneinander abgrenzbar sind. Ein Wort wie *Trübsinnhabachter* dürfte allerdings Okkasionalismus bleiben, während *bioform* eine reelle Chance hat, häufiger verwendet zu werden. In diesem Zusammenhang ist die Karriere von *unkaputtbar* bemerkenswert. Es wurde nicht in die gängigen Lexika aufgenommen, weil es gegen die Regeln der deutschen Wortbildung verstößt[1]. Gleichzeitig wurde es aber durch die Werbung so populär, dass es bereits seit Jahren praktisch jeder/m Deutschen geläufig ist und von vielen nicht mehr als neu, allerdings doch „irgendwie" auffällig betrachtet werden dürfte. Eine ganze Zeit lang war auch die *Sofi-Brille*, 'Brille, die bei der Beobachtung der Sonne während einer Sonnenfinsternis die Augen schützt' verbreitet, sie fand ihren Weg dann aber doch nicht in das Wörterbuch. Sind Wörter zu Bestandteilen des Wortschatzes geworden, so sind sie u s u e l l bzw. lexikalisiert.

---

1   *un-* tritt heute nur an V+*bar*-Verbindungen.

Wörter bzw. Bedeutungen, die die SprachbenutzerInnen als veraltet empfinden oder vergessen haben, sind A r c h a i s m e n , beispielsweise *Oheim*, *Wonne, weiland* oder *Kegel* in der Bedeutung 'uneheliches Kind', vgl. *mit Kind und Kegel*. Und Wörter, so wie die Sprachen auch, können sterben.

Besonderheiten

Abschließend seien noch einige Besonderheiten im Falle der gebundenen lexikalischen Morpheme erwähnt. Hin und wieder treten Einheiten einmalig auf wie bei *Him-* und *Brombeere*. Da sie in Reihe stehen mit eindeutigen Komposita (*Vogelbeere, Stachelbeere, Waldbeere*), wird ihr erster Teil auch als Kompositionsglied gewertet und muss, um zur Reihe zu passen, als lexikalisch analysiert werden. Historisch ist das richtig, weil ahd. *hintberi, brāmberi* zu ahd. *hinta* 'Hirschkuh' bzw. *brāma* 'Dornstrauch' gebildet wurden. Die Simplizia sind verloren gegangen, und heute sind diese Elemente in ihrer Bedeutung und in ihrem Morphemstatus nicht mehr aus sich heraus erkennbar. Sie sind in jedem Fall gebunden und einmalig, also u n i k a l e M o r p h e - m e , und nur durch den Status in der Reihe bzw. durch die Verbindung mit einem anderen Morphem als lexikalische Morpheme bestimmbar. So manchen wird dies nicht überzeugen. Aber solchen Elementen den Morphemstatus zu verweigern führt zu der Frage, als was dann *Brombeere* zu klassifizieren ist – als Simplex wäre nicht nachvollziehbar, da {beere} bereits ein Morphem bzw. Simplex ist, an das weiteres Material angehängt wird. So ist die Analyse als Kompositum immer noch die plausiblere Lösung. Analog dazu ist bei *Nachtigall* das Morphem {nacht} herauslösbar in Verbindung mit dem unikalen Morphem *(i)gall*, bei *Schornstein* {stein}. Von zwei schlechten Lösungen die bessere zu finden ist im Übrigen eine stets wiederkehrende Aufgabe in der Morphologie. Andere unikale Morpheme haben wir in *Auerhahn, Damhirsch, Lindwurm, Fledermaus, Bräutigam, Butzenscheibe, Brackwasser, Samstag, ruchlos*. Bei Verben sind sie selten *(radebrechen)*.

Bildungen mit unikalen Elementen gelten als i s o l i e r t , da sie strukturell und inhaltlich nicht mehr in all ihre Bestandteile zerlegbar sind. Weitere Beispiele sind *Unflat* oder *scheußlich*, die zwar noch als Derivationen erkennbar sind, zu denen aber keine Basis mehr existiert. Der Begriff isoliert wird meist gleichbedeutend mit idiomatisiert, teils aber auch für Wörter in struktureller Isolation verwendet.

Einen weiteren Problembereich eröffnen die K o n f i x e . Hierbei handelt es sich um lexikalische Wurzeln aus einer anderen Sprach(stuf)e, die im Deutschen nicht frei als Grundmorpheme vorkommen, sich aber wie ein Grundmorphem verhalten, weil sie sich bei stabiler Bedeutung mit Derivationsaffixen, Konfixen und anderen Grundmorphemen verbinden können, ohne wortart- oder positionsgebunden sein zu müssen, also z.B. {schwieger, bio, log, graph} in *Schwiegervater, biotisch, Biologe, Logopäde, Graphie, Photograph*. Die Abgrenzung zu fremdsprachlichen Affixen wie {*mini-, mega-*} fällt manchmal schwer. Im Gegensatz zu den unikalen Morphemen, die ebenfalls gebundene Grundmorpheme sind, treten Konfixe in mehreren Wortbildungen auf. Das heißt aber auch, dass die Konfixe zwar gebunden sind und die Einheit daher mit einem Bindestrich stehen sollte (*log-*), sie sich aber aufgrund ihres lexikalischen Status im Prinzip nicht platzfest verhalten. Sie müssten daher als *log-/-log* dargestellt werden – die Schreibweise *log* ist darum als Abkürzung von *log-/-log* zu verstehen.

Zur Erinnerung: In einigen Fällen haben wir es mit einem Morphem zu tun, das eigentlich zwei vertritt, vgl. *am* (*an dem*). Es wird Portmanteaumorphem genannt. In anderen Fällen sehen Morpheme gleich aus bei unterschiedlicher Bedeutung, so die Infinitivendung *lauf-en* und der Plural *Student-en*, dies sind homonyme Morpheme.

Bei der morphologischen Analyse werden neben der Konstituentenstruktur (morphologische Struktur), den Morphemtypen und den Wortarten der einzelnen Konstituenten auch Informationen zu Fremdwortstatus, alternativen Analysemöglichkeiten mit Begründung für eine Entscheidung sowie Besonderheiten wie Konfix, Allomorph, unikales Morphem oder Auffälligkeiten bei der Lage des Wortakzents angegeben.

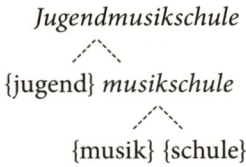

Jugendmusikschule

{jugend} *musikschule*

{musik} {schule}

Jugendmusikschule	Nomen
musikschule	Nomen
{jugend}	Nominalwurzel, frei, lexikalisch
{musik}	Nominalwurzel, frei, lexikalisch
{schule}	Nominalwurzel, frei, lexikalisch

Besonderheiten: Zu {schule} gibt es Allomorphe, {musik} ist ein Lehnwort. Der Wortakzent liegt auf *Jugend*, dazu gibt es einen weiteren auf *Musik*. *Jugendmusikschule* könnte theoretisch auch in *jugendmusik* und {schule} zerlegt werden. Das Lexem *Jugendmusik* ist aber kaum gebräuchlich, allerdings in einem geeigneten Textzusammenhang möglich.

Übungen zu 1.1. Grundlagen

1. Segmentieren Sie die Lexeme in ihre kleinsten bedeutungtragenden Einheiten und klassifizieren Sie sie! Bitte nutzen Sie dazu Nachschlagewerke!
   Am Tor des Turmes verbrannte der Lindwurm hunderte von tapferen Männern.
2. Welche der Wörter weisen unikale Elemente auf?
   Fischfrau, Samstag, Fledermaus, Schornstein, Vogelbeere, Himbeere, Brombeere
3. Was ist ein Okkasionalismus? Kennen Sie Beispiele?
4. Geben Sie Beispiele für das Wirken der Auslautverhärtung in morphologisch zusammenhängenden Wörtern!
5. Bitte wiederholen Sie die Termini, beispielsweise Morphem, unmittelbare Konstituente, Simplex, Grundmorphem, homonymes Morphem, Portmanteaumorphem, Allomorph, Lehnwort, Fremdwort!

1.2. Vertiefung

Sprachtypologie

Nun mögen sich einige die Frage stellen, wozu die Morphologie denn gut sei, außer für das Studium einer Sprache oder beim Fremdsprachenerwerb. August Wilhelm von Schlegel (1767–1845) prägte nicht nur den Begriff. Neben Wilhelm von Humboldt (1767–1835) benutzte er ihn und die dahinter stehenden Erkenntnisse auch, um die Sprachen der Welt zu untergliedern, und zwar nicht nach historisch-genetischen oder geologischen Kriterien, sondern eben nach morphologischen.

Beim a n a l y t i s c h e n Sprachbau wie etwa dem klassischen Chinesischen ist immer ein Wort mit einer Bedeutung verbunden. Auch grammatische Beziehungen lassen sich dort mit selbstständigen Elementen wie Konjunktionen oder Präpositionen, zusammen mit bestimmten Stellungseigenschaften, ausdrücken. Die s y n t h e t i s c h e n Sprachen nutzen dazu unselbstständige morphologische Mittel wie z.B. Affixe. Im Deutschen gibt es sowohl synthetische Formen wie *kam*, *käme* als auch analytische Formen wie *bin gekommen, würde kommen*. Es treten also Mischungen auf.

Es gibt dazu auch eine feinere Trennung. Beim i s o l i e r e n d e n Sprachtyp wie etwa dem Chinesischen, Thailändischen oder Vietnamesischen handelt es sich um Wurzelsprachen, bei denen die Wörter unverändert bleiben. Es gibt im Prinzip gar keine Morphologie. Informationen wie Tempus oder syntaktische Funktionen, beispielsweise Subjekt oder Objekt, die im Deutschen durch Flexion verbalisiert werden (*koch-te*), drücken solche Sprachen lexikalisch aus (*gestern, damals* etc.), durch die Wortstellung oder über den Kontext. Damit gehören sie zur analytischen Bauweise. Aufgrund der Flexionsarmut wird oft auch das Englische zu diesem Sprachtyp gezählt.

Das Thailändische beispielsweise kodiert den Plural durch Verdoppelung (*dèk* 'Kind', *dèk dèk* 'Kinder') oder durch das Hinzufügen von Zahlwörtern (die thailändischen Beispiele sind orthographisch angeglichen), vgl. *khon* 'Mensch', *lǎy khon* „mehrere Mensch", also 'Menschen'. Die Vergangenheit wird u.a. durch Adverbien ausgedrückt, vgl.

> *mā kad mɛ̄w* „Hund beißen Katze", also 'Der Hund beißt eine Katze'
> *mā kad mɛ̄w miəwānn'ī* „Hund beißen Katze gestern", also 'Der Hund hat eine Katze gebissen'.

Gleichzeitig entscheidet die Wortstellung über die syntaktische Funktion der Konstituenten, vgl.

> *mā kad mɛ̄w* „Hund beißen Katze", also 'Der Hund beißt eine Katze'
> *mɛ̄w kad mā* „Katze beißen Hund", also 'Die Katze beißt einen Hund'.

Für die synthetische Bauweise gibt es mehrere Möglichkeiten. Im extremen Fall wird an ein Wort pro Bedeutungsaspekt jeweils ein Morphem angehängt in festgelegter Reihenfolge, dies ist der a g g l u t i n i e r e n d e Sprachtyp, vgl. türkisch *el* 'Hand', *eller* 'Hände', *elim* 'meine Hand', *ellerim* 'meine Hände', *elde* 'in (der) Hand', *elimde* 'in meiner Hand', *ellerimde* 'in meinen Händen'. Im Grunde gibt es keine Allomorphe. Weitere Sprachen, die dazu zählen, sind das Finnische, das Swahili und das Japanische.

Eine andere Möglichkeit ist, mehrere Bedeutungen in einem Morphem zusammenzufassen und lautliche Veränderungen des Stammes zuzulassen, so im Deutschen *geh-st* 2. Person Singular Indikativ. Zu diesem f l e k t i e - r e n d e n oder f u s i o n i e r e n d e n Sprachtyp gehören auch das Lateinische, das Altgriechische oder das Arabische.

Der i n k o r p o r i e r e n d e bzw. p o l y s y n t h e t i s c h e Sprachtyp hängt mehrere Wortstämme an ein Verb und bildet teilweise Sätze, die nur aus einem Wort bestehen (viele Indianersprachen Nordamerikas wie das Tschinuk oder das Inuit in Grönland; Australien), vgl. Tschinuk *inialudam* 'ich bin gekommen, um dir dies zu geben' (*i-* Vergangenheit, *-n-* 1. Person Sg., *-i-* direktes Objekt 'dies', *-a-* indirektes Objekt 'sie/ihr', *-u-* Handlung, bewegt sich vom Sprecher bzw. von der Sprecherin weg, *-d-* Verbwurzel 'geben/ nehmen', *-am* gezielte, absichtsvolle Handlung). Der Begriff polysynthetisch bezieht sich darauf, dass viele grammatische und lexikalische Morpheme zu einem Wort verbunden sind, Inkorporierung (Inkorporation) bezeichnet die „Einverleibung" von Nomen oder Adjektiv in ein Verb, sodass das Nomen, das Adjektiv seine Selbstständigkeit verliert. Im Deutschen haben wir dafür Beispiele wie *autofahren* oder *staubsaugen*.

Schließlich ist der k l a s s i f i z i e r e n d e Sprachtyp zu erwähnen, der vor allem in Südafrika zu finden ist. Er verwendet nach logischen Denkkategorien klassenbildende Präfixe und strukturiert damit zusammenhängende Wortgruppen. Das Swahili, das außerdem zu den agglutinierenden Sprachen zählt, präfigiert zusammenhängende Wortgruppen mit solch einem Klassifikationsmorphem, beispielsweise

kile kisu kikukuu	*kimevikhata*	*vile vidole wyo*	*mtoto mdogo*
„das Messer alt	hat geschnitten	die Finger	des Kind klein"

Das *m-* steht für menschliche Wesen im Singular, *ki-* für kleine Dinge im Singular, *vi-* für kleine Dinge im Plural.

Ganz selten werden die i n t r o f l e x i v e n Sprachen einem eigenen Sprachtypus zugeordnet. Sie sind durch Wurzelflexion gekennzeichnet. Das heißt, Lautänderungen betreffen die Wurzeln, wie es manchmal auch im Deutschen geschieht *(laufen/lief)*. Hierzu zählen Sprachen mit Transfixen wie die semitischen Sprachen – die eigentlichen Wurzeln, die Radikale, bestehen aus einem dreiteiligen Konsonantengerüst. Dies wird je nach Flexion bzw. Wortbildungsart durch bestimmte Vokale dazwischen (Transfix), aber auch davor und danach, ergänzt. So lautet die arabische Wurzel für *schreiben* k-t-b. Dazu gibt es die Formen *kataba* 'er hat geschrieben', *kutiba* 'es wurde geschrieben', *yiktib* 'er wird schreiben', *maktūb* 'geschrieben', 'Brief', *kitāb* 'Buch', *kutub* 'Bücher'.

Die Sprachtypen erscheinen kaum in Reinform, weil häufig mehrere Eigenschaften zusammentreffen. Das Deutsche weist isolierende (Präpositionen, Konjunktionen), flektierende, synthetische und analytische Aspekte auf. Meist gehen verschiedene Charakteristika auch mit syntaktischen Eigenheiten einher – je weniger Information in den Morphemen steckt, desto mehr steckt in Lexik oder Syntax (Reihenfolgebeziehungen). So hat das Deutsche mit seiner ausgebauten Flexion eine sehr freie Wortstellung, das Englische, das die meisten Flexive verloren hat, eine sehr strikte. Die Klassifizierung sagt nichts über Verwandtschaftsverhältnisse der Sprachen aus. Der Nutzen solch einer morphologischen Sprachtypologie hält sich daher in Grenzen und wird oft als nicht mehr aktuell abgelehnt oder ist zumindest umstritten.

Haspelmath/König/Oesterreicher (2001)

Theoretische Ansätze und Modelle

Anfänge, Strukturalismus, Generative Grammatik

Die frühen Grammatiken der Griechen und Römer beschäftigten sich mit
Flexion und stellten die verschiedenen Wortformen in übersichtliche Gruppen tabellarisch zusammen, den sogenannten Paradigmen:

ich leite	*ich leitete*
du leitest	*du leitetest*
er leitet	*er leitete*
wir leiten	*wir leiteten*
ihr leitet	*ihr leitetet*
sie leiten	*sie leiteten.*

Ein Paradigma ergab sich aus den syntaktischen Erfordernissen. Die kleinste
Einheit war das Wort. Interne Regelmäßigkeiten und Unterschiede wurden
durch die Gegenüberstellung in den Paradigmen und zwischen Paradigmen
deutlich. Das Paradigma repräsentierte ein Muster. Die Wörter wurden bestimmten Mustern zugeordnet. Dieses klassische Modell ist vielen sicher aus
dem Fremdsprachenunterricht bekannt. Charles Hockett (1954) nannte es
W & P – W o r d   &   P a r a d i g m - M o d e l l (Wort & Paradigma), um
es von den beiden im Folgenden vorzustellenden Modellen abzugrenzen. Im
Gegensatz zu ihnen basiert es auf Wortformen.

Nach den traditionellen Untersuchungen der alten Inder, Griechen, Römer und den historisch ausgerichteten, sprachvergleichenden der Europäer
entwickelte sich langsam der Strukturalismus, der mit Ferdinand de Saussure
seinen offiziellen Anfang fand. Sprache ist hier ein System von Relationen.
Kleinere Einheiten werden aufgrund von Regeln verbunden, einerseits linear
(syntagmatisch), vgl. *Un-mög-lich-keit*, andererseits auf Austausch beruhend
(paradigmatisch), vgl. *begleit-en*, *Begleit-ung*, *Begleit-er*. Die kleinste bedeutungtragende Einheit ist nicht mehr das Wort, sondern das Morphem.

In den Vereinigten Staaten etabliert Leonard Bloomfield die amerikanische
Variante des Strukturalismus, auch Deskriptive Linguistik genannt, die Bedeutungsaspekte meidet, was aber natürlich nicht immer umsetzbar ist. Ausgehend
von syntaktischen Analysen wird eine Einheit, ein Satz, ein Wort, mithilfe der
Konstituentenanalyse (IC-Analyse, *immediate constituents*) über Austausch-
und Kombinationsmöglichkeiten einzelner Einheiten weiter zergliedert, bis die
unterste Ebene aller Einheiten erreicht ist. Die Schritte müssen binär sein.

Segmentierung, Substitution und Distributionsanalyse sind die Grund-
pfeiler für die Analyse aller sprachlichen Aspekte. So haben *Leser*, *Lesung* und
lesen jeweils eine Konstituente *les-* gemeinsam, die sich morphologisch nicht

weiter zergliedern lässt und damit (zunächst einmal) ein Morph ist. Bei *Prü-*
fer, Prüfung, prüfen gilt Analoges. Außerdem führt die Substitution von *-er,*
-ung und *-en* immer zu vergleichbaren Veränderungen, und da sie nicht weiter
zerlegbar sind, sind es ebenfalls Morphe. Kommt als weiterer Begriff *Prüfling*
hinzu, muss *-ling* entsprechend auch als Morph verstanden werden. Andere
Wörter mit *-ling* stehen *Prüfling* zur Seite – *Schönling, Weichling,* und entsprechend sind *schön* und *weich* wieder als Morphe zu sehen. Auf diese Weise werden sukzessive die relevanten Einheiten, also die Morphe, isoliert. Sie müssen
dann noch in größere Gruppen geordnet und klassifiziert werden anhand ge-
meinsamer Eigenschaften. Nach der Klassifikation eines Morphs verwendet
die strukturalistische Grammatik den Begriff Morphem: die ersten Elemente
in *Prüfer, Prüfling, prüfen* sind zwar zunächst verschiedene Morphe, gehören
aber zu einem Morphem {prüf-}, das eine gebundene lexikalische Verbwurzel
ist. Dies ist zunächst einfach. Aber in anderen Fällen müssen *rötlich* und *rot,*
irdisch und *Erde* nicht nur in ihre Einheiten zergliedert sein, die Einheiten
müssen auch korrekt zu Gruppen gefasst werden. Dazu gehört die Entscheidung, dass *ird* und *erde, röt* und *rot* jeweils ein Morphem bilden. Aber sie
unterscheiden sich, sie sind Varianten bzw. Allomorphe des Morphems {erde}
bzw. {rot}. Welche von den Varianten dann zur Bezeichnung des Morphems
erhoben wird, hängt von Häufigkeiten bzw. etymologischen Bedingungen ab
– *rot* ist die frühere Form und zugleich auch die häufigere, sie tritt auch in
Komposita auf (*hellrot, Rotlicht*). Ein weiterer Unterschied zwischen Morph
und Morphem ist die Bezugsebene: das Morph ist eine Einheit der Parole, des
Sprechens, während das Morphem zur Langue, zum Sprachsystem, gehört. In
der vorliegenden Abhandlung wird der Praktikabilität halber auf die Unterscheidung von Morph und Morphem verzichtet.

Bei längeren Morphemketten gilt es, über die ständigen binären Verzwei-
gungen die interne Struktur zu zeigen.

$$\text{Leserbrief}_N$$
$$\diagup\diagdown$$
$$\textit{leser}_N \; \{\text{brief}\}_N$$
$$\diagup\diagdown$$
$$\{\text{les-}\}_V \; \{\text{-er}\}$$

Manchmal scheint ein Element zu fehlen: *ein Kind – viele Kinder, ein Schuh –*
viele Schuhe, aber *ein Lehrer – viele Lehrer.* Damit das System in sich kohärent
bleibt, setzen die Strukturalisten in solch einem Fall ein Null-Element, genauer, Nullmorphem an, {lehr}{er}{0}, Plural.

Morpheme sind diskrete Einheiten, gewissermaßen Bausteine, auf eine
bestimmte Art und Weise zu kombinieren. Sowohl die Einheiten als auch die

Kombinationsmöglichkeiten werden durch die strukturalistischen Verfahren Segmentierung, Identifizierung und Klassifizierung erfasst. Folgende Wörter bestehen aus einer ganz bestimmten linearen Anordnung von ganz bestimmten Morphemen: *leit+0+e, leit+0-est, leit+et+e*.

Ein Modell, das diese Fakten beschreibt, heißt I & A - I t e m   &   A r - r a n g e m e n t - M o d e l l (Element/Einheit & Anordnung). Aber schon bald stoßen wir damit an Grenzen. Wie werden Morpheme repräsentiert, die Informationen bündeln (*ruf-st*), Veränderungen im Stamm hervorrufen (*rief*) oder über Konversion entstanden sind (*Ruf*)?

Eine Weiterentwicklung berücksichtigt Zusammenhänge, die nicht nur auf einer einfachen Verkettung beruhen, sondern auch auf Veränderungen von Einheiten. Diese Zusammenhänge werden als Regeln beschrieben, die die Ursprungseinheit in die Zieleinheit überführen. Damit ändert die Regel ein Wort. Die Veränderungen heißen Transformationen. Das Modell ist also nicht statisch, sondern prozedural gedacht.

Die Regel für *leit+0+e*, *leit+0-est*, *leit+et+e* heißt: V → Vs + (Prät) + Pers. – um ein Verb zu bilden, kann an einen Verbalstamm (Vs) eine Endung für das Präteritum gehängt werden, deswegen steht *Prät* in Klammern. Die Personenendung ist obligatorisch (verpflichtend). Das I & P - I t e m   &   P r o - c e s s - M o d e l l (Element & Prozess) versteht die Konstruktion von Wörtern als Prozess. Sie unterscheidet zunächst Vs → Vs-stark, Vs-schwach.

Für die Stämme schwacher Verben gilt obige Regel, für die starken Verben gilt

$$\text{Prät} \rightarrow \left\{ \begin{array}{l} 0 \,/\, \text{Vs-stark}\underline{\quad\quad} \\ \text{et} \underline{\quad\quad\quad\quad} \end{array} \right\}$$

Damit ist gemeint, dass bei einem starken Verb die Präteritum-Endung *et* zu Null wird, um nicht **singte* zu erhalten. Es folgt

$$\left\{ \begin{array}{l} \text{i} \rightarrow \text{a} \\ \text{e} \rightarrow \text{a} \\ \text{a} \rightarrow \text{u} \\ \text{etc.} \end{array} \right\} \,/\, \text{Vs-stark+Prät}$$

Im zweiten Schritt wird das *i* in dem Stamm eines starken Verbs zu *a* vor der Präteritumsendung, die ja 0 ist, sodass *sang* entsteht. Bei *geben* entsteht *gab*, bei *graben grub* etc. Die Form des Präteritums wird durch einen Prozess vom Verbstamm abgeleitet.

Dieser kurzer Abriss soll nur eine ungefähre Vorstellung von den Regeln vermitteln, die die morphologischen Zusammenhänge darstellen sollen, wenn es komplizierter wird als bei einer reinen Verkettung von Morphemen.

Ein komplexes Wort ist das Ergebnis der Anwendung von Regeln, die die Ausgangsform schrittweise verändern und in die Endform überführen, vergleichbar mit einem Computer: Sie geben die Ausgangsform ein, der Computer wendet die Regeln an und Sie erhalten die Endform. Dies alles steckt hinter dem Begriff Prozess. Das Modell stellt nicht einfach nur Strukturen dar, sondern will anhand von Regeln neue Formen erzeugen. Damit führt es fort von der statischen Beschreibung des Strukturalismus hin zu einer dynamischen Generierung von Wörtern. Dieser ganz neue Anspruch, u.a., liegt den Generativen Grammatiken zugrunde. Es handelt sich dabei um eine Sammelbezeichnung verschiedener Modelle, die ihren Ausgangspunkt in den frühen Arbeiten von Chomsky und Halle fanden. Einige wichtige Namen in diesem Zusammenhang sind neben Noam Chomsky und Morris Halle u.a. Mark Aronoff, Geert Booij, Ray S. Jackendoff, Rochelle Lieber, Elizabeth Selkirk oder Andrew Spencer.

Nachdem das klassische Modell die morphologische Struktur von Wortformen nicht explizit machte und sehr redundant war, sollten die Folgemodelle die interne Bauweise beschreiben. Je nach Sprache und Anspruch werden daher unterschiedliche Modelle bevorzugt. Für agglutinierende Sprachen eignet sich das I&A-Modell, für die flektierenden eher die anderen beiden. Aber gerade die Generativen Grammatiken entwickelten wegen ihres Anspruchs, möglichst viele Zusammenhänge für möglichst viele Sprachen zu zeigen, eine solch extreme Komplexität der Darstellung, dass Verständlichkeit und Praktikabilität verloren gingen. Ein weiteres Problem ist der Fokus auf die Kompetenz als Sprache des idealen Sprechers bzw. der idealen Sprecherin, die innersprachliche Variation unberücksichtigt lässt.

Natürliche Morphologie

Als Reaktion auf generative Arbeiten entstand u. a. die Natürliche Phonologie, deren Grundannahmen dann auf die Morphologie übertragen wurden. Dieser Ansatz betrachtet zunächst Sprachwandelerscheinungen und sucht nach universellen Prinzipien, die die sprachlichen Fakten bestimmen. Beobachtbare sprachliche Phänomene sollen mit solchen außerhalb der Sprache in Einklang gebracht werden. Der Ansatz ermittelt Grade der Einfachheit, dem entspricht Unmarkiertheit bzw. Natürlichkeit. Die Markiertheit wiederum ähnelt dem Begriff der Merkmalhaftigkeit aus der Prager Schule (vgl. hierzu Mayerthaler 1981). Das, was einfach ist, wird bevorzugt, kommt öfter in den Sprachen der Welt vor, wird von Kindern früher erlernt, ist widerstandsfähiger gegen Sprachwandel und entsteht häufiger durch Sprachwandel. Und damit berücksichtigt der Ansatz die Perspektive der SprachbenutzerInnen. Sie wollen einerseits wenig Aufwand treiben, aber gleichzeitig auch verstanden werden und ihre Ziele erreichen. Das heißt, sie produzieren möglichst wenig Laute, Morpheme und Wörter, um den Artikulationsaufwand zu reduzieren. Gleichzeitig aber müssen sie deutlicher und mehr sprechen, um Inhalte präzis vermitteln zu können. Morphologisch natürlich/gut ist ein Plural wie in *Spiele*, weil durch das Mehr an Lautmaterial auch ein Mehr an Inhalt ausgedrückt wird. Weniger natürlich ist *Väter*, da diese Beziehung nicht besteht. Darum ist Affigierung auch besser als Konversion, und darum ist Affigierung auch in den Sprachen der Welt verbreiteter als Konversion (Dressler 2005: 269). *Schnell – schneller* ist morphologisch besser als *gut – besser*, weil im letzten Beispiel ein Zusammenhang zwischen den Wörtern nicht erkennbar ist. Morphologisch gut ist eine Form, wenn sie alle Bedeutungsaspekte klar formuliert, wenn sie einzelne Morpheme hinten anhängt (Prä-, Zirkum- und Infixe sind markierter/unnatürlicher als Suffixe, Suffixe erscheinen im Spracherwerb vor Präfixen und anderen, vgl. Clark 2009: 273). Dafür aber ist *Väter* phonologisch besser, weil es nicht länger ist als *Vater, übler* ist phonologisch besser als *übeler*. Denn auf der Lautebene wollen die Sprecher und Sprecherinnen Energie sparen. Darum kommt es zu Verschleifungen und dem Wegfall ganzer Silben. Das führt zu Konflikten – Exaktheit, Transparenz und damit meist Länge stehen im Widerstreit mit Praktikabilität. In den Fachsprachen werden daher oft präzise, aber umständliche Ausdrücke gekürzt, vg. *Nijmegen-Breakage-Syndrom / NBS*, vor allem in weiteren Bildungen, vg. *NBS-artige Störung*. Mit jedem Morphem nur eine Bedeutung zu verbinden ist eindeutig und transparent, ergibt aber lange Wörter. Mit einem Morphem viele Bedeutungen zu verbinden ist ökonomisch, aber nicht eindeutig. Die agglutinierenden Sprachen haben sich für die erste Lösung entschieden, die flektierenden für die zweite. Da aber die Konflikte in jeder Sprechsituation weiter bestehen, ist ein Sprachwandel, der das eine oder andere Problem beheben will, stets möglich. Die starken Verben sind morphologisch unnatürlicher bzw. markierter als die schwachen, darum besteht eine Tendenz zum Abbau – was früher noch *drosch, buk, molk* war, ist nun *dreschte, backte, melkte*. Denn insgesamt wird beim Sprachwandel Markiertheit bzw. Unnatürlichkeit abgebaut. Auch **reitete* ist bereits zu hören. Dies betrifft aber nur die selten gebrauchten Verben. Formen wie *gehen – ging* bleiben bestehen. Sie werden ständig genutzt, das festigt einerseits das Muster, andererseits gewinnt die Kürze, die phonologische Einfachheit, an Gewicht.

Wichtige Vertreter sind Wolfgang U. Wurzel, Wolfgang U. Dressler und Willi Mayerthaler.

Grammatikalisierung

Nomen und Verben können sich zu Präpositionen, Präpositionen und Partikeln können sich zu Präfixen wandeln. Auch manche Kompositionsglieder entwickeln sich zu Ableitungsaffixen oder Flexiven (Henzen 1957: 31). Die Grammatikalisierung, als theoretische Richtung verstanden, befasst sich vorwiegend mit der Entstehung grammatischer Elemente oder Strukturen aus Lexemen und mit der Zunahme an grammatischer Funktion ohnehin grammatischer Elemente, also mit Grammatikalisierung, nun als sprachlicher Prozess verstanden. Beispielsweise erscheinen das Adverb *links*, die ehemals freie, dann feste Fügung *auf Grund* und die ehemalige Nominalform *wegen* als Präpositionen. Das Adjektiv *eben* in der Bedeutung 'gleichmäßig hoch, gerade' wird auch als Adverb 'in diesem Augenblick' verwendet und schließlich als Modalpartikel wie in *Dann lässt du's eben sein!* Das Wort wird in einigen Zusammenhängen immer weniger lexikalisch und immer mehr grammatisch. In anderen Fällen wachsen häufig nebeneinander gebrauchte Wörter zusammen (Univerbierung) wie bei *handhaben*, wobei hier das linke Lexem seine Flexionsfreiheit verliert. Bei *weiblich* zu ahd. *wīblīh* 'die Gestalt einer Frau habend' bzw. 'Frau'+'Körper' entwickelte sich das rechte Kompositionselement zu einem Derivationssuffix. Später können solche Teile dann soweit miteinander verschmelzen, dass sie nicht mehr als Einzelmorpheme wahrgenommen werden, wie es bei *Grumt* 'zweite Heuernte' geschah aus mhd. *grüenmāt*, also *grün+Mahd*. Die vielen Zwischenschritte von durchsichtigem Kompositum zu demotiviertem Kompositum – der Junggeselle ist kein junger Geselle – und dann selbst strukturell nicht mehr klar erkennbarem komplexen Lexem führen bei der Analyse der in dieser Entwicklung befindlichen Wörter oft zu Problemen und erfordern diskussionsgestützte Entscheidungen. Das bedeutet gleichzeitig, dass ohne diachrone Kenntnisse Einsichten in viele komplexe Wortbildungsstrukturen gar nicht möglich sind.

Eine der nicht unumstrittenen Grundannahmen der Grammatikalisierung ist, dass es nur die eine Richtung gibt von lexikalischer zu grammatischer und noch stärker grammatischer Funktion (Prinzip der Unidirektionalität). Ein Vollverb wird zu einem Hilfsverb, vgl. *Ich habe Geld. Ich habe gerufen*, ein Pronomen wird zu einer Konjunktion, vgl. *Ich sehe das: er ist zufrieden – ich sehe, dass er zufrieden ist* (Paul 1937: 299), nicht umgekehrt. Wie in der Natürlichkeitstheorie und später in der Kognitiven Grammatik interagieren die sprachlichen Ebenen Lautung, Lexik, Morphologie und Syntax miteinander in Abhängigkeit von Bedeutung und Gebrauch einer Form. *Brauchen* 'benötigen' wird in einem bestimmten syntaktischen Rahmen und zusehens ohne *zu* und mit Flexionsverlust wie ein Modalverb eingesetzt, vgl. *Er brauch(t) nicht kommen* wie *Er muss nicht kommen*. Die Wörter verlieren in diesen Situationen stets lexikalisches Gewicht.

Vertreter dieser Richtung sind u.a. Bernd Heine, Paul J. Hopper, Christian Lehmann und Elizabeth Closs Traugott.

Soziolinguistik

Die Soziolinguistik entwickelte sich u.a. aus der Abgrenzung zur Systemlinguistik, die Regeln für die (ideale) Sprache als uniformes, homogenes System aufstellte, auch sprachübergreifend. Eine Untersuchung möglicher Varianten war überflüssig. Diese für Strukturalismus und generative Grammatik charakteristische Haltung verstand entsprechend Arbeiten mit realen Sprachdaten als unwichtig. Die Soziolinguistik ist demgegenüber nicht nur durch die Berücksichtigung von Sprachvarietät geprägt, sondern durch die Einbeziehung außersprachlicher Faktoren, die die Wahl einer bestimmten Varietät beeinflussen. Ein Dialekt ist regional determiniert. Ob aber ein Dialektsprecher, eine Dialektsprecherin ihren Dialekt gebraucht, hängt von der jeweiligen Situation ab. Neben räumlich bestimmten Sprachvaritäten gibt es sozial bedingte Formen wie verschiedene Gruppensprachen, Berufssprachen oder situativ bedingte wie gehobene, umgangssprachliche oder vulgärsprachliche Formen. Primär funktional bedingt sind die Fachsprachen oder auch Literatur- und Amtsdeutsch. Und bereits die Mündlichkeit hat einen Einfluss auf die Morphologie, auch wenn dies bisher kaum untersucht ist (vgl. Elsen/Michel 2010).

Eine der wichtigsten Unterscheidungsebenen ist die Lexik, außer bei den Dialekten. Hier ist die jeweilige Lautung charakteristisch neben bestimmten lexikalischen Eigenheiten. Aber über das Lexem spielt auch die Morphologie eine Rolle. In der Jugensprache kommen viele und auch charakteristische Präfixoidbildungen vor. Es gibt fachsprachentypische Affixe, beispielsweise -ol für Alkohole in der Chemie oder -em in der Linguistik. Die Werbesprache für Arzneien arbeitet gern mit Pseudoaffixen wie -in, -an, -on etc. Und in manchen Literaturgenres treten vermehrt Neologismen auf. Kennzeichnend für Science Fiction und Fantasy ist neben den Neuwörtern der ausgeprägte Hang zur Kunstwortbildung in der Namengebung. Die Dialekte schließlich zeichnen sich durch teils eigene, teils leicht reduzierte Flexion aus. Es gibt keine Konjunktive, keine Präteritalformen, keinen Genitiv. Und auch der Dativ schwindet fast komplett. Die Frage ist, welche/r SprecherIn sich unter welchen Bedingungen einer bestimmten Varietät bedient und warum – hier kommt die Funktion einer bestimmten Verwendungsweise ins Spiel. Die Soziolinguistik beschäftigt sich mit dem konkreten Gebrauch von Sprache in Abhängigkeit von außersprachlichen Faktoren – wann und warum verwenden wir welche Form? Sie führt damit fort von der Norm hin zu seltenen, neuen und exzeptionellen Wörtern. Unter diesem Gesichtspunkt können aktuelle Veränderungen beschrieben werden, die möglicherweise Ausgangspunkt von

Sprachwandelerscheinungen sind. Das zeigt sich am verbreiteten Aufkommen von Konfixen und der Etablierung der Affixoidbildung, aber auch am Verlust synthetischer Flexion.

Frühe Arbeiten stammen von Basil Bernstein, der Angehörige der Unterschicht verglich mit denen der Mittel- und Oberschicht und zu dem Schluss kam, dass UnterschichtsprecherInnen den anderen gegenüber sprachliche Defizite aufweisen wie eine einfacherere Grammatik und einen kleineren Wortschatz (Defizithypothese). William Labov hingegen formulierte anhand von Studien der Varietäten in New York City seine Differenzhypothese, die den Systemen einen gleichwertigen Status zubilligt. Heute spielen auch Forschungen auf den Gebieten der feministischen Linguistik, des Zweitspracherwerbs, des Sprachwandels, der Dialekte und anderer Varietäten einer Sprache im Zusammenhang mit gesellschaftlichen Faktoren mit in soziolinguistische Überlegungen hinein.

Einige wichtige Vertreter sind Basil Bernstein, William Labov oder Peter Trudgill.

Kognitive Morphologie

Die wesentlichen Grundgedanken der Kognitiven Grammatik sind, dass Sprache durch die SprachbenutzerInnen entsteht, die mit ihrer Hilfe ihre Gedanken weitergeben (vgl. im Folgenden Elsen 2009e). Der Mensch verändert seine Sprache. Sprachwissen ist nicht angeboren. Die Grammatik ist gebrauchs- und oberflächenorientiert, und komplexe Strukturen lassen sich aus vielen Einzelbeispielen abstrahieren. Das Wirken von Analogie, die Häufigkeit der Verwendung (Frequenz), ein Gespür für gute und schlechte Beispiele führen zu regelhaften oder weniger regelhaften Formen. Sprachwissen ist dynamisch. Eine Struktur verfestigt bzw. verselbstständigt sich durch häufigen Gebrauch. Komplexe Strukturen, wenn verselbstständigt, erhalten den Status von Einheiten, dieser kann nur graduell, nicht diskret, verstanden sein. Wissen kann verblassen. Syntaktische und morphologische Strukturen unterliegen den gleichen Prinzipien. Sprache existiert nicht unabhängig von SprecherInnen und Sprechsituationen. Damit ist ein Zusammenspiel zwischen Sprache und anderen Kenntnisbereichen erlaubt, neuronale Fakten stehen in Verbindung mit Sprachstrukturen, und statt einer rein formalen Beschreibung von Struktur möglichst unter Ausschluss von Bedeutung wie bei strukturalistischen und generativen Modellen streben die Kognitiven Grammatiken Erklärungen an.

Neuropsychologische, biologische und psychologische Fakten bilden die nötige sprachexterne Basis für neue Erklärungsansätze von Sprechen, Spracherwerb und Sprachwandel. Dadurch ändert sich auch der früher mathematisch orientierte Regelbegriff. Zur analytischen Hierarchisierung sind nicht mehr bloß binäre Schritte möglich, und die beteiligten Einheiten haben keinen Symbolsstatus mehr. Die gesamte aristotelisch begründete Vorstellung von diskreten Kategorien, die sich durch eine Gruppe von Merkmalen charakterisieren lassen, über die alle Mitglieder in gleicher Weise verfügen, wird aufgegeben. Stattdessen können Eigenschaften mehr oder weniger treffend bzw. gut sein. Kriterienbündel statt lediglich isolierter Merkmale dürfen eine distinktive Relevanz entwickeln.

Symbole, Strukturbäume oder Formalismen können bestehen bleiben, verändern aber die Aussagekraft. Denn es sind praktikable Beschreibungsinstrumentarien, aber keine Vorschriften oder gar mentale Fakten. Eine generative Regel wie „V → Vs + (Prät) + Pers" ist nun aufzufassen als „die meisten Verben im Deutschen bilden ihre Präteritumform durch die Kombination dreier Morpheme, Verbstamm, Präteritum und Person".

Die Kognitive Grammatik untersucht auch, wie Konzepte, etwa die Vorstellung von einem Stuhl „an sich", entstehen, wie sie verwendet werden und in welchem Zusammenhang das dazugehörige Wort steht. Davon ausgehend sind die kognitiven Prozesse zu betrachten, die bei der Bildung von Wortformen und komplexen Wörtern eine Rolle spielen. Es sind nicht einfach Regeln anzuwenden bei der Bildung eines neuen Kompositums wie *Geisterfahrer*. Es muss auch Bedarf für das Wort bestehen, ein Nutzen, praktischer und kognitiver Art. Und warum wählen die SprecherInnen so häufig *würde kommen* statt *käme*? *Käme* ist zwar kürzer, aber wir müssen beim Konjunktiv eine weitere Form des Verbs abrufen, während bei der Umschreibung mit *würde* der Infinitiv ausreicht – das ist wesentlich bequemer, vor allem, weil dieses Muster auf alle Verben angewendet werden kann und wir die meisten Konjunktivformen aus dem Gedächtnis streichen können.

Einen frühen Schritt in die Richtung der Kognitiven Grammatik taten Rumelhart/McClelland (1986), die in Auseinandersetzung mit generativen Ansichten vor allem die dort postulierte Nichterlernbarkeit von Grammatik in Frage stellten. Sie entwickelten Computermodelle in Anlehnung an die neuronalen Fakten im Gehirn, die rein anhand von Daten die „Regeln" aus dem dargebotenen Sprachinput ermitteln und selbständig anwenden sollten. Ihre neuronalen Netzwerke waren an biologischen Konstellationen orientiert und hatten bestimmte Probleme zu lösen, beispielsweise den Erwerb der Flexion starker und schwacher Verben. Der Ansatz nimmt einen assoziativ arbeitenden Erwerbsmechanismus an, der auch für andere kognitive Fähigkeiten gilt und der sowohl zum Auswendiglernen als auch zu regelhaften Formen führt. Eine Einheit kann aufgrund von Verallgemeinerung einer erkannten Struktur als auch durch Erinnern des Ganzen verwendet werden. In den folgenden Simulationen konnten die Netzwerke nicht nur aufgrund der ihnen dargebotenen Daten Regularitäten erkennen und auf neue Wörter anwenden, auch manche Unregelmäßigkeit ließ sich mit dem Verarbeitungsmechanismus erklären. Vergleiche mit kontinuierlich erhobenen Kinderdaten zeigten die gleichen Ergebnisse wie die Computersimulationen (vgl. ausführlich Elsen 1998, 1999). Offenbar sind angeborene Regeln für reguläre Bildungen nicht nötig. Sowohl regelmäßige wie auch unregelmäßige Formen sind anhand eines einzigen Mechanismus erlernbar.

Einige wichtige Grundannahmen bilden das Fundament der auf Computersimulationen basierenden Vorstellungen. Ausgangspunkt ist das aktuelle Sprechen, es gibt keine Tiefenstrukturen. Sprachwissen ist dynamisch und anpassungsfähig, es ändert sich mit zunehmender Auseinandersetzung mit Sprache. Die Verarbeitungsmechanismen gelten für alle sprachlichen Bereiche, und damit interagiert auch sprachliches und anderes kognitive Wissen, und zwar nicht nur oberflächlich. So kann eine bestimmte Lautstruktur ein bestimmtes morphologisches Verhalten bedingen, oder lexikalische Aspekte haben Auswirkungen auf das Flexionsverhalten. Aufgabenspezifische Bereiche sind nicht streng voneinander abgegrenzt, sondern weisen Übergänge und Interaktionen auf. Spezialisierte Bereiche entstehen mit der Zeit durch ständige Informationsverarbeitung. Information ist nicht symbolisch, sondern in Neuronen und ihren Verbindungen, also als Bündel aktivierter Netzknoten bzw. Neuronen, kodiert. Solche Komplexe repräsentieren Laute, Wörter, Konzepte etc. Struktur entsteht als Folge von Selbstorganisation und Interaktion zwischen Subsystemen, ohne dass fertige Segmente und Pläne („Regeln") zur Verfügung stehen (vgl. u. a. Elman et al. 1996, Elsen 1999, Pulvermüller 2002, Wildgen 2008).

Auch aus der Psychologie erhielt die Kognitive Grammatik wichtige Anstöße. Der hier von Eleanor Rosch entwickelte Ansatz der Prototypen befasste sich mit kognitiven Denkprozessen. Anhand von SprecherInnenbefragungen wurde die interne Struktur von Kategorien untersucht. Diese ergaben gute und schlechte Beispiele einer Kategorie – *Spatz* ist ein besseres Beispiel für die Kategorie Vogel als *Pinguin*. Manche Beispiele sind so schlecht, dass sie schon wieder einer anderen Kategorie angehören – eine große, ganz flache Tasse ist fast schon ein Teller, eine hohe Tasse ohne Henkel ist eigentlich ein Becher. Kategorien sind nicht nur intern strukturiert, es muss auch nicht unbedingt klaren Grenzen zwischen ihnen geben. Das kann auf sprachliche Klassen übertragen werden, für die dann Merkmale und ihre unterschiedliche Gewichtung gesucht werden. Sie sind nicht unbedingt gleich gewichtig, treffen nicht per entweder/oder zu und kein einziges muss notwendig sein – ein Vogel, der nicht fliegen kann, ist trotzdem ein Vogel. Dies alles steht im Widerspruch zu den aristotelischen Anschauungen und damit auch zu strukturalistischen und generativen Grundannahmen über den Aufbau von Kategorien und den Stellenwert von Symbolen, die sich dort nach absolut wirkender

Regelanwendung in binären Schritten zu komplexen Strukturen zusammenschließen. Für die Wortbildung bedeutet die Berücksichtigung prototypischer Prinzipien, dass es neben guten Beispielen für eine Derivation (*Springer*) auch schlechte gibt (*Gang, Dickhäuter*) (vgl. Elsen 2006, 2008c, 2009c). Die aus dem Netzwerkgedanken gewonnene Dynamik erklärt aktuelle Entwicklungen, z.B. die Zusammenbildungen, vgl. *Rückwärtseinparker, Frauenversteher* oder *Warmduscher*. Sie stammen von RadiosprecherInnen und sind aufgrund der bestimmten Äußerungssituation mit wichtigen stilistischen Merkmalen verknüpft. Dann kommt es zu neuen Zusammenbildungen, die die stilistischen Merkmale mit transportieren – in bestimmten Zeitungen, weiteren Radiosendungen, bei SprecherInnengruppen, die sich mit den ursprünglichen Schöpfern identifizieren, aber eben nicht in seriösen Situationen oder in Fachsprachen. Auf Netzwerkebene entsteht mit der Zeit eine recht feste Knotenverbindung zwischen morphologischer und stilistisch-assoziativer Struktur.

Im Rahmen der Kognitiven Grammatik bilden wir komplexe Wörter, weil wir damit etwas Bestimmtes ausdrücken wollen. Dabei spielt die Gebrauchshäufigkeit eines Ausdrucks eine wichtige Rolle. Sie ist u.a. dafür verantwortlich, dass unregelmäßige Formen bei häufigem Gebrauch gespeichert bleiben. Denn ein Beispiel, das wir oft hören, lernen wir auswendig, ohne dass wir eine interne Struktur erkennen müssen. Unregelmäßige Formen behaupten sich nur aufgrund ihres ständigen Gebrauchs, sonst würden sie regularisiert, vgl. *molk, drosch, wob*, heute *melkte, dreschte, webte*. Nachdem mittlerweile nur noch wenige die früher verbreiteten Tätigkeiten verrichten, geht mit der selten gewordenen Handlung auch der Gebrauch der Verben zurück. Die einst als Ganze gespeicherten unregelmäßigen Formen verblassen. Die SprecherInnen sind verunsichert und bilden sie jetzt regelmäßig.

Durchsichtigkeit fördert die Produktivität. Ein -*en* für den Plural anzuhängen ist deutlicher erkennbar als einen Vokal auszutauschen wie bei *Väter*. Die Freiheit der Anwendbarkeit wirkt ebenfalls verstärkend. Während wir Komposita mit allen Wurzeln bilden können, sind *tel*-Ableitungen nur unter bestimmten Voraussetzungen möglich, nämlich mit Zahlwörtern (*Fünftel, Siebzehntel*). Die Komposition ist insgesamt häufiger, transparenter und dazu auch mit viel mehr verschiedenen Wörtern durchführbar als beispielsweise die *er*-Ableitung. Diese ist häufiger und weniger beschränkt anwendbar als die *ling*-Ableitung. Darum ist es verständlich, dass einerseits beim Spracherwerb die deutschen Kinder mit Kompositionen beginnen, ihnen *er*-Ableitungen und spät und selten *ling*-Beispiele folgen lassen (vgl. Elsen 1999), und dass andererseits auch bei Neologismen diese Faktoren eine Rolle spielen. Komposita haben einen breiten Anwendungsbereich, sind sehr häufig, sehr durchsichtig und werden entsprechend viel für neue Wörter genutzt. Konversionen sind seltener, da mit der Bedeutungsveränderung keine Formveränderung einhergeht (vgl. Elsen 2004).

Aus kognitiv-grammatischer Sicht haben sprachexterne Einflüsse einen nicht zu vernachlässigenden Stellenwert. Die SprachbenutzerInnen verknüpfen durchaus stilistische bzw. assoziative Informationen mit einem schwachen Muster – und das steigert seinen Wert, wie bereits am Beispiel der Zusammenbildungen erläutert. Dies führt zu einer zeitweiligen Produktivität, die wieder nachlassen kann.

Vertreter der Kognitiven Grammatik sind zum Beispiel Joan L. Bybee, Ronald W. Langacker oder John R. Taylor.

Die verschiedenen Theorien schließen sich nicht unbedingt aus. Strukturalistische oder generative Modelle können als Beschreibungsapparate herangezogen werden, während die anderen Ansätze versuchen, Erklärungen zu finden. Momentan ist es noch nicht möglich, Ergebnisse aus biologisch-neuronalen Untersuchungen zur Entstehung und Verwendung von sprachlicher Struktur in eine eindeutige Beschreibungsentsprechung zu überführen. Computersimulationen von komplexen sprachlichen Vorgängen sind zur Zeit kaum möglich, und neurokognitive Projekte gestalten sich aufwendig. In nächster Zukunft ist wohl keine integrative Sicht auf Grammatik zu erwarten, die die sprachwissenschaftlichen Tatsachen mit Erkenntnissen aus der Neurolinguistik und der Biologie vereint. Sie helfen uns allerdings, viele Phänomene des Spracherwerbs, des Wandels und der Sprachverwendung besser zu verstehen.

Bergenholtz/Mugdan (1979), Štekauer/Lieber (2005), Tuggy (2005), Elsen (2009e), Szczepaniak (2009), Onysko/Michel (2010)
Sprachwandel: Nübling (2008), Soziolinguistik: Löffler (2005)

Übungen zu 1.2. Vertiefung
1. Erstellen Sie eine Wortbildungsanalyse für *Brombeermarmelade*!
2. Was bedeutet I & A?
3. Was ist morphologisch besser und warum: *die Kinder, die Mütter, die Mädchen*?

2. Einführung II

2.1. Grundlagen

Was leisten die Morpheme?

Bei der morphologischen Analyse müssen auch Informationen zu den Aufgaben bzw. Funktionen der Einheiten erbracht werden. Morpheme können Wortformen bilden, und zwar über die F l e x i o n (Beugung). Flexionsmorpheme bzw. Flexive kennzeichnen die syntaktische Funktion von Nomen, Pronomen, Artikel, Adjektiven und Verben durch Veränderung im oder am Stamm. Bei den Verben sprechen wir auch von Konjugation, für die restlichen Gruppen gibt es den Begriff der Deklination. Sie betrifft damit die nominalen Wortarten und bezieht sich auf die Flexion nach Kasus/Fall (Nominativ, Genitiv, Dativ, Akkusativ) und Numerus/Zahl (Singular, Plural). Adjektive, Artikel und Pronomen können außerdem nach dem Genus/grammatischen Geschlecht gebeugt sein. Flexionsmorpheme sind stets gebunden. Kasus, Numerus, Singular, Nominativ etc. sind grammatische Kategorien. Freie Wörter ohne Flexive sind zumeist die Nenn- oder Grundform, vgl. *Stuhl, Schornsteinfeger, schwarz* im Gegensatz zu *Stühle, Schornsteinfegers, schwarzes*. Beim Verb ist diese Nennform der Infinitiv (*laufen, hüpfen*).

Morpheme bilden aber auch (neue) Wörter: W o r t b i l d u n g. Die Wortbildungslehre beschäftigt sich mit Bildungsmitteln, die zu der gruppenhaften Entstehung von Wörtern führen.

Der nun folgende Überblick deckt die W o r t b i l d u n g s a r t e n ab. Der Begriff bezieht sich auf die allgemeinen Verfahren der Wortbildung, beispielsweise Komposition, Derivation, Konversion. Bei feineren Unterscheidungen jenseits der ersten strukturell-morphologischen Ebene wie „deverbale Ableitung durch -*ung*, die zu Substantiven führt" (*zucken – Zuckung, festigen – Festigung*) handelt es sich um W o r t b i l d u n g s m u s t e r. Die W o r t b i l d u n g s m i t t e l wiederum sind Morpheme oder diejenigen Einheiten, die bei der Wortbildung eine Rolle spielen, im Falle von *Fünfjahresplan* auch eine Phrase (*fünf Jahre*). Im weiteren Sinne zählen noch Reihenfolge und Akzentlage dazu.

Für das Deutsche ist die Komposition die produktivste Methode der Wortbildung. Das bedeutet, dass sie gern für neue Wörter eingesetzt wird. Dabei fügen sich mindestens zwei Wurzeln zu einem Wort zusammen. Die vielfach zu lesende Definition, nach der mindestens zwei Wörter zu einem neuen Wort verbunden werden, ist deswegen nicht ganz korrekt, weil sie nicht Fälle von Konfixen, unikalen Morphemen oder Allomorphen mit einschließt (*Himbeere*, *Philologe*, *Schultür*), denn *him*, *phil(o)* und *schul* sind im Deutschen keine Wörter, sie existieren in dieser Form nicht selbstständig.

Während der Begriff der P r o d u k t i v i t ä t darauf zielt, dass ein Morphem bzw. ein Wortbildungsmittel für die Bildung neuer Wörter herangezogen wird, tritt oft auch der Begriff der Aktivität auf, der sich allerdings teils auf schwache Produktivität, teils auf die Verwendungsintensität von Lexemen in komplexen Lexemen bezieht. Wegen dieser nicht einheitlichen Verwendungsweise in der Fachliteratur wird hier darauf verzichtet. Produktivität darf im Übrigen nicht mit Frequenz bzw. Häufigkeit des Vorkommens verwechselt werden, denn auch unproduktive Muster können mehr oder weniger häufig sein.

Im Zusammenhang mit der Produktivität steht auch der Begriff der B l o - c k i e r u n g . Er bezieht sich auf die Einschränkung der Produktivität. Wenn es nämlich bereits ein Wort gibt, wird in der Regel für die gleiche Sache kein weiteres gebildet. Die Form *besser* blockiert **guter*. Da wir *Scherzbold* haben, brauchen wir nicht auch noch *Scherzer* oder *Scherzerich*. Im Deutschen gibt es *schneiden* und *Schweiß*, deswegen bilden wir nicht **scheren* 'schneiden' oder **Schwitze*. Es kann auch sein, dass das Deutsche das Wort bereits in einer anderen Bedeutung hat, sodass Homonymie (Mehrdeutigkeit) vermieden wird (*Tanker* 'jemand, der tankt'). Allerdings kreieren Kinder solche Wörter trotzdem (Elsen 1999: 174), weil sie die lexikalisierte Form entweder nicht kennen oder gerade nicht abrufen können. Und wenn die Erwachsenen solche Lexeme verwenden, dann, um damit etwas Bestimmtes auszudrücken wie Ironie oder Humor. Andere Wörter brauchen wie gar nicht, etwa weibliche Formen unbelebter Dinge wie Stuhl oder Tisch – **Stuhlin*, **Tischin*. Aber selbst sie sind in originell-phantastischen Zusammenhängen vorstellbar. Schließlich können auch Klang bzw. Aussprechbarkeit die Wahl oder die Nicht-Wahl einer Bildung beeinflussen – die kleine Schale wird eher *Schälchen* genannt als ?*Schällein*, weil dann das Aufeinandertreffen gleicher Laute vermieden wird und die Morpheme klarer erkennbar sind. Genauso bevorzugen wir *Bächlein* statt ?*Bächchen*. Dabei gibt das hochgestellte Fragezeichen an, dass die Formen nicht falsch, wohl aber sehr fraglich sind.

Bei den D e t e r m i n a t i v k o m p o s i t a bestimmt das Erstglied das Zweitglied inhaltlich näher (*Haustür* 'Tür am Haus'). Der erste Teil von zweien trägt den Hauptakzent, der zweite bestimmt Wortart, Flexion und Genus des Gesamtausdrucks. Wenn die Gesamtbedeutung aus den Einzelgliedern ableitbar ist, handelt es sich um ein m o t i v i e r t e s Kompositum. Um dies festzustellen, fragen Sie: „Um was für ein X handelt es sich?" Dabei steht *X* für das Zweitglied. Sie erhalten als Antwort das Testwort. Wenn das zu Problemen führt, ist das Kompositum nicht mehr motiviert. Bei *Haustür* führt die Frage. „Um was für eine Tür handelt es sich?" zum Zielwort. Bei *Steckenpferd* beantworten wir jedoch „Um was für ein Pferd handelt es sich?" nicht mit dem Zielwort. Zusätzlich bilden wir eine P a r a p h r a s e , eine Umschreibung, die möglichst die beteiligten Glieder verwendet und die Wortartenzugehörigkeit des Lexems berücksichtigt, etwa *Haustür* – 'Tür zum Haus' oder 'Tür am Haus'. Hier sind Genitivattribute zu meiden, weil sie zu wenig Aussagekraft besitzen. Bei Teilverlust der Bedeutung liegen teilmotivierte Beispiele vor (*Großmutter* *'große Mutter'). Wenn die Beziehung nicht mehr herzustellen ist, ist ein Kompositum i d i o m a t i s i e r t bzw. lexikalisiert bzw. voll demotiviert. *Augenblick* 'kurzer Moment' oder *Steckenpferd* 'Hobby' sind nur noch strukturell Determinativkomposita, wobei bei *Augenblick* noch eine metaphorische Beziehung konstruierbar ist, bei *Steckenpferd* nicht mehr. Noch anders liegt der Fall bei Formen, die auch strukturell nicht mehr als Komposita erkennbar sind, sogenannte v e r d u n k e l t e K o m p o s i t a (*Wimper* aus mhd. *wintbrā(we)*, *Junker* aus *junc herre*, *Grummet*, *Grumt* aus *gruonmāt*, *Nachbar* aus *nāchgebūr*, *Schuster* aus *schuohsūtære* (Henzen 1957: 46, 73, 260). Viele ehemals komplexe Wörter, auch Ableitungen, sind heute nicht mehr in Morpheme zerlegbar und damit undurchsichtig. Dies geschieht in Abstufungen, vgl. *Pfifferling*, bei dem noch das *-ling* herauslösbar wäre, *Gemüse*, bei dem kaum noch jemand das *Mus* erkennt. Sie gelten heute als Simplizia. Die Übergang von voll motiviert zu idiomatisiert ist gleitend.

Durch die Paraphrase können auch Mehrdeutigkeiten aufgedeckt werden. So ist *Fingerhut* einmal als teilmetaphorisch 'Hut für den Finger', einmal rein metaphorisch als 'Pflanze, die aussieht wie ein Fingerhut' zu sehen. Die jeweils gültige Lesart gibt zumeist der Kontext vor. Bei der Analyse sind alle Bedeutungsvarianten (Lesarten) anzugeben.

Die P o s s e s s i v k o m p o s i t a (Bahuvrihi) sind aufgebaut wie Determinativkomposita und geben den Besitz oder die Eigenschaft einer nicht im Ausdruck erwähnten Person etc. an. Dabei dienen sie als Bezeichnung für das gesamte Individuum. *Rotkehlchen* ist ein Vogel, der ein rotes Kehlchen hat. K o p u l a t i v k o m p o s i t a (Dvandva(-Komposita), Koordinativkomposita) verbinden mindestens zwei Elemente einer Wortart. Ihr Verhältnis untereinander ist im Gegensatz zum Determinativkompositum nicht determinierend (bestimmend), sondern gleichwertig. *Schwarzweiß* ist ein Muster, das sowohl schwarz als auch weiß ist.

R e d u p l i k a t i v k o m p o s i t a weisen ganz oder teilweise Verdopplung und damit Verstärkung eines Elements auf (*Hickhack*); sie gibt es bei Neubildungen nicht mehr.

Den Komposita so ähnlich, dass sie oft auch zu ihnen gezählt werden, sind Z u s a m m e n r ü c k u n g e n , die aus dem wiederholten Nebeneinander mindestens zweier Lexeme entstanden sind, z.B. *Gernegroß*. Das zweite Element muss nicht unbedingt die Wortart des Gesamtausdrucks bestimmen. Manchmal findet sich auch der Terminus „unechte Komposita".

Z u s a m m e n b i l d u n g e n sind meist durch die Ableitung von Wortgruppen charakterisiert, etwa der bekannte *Dickhäuter*. Diese alte Wortbildungsmethode wurde zunächst im Zwischenbereich von Komposition und Derivation angesiedelt, denn es gibt keinen **Häuter* und auch nicht **dickhäuten*.

Für den Grundlagenteil nicht relevant sind die W o r t g r u p p e n l e x e m e , denn sie treten bevorzugt in den Fachsprachen auf und werden in traditionellen Abhandlungen zur Wortbildung nicht erwähnt. Hierbei handelt es sich um semantisch eigenständige Begriffe, lexikalisierte feste Fügungen mindestens zweier getrennt geschriebener Wörter, deren Einzelwörter beieinander bleiben und sich nicht austauschen lassen, außer, es kommt zu einem neuen Wortgruppenlexem (*spitzer Winkel, rechter Winkel*). Wortgruppenlexeme können die Basis von Kürzungsvorgängen bilden (*ZDF – Zweites Deutsches Fernsehen*).

Die Derivation ist die zweite wichtige Wortbildungsart des Deutschen. Hier ist zwischen impliziter und expliziter Derivation zu trennen. Die explizite Derivation zeichnet sich durch das Anhängen eines Derivationsaffixes aus (*Ex-Präsident, Gewinn-er*), im Deutschen in der Regel an den Anfang oder das Ende eines Wortes (bzw. einer Wurzel), selten im Innern oder als Kombination zweier Affixe bzw. als komplexes Affix. Viele Affixe werden auch heute bei der Bildung neuer Wörter genutzt, die Muster mit diesem Affix sind dann produktiv, vgl. *Coolheit, Head-Bangerin, spacig*. Bei der impliziten Derivation wird nichts hinzugefügt, aber das Wort wird lautlich verändert, zumeist im Stammvokal (*Wurf*). Das Verfahren bezieht sich nur auf die Ableitung von Verben und ist nicht mehr produktiv im Deutschen.

Die K o n v e r s i o n ist ein Wortartwechsel ganz ohne Wortbildungsmerkmal, z.B. *Blau, Essen*.

Schließlich sei noch die R ü c k b i l d u n g erwähnt, eine Sonderform der Wortbildung, bei der ein morphologisch komplexes Wort als Ausgangsbasis dient und um ein Wortbildungsmorphem gekürzt wird (*schutzimpfen* zu *Schutzimpfung*). In anderen Fällen findet ein Austausch statt (*emanzipiert – Emanze*). Das führt zu einer Wortartveränderung. Fälle wie *Besuch* (zu *besuchen*, Konversion) und *Erweis* (zu *Erweisung*, Erleichterungsrückbildung, kein Wortartwechsel) werden nicht zu den Rückbildungen gerechnet.

Zwischen Komposition und Derivation angesiedelt sind die Affixoid- bzw. Halbaffixbildungen. A f f i x o i d e sind Elemente im Grenzbereich von Kompositionsglied und Affix, die reihenbildend auftreten und sich semantisch von ihrem freien Pendant entfernt haben. Dabei treten Präfixoide vorn an ein Grundwort (*Riesenblödsinn*), Suffixoide hinten (*Schuhwerk*). Nominale Suffixoide tragen meist eine kollektive ("sammelnde") Bedeutung. Im Gegensatz zum Erstglied in einem Determinativkompositum haben Präfixoide weniger speziell determinierende als allgemein intensivierende, steigernde etc. Funktion inne und schließen sehr oft als synthetische Elativformen eine morphologische Lücke im Deutschen. Häufig tritt auch noch die Verlagerung des Wortakzentes hinzu oder es gibt zwei Akzente. Für die Affixoide ist die Kombination der Kriterien Reihenbildung, semantische Veränderung und freies Pendant ausschlaggebend. *Affenarbeit* in der Bedeutung 'furchtbar viel Arbeit' allein würde als nicht mehr motiviertes Kompositum betrachtet werden. Aber die systematische Bildung mehrerer Wörter mit ähnlichem Bedeutungsverlust, hier reduziert von 'Affe' auf Steigerung, weist auf ein produktives Muster hin. Der Bedeutungsverlust der betroffenen Konstituente erfolgt nicht jeweils neu in der Zusammensetzung, sondern neue Bildungen entstehen mit und wegen der bereits veränderten Bedeutung der Wurzel, die nun ihre Eigenständigkeit verliert. Affixoide verhalten sich wie Affixe, sie sind reihenbildend, platzfest, werden mit Stämmen kombiniert und sind nicht ableitbar. Zu den Affixoiden zählen beispielsweise *affen-, hoch-, riesen-, -werk* in *Affenarbeit, hocherfreut, Riesendummheit, Schuhwerk*.

Der Begriff A u g m e n t a t i o n s b i l d u n g (Steigerungsbildung) ist mit dem der Affixoidbildung nicht gleichzusetzen, da er sich auf den semantischen Aspekt der Steigerung bezieht. Dies kann durch Kompositionsglieder (*Hochhaus, höchstbezahlt, mutterseelenallein*), Präfixoide (*Riesenärger, saublöd*) oder Affixe (*höher, superhoch, erxkonservativ*) erreicht werden. Damit zählen die Suffixoidbildungen – der Begriff bezieht sich auf strukturell-semantische Aspekte –, die ja nicht steigernde, sondern kollektive Bedeutung besitzen, und manche Präfixoidbildungen nicht dazu, denn bei letzteren tritt neben der steigernden eine zusätzliche wertende Bedeutung hinzu (*Schweinearbeit* 'sehr schlechte Arbeit', *Spitzenarbeit* 'sehr gute Arbeit').

Vor allem im Zusammenhang mit der Derivation wird unterschieden zwischen M o d i f i k a t i o n , bei der die Wortbildungsart erhalten bleibt und lediglich die Bedeutung verändert, also modifiziert, wird (*arbeiten – bearbeiten*) und T r a n s p o s i t i o n , bei der die Wortart wechselt (*Freund – befreunden*). Die beiden Begriffe finden in der Literatur keine einheitliche Verwendung und werden daher im weiteren Text vermieden.

Einen besonderen Status innerhalb der Wortbildung nehmen die K u r z - w ö r t e r bzw. K ü r z u n g e n ein. Hier entstehen keine neuen Wörter, sondern Varianten zu bereits existierenden Lexem(grupp)en. Im Prinzip haben wir es nicht mit Wortbildung, sondern Wortveränderung zu tun. Gewöhnlich kommt es bei den verschiedenen Kürzungsverfahren nicht zu Wortartwechseln oder Bedeutungsveränderungen, höchstens zu Konnotationsverschiebungen. Dabei kann eine Verselbstständigung im Laufe der Zeit nicht ausgeschlossen werden – wer kennt schon die exakte Langform zu *DNS* oder *Hapag* (*Hamburg-Amerikanische Packetfahrt-Actien-Gesellschaft* – Hapag-Lloyd entstand durch die Fusion der Reedereien Hapag und Norddeutscher Lloyd)? Es werden keine Begriffe erstbenannt. Die Ausgangswörter bzw. -wortgruppenlexeme existieren neben den Kurzformen weiter. Aber hierzu gibt es Ausnahmen. Das *Bundesausbildungsförderungsgesetz* wurde gekürzt zu *BaföG*, und das Kurzwort bezeichnet mittlerweile auch das Stipendium bzw. das Geld, das aufgrund des Gesetzes vergeben wird.

Eine weitere sehr seltene und gleichzeitig auch umstrittene Form der Wortbildung ist die K o n t a m i n a t i o n (auch Wortmischung, Wortkreuzung, Portmanteauwort u.a.), bei der Teile meist zweier Wörter zu einem neuen verschmelzen, das dann Bedeutungsaspekte beider Wörter besitzt. Die Beispiele haben meist stilistischen Charakter und finden selten den Weg ins Lexikon (*Kurlaub*). K u n s t w ö r t e r, oft auch Wortschöpfungen genannt, werden als neue Wurzel definiert. Sie entstehen nicht über die reguläre Wortbildung und weisen keine morphologische Struktur auf. Sie sind teilweise lautlich motiviert, kommen standardsprachlich nicht vor, sind aber in Werbung, Kinderbüchern oder anderen Bereichen der fiktionalen Literatur zu finden (*Fa, Urmel, urgs*).

Bei der morphologischen Analyse geben Sie Folgendes an: die schrittweise hierarchische Analyse (also die Konstituentenstruktur), z.B. als Strukturbaum, die Morphemtypen, die Wortarten der einzelnen Konstituenten und die Wortbildungsart bzw. Näheres zur Flexion. Informationen zu Produktivität und Bedeutung (Paraphrase) sind ebenso wichtig wie Kommentare zur Motivation (motiviert, teilmotiviert, idiomatisiert). Schließlich sollten Auffälligkeiten angesprochen werden, beispielsweise zu Fremdwortstatus, alternativen Analysemöglichkeiten mit Begründung für eine Entscheidung und Besonderheiten oder Auffälligkeiten, z.B. mehrere Lesarten, Konfix, Allomorph, unikales Morphem oder Umlaut. Kommentare zum Wortakzent, vor allem, wenn er für bestimmte Wortbildungsarten typisch ist, dürfen ebenfalls nicht fehlen.

Haustür	*Haustür*	Nomen, Determinativkompositum, Paraphrase
⁀⁀⁀		'Tür zum Haus', motiviert
{haus}{tür}	{haus}	freies lexikalisches Morphem, Nominalwurzel
	{tür}	freies lexikalisches Morphem, Nominalwurzel

Der Wortakzent liegt auf der ersten Konstituente, wie bei Determinativkomposita üblich. Die Determinativkomposition ist hochproduktiv.

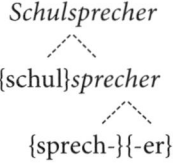

Schulsprecher

{schul}*sprecher*

{sprech-}{-er}

Schulsprecher	Nomen, Determinativkompositum, Paraphrase 'Sprecher, der für die Schule (als Gesamtheit der Schüler) spricht', motiviert, produktiv
sprecher	Nomen, explizite Derivation, 'jemand, der spricht', Personenbezeichnung, produktiv, motiviert
{schul}	Allomorph zu {schule}, Nominalwurzel, lexikalisch, frei
{sprech-}	Verbwurzel, lexikalisch, gebunden
{-er}	Derivationssuffix, grammatisch, gebunden

Der Wortakzent liegt auf der ersten Konstituente, wie bei Determinativkomposita üblich.

Fugen

Fugenelemente sind Einheiten zwischen zwei Wurzeln bzw. zwischen Stamm und Suffix, die historisch auf Morpheme, meist Flexionsendungen zurückgehen und teilweise später auch analog gebildet wurden. Fugen zwischen Stamm und Suffixen sind selten. Sie kommen z.B. bei *-haft* oder *-tum* vor, vgl. *laienhaft, frühlingshaft, Beamtentum*. In heimischen Komposita treten *-(e)s-, -(e)n-, -e-, -er-, -ens-* auf. Eine fremdsprachliche Fuge ist *-o-* (*Thermohose, Spielothek*), ganz selten auch *-i-* (*Plastinaut, Chemigraph, Agrikultur, Herbizid, toxigen*).

Der Status der Fuge ist in mehrfacher Hinsicht umstritten. Erstens waren viele Fugen ursprünglich Flexive, tragen heute jedoch keine Flexionsbedeutung mehr. Trotzdem hielt sich lange Zeit die Vorstellung, sie seien als grammatische Morpheme zu analysieren. Auch der Morphemstatus ist nicht klar, vielfach wird er ihnen abgesprochen, aber gleichzeitig werden sie als Infixe oder Interfixe klassifiziert – aber dies sind Morpheme, dieser Widerspruch ist nicht nachvollziehbar. Damit verbunden ist ihr Stellenwert in der Analyse als unabhängig und nicht morphologisch, eher dem Erstelement zugehörig oder als gleichberechtigt zwischen den Nachbarmorphemen zu sehen.

Die Diskussionen zur Behandlung bei der morphologischen Analyse kreisen um zwei Problemkomplexe. Erstens weisen Fugen mittlerweile keine Bedeutung mehr auf. Daher verbreitete sich in letzter Zeit die Ansicht, es handle sich nicht um Morpheme. Zweitens ist hin und wieder die Einordnung in paradigmatische, das heißt mit Flexionsendungen übereinstimmende, und unparadigmatische, keine Übereinstimmung aufweisende, Fugen zu finden. Diese Einteilung ist deswegen nicht besonders hilfreich, weil einige der Fugen zwar historisch Flexive sind, aber heute nicht mehr so aussehen. Fälle wie in *Hahnenschrei*, *Mondenschein* und *Schwanenhals* werden dann als historisch paradigmatisch, synchron unparadigmatisch charakterisiert (Duden 2006: 723). Aber ohne sprachhistorisches Wissen ist eine solche Einordnung nicht möglich, und damit birgt eine synchron orientierte Analyse zu viele Fehlermöglichkeiten. Außerdem trägt keine Fuge heute mehr flexivische Bedeutung, außer in ganz wenigen Kontrastfällen wie bei *Landesverteidigung/Länderverteidigung*, die aber als lexikalisiert gelten können. Ein weiteres unnötiges Problem ergibt sich bei Fugen, die einmal paradigmatisch, einmal unparadigmatisch sein können wie -ens- (*Herzenswunsch* vs. *Schmerzensgeld*) oder -s- (*Lebensbaum* vs. *Unschuldslamm*). Sie müssten dann, je nach morphologischer Umgebung, unterschiedlich bestimmt werden. Das verstößt gegen den wissenschaftlichen Grundsatz, möglichst ökonomisch vorzugehen. Solch eine Einteilung überfrachtet die Analyse, ohne einen wirklichen Vorteil zu bringen. Es genügt völlig, ein Fugenelement als solches zu analysieren und historische Informationen zur Entstehung im Zusammenhang mit der Entwicklung der Deklination zu betrachten oder sie als Anmerkung aufzuführen.

Anders liegt jedoch die Frage nach dem Stellenwert der Fuge als Morphem. Einige Abhandlungen behandeln die Fugen als Interfixe, aber ohne Morphemstatus. Generell zählen jedoch Interfixe zu den Morphemen. Zwar trägt eine Fuge in der Regel keine Bedeutung, daher passt sie nicht zur Morphemdefinition. Sie ist aber auch nicht rein lautlich erklärbar. Sie ist keine phonologische Erscheinung, denn sie verdeutlicht die morphologische Struktur eines Lexems und stützt das Verständnis. Insofern verfügt sie über eine morphologische Funktion. Ihr Zwischenstatus ähnelt dem der unikalen Morpheme, die einige ebenfalls oft nur widerstrebend als Morpheme sehen. In Anlehnung daran sollen hier die Fugen als eine Art besonderes Morphem verstanden werden, bei deren Analyse stets auf das Problem hinzuweisen ist.

Die Diskussion wirkt sich auf den Strukturbaum eines komplexen Lexems mit Fuge aus, Beispiele sind

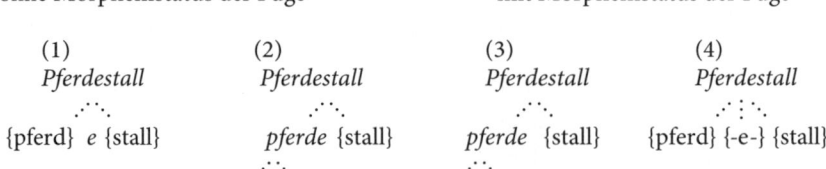

ohne Morphemstatus der Fuge   mit Morphemstatus der Fuge

(1)   (2)   (3)   (4)
Pferdestall   *Pferdestall*   *Pferdestall*   *Pferdestall*

{pferd} *e* {stall}   *pferde* {stall}   *pferde* {stall}   {pferd} {-e-} {stall}

                   {pferd} *e*   {pferd} {-e}

Varianten wie (1) und (2) sind nicht morphologisch kohärent. Das *e* schwebt unmarkiert zwischen Morphemen und unmittelbaren Konstituenten. Solche Analysen arbeiten mit der Fuge als Einheit, die außerhalb der Morphologie anzusiedeln ist. Streng genommen haben aber nur Morpheme eine Existenzberechtigung in der Analyse. Für die Variante (3) findet sich das Argument, dass die Form der Fuge oft vom Erstelement bestimmt wird und diesem daher enger zuzuordnen sei. Erstens gibt es aber manchmal trotzdem verschiedene Möglichkeiten (*Kindbett/Kindeswohl/Kindsmord/Kindergarten, Rindfleisch/ Rindsleder/Rinderbraten, Geisterstunde/Geistesblitz, Meerenge/Meeresbiologe*). Zweitens treten auch unparadigmatische Fugen auf (*Schwanenhals*), die heute nicht mehr als vom Erstglied bestimmt erkennbar sind. Drittens sind vor allem *s*-haltige Fugen nicht vom Erstglied abhängig, sondern eher aus der Silbenstruktur des Gesamtausdrucks verständlich (Wegener 2005). Und viertens orientieren sich Fremdfugen durchaus auch an dem rechten Glied, vgl. *Spielothek, Filzokratie, Knastologe* neben *Elektrogerät, Thermojacke,* womöglich aus rhythmischen Gründen. Die Fugen sollten deswegen eine gleichberechtigte Stellung gegenüber den links und rechts stehenden Konstituenten bekommen. Und natürlich wäre der Wechsel zwischen binärer und ternärer Struktur, je nach Fuge, methodisch inkonsequent und unökonomisch.

Die Möglichkeiten (1), (2) und (3) sind nicht grundsätzlich zu verwerfen, erweisen sich aber als deutlich problematischer als die Variante (4). Infolgedessen entscheiden wir uns für (4) als übergreifend konsequente Lösung. Die Fuge gilt als Morphem aufgrund ihrer morphologischen Funktion. Sie tritt zwischen zwei Morpheme und wird darum hierarchisch gleichwertig behandelt. Auf den ehemaligen Status als Flexiv kann dann individuell verwiesen werden. Es empfiehlt sich, hier eine wohlüberlegte eigene Entscheidung zu treffen und in allen Diskussionen und Darstellungsweisen unbedingt dabei zu verbleiben.

Zu trennen sind die Fugen von der rein lautlich motivierten Epenthese (Lauteinschub), denn sie geht nicht auf Flexionsendungen zurück, obwohl auch manche heute analog gebildete Fugen lediglich der Ausspracheerleichterung dienen. Eine Epenthese ist daran zu erkennen, dass sie nur in Einzelfällen des Wortbildungsmusters auftritt, vgl. das *t* in *hoffentlich, erkenntlich* gegenüber anderen Ableitungen mit *-lich,* das *an* in *Brasilien/Brasilianer* gegenüber *Argentinien/Argentinier, Äthiopien/Athiopier* oder *n* bzw. *t* in *Afrika/ Afrikaner, Mexiko/Mexikaner, Tokio/Tokioter* gegenüber *Europa/Europäer, Kairo/Kairoer*. Historisch liegt ihnen im Gegensatz zu den (meisten) Fugen kein Morphem zugrunde. Epenthetische Elemente können auch verstanden werden als zu Varianten der Wurzel führend unter Verweis auf die Problematik. Die Bezeichnung Interfix oder Infix für solche Lauteinschübe ist irreführend, weil sie Morphemstatus impliziert. In der Fremdwortbildung ist der Lauteinschub oft aus der Gebersprache übernommen.

Bevor Sie nun weiterlesen, sollten Sie das bisher Behandelte wiederholen und sich sorgfältig einprägen. Es bildet die Basis für die gesamte weitere morphologische Arbeit.

Übungen zu 2.1. Grundlagen

1. Bestimmen Sie die Wortbildungsart:
    Buchrücken, Bleichgesicht, Fahrer, Vaterunser, Dickhäuter, Blumentopf, Akku, Motel, Schuss, Dichterkomponist, Handvoll, hochmodern, blaugelb!
2. Führen Sie verschiedene Möglichkeiten der Komposition auf!
3. Erstellen Sie eine Wortbildungsanalyse von *Schulhof, Hautcreme, Suche, Floßfahrt!*

2.2. Vertiefung

Fremdwortbildung

Der Grundbestand des deutschen Wortschatzes besteht nur zu einem Viertel aus Wörtern idg. Ursprungs, den sogenannten Erbwörtern (Wahrig 2002: 53), der Rest ist übernommen. Aber erst in den letzten Jahren kam es zu einer ausführlichen Auseinandersetzung mit der Wortbildung von Fremdwörtern, und hier gibt es noch zahlreiche ungelöste Probleme. Allein schon die Frage, ob der Bau der Fremdwörter im Deutschen wie der der indigenen Wörter erfolgt, wird nicht einhellig beantwortet. Haben wir es also mit zwei getrennten Wortbildungssystemen zu tun? Auf jeden Fall gibt es genügend Unterschiede, um das Thema in einem eigenen Kapitel und getrennt von der Wortbildung heimischer Wörter zu behandeln. Übergangsbereiche und Überschneidungen verkomplizieren das Bild allerdings zusätzlich und lassen eine Zweiteilung der Systeme als weniger praktikabel erscheinen.

Der Begriff und der Aufgabenbereich der Fremdwortbildung

Fleischer/Barz wiesen in ihrer 1992 erschienenen Abhandlung darauf hin, dass der bis dahin verwendete Begriff der Lehnwortbildung missverständlich sei. Sie schlugen alternativ Fremdwortbildung vor für die Bildung von Fremdwörtern mit fremden Elementen auf Grundlage heimischer Wortbildungsstrukturen, die allerdings einige Besonderheiten aufweist (Fleischer/ Barz 1992: 61). Dieser Begriff trägt der Tatsache Rechnung, dass, wie bei der Übernahme von Lehnwortgut, getrennt wird zwischen Fremdwort ohne und Lehnwort mit Assimilation. Das Fremdwort ist anhand von Flexion, Schreibung und/oder Lautung als nicht deutsch erkennbar, vgl. *Lexika, Flirt, Courage*. Ein Lehnwort hingegen ist assimiliert, vgl. *Fenster* (lat. *fenestra*) oder *Streik* (engl. *strike*). Dies gilt dann auch für Morpheme. *Erz-* ist ein Lehnmorphem, es stammt ab von gr. *archi-* 'der Erste, Oberste'. Fremdmorpheme sind *hyper-* mit dem für das Deutsche seltenen <y> oder *-ion*, was schon aufgrund des Akzents ein Fremdaffix ist – heimische Suffixe ziehen den Wortakzent in der Regel nicht auf sich. Damit sind *erzblöd* und *erzfrech* deutsche Wortbildungen, *hyperkomfortabel* ist eine Fremdwortbildung, während *hyperblöd* und *unkomfortabel* zur Hybridbildung zählen – sie verwendet Material aus mindestens zwei Sprachen. Wenn deutsche und Fremdwortbildung als zwei getrennte Systeme angesetzt werden, treffen sie mit den Hybridbildungen aufeinander und verschmelzen mit einer breiten Übergangszone.

Aber nicht nur die Trennung von Fremdwortbildung von der deutschen Wortbildung unter Verwendung von Lehn- bzw. Fremdwortgut als Kriterium ergibt einen problematischen Grenzbereich. Denn Fremdwortbildung ist auch von Fremdwortübernahme zu scheiden – hier wird ein Wort als Ganzes aus der Gebersprache übernommen. Aber sehr viele Fälle sind in dieser Beziehung als doppelt motiviert zu verstehen, wenn heute nicht mehr sicher ist, ob sie direkt aus dem Lateinischen bzw. Griechischen, indirekt aus dem Englischen oder Französischen übernommen oder von uns selbst gebildet sind. Das Suffix *-age* beispielsweise ist französischen Ursprungs. *Karambologe* kam direkt aus dem Französischen zu uns, *Takelage* entstand im Niederländischen und wurde von dort ins Deutsche übernommen, *Blamage* ist eine deutsche Bildung, ebenso *Schmierage, Fressage* (Öhmann 2005). Griechisch oder lateinisch sind *Archaismus* und *Anachronismus*, aus dem Englischen stammt *Dualismus*, aus dem Französischen *Idealismus, Egoismus*, während *Naturalismus* und *Pessimismus* deutsche Bildungen sind (Wellmann 2005a). Inwiefern dann das jeweilige Bildungsmuster entlehnt oder sich im Deutschen erst entwickelt hat, muss oft offen bleiben. Eine andere Art von Polygenese wird für *-esk* angesetzt, das aus dem Französischen kam (*chaplinesk, donjuanesk*), aus dem Italienischen (*boccacciesk*) und dem Englischen (*statuesk*) (vgl. Wellmann 2005b), also zugleich aus mehreren Sprachen mit sich gegenseitig verstärkender Musterbildung, bevor es zu neuen Wörtern im Deutschen führte.

Und gleichzeitig ist das tatsächliche Ausmaß der Produktivität der Fremdeinheiten wie auch des Wortbildungsmusters schwer einschätzbar. Dieser gesamte Problemkomplex ist ganz typisch für die Fremdwortbildung. Darum kam es zu einer Ergänzung der Definition. Eine Fremdwortbildung ist aus diachroner Sicht im Deutschen gebildet, aus synchroner Sicht vor allem morphologisch und semantisch motiviert, also in seine Morpheme zerlegbar (Müller 2005c). Während *Kapazität, Pietät* einerseits und *Naivität, Neutralität* andererseits aus einer anderen Sprache stammen, sind *Aktivität* und *Relativität* im Deutschen gebildet. Nach der ursprünglichen, engeren Definition gehören nur *Aktivität* und *Relativität* zu Fremdwortbildung, wobei die Entscheidung auf etymologischen Kenntnissen beruht. Nach der neuen Definition gehören sowohl *Aktivität* und *Relativität* als auch *Naivität* und *Neutralität* zur Fremdwortbildung, weil wir die Morpheme *aktiv, relativ, naiv* und *neutral* herauslösen können. Sie sind im Deutschen bedeutungtragende Einheiten. *Kapazität* und *Pietät* gehören nicht zur Fremdwortbildung, weil *kapaz-* und *pie-* keinen Morphemstatus besitzen (Müller 2005b: 23f.).

Der Übergang von analysierbaren und nicht analysierbaren Strukturen ist damit zwar gleitend (Murjasov 2005), aber weil für die zweite, erweiterte Definition die Entscheidungen leichter zu treffen sind, wird sie für die vorliegende Abhandlung übernommen.

Die F r e m d w o r t b i l d u n g beschäftigt sich sowohl mit der Bildung von Fremdwörtern mit fremden Elementen auf Grundlage heimischer Wortbildungsstrukturen als auch mit Fremdwörtern, die aus synchroner Sicht motiviert und damit morphologisch analysierbar sind. Hier ist stets zu bedenken, dass solch eine Analyse nicht immer die tatsächliche Entwicklungsgeschichte eines Wortes wiedergibt und vom Kenntnisstand jedes Einzelnen abhängt.

Die besonderen Probleme der Fremdwortbildung

Viele Fremdwörter kommen zwar komplex aus der Gebersprache, sind für uns jedoch zunächst Simplizia. Wiederholen sich Fremdwörter mit immer den gleichen Affixgruppen, können wir die Fremdaffixe langsam als eigenständige Morpheme erkennen, und wir zerlegen die Fremdwörter nachträglich in ihre morphologischen Bestandteile. Ein typisches Vorgehen war es, aus Reihen wie *massieren, passieren, sabotieren* und *Massage, Passage, Sabotage* Konfixe als Ableitungsgrundlage zu filtern. Einerseits sind die Endungen gleich, andererseits der jeweilige Rest. Entsprechend werden die Lexeme als komplex empfunden, segmentiert und die Muster analogisch weitergeführt (*Raffinage, Satinage*). Das heißt, anfangs gab es keinen Stamm, an den ein Affix gehängt wurde. Gerade aufgrund der Austauschbarkeit mehrerer Suffixe

entstanden im Deutschen mit der Zeit Einheiten, die ursprünglich Wortreste, heute jedoch Konfixe sind, sofern sie der Definition entsprechen. Daher
ist oft die Ableitungsgrundlage kein heimischer Wortstamm, sondern ein
nicht wortartgebundenes Konfix. Wir nehmen Fremdwörter auf, analysieren
sie und bilden analogisch neue Wörter, sodass neue Morpheme entstehen,
während manche Bildungen isoliert bleiben. Gleichzeitig übernehmen wir
morphologisch-lautliche Eigenheiten aus den Gebersprachen, die sich individuell verfestigen. Sprache ist dynamisch. Ererbte Besonderheiten und die mit
den Fremdelementen verbundenen Verarbeitungs- und Analyseschwierigkei-
ten spielen zusammen und ergeben ein eigenes Strukturbild. Daher weist die
Fremdwortbildung verschiedene charakteristische Probleme auf.

Mehrfache Motivationsbeziehungen

Ein besonders stark vertetetes Phänomen in der Fremdwortbildung ist die
Reversibilität. Kommt *informieren* von *Information* oder *Information* von
informieren? Wird *Polemik* von *polemisch* abgeleitet oder umgekehrt? Hier
sind die Motivationsbeziehungen umkehrbar. Im Fall von *polemisieren*, das
sowohl von *polemisch* als auch von *Polemik* herleitbar ist, handelt es sich dann
um Doppelmotivation (Müller 2005c, Seiffert 2009). Eine strikte Trennung
von stammorientierter und wortorientierter Analyse, die entweder gebundene Stämme mit Suffix analysiert oder Bezüge zwischen ganzen Wörtern herstellt, ist nicht nötig, solange die Motivationsbeziehung plausibel ist (Seiffert
2009).

Kombination und Substitution von Morphemen

Im Gegensatz zu deutschen Wortbildungen sind Fremdwortbildungen nicht
unbedingt kombinatorisch zu verstehen, sondern beruhen auf Ersetzung.
Auch wenn nicht ganz klar ist, was bei den obigen *Polem*-Beispielen nun der
Ausgangspunkt war, in jedem Falle muss das Suffix ausgetauscht worden sein.
Die Fremdwortbildung weist eine große Zahl solcher Substitutionsbildungen
auf (Becker 1993, Müller 2005c).

Allomorphie

Ausgeprägte Morphemalternanzen sind eine weiteres Charakteristikum der
Fremdwortbildung. Stammallomorphie ist bei der Fremdwortbildung wesent-
lich weiter verbreitet als bei der deutschen Wortbildung. Teilweise nahm das
Deutsche selbst die Variation vor. *Insel* etwa entstand zeitlich nach *insular*,
Latein nach *Latinist* und *Orchester* nach *orchestral* (Dittmer 2005). Aber das
Lateinische und das Griechische selbst weisen sehr häufig Stammflexion auf
oder Lautveränderungen zwischen morphologisch verwandten Stämmen.
Aufgrund von solcher Variation bereits in der Gebersprache sind die Stämme,

die ermittelt werden können, nicht immer gleichförmig, vgl. *fingieren/Fiktion, dividieren/Division, Askese/asketisch, produzieren/Produkt, diskutieren/Diskussion.* Auch die Form der Affixe schwankt oft und spiegelt dabei Eigenheiten der Gebersprache wider wie bei der Assimilation von *in-* an die Folgelaute, *inaktiv, irrelevant, illegitim.*

Grenzziehung zwischen Stamm und Suffix

Aufgrund unterschiedlicher Vorlagen ist nicht immer klar, wo der Stamm aufhört und das Affix beginnt. Trennen wir das Suffix *-ieren* von den Verben *informieren, investieren, intervenieren, exekutieren* ab, erhalten wir *inform-, invest-, interven-* bzw *exekut-.* Das Morphem *-ion* lässt sich jedoch nicht an alle diese Stämme gleichermaßen anfügen. Es alternieren *-ion, -tion, -ition* und *-ation.* Genausogut könnte ein einheitliches Suffix der Substantive als Ausgangspunkt dienen, *Investi-tion, Demonstra-tion,* vgl. auch *Investi-tur, Demonstra-nt.* Dann verliert der Stamm bei der verbalen Ableitung Material (Dittmer 2005). Eine neutrale, synchron orientierte Lösung ist, einen Lauteinschub anzunehmen, der nur bei bestimmten Verbindungen von Stamm und Suffix auftritt. Er stellt einen Reflex der lautlich-morphologischen Verhältnisse der Gebersprachen dar und ist im Deutschen morphologisch nicht relevant. Wenn auch umstritten, ist die Zuordnung solcher Lauteinschübe zu den Suffixen die in der Literatur zur Fremdwortbildung am weitesten verbreitete Lösung.

Abgrenzung von Morphemtypen

Nicht nur die Trennlinie zwischen Stamm und Affix ist nicht immer klar, auch die zwischen verschiedenen Morphemtypen. Gerade die Konfixe bilden hier einen eigenen, neuerdings viel diskutierten Problembereich aus, der zu problematischen Grenzziehungen zwischen Lexem und Konfix, Affix und Konfix sowie Wortfragment und Konfix führen kann.

Müller (2005a); Bibliographie: Elsen (2011)

Konfixe

Der Terminus *Konfix* wird zunächst von Schmidt (1987: 50, in Anlehnung an Kocoureks *confixe* von 1982) verwendet und geht zurück auf lat. *configere* 'aneinander heften'. Er bezieht sich auf Morpheme mit den Eigenschaften, nicht wortfähig, aber basis- und/oder kompositionsgliedfähig zu sein. Damit sind Einheiten gemeint, die Komposita (*Politoffizier, Politbüro, Politdrama*) und Ableitungen (*politisch, Politik*) bilden können, ohne je im Deutschen frei vorzukommen. Schmidt stellt damit die grundlegende Dichotomie von freien und gebundenen und von Grund- vs. Derivations-/Flexionsmorphemen in Frage. Denn Einheiten wie *polit-* oder *therm-* lassen sich nicht zu den üblichen deutschen Grundmorphemen oder Affixen ordnen, weil sie im Gegensatz zu den Grundmorphemen nie flektiert oder frei vorkommen und im Gegensatz zu den Affixen lexikalische Bedeutung tragen und häufig auch ableitbar sind. In der Folge etablierten sich die Eigenschaften der lexikalisch-begrifflichen Bedeutung, der Gebundenheit sowie der Basisfähigkeit bzw. der Status als Grundmorphem.

Konfixe sind gebundene Grundmorpheme aus anderen Sprach(stuf)en. Sie verhalten sich wie Stämme und sind damit basisfähig, weil sie sich bei stabiler Bedeutung mit Derivationsaffixen, Konfixen und anderen Grundmorphemen verbinden. Sie müssen nicht platzfest oder wortartgebunden sein. Indigene Konfixe sind eher nicht mehr produktiv (*Schwiegermutter, -vater, -leute*), aber auch nicht vollständig isoliert. Fremde Konfixe sind potenziell produktiv. Im Gegensatz zu den üblichen heimischen Zusammensetzungen ziehen Konfixe den Wortakzent auf das zweiten Glied (*Politológe, Astronáut, Spielomát, Spielothék, Spielodróm*). Beispiele für Konfixe sind *aer, agr, phil, bibli, therm, geo, bio, fanat, honor, stat, thek, log, ident, invest*. Das häufig zu findende *-o-* ist ein Fugenelement, vgl. *Thermohose, Philologie*. Im Griechischen war es ein Thema-Vokal.

In manchen Fällen gibt es mehrere Analysemöglichkeiten. So können Formen wie *Ökologe, Geologe* oder *Technologie* als abgeleitete Komposita, aber auch als Komposita mit einem abgeleiteten Zweitglied interpretiert werden. Für die erste Lösung sprechen *ökologisch, geologisch, technologisch, Ökologe, Ökologie* etc. mit verschiedenen Suffixen (vgl. auch Donalies 2005: 83). Für die zweite Lösungen sprechen weitere Bildungen mit *log-ie* oder *log-e* wie *Philologie, Biologie, Ethnologie, Philologe, Biologe* etc. (nach Donalies 2005, Eisenberg 2004).

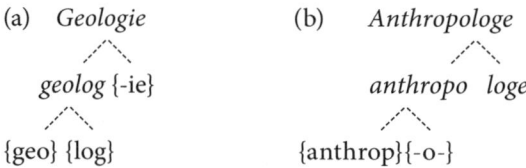

(a) *Geologie*   (b) *Anthropologe*

    geolog {-ie}   anthropo loge

    {geo} {log}   {anthrop}{-o-}

Die zweite Ansicht vertritt beispielsweise Eisenberg. Er stellt allerdings den Suffix-Status von *-e* in Frage und interpretiert *loge* als Morphem, wobei das *-e* ein Rest ist (Eisenberg 2004: 245). Damit eröffnet sich ihm erst gar nicht die alternative Analysemöglichkeit. Aber erstens sind *-ie* und *-isch* eindeutig Suffixe und weisen damit auf den Morphemstatus von *log-* hin. Zweitens ist zwar dieses *-e* nicht das gleiche wie in *Sause, Mache*, aber doch reihenbildend und inhaltsstabil, denn es bildet männliche Personenbezeichnungen (vgl. auch Fleischer/Barz 1995: 186). Das Element ist jedoch in einer Hinsicht heikel: es erscheint bei Fremdwörtern nur in Kombination mit *log*.

Ein weiterer Problemkandidat ist *bio*, das verbreitet als Konfix, aber auch als Kurzwort und gelegentlich frei erscheint. Das Konfix *bio* stammt aus dem Griechischen (*bíos* 'Leben') und fand seinen Weg über medizinische Fachbegriffe ins Deutsche. Es ist heute in Fachvokabularen sehr verbreitet, vgl. *Biogenese, Biolyse, Bioethik, biogen,* aber auch standardsprachlich zu finden, *biologisch, Biomüll*. In aktuellen Wörtern wie *Biogemüse* nimmt es eine eigene Bedeutungsschattierung an, etwa 'organisch' (*Biomasse, Biogas, Biokraftstoff*) 'nicht chemisch behandelt, damit ökologisch' (*Biogemüse, Biokost*). Biolebensmittel stammen aus ökologischer Landwirtschaft. Der Begriff ist in der EU gesetzlich definiert und darf sich nur auf Produkte beziehen, die aus ökologisch kontrolliertem Anbau stammen, nicht gentechnisch verändert sind und ohne Einsatz konventioneller Pestizide, Kunstdünger oder Abwasserschlamm angebaut wurden. Tiere dürfen nicht mit Wachstumshormonen oder Antibiotika behandelt worden sein. Das Gesetz verbietet weiterhin ionisierende Bestrahlung und weitgehend bestimmte Lebensmittelzusatzstoffe. Der *Bioladen* ist etwas komplizierter als 'Laden, in dem Bioprodukte/keine chemisch behandelten Produkte verkauft werden' zu paraphrasieren.

Daneben treten hin und wieder freie Formen auf, mal groß-, mal kleingeschrieben, vgl. *Ab Mai gibt's hier Bio!, Hieß es nicht immer, bei teurem Wein sei es egal, ob er 'bio' sei oder nicht?* (Scheller-Boltz 2008: 251). Hier könnte neben der Interpretation als Wort einerseits eine spezialisierte Bedeutung dem Adjektiv *biologisch* in der Verwendung als 'ökologisch' bzw. 'nicht chemisch etc. behandelt' zuzuschreiben sein, was gekürzt als *bio* erscheint. Dann müsste die Kurzform jedoch stets und zuverlässig die Langform ersetzen. Ein isoliertes *bio* kommt als Kurzwort in dieser Interpretation jedoch nur peripher und nicht standardsprachlich vor, allerdings mit steigender Tendenz, und ist höchsten individuell mit viel Spekulation zu deuten (Scheller-Boltz 2008). Andererseits tritt die Kürzung *Bio* als Nomen nur von *Biologieunterricht* regelmäßig auf, andere Fälle sind wieder entweder unklar oder situationsabhängig zu bestimmen und führen nicht zu einer eindeutigen Kurzform mit paralleler Langform. Die isolierten Beispiele schwanken zu stark in ihrer Verwendungsweise. Das heißt, weder in der Interpretation als freies Wort noch als Kurzwort außer bei *Bio(logieunterricht)* liegen regelmäßige Form-Funktionszusammenhänge vor, es handelt sich daher um individuelle umgangssprachliche Gebrauchsweisen. *Bio* ist wie *super* erst einmal gebunden im Deutschen. *Super* ist als freies Lexem mittlerweile sehr weit verbreitet und als Adjektiv verwendet, aber mit klarer Referenz. Dieser Weg steht auch einem isoliert gebrauchten *bio* durchaus offen. Noch gibt es aber keine stabile freie Form, und das Konfix *bio¹* ist von der Kürzung *Bio²* zu *Biologieunterricht* zu unterscheiden trotz etymologischer Verwandtschaft.

Konfixbildung und Kontamination

Manche Abhandlungen führen als mögliche Kandidaten für Konfixe Bildungen auf wie *-tainment* (*Infotainment, Edutainment, Audiotainment*) oder *-minator* (*Ebayminator, Tourminator*) (z.B. Duden 2006, Michel 2006), die neuerdings gelegentlich in Erscheinung treten, vornehmlich im Internet (Michel 2009b). Deren morphologischer Status ist momentan nicht klar. Es gibt drei Gründe dagegen, hier Konfixe anzusetzen, und zwar frequentiell, strukturell und theorieökonomisch basierte.

Für Formen wie *Infotainment* und *Tourminator* ist unser Vorbild das amerikanische Englisch. Allerdings treten sie dort wesentlich häufiger als bei uns auf (vgl. auch Elsen 2008c, 2009e). Hier finden wir zu *Watergate, terminator, entertainment, hamburger, alcoholic, magazine, cafeteria, marathon* neue Wörter auf *-gate, -minator, -tainment* etc. wie *fanzine, Irangate, Westlandgate, saladburger, cheeseburger, workaholic, spendaholic, shopaholic, infotainment, wintertainment, candyteria, fruiteria, walkathon* (u. a. Hansen 1963, Lehrer 1996, Fradin 2000, Szymanek 2005, Lehrer 2007). Die zunächst als Kontaminationen entstandenen, meist spielerisch gemeinten Lexeme finden Nachahmer, und die durch Fehlsegmentierung gewonnenen Einheiten gewinnen, begünstigt durch die eine oder andere lexikalisch-morphologische Lücke, langsam Morphemstatus als Derivationsmorphem (vgl. u. a. Hansen 1963, Dirven/Verspoor 1998, Fradin 2000, Taylor 2003, Szymanek 2005). Bildungen mit *-holic, -thon* und *-gate* etc. sind im Englischen derart häufig geworden, dass ihr Morphemstatus gar nicht mehr in Frage gestellt wird, während das Deutsche da doch wesentlich konservativer ist.

Denn den Fremdwortübernahmen aus dem Englischen stellen manche Varietäten des Deutschen zwar immer wieder Neubildungen zur Seite wie *Teerminator, Kahnminator, Sperminator, Sparminator, frauen-e-zine, Weintainment, Warschau-Gate* (vgl. Peschel 2002, Michel 2006, Elsen/Michel 2007). Aber sie klingen immer noch auffällig, und *minator* oder *tainment* können (noch) nicht als morphologische Einheiten bezeichnet werden. Es ist derzeit fraglich, ob sie sich überhaupt in der Standardsprache durchsetzen. Das heißt, der Morphemstatus sollte momentan schon allein aufgrund des peripheren Aufkommens in Frage gestellt werden. Die unterschiedlichen Entwicklungen im Englischen und Deutschen zeigen die Flexibilität der Sprache in Abhängigkeit von Eigenheiten der Sprecher und Sprecherinnen. In beiden Sprachen treten die Beispiele bevorzugt in Presse- und Werbetexten auf, unterscheiden sich aber stark in Vorkommen und Produktivität, was den Entwicklungscharakter zum Morphem im Englischen fördert, im Deutschen hemmt.

Gegen die Interpretation als Konfix sprechen sogar im Englischen strittige Analysen. Denn auch hier herrscht zuweilen zwar Uneinigkeit, inwiefern es sich bei solchen Beispielen um Derivationsaffixe oder *combining forms* handelt (Lehrer 2007). Aber sie werden einmal genau in unserem Sinne als „word part" bzw. „splinter" (Lehrer 2007: 116) bezeichnet, andererseits aber auch als „bound bases" (Lehrer 2007: 124). Selbst wenn diese Lösung in Betracht gezogen werden sollte, ist sie eher über den Zwischenstatus eines Kurzwortes (*marathon – thon*) möglich. Die Interpretation als Suffix aber erfordert einen kürzeren Sprachwandelweg und ist somit ökonomischer.

Es ist jedoch nicht nur viel zu früh, bei uns eine Entwicklungsrichtung ausmachen zu können. Bildungen mit diesen Elementen sind selten, stilistisch determiniert und höchstens in besonderen Ausprägungen des Deutschen zu finden. Auch strukturelle Gründe sprechen gegen eine Kategorisierung als Konfix. Unproblematisch ist die Einordnung der im Deutschen gebildeten Beispiele als Kontaminationen. Diese Wortbildungsart missachtet morphologische Grenzen. Während Teile von Kontaminationen damit keine Morpheme sind, gelten Konfixe als Grundmorpheme (u.a. Fleischer/Barz 1995: 25, Glück 2000). Ist die Strategie, dieses Merkmal Grundmorphem aufzugeben, um die problematischen Elemente einordnen zu können, eine wirklich gute Lösung?

Ein Hinweis zur Terminologie der Affixe. Prä-, Suf-, Zirkumfixe usw. dürfen nicht mit dem Begriff des Konfix in Zusammenhang gebracht werden, weil er nicht zu den Affixen zählt aufgrund seiner lexikalischen Bedeutung und seiner Ableitbarkeit. Affixe können nicht abgeleitet werden. Insofern ist die Bezeichnung Kon-fix irreführend.

Donalies (2000), Elsen (2005b), Müller (2009)

Rektionskomposita

Der Begriff R e k t i o n s k o m p o s i t u m zielt auf eine syntaktische Eigenschaft vieler Wörter, besonders Verben, ab, auf ihre Valenz und damit auf die Art und Menge der Mitspieler, die sie für eine grammatisch korrekte Konstruktion benötigen. Meist sind dies Objekte. Bei einem Rektionskompositum ist das linke Glied ein Argument zum rechten, das heißt, bei *Busfahrer* handelt es sich um einen Fahrer, der den Bus fährt, *fahren* benötigt ein Akkusativobjekt, das im Kompositum mit dem ersten Glied benannt wird. *Erdkundelehrer* ist ein Lehrer, der das Fach Erdkunde lehrt, *lehren* benötigt ebenfalls ein Akkusativobjekt. Entsprechendes gilt bei *Hausbewohner, Kinobesucher, Nussknacker, Wasserträger, Weintrinker, Buchbinder.* Bei *Kriegsangst* fordert *Angst vor* ein Dativobjekt wie *Krieg,* bei *kriegstauglich* fordert *tauglich für* ein Akkusativobjekt wie *Krieg.* Rektionskomposita gehören zu den Determinativkomposita.

Bei *Vormittag* 'die Zeit vor dem Mittag' (im Gegensatz zu *Vorjahr* 'das Jahr vorher') oder *Zwischeneiszeit* 'die Zeit zwischen zwei Eiszeiten' handelt sich um p r ä p o s i t i o n a l e R e k t i o n s k o m p o s i t a , vgl. auch *Untertasse, Übersee, Nachbeben.* Solche Beispiele gehören zu den exozentrischen Komposita, vgl. nächsten Absatz, denn sie bezeichnen nicht den Mittag, die Eiszeit, die Tasse, die See oder das Beben, sondern den temporalen Bereich vor dem Mittag, zwischen den Eiszeiten, den lokalen Bereich, der jenseits/ über der See ist, den Teller unter der Tasse, ein schwächeres Beben, das dem eigentlichen folgt. Ein präpositionales Rektionskompositum ist also eine Zusammensetzung aus Präposition und Substantiv, bei der die Präposition das Substantiv regiert. Im Unterschied zum Determinativkompositum bestimmt hier jedoch die Bedeutung des Substantivs nicht die des Gesamtausdrucks, sondern etwas außerhalb des Kompositum stehendes.

Endozentrisches Kompositum – exozentrisches Kompositum

E n d o z e n t r i s c h ist ein Kompositum, wenn eine der unmittelbaren Konstituenten zur gleichen Kategorie zählt wie der Gesamtausdruck und wenn die Bezugsgröße in der Bildung genannt ist. Ein Determinativkompositum wie *Haustür* ist endozentrisch, weil der Gesamtausdruck wie auch das rechte Glied ein Nomen ist, Femininum, und ebenfalls eine Art Tür meint. Hingegen ist ein Possessivkompositum wie *Rothaut* e x o z e n t r i s c h , weil nicht auf eine Art Haut referiert wird. Die Bezugsgröße (ein Mensch mit roter Haut) wird im Kompositum nicht erwähnt, steht also außerhalb des Gesamtausdrucks. Bei den Kopulativkomposita kann entsprechend getrennt werden in endozentrische wie *Fürstbischof,* jemand ist ein Bischof und gleichzeitig ein Fürst, und exozentrische wie *süßsauer,* weil etwas weder süß noch sauer ist.

Zusammenrückungen (*Taugenichts, Handvoll*) zählen ebenfalls zu den exozentrischen Konstruktionen, ebenso die gerade erwähnten präpositionalen Rektionskomposita sowie Metaphern wie *Fuchsschwanz* (Säge).

Viele Arbeiten setzen exozentrisches Kompositum mit Possessivkompositum gleich, es empfiehlt sich jedoch, die beiden Analyseaspekte zu trennen.

 Ortner et al. (1991: 115f.)

Volksetymologie

Bei der Volksetymologie handelt es sich ursprünglich meist um eine lautliche Veränderung zur besseren Verständlichkeit eines Begriffs oder eines Teils davon, die etymologisch nicht begründet ist und zu einer Umdeutung eines Ausdrucks führt. Später wurden darunter mehr und mehr Formen gezählt ohne formale Veränderung, also nur mit begrifflicher Umdeutung eines nicht richtig verstandenen Wortes, sodass das Wort nachträglich, aber historisch unrichtig motiviert erscheint. In einem nicht sprachwissenschaftlichen Sinne wird der Begriff außerdem mit *volkstümlich* in Verbindung gebracht. Das Wort *Freitag* erinnert zwar an das Adjektiv *frei*, hat aber nichts mit einem freien Tag zu tun, da es aus ahd. *frī(j)atag* mit dem Göttinnennamen entstand. Die Hängematte stammt von den Aruaks auf Haiti. Im Spanischen wurde der ursprüngliche Ausdruck mit *hamaca* wiedergegeben, dies wurde niederländisch zu *hangmak*, dann *hangmat* und im Deutschen *Hengmatten* (Henzen 1957: 257, Pfeifer 1999). Für deutsche Ohren klangen die Bestandteile des fremden Ausdrucks an *hängen* und *Matte* an, darunter konnten sich die Leute etwas vorstellen, und so kam es zu den lautlichen Veränderungen. Bei der *Grasmücke*, einer Vogelart, lag ein mhd. *smücke* 'Schlüpferin' vor oder auch mhd. *smücken* zu *schmiegen* (Henzen 1957: 257), also 'Grasschlüpfer(in)'. Dies wurde umgedeutet, und heute verstehen wir „Gras-Mücke", obwohl der Terminus nichts mit *Mücke* zu tun hat. Der *Würgeengel* stammt aus ahd. *wargengil* zu *warg* 'Rächer' (Henzen 1957 : 257). Ein anderes gern zitiertes Beispiel ist der Maulwurf, der nicht die Erde mit dem Maul wirft, sondern ein Erd(auf)- werfer ist, ahd. *mūlwerf, moltwerf* zu ahd. *molta*, mhd. *molt(e)* 'Staub, Erde' (vgl. auch Kluge 2002). *Friedhof* hieß eigentlich 'eingefriedeter Hof', aber das Verb ahd. *vrīten* 'hegen, einfrieden' ging verloren und der Begriff wurde umgedeutet zu 'Hof des Friedens' (Birkhan 1995: 229). Die *Sündflut* stammt von mhd. *sinvluot, sintvluot* zu ahd. *sin(a)* 'ganz, einheitlich' (Birkhan 1985 : 231). Aber auch dies ging unter, und da das erste Kompositionsglied ähnlich wie *Sünde* klang und die Sintflut als Bestrafung für Sünden aufzufassen war, kam es im Nhd. zu der umgedeuteten Form *Sündflut*. *Wahnsinn* hängt etymologisch mit mhd. *wan* 'fehlend, leer' zusammen, hat also nichts mit unserem *Wahn* zu tun (Olschansky 1996: 108). *Rosenmontag* gehört zu *rasen* 'tollen' (Olschansky 1996: 118).

Letztendlich zeugen solche Bildungen davon, dass die SprachbenutzerInnen versuchen, ihnen unverständliche Wörter zu verstehen. Das geschieht aktuell auch immer wieder bei Kindern (Kinderetymologie), vgl. *allez hüpf* (statt *allez hopp*), *Sandmensch* (statt *Sandmännchen*), *Paradieschen* (statt *Radieschen*) (Elsen 1991: 122) oder auch *Frau Schenker* statt *Blachenka*, vom gleichen Kind.

Henzen (1957), Olschansky (1996), Olschansky (2009)
Fugen: Fuhrhop (1998), Michel (2009a), Nübling/Szczepaniak (2009), Seiffert (2009)
Abgrenzung Fuge/Epenthese: Simmler (1998, z.B. S. 565f.)
paradigmatische und unparadigmatische Fugen: Ortner et al. (1991: 50ff.).

Übungen zu 2.2. Vertiefung
1. Analysieren Sie morphologisch vollständig *Thermohose, Hauptstadt*!

3. Nomen – Flexion

3.1. Grundlagen

Grundbegriffe

Der Begriff N o m e n (Plural Nomen, Nomina) wird teils gleichbedeutend mit Substantiv, teils allgemein für die deklinierbaren Wortarten (Substantiv, Adjektiv, Pronomen, Artikel) verwendet. Im vorliegenden Buch ist er austauschbar mit S u b s t a n t i v. Diese Wortart ist deklinierbar, genuskonstant, hat (meist) einen Artikel bei sich und wird im Deutschen stets großgeschrieben. Die meisten Nomen sind Gattungsbezeichnungen (A p p e l l a t i v e) wie *Tisch, Luft, Liebe* im Gegensatz zu den E i g e n n a m e n wie *Thomas, Spanien, Meier, Teutoburger Wald*. Sie unterscheiden sich im Pluralverhalten.

Nomen sind flektierbar. Hierbei handelt es sich um den allgemeinen Begriff, der generell Beugbarkeit meint und sich darauf bezieht, dass es zu einer Grundform bzw. Nennform verschiedene Wortformen gibt. Zur F l e x i o n gehören die Konjugation der Verben und die Deklination der nominalen Wortarten. Nomen im engeren Sinn (gleichbedeutend mit Substantiven) deklinieren nach Kasus/Fall und Numerus/Zahl, die anderen der Gruppe darüber hinaus nach Genus. Zur Flexion gehört außerdem als Randerscheinung die Steigerung. Sie steht der Ableitung nahe.

D e k l i n a t i o n heißt bei den Nomen Kasus-Numerus-Flexion.

Der N u m e r u s (Plural Numeri) unterscheidet zwischen S i n g u l a r (Einzahl) und P l u r a l (Mehrzahl). In manchen Sprachen wie dem Arabischen gibt es darüber hinaus die Kategorie der Zweizahl (D u a l), in anderen die für einige wenige (P a u c a l i s). Der K a s u s (Plural Kasūs), auch Fall, besteht im Deutschen aus vier Gruppen, die in Anlehnung an das Lateinische als 1. bis 4. Fall bezeichnet werden. Teilweise sind sie auch über die Fragewörter, mit denen sie erfragt werden können, benannt bzw. mit den lateinischen Termini N o m i n a t i v, auch Wer-Fall, G e n i t i v, auch Wessen-Fall, D a t i v, auch Wem-Fall, und A k k u s a t i v, auch Wen-Fall. Für die Bestimmung des Kasus des zweiten Nomens in *Der Räuber erschreckte die Kinder,* das auf den ersten Blick lediglich im Plural steht, suchen wir die passende Frage: „Wen oder was erschreckte der Räuber" – Antwort: „Die Kinder". Es handelt sich also um den Akkusativ.

Numerus (Zahl):	Singular, Einzahl	*der Kahlkopf, die Diva, das Buch*
	Plural, Mehrzahl	*die Kahlköpfe, die Diven, die Bücher*
Kasus (Fall):	Nominativ (Singular)	*der Kahlkopf, die Diva, das Buch*
	Genitiv (Sg.)	*des Kahlkopfes, der Diva, des Buchs*
	Dativ (Sg.)	*dem Kahlkopf, der Diva, dem Buch*
	Akkusativ (Sg.)	*den Kahlkop, die Diva, das Buch.*

Wie diese Beispiele zeigen, weisen die Nomen allein sehr wenig kontrastierende grammatische Information auf, sie wird mit in den Artikeln versprachlicht. Zusätzliche, manchmal entscheidende Informationen stehen uns darüber hinaus durch Welt- und Kontextwissen zur Verfügung: Bei der Interpretation des Satzes *Rex biss Hans* wissen wir, dass Personen eher *Hans* heißen, während *Rex* gern für Hunde benutzt wird. Da die Wahrscheinlichkeit, dass ein Hund einen Menschen beißt, größer ist als andersherum, und da das Subjekt öfter im Vorfeld, also im Verbzweitsatz vor dem Prädikat steht als ein Objekt, deuten wir in diesem Satz *Rex* als Nominativ und *Hans* als Akkusativ.

Wenn die Ausgangsform ein freies Morphem bzw. ein Lexem ist wie bei *Kahlkopf, Buch* und den allermeisten Nomen im Deutschen, wird das Wort flektiert, und wir sprechen von W o r t - bzw. G r u n d f o r m f l e x i o n . Der Singular Nominativ ist die Nenn- bzw. Grundform eines Nomens. Wird der Stamm flektiert wie bei vielen lateinischen und griechischen Fremdwörtern (*Div-a, Div-en, Vill-a, Vill-en, Lexik-on, Lexik-a*), liegt S t a m m f l e - x i o n vor.

Nach Genus lassen sich die Nomen nicht beugen, diese Information wird mithilfe der Begleiter, z.B. Artikel, ausgedrückt. Das Genus eines Nomens ist ihm inhärent, es ist fest an es gebunden und wird nicht durch äußere (syntaktische) Umstände bestimmt. Bei Beispielen, die ein natürliches Geschlecht (S e x u s) aufweisen, stimmen das natürliche und das grammatische Geschlecht (G e n u s , plural Genera: weiblich/F e m i n i n u m , männlich/ M a s k u l i n u m , sächlich/N e u t r u m) nicht immer überein.

Genus (gram. Geschlecht)	
Femininum (F.), weiblich	*die Diva, die Tunte*
Maskulinum (M.), männlich	*der Kahlkopf, der Vamp*
Neutrum (N.), sächlich	*das Kamel, das Bübchen, das Weib.*

Das Verb, das Adjektiv oder die Präposition, von der das Substantiv abhängt, bestimmt die Wahl des Kasus. Das heißt, diese drei Wortarten regieren den Kasus ihres Bezugswortes. *Lieben* benötigt ein Nomen im Nominativ und eines im Akkusativ, vgl. *Der Räuber liebt den Musikanten.* Die Präposition *mit* erfordert ein Nomen im Dativ, vgl. *mit dem Affen.* Der Ausdruck *sich sicher sein* verlangt ein Nomen im Genitiv, vgl. *sich seines Lebens sicher sein.* Darüber hinaus gibt es freie Angaben, die bedeutungsabhängig in einem bestimmten Kasus stehen müssen. Der Kasus hängt damit von syntaktischen Gegebenheiten ab. Die Wahl des Numerus richtet sich danach, was Sie sagen wollen. Das Genus ist, wie erwähnt, fest mit einem Substantiv verbunden.

In einigen Grammatiken gibt es den Begriff des Casus obliquus („schräger Fall", obliquer Kasus, abhängiger Kasus). Er bezieht sich ursprünglich auf den Akkusativ, heute auch auf Genitiv und Dativ, da er von der Rektion des Bezugswortes abhängt. Der Gegenbegriff ist Casus rectus („gerader Fall") für den Nominativ.

Übungen zu 3.1. Grundlagen

1. Bestimmen Sie die grammatische Form (Numerus, Kasus) der unterstri chenen Substantive!
   Ich sehe viele <u>Kinder</u>. Viele <u>Kinder</u> spielen heute auf dem <u>Schulhof</u>. <u>Affen</u> kann ich nicht leiden. Wegen der <u>Schneewehe</u> sind sie in den <u>Graben</u> gefahren. Das <u>Auto</u> konnten sie nicht herausziehen. Das <u>Auto</u> blieb stecken.
2. Bitte gehen Sie nochmals die Grundlagen durch! Was ist der Unterschied zwischen den Begriffen Substantiv und Nomen? Definieren Sie den Begriff Flexion!

Deklinationstypen

Die meisten Grammatiken trennen zwischen starker und schwacher (und gemischter) Flexion, die Endung *-(e)n* gilt als schwach. Schwache Substantive enden auf *-en* außer im Nominativ Singular. Andere Flexive gibt es nicht (*der Bär, des Bären, dem Bären, den Bären*). Bei den starken Substantiven erscheint im Genitiv Singular ein *-(e)s* (*des Tages*), teils ein *-e* im Dativ Singular (*dem Tage*) und im Dativ Plural ein *-(e)n* (*den Tagen*). Dieses *-(e)n* tritt aber nur bei Substantiven auf, die im Nominativ Plural auf *-e, -el, -er* enden wie *den Tagen, den Krümeln, den Vätern, den Eiern* und nicht bei *Ohren* oder *Pullis*. Gemischt heißt die Deklination, wenn sie im Singular stark und im Plural schwach flektiert, also im Singular das Genitiv-*(e)s* und im Plural *-(e)n* aufweist (*das Ohr/des Ohres/die Ohren*). Die starke Flexion besteht typischerweise aus Nomen mit dem Genus Maskulinum oder Neutrum (Tab. 1).

Tabelle 1: schwache, gemischte und starke Flexion beim Nomen

Kategorie	schwach	stark	gemischt
Nominativ Singular	*Bär*	*Vater*	*Ohr*
Genitiv	*Bären*	*Vaters*	*Ohres*
Dativ	*Bären*	*Vater*	*Ohr*
Akkusativ	*Bären*	*Vater*	*Ohr*
Nominativ Plural	*Bären*	*Väter*	*Ohren*
Genitiv	*Bären*	*Väter*	*Ohren*
Dativ	*Bären*	*Vätern*	*Ohren*
Akkusativ	*Bären*	*Väter*	*Ohren*

Heute fällt das *-e* des Dativs bei den starken Verben weitgehend fort (*dem Kind, dem Buch, dem Kreis*). Im Genitiv verschwindet das *-e* vor dem Genitiv-*s* ebenfalls vermehrt, wenn es die Aussprache erlaubt (*des Buchs, des Ohrs*, aber des *Kindes*, des *Kreises*). Fremdwörter bilden zuweilen Ausnahmen (*des Präsens*).

In dem Beispiel *Ohren* fallen Person und Numerus in dem Flexiv {-en} zusammen, dabei sind alle vier Kasus im Plural homonym. Bei *Bären* kann sich das {-en} auf alle Kasus-Numerus-Kombinationen beziehen außer dem Nominativ Singular. Die Endung gilt im Singular als Kasusmarkierung, da der Singular keine Endung aufweist, im Plural als Kombination wie bei *Ohren*. Bei *Vätern* hingegen wird der Plural durch den Umlaut markiert, {väter} ist ein Allomorph, und der Dativ durch {-n}. In einer Form wie *Kindern* haben wie neben der Nominalwurzel {kind} das Pluralallomorph {-er} (denn es gibt auch andere Pluralvarianten wie eben den Umlaut) und das Flexionssuffix für den Dativ {-n}. Das heißt, die grammatischen Kategorien sind nicht immer in jeweils eigenen Morphemen versprachlicht, und der Kasus kann meist nur im Zusammenhang, zum Beispiel durch der Artikel, bestimmt werden.

Übungen zu 3.1. Grundlagen
3. Deklinieren Sie *Mutter, Kind, Auge*, am besten mit Angabe der grammatischen Kategorien!

Es gibt zahlreiche weitere Deklinationstypen im Singular und im Plural und auch verschiedene Kombinationsmöglichkeiten. Es ergeben sich, je nach Autor, acht (Heringer 2009), zehn (Duden 1995, 1998, 2006, Sternefeld 2006), 13 (Simmler 1998) oder sogar 30 (Wahrig 2002) Flexionsklassen bzw. Paradigmen. Einige feminine Substantive treten im Singular unveränderlich auf, im Plural einheitlich mit *-(e)n*, z.B. *Frau*. Artikellose Eigennamen tragen ein Genitiv-*s* im Singular. Pluralformen gibt es gewöhnlich nicht, Ausnahmen stehen meist mit *-s* (*die Buddenbrooks von heute*). Manche Substantive vermischen die Endungen der starken und schwachen Flexion, sie enden im Nominativ Singular ursprünglich auf -e, werden heute aber oft mit -(e)n realisiert (*Friede, Funke, Gedanke, Glaube, Name, Same, Wille, Haufen*), vgl. Tab. (2).

Tabelle 2: Deklinationstypen: im Singular unveränderlich, Eigennamen, Mischung stark/ schwach

Kategorie	unveränderlich	Eigenname	stark/schwach
Nominativ Singular	*Frau*	*Maria*	*Name(n)*
Genitiv	*Frau*	*Marias*	*Namens*
Dativ	*Frau*	*Maria*	*Namen*
Akkusativ	*Frau*	*Maria*	*Namen*
Nominativ Plural	*Frauen*	*Marias*	*Namen*
Genitiv	*Frauen*	*Marias*	*Namen*
Dativ	*Frauen*	*Marias*	*Namen*
Akkusativ	*Frauen*	*Marias*	*Namen*

Eine eigene Klasse bilden Lexeme auf monophthongischen Vollvokal (z. B. *a, e, o, u, i*), etwa *Oma, Opa, Uhu, Lupo, Pulli*. Die Feminina verändern sich nur im Plural, und zwar einheitlich durch das Plural-*s*. Die Neutra und Maskulina weisen darüber hinaus auch ein Genitiv *s* auf, vgl. Tab. (3).

Tabelle 3: Deklinaton der Lexeme auf Vollvokal

Kategorie	auf Vollvokal (F.)	auf Vollvokal (M., N.)
Nominativ Singular	*Oma*	*Opa*
Genitiv	*Oma*	*Opas*
Dativ	*Oma*	*Opa*
Akkusativ	*Oma*	*Opa*
Nominativ Plural	*Omas*	*Opas*
Genitiv	*Omas*	*Opas*
Dativ	*Omas*	*Opas*
Akkusativ	*Omas*	*Opas*

Tabelle 4: Deklination der Fremdwörter

Kategorie	Stammflexion	Grundform- und Stammflexion
Nominativ Singular	*Villa*	*Konto*
Genitiv	*Villa*	*Kontos*
Dativ	*Villa*	*Konto*
Akkusativ	*Villa*	*Konto*
Nominativ Plural	*Villen*	*Konten*
Genitiv	*Villen*	*Konten*
Dativ	*Villen*	*Konten*
Akkusativ	*Villen*	*Konten*

Abweichend von den einheimischen Lexemen flektieren Fremdwörter wie *Villa, Radius* oder *Kaktus*, die ihre einheitliche Singularendung durch eine einheitliche Pluralendung ersetzen (Stammflexion) oder eine Mischform dazu bilden mit Grundform- und Stammflexion (*Konto, Fresko, Lexikon*), vgl. Tab. (4).

Pluralbildung

Für die Pluralbildung nutzt das Deutschen verschiedene Allomorphe: {-e} bei *Beine*, {-(e)n} bei *Straßen, Menschen*, {-er} bei *Kinder, Leiber*, {-s} bei *Rollis, Lupos, Omas*, {-e} mit Umlaut bei *Gänse, Schwäne, Kühe*, {-er} mit Umlaut bei *Kälber, Räder*, nur Umlaut bei *Väter, Mütter, Töchter* oder keine Kennzeichnung bei *Mädchen, Staubsauger.*

Manche der Substantive stehen nur im Plural, es gibt keinen Singular, sie heißen P l u r a l i a t a n t u m (Sg. Pluraletantum), z.B. *Alpen, Masern, Ferien* oder *Leute*. Andere können keinen Plural bilden, die S i n g u l a r i a t a n t u m wie *Bevölkerung, Fleiß, Obst* oder *Schmuck*. Solche Substantive bezeichnen Dinge, die nicht zählbar sind. In Fachsprachen allerdings treten viele von ihnen doch in der Mehrzahl auf, dann handelt es sich um unterschiedliche Typen, etwa *Sand/Sande, Sände, Erde/Erden, Reis/Reise*. Manche Wörter treten in zwei Bedeutungsvarianten auf, die sich im Plural unterscheiden – *Wort/Worte*, wenn sie einen inhaltlichen Zusammenhang, z.B. einen Satz bilden, aber *Wort/Wörter*, wenn sie keinen solchen aufweisen wie die Wörter im Wörterbuch. Ein anderer Fall liegt bei *Mutter/Mütter* für die Verwandte und *Mutter/Muttern* für den Teil der Schraube vor. Andererseits schwanken einige Substantive im Plural (*Admirale/Admiräle, Kragen/Krägen, Lampions/Lampione*).

Vielen Fremdwörtern wird zunächst der *s*-Plural zugewiesen, teils, weil er auch in der Ursprungssprache auftritt, wobei er allerdings im Französischen nicht gesprochen wird, teils durch den Einfluss des Niederdeutschen (*Deck/Decks, Haff/Haffs, Wrack/Wracks, Junge/Jungs, Onkel/Onkels*). Generell tendiert das Deutsche aber zum *s*-Plural für Fremdwörter (*Depots, Jets, Jobs, Trikots, Porträts*) sowie für Wörter auf Vollvokal, wie bereits bemerkt, die deswegen auch keine typischen deutschen Wörter sind (*Echos, Uhus, Sofas*). Existieren die Fremdwörter lang genug im Deutschen, erhalten sie langsam indigene (heimische) Endungen (*Balkons/Balkone, Etiketten, Intrigen, Infekte, Liköre*). Solche Wörter haben Wortflexion, das heißt, der Nominativ Singular als Ganzes bildet die Grundform, wie im Deutschen, Englischen und oft im Französischen üblich. Andere, wie griechische und lateinische Nomen, werden in ihrer Ursprungssprache stammflektiert. Auch sie erhalten heimische Pluralallomorphe, die aber nicht an den Nominativ Singular, sondern an den Stamm des Wortes treten, beispielsweise *Pizza/Pizzen, Firma/Firmen, Villa/Villen, Atlas/Atlanten.* Andere Fremdwörter bringen die Endung aus ihrer Heimatsprache mit ins Deutsche und gelten dann als unregelmäßig: *Abstraktum/Abstrakta, Appendix/Appendices, Bonus/Boni, Genus/Genera, Kasus/Kasus, Lexikon/Lexika, Kaktus/Kakteen, Numerus/Numeri, Stimulus/ Stimuli, Tempus/Tempora* usw.

Aber was ist z.B. der Plural von *Iris* (Schwertlilie, Regenbogenhaut des Auges)? Das ist einerseits ein Fremdwort und bevorzugt *-s*, hat aber bereits ein auslautendes *-s* im Singular. Zudem wird es praktisch nie im Plural gebraucht. Darum ist die Form wohl wenigen bekannt. Hier hilft wohl nur das Wörterbuch, das zwischen dem Plural *Iris* für die Pflanze und *Iriden*, aber nur für die Regenbogenhaut, trennt (Duden 1999).

Übungen zu 3.1. Grundlagen
4. Zählen Sie verschiedene Pluraliatantum und Singulariatantum auf!

Die Strukturbäume der Nomen in dem Satz *Der Park ist den Frauen, Vätern und Kindern dieses Landes gewidmet* könnten so aussehen:

$Park_N$	$Frauen_N$	$Vätern_N$	$Kindern_N$	$Landes_N$
{park}				
	{frau} {-en}	$väter_N$ {-n}	$kinder_N$ {-n}	{land}$_N$ {-es}
		{vater} UL	{kind} {-er}	

Alle fünf Lexeme sind Nomen. Bei den Morphemen {park}, {frau}, {vater}, {kind} und {land} handelt es sich jeweils um Nominalwurzeln, sie sind lexikalisch und frei.

Park ist hinsichtlich Numerus und Kasus nicht markiert, es steht in der Grundform, dem Singular Nominativ. Bei {-en} handelt es sich hier um ein Flexiv, ein Flexionssuffix, grammatisch, gebunden, das den Dativ Plural markiert. Es ist homonym mit den anderen Pluralformen des Paradigmas. Dieses Flexiv ist außerdem homonym mit Flexiven der Verben. Bei *väter* liegt die umgelautete Form der Wurzel vor. Der Umlaut ist bei diesem Beispiel ein Pluralallomorph. {-er} ist ein weiteres Pluralallomorph (Flexionssuffix, grammatisch, gebunden). Das {-n} ist in den beiden Beispielen Morphemvariante des Dativ, aber nur im Plural. Wieder handelt es sich um ein Flexionssuffix, das grammatisch und gebunden ist, ebenso bei {-es}, das den Genitiv im Singular markiert, ein Allomorph ist {-s}. Es ist homonym zu anderen Flexiven. Das Genus der Substantive tritt nicht als morphologische Markierung in Erscheinung.

Bei der oben gezeigten Analyse der Form *Vätern* wird der Umlaut als Pluralallomorph verstanden. Er ist getrennt markiert, parallel zu {-er}. Darüber herrscht nicht immer Einigkeit. Der Umlaut bedeutet für die Analyse der Nomen ein besonderes Problem, da er einerseits ein Flexiv begleitet wie den Plural zu (*Floß*), andererseits wie bei *Väter* allein den Plural markiert. Der Umlaut kann auch eher zum Nomen gehörig verstanden werden. Dann wird neben der Nominalwurzel auch ein umgelautetes Allomorph der Nominalwurzel angesetzt. Dabei tritt einmal ein Flexiv an den umgelauteten Stamm, einmal steht der Stamm allein für die Pluralmarkierung.

$$Väter_N \qquad\qquad Flöße_N$$
$$\vdots \qquad\qquad\quad \overset{\frown}{}$$
$$\{väter\} \qquad\quad \{flöß\}\ \{-e\}$$
$$\text{zu } \{vater\} \qquad \text{zu } \{floß\}$$

Wichtig ist, im Begleittext zur Analyse zu erwähnen, dass es sich um umgelautete Stämme handelt, die durch den Plural bedingt sind, da es diese Plurale auch ohne Umlaut gibt (*Computer/Computer, Los/Lose*).

Im Prinzip sind beide Sicht- und Darstellungsweisen möglich. Da umgelautete Formen aber auch bei Derivaten auftreten (*Väterchen*), ist die Funktion des Umlautes keinesfalls mit der des Plurals gleichzusetzen. In den übrigen Konstellationen tritt der Umlaut lediglich als Begleiterscheinung zu morphologischen Veränderungen auf und beinah nie obligatorisch, weil fast immer der betreffende morphologische Prozess auch zu nicht umgelauteten Beispielen führt (*größer* vs. *froher*, *Stäubchen* vs. *Frauchen*). Ein Problem ergibt sich jedoch bei den Substantiven, weil hier in Fällen wie *Vater/Väter* der Umlaut allein morphologisches Gewicht bekommt. Historisch gesehen hing ein Umlaut von der lautlichen Umgebung ab, es fand eine lautliche Angleichung (Assimilation) an *i* oder *j* der Folgesilbe statt. Mittlerweile sind die umlautauslösenden Bedingungen jedoch in der Regel verloren gegangen, von daher ist dieser Prozess heute ohne Kenntnisse der Etymologie (Herkunft, Entstehung) der Wörter nicht mehr nachvollziehbar. Da ein Umlaut keine Eigenschaft des Stammes ist, sondern von der Folgesilbe, also von der Endung, abhing und heute teils auch noch abhängt, ist die Zuordnung zum Flexiv durchaus plausibel.

Übungen zu 3.1. Grundlagen

5. Bestimmen Sie die grammatische Form der Substantive: *Die Kinder bleiben nicht an der Hand ihrer Mütter. Sie wehren sich mit Händen und Füßen dagegen!*

3.2. Vertiefung

Geschichte

Für das Verständnis unseres nominalen Kasus-Numerus-Systems ist ein näherer Blick auf die Geschichte der Flexion unumgänglich.

Die Vorläufer unserer Wörter wurden über Schriftzeugnisse verwandter Sprachen erschlossen. In der so rekonstruierten Vorstufe des Deutschen wie auch vieler anderer Sprachen in Europa, dem Indogermanischen (Idg.), und noch im Germanischen (G.) wiesen die Simplizia eine andere Struktur als heute auf. Im Gegensatz zu einer Verbindung von Stamm und Flexionsendung bestanden sie nämlich aus der (lexikalischen) Wurzel bzw. dem Grundmorphem, einem stammbildenden Suffix und einer Flexionsendung. Das stammbildende Suffix wies das Wort einer bestimmten Flexionsklasse zu und machte zusammen mit der Wurzel den Stamm aus. Es gab auf Vokal auslautende stammbildende Suffixe, auf die die starke Flexion folgte, und auf Konsonant endende für die schwache Deklination. Das germanische Wort für *Tag* hatte beispielsweise die Form **dag-a-z*, mit **dag-* als Wurzel, *-a* als stammbildendem Suffix sowie *-z* als Nominativendung. Einige Nomen allerdings wiesen kein stammbildendes Suffix auf, die sogenannten Wurzelnomina wie idg. **nokt-s* 'Nacht'. Während heute also meist Stamm und Wurzel identisch sind, war der Stamm damals meist zweiteilig. Es gab neben Singular und Plural den Dual (Zweizahl) und außerdem acht Kasus mit je eigener Endung. Heute fügen wir für den Plural ein Flexiv hinzu: *Nacht – Nächt-e*. Damals mussten wir die Singular- durch die Pluralendung ersetzen (idg. **nokt-s* 'Nacht', idg. **nokt-es* 'Nächte', jeweils Nominativ). Zur damaligen Zeit hatte der Bereich nach der Wurzel damit einerseits eine mehrteilige Struktur, anderseits beträchtliches lautliches und inhaltliches Gewicht. Es herrschte relative Ordnung.

Zum Germanischen jedoch trat eine folgenschwere lautliche Veränderung ein: der Initialakzent.

Initialakzent

Im Idg. war der Akzent frei. Es wurden durchaus auch Endungen, sogar Flexionsendungen betont. Das bewahrte ihr lautliches Gewicht. Dann aber verlagerte sich der Wortakzent auf die erste Silbe eines Wortes, im Wesentlichen war das auch die Wurzel. Wird aber eine Silbe nicht mehr betont, wird sie auch nicht mehr so sorgfältig ausgesprochen. Deswegen nutzen sich unbetonte Silben mit der Zeit ab: Konsonanten gleichen sich an, gehen verloren.

Vollvokale wie *a, e, i, o, u* werden zu Schwa (wie in der letzten Silbe von *Ente, Grube, Spinne*) reduziert, auch dieses schwindet teilweise, vgl. heute *haben wir*/„hamwa".

Vergleichen wir einige idg. und ahd. Formen (Tab. 5, orthographisch angeglichen, nach Werner 1969: 103):

Tabelle 5: Nominale Plurale im Idg. und Ahd.

idg.	ahd.	
dhoghōs	*tagā*	'Tage', N. Pl.
ghebhās	*gebā*	'Gaben', N. Pl.
kanones	*hanun*	'Hähne', N. Pl.
ghu̯olbhesā	*kelbir*	'Kälber', N. Pl.

Wir sehen, dass sich die Endungen vom Idg. zum Ahd. bereits abgeschwächt und Lautmaterial verloren haben. Die idg. Wurzeln *dhogh-, *ghebh-, *kan- und *ghuolbh- wurden noch um unterschiedliche Lautkombinationen erweitert, die sich dann im Ahd. zu Vokalen bzw. zu einer Vokal-Konsonant-Verbindung reduziert haben. Diese Reduktionen nahmen jedoch nicht auf die morphologische Struktur Rücksicht. Morpheme verschmolzen miteinander. Das Ahd. wies teilweise schon wie das Nhd. die grundlegende Struktur Wurzel + Endung auf.

Wenn die Endungen Lautmaterial verlieren, bedeutet das, dass die Informationen, die durch die verschiedenen Vokal-Konsonant-Verbindungen versprachlicht werden, verloren gehen, also viele Bedeutungsunterscheidungen. Noch im Ahd. unterschiedliche Wortformen wie ahd. *zungūn* (Gen., Dat., Akk. Sg., Akk. Pl.), *zungōnō* (Gen. Pl.), *zungōm* (Dat. Pl.) sehen mhd. gleich aus, sie lauten alle *zungen* 'Zungen'. Die Kasusunterscheidungen waren im Mhd. wegen der Enttonung der ahd. Endsilben weitgehend verschwunden. In den Endungen trat als einziger Vokal das Schwa, das unbetonte *e*, auf. Solche Formen konnten die grammatischen Beziehungen zwischen den Wörtern im Satz nicht mehr klar ausdrücken, und die SprachbenutzerInnen bekamen Verständigungsschwierigkeiten. Die Sprache bzw. die SprecherInnen müssen dies kompensieren. Das Englische entwickelte beispielsweise eine feste Wortstellung, während fast alle Flexionsendungen gänzlich verloren gingen. Das Deutsche wählte eine andere, zugegebenermaßen kompliziertere Lösung. Einerseits übernahmen die Artikel bzw. andere Begleiter des Substantivs wie die Adjektive viele der grammatischen Informationen, hauptsächlich die Kasusmarkierung, was die Substantivendungen entlastete und weiter schwächte (*der Mann, des Mannes, dem Mann, den Mann*). Gleichzeitig verbanden sich schon im Germanischen die Reste der stammbildenden Suffixe mit den Flexiven zu neuen Flexiven. Da aber die stammbildenden Suffixe und die Flexive jeweils eigene Funktionen hatten, gingen diese durch die Verschmelzung verloren. Die Zuordnung zu einer Flexionsklasse, früher aufgrund des stammbildenden Suffixes, war nicht mehr möglich. Und auch die Sortierung nach acht Kasus verblich. Es entwickelten sich grob zwei Gruppen, die starke und die schwache Deklination, mit Untergruppen und verschiedenen Eigenheiten, je nachdem, wie sich im Einzelfall die Kombination aus ehemaligem stammbildenden Suffix und Flexiv ergab. Heute können wir kaum noch die Nomen allein nach Kasus unterscheiden, allerdings fast immer nach Numerus. Kasusflexion und Numerusflexion haben sich getrennt. Kasus wird hauptsächlich über die Artikel markiert, der Plural verblieb beim Nomen.

Nun tritt ein weiterer relevanter Faktor auf den Plan, die zweite wichtige lautliche Veränderung: der Umlaut.

Umlaut

„Unter Umlaut (auch *i*-Umlaut) versteht man die partielle Assmimilation (teilweise Angleichung) velarer Vokale in betonten Silben an die palatalen Vokale /i, j, ī/ der nicht betonten Folgesilben" (Paul et al. 2007: 71). Viele verbinden mit diesem Begriff die heute orthographisch auffälligen *ä, ö, ü* (die heutigen Schriftzeichen vertreten die Lautung, sie wurden erst später eingeführt). Die Entstehung des Umlautes begann, noch bevor es Schriftzeugnisse gab, vor dem Althochdeutschen. Schon damals beeinflusste ein *i* oder *j* das *a* in der Silbe davor. Das *a* wurde dann mehr wie ein *e* ausgesprochen. Später folgten *u* und *o*, sie wurden u.a. vor einer Silbe mit *i* oder *j* wie *ü* und *ö* gesprochen. Nun – wir erinnern uns –, schwächten sich aber die Endungen ab. Eine Zeit lang gab es umgelautete Vokale und umlautauslösende Endungen gleichzeitig. Die SprecherInnen gewöhnten sich an diese Kombinationen. Als die *i* und *j* der Endungen verloren gingen, blieben die umgelauteten Vokale *in diesen Wörtern bzw. Wortformen* erhalten, während in anderen Formen natürlich die *a*, *o* und *u* weiterexistierten. Das heißt, neben *a, o, u* gab es *ä, ö, ü* unabhängig von der Umgebung. Die umgelauteten Vokale waren von Vokalvarianten (Allophonen) zu eigenständigen Sprachlauten (Phonemen) geworden. Benötigten die SprecherInnen ursprünglich die Folgesilbe, um zwischen *ä* und *a* zu entscheiden, hatte sich das *ä* nun verselbstständigt. Soweit handelt es sich um eine lautliche Erscheinung. Was hat sie nun mit unserer Nominalflexion zu tun?

Wie bereits geschildert übernahmen die Kasusinformationen im Wesentlichen die Artikel. Pluralendungen verblieben beim Nomen. Kausus und Numerus wurden damit getrennt markiert.

Im Ahd. gab es unter anderem den Plural *-ir* (ahd. *kelbir* ‘Kälber’), der ehemals Stammauslaut war, als Pluralendung uminterpretiert (reanalysiert) und im Mhd. zu *-er* wurde. Er führte bei Vokalen in der Silbe davor zwingend zu

Umlaut (ahd. *kalb* 'Kalb', aber *kelbir* 'Kälber'). Zum Mhd. veränderte er sich zu *-er*, der Umlaut blieb, ahd. *kelbir*, mhd. *kelber* 'Kälber'. Er verband sich mit Neutra wie *Hühner, Blätter, Lämmer*. Dazu kamen Lexeme mit Vokalen, die nicht umgelautet werden können, z.B. *Rinder* oder *Eier*, sowie ursprünglich plurallose Wörter wie *Felder, Körner*: die Endung wurde produktiv. UL+*er* markierte bei diesen Lexemen also klar den Plural. Dabei wirkt der Umlaut natürlich nur bei Vokalen, die umlautfähig sind. Weiterhin wurde der Umlaut selbst mit der Zeit immer stärker an die Vorstellung der Mehrzahligkeit gekoppelt. Nun wirkte eine sehr wichtige sprachliche Strategie: die Analogie.

Analogie

Die Analogie ist ein Verfahren, das bei der Bildung von Wörtern und Wortformen eine große Rolle spielt. Hermann Paul verwendete den Begriff der Proportionsanalogie und sprach auch von Proportionsgleichungen, *„Tag : Tage = Arm : Arme"* (Paul 1937: 107). *Arm* verhält sich zu *Arme* wie *Tag* zu *Tage*. Bei der Formel muss die Grundlage nicht unbedingt die Grundform sein, denn auch sie kann nachträglich analogisch gebildet werden. Ähnliche Wörter verbinden sich zu Proportionsgruppen, starke Gruppen ziehen weitere Wörter an. Aufgrund vieler Muster bildet sich eine Regel. Wenn auf der Basis des Proportionsmusters zu einem Wort eine zweites Proportionsglied neu gebildet, also nicht gedächtnismäßig wiederholt wird, spricht Paul von Analogie. Im Endeffekt besteht zwischen Analogiebildung und regelhafter Bildung kein Unterschied (Becker 1990: 12). Dieses Prinzip findet sich mit neuen Begrifflichkeiten später wieder bei den Netzwerkmodellen und aktuell auch in der Kognitiven Grammatik.

Per Analogie, also per Übertragung eines Musters auf ein ähnliches Wort, verbanden sich mit diesem Pluralflexiv wie erwähnt auch andere Neutra, die ursprünglich nicht den *ir*-Plural aufwiesen. Der Plural weitete sich aus auf beispielsweise *Bücher, Wörter, Kleider, Kinder, Bilder, Dächer*, mhd. *diu wort*, nhd. die *Wörter*, mhd. *diu kint*, nhd. *die Kinder*, mhd. *diu kleit*, nhd. *die Kleider*. Dann folgte die Anwendung auf Maskulina wie *Leiber, Wälder, Geister, Götter*.

Die Analogie wirkte darüberhinaus auch innerhalb eines Singularparadigmas. Es gab einige umgelaute Singularformen, die dann jedoch per Analogie zu nicht umgelauteten Formen wurden, ahd. *krefti*, mhd. bereits *krefte* neben *kraft*, nhd. *Kraft* (G., D. Sg.) (analogischer Ausgleich). Denn da im Mhd. die *e*-Endung aussagelos geworden war, der Kasus im Wesentlichen über die Artikel markiert wurde, ermöglichten die Vokale des Stammes eine Art Arbeitsteilung: ohne Umlaut Singular, mit Umlaut (und einigen Endungen) Plural. Der Umlaut wird mehr und mehr als Pluralkennzeichen verstanden und schließlich auf Wörter angewendet, die nie eine umlautauslösende Umgebung aufwiesen. Das System sortiert sich neu.

Warum gehen aber Plurale per Analogie auf andere Wörter über?

Aufgrund des Endungsschwundes waren auch Pluralendungen verloren gegangen, sodass Singular und Plural ähnlich oder sogar gleich klangen. Im Ahd. gab es *wort* 'Wörter', *naht* 'Nächte', *man* 'Männer'. Die Formen waren damit im N. Sg. und N. Pl. identisch. Dies ist grundsätzlich eine sehr schlechte Situation für SprachbenutzerInnen. Eine andere Bedeutung muss hörbar sein. Hörbar waren aber besonders der Umlaut mit dem -*ir*, nhd. -*er*, oder mit einem zusätzlichen *e* oder ein *e* allein. Aber das eine Endungs-*e* allein war wohl nicht deutlich genug. Der Plural wurde oftmals nachträglich durch mehr Lautveränderung ausgedrückt, vgl.

ahd.	mhd.	nhd.
naht	*nehte*	*Nächte*
man	*manne*	*Männer.*

Dass ein aufgrund der Endungslosigkeit nicht eindeutiger Plural auf unterschiedliche Weise „repariert" werden kann, zeigen Doppelformen wie *Wörter – Worte*.

Und wir müssen uns auch wieder daran erinnern, dass die Endungen im Singular meist ebenfalls zu Schwa verkümmert waren. Wir haben zwar als zusätzliche Hilfestellung den Artikel, der im Maskulinum und Neutrum den Singular vom Plural abhebt (*der, das* vs. *die*). Dies gilt jedoch nicht für Feminina, die in beiden Fällen ein *die* mit sich tragen. Sie bevorzugten daher als Pluralmarkierung -(*e*)*n* (*Sache/Sachen, Kartoffel/Kartoffeln*) und eliminierten ein -(*e*)*n* im Singular (im Frühnochhochdeutschen noch *wegen der Nasen, Erden* Sg.).

Als weitere Folge der lautlichen Reduktionsprozesse ist die Grundformflexion zu sehen. Während im Ahd. die Stammflexion noch sehr verbreitet war, gab es im Mhd. nur Grundformflexion, vgl. die Deklination von *Bote*, bei der auch eine Umdeutung bzw. Reanalyse des ahd. Flexivs -*o* für den N. Sg. zu einem Bestandteil der neuen Grundform zu sehen ist (Tab. 6, vgl. Wurzel 1984: 105).

Tabelle 6: Deklination von *Bote* im Ahd. und Mhd.

ahd.	mhd.	
bot-o	*bote*	N. Sg.
bot-en	*bote-n*	G. Sg.
bot-en	*bote-n*	D. Sg.
bot-on	*bote-n*	A. Sg.
bot-on	*bote-n*	N. Pl.
bot-ōno	*bote-n*	G. Pl.
bot-ōm	*bote-n*	D. Pl.
bot-on	*bote-n*	A. Pl.

Dies war nun ein vereinfachter, noch dazu grober Ausschnitt aus einem sehr vielschichtigen Entwicklungskomplex. Unser heutiges Numerussystem ist äußerst kompliziert, weil der Plural durch viele verschiedene Allomorphe markiert wird und weil es kaum Regeln, sondern hauptsächlich Tendenzen für die Wahl des richtigen Pluralallomorphs gibt. Im Idg. hatten wir ein relativ klares System. Aber wegen verschiedener lautlicher Veränderungen musste sich die Morphologie der einzelnen Substantive ändern und das Gesamtsystem wurde gesprengt. Alte Zuordnungen der Endungen aufgrund von Flexionsklasse oder Genus verwischten. Um Uneindeutigkeiten zu meiden, wurden unklare Formen durch klarere ersetzt. Dabei wählten verschiedene Lexeme unterschiedliche Wege.

Für die Entstehung des nhd. Kasus-Numerus-Systems sind mehrere ineinandergreifende Entwicklungen ausschlaggebend. Aufgrund des Initialakzentes schwächten sich die Endungen ab oder gingen verloren, während die Artikel die wesentlichen Kasusinformationen übernahmen. Der Umlaut ergab neue Sprachlaute, die, ebenfalls aufgrund der Silbenschwächung bzw. -verluste, nun teilweise die Unterscheidung von Singular und Plural kennzeichnen konnten. Sie weiteten sich auf unklare Fälle aus, jedoch individuell für ein Lexem, nicht innerhalb nachvollziehbar gruppierter Lexeme. Kasus und Numerus gingen je eigene Wege. Als Ergebnis haben wir in unserem heutigen Deutsch ein Kasus-Numerus-System, in dem nicht klare Regeln wirken, sondern das zu einem nicht geringen Teil auswendig gelernt werden muss.

Werner (1969), Wurzel (1984), Becker (1990), Paul/Schröber/Wiehl/Grosse (2007), Harnisch/Koch (2009), Szczepaniak (2009)

Übungen zu 3.2. Vertiefung

1. Was ist Umlaut?
2. Welche Möglichkeiten der Pluralbildung gibt es bei *Balkon*? Warum gibt es mehrere Möglichkeiten?
3. Warum verlor der frühneuhochdeutsche Singular *Nasen* seine *n*-Endung?

4. Nomen – Wortbildung I

4.1 Grundlagen

Die Wortbildung ist die am intensivsten genutzte Methode der Wortschatzerweiterung, die Übernahme von Wörtern aus anderen Sprachen ist weitaus weniger häufig und die Wortschöpfung bzw. Kunstwortbildung sehr selten. Innerhalb der Wortbildung wiederum ist die Komposition den anderen Wortbildungsarten zahlenmäßig weit überlegen.

Komposition

Ein Kompositum besteht aus mindestens zwei Grundmorphemen, auch Kompositionsglieder genannt. *Haustür* ist zweigliedrig, *Biobauernbrotküche* viergliedrig. Um es noch einmal zu betonen, Grundmorpheme sind nicht identisch mit Wörtern. Aber die Länge der Komposita gilt nicht als Unterscheidungsmerkmal, sondern das Verhältnis der Glieder zueinander.

Determinativkomposition
Die Determinativkomposition ist die produktivste Wortbildungsart der Substantive im Deutschen.

Im zweiteiligen Determinativkompositum heißt das linke Glied Determinans, das rechte Determinatum. Das linke bestimmt das rechte Glied näher, es determiniert es. Die Haustür ist eine besondere Tür, und zwar die, die ins Haus führt, im Gegensatz zur Wohnungstür oder Zimmertür. Das linke Glied trägt den Wortakzent. Das rechte hingegen bestimmt Wortart, Genus und Flexion. Weil die Kategorienmerkmale eines zweiteiligen Kompositums vom rechten Teil bestimmt werden, heißt dieser auch Kopf. Darum können die Glieder nicht ohne Bedeutungsveränderung vertauscht werden. *Haustür* und *Zimmertür* sind Femininum, *Türenhaus* ist Neutrum. Bei komplexen Bildungen ist auf der obersten Ebene die Grenze der Zweiteilung zu bestimmen: *Straßenbahnschienengebiet* ist 'ein Gebiet aus Straßenbahnschienen', unmittelbare Konstituenten sind *Straßenbahnschiene* bzw. *Gebiet*. *Straßenbahnglastür* ist 'eine Glastür für Straßenbahnen'. Unmittelbare Konstituenten sind *Straßenbahn* bzw. *Glastür*. Dies schlägt sich im entsprechenden Strukturbaum nieder.

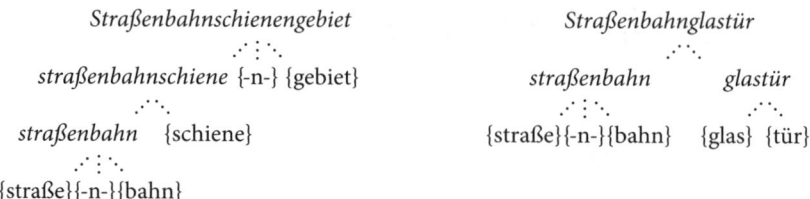

Allerdings ist manchmal keine eindeutige Struktur zu sehen. In einigen Zweifelsfällen kann dann anhand der Plausibilität die wahrscheinlichere Struktur bestimmt werden: Die Zerlegung von *Straßenbahnschienengebiet* in *Straßenbahn* und *Schienengebiet* ist deswegen abzulehnen, weil es usuell kein Schienengebiet gibt. Das *Hefegebäckstück* hingegen kann sowohl ein Stück Hefegebäck als auch ein Gebäckstück aus Hefe sein. Dies sind Fälle von D o p p e l m o t i v a t i o n mit mindestens zwei plausiblen Analysemöglichkeiten. Wenn die Möglichkeit mehrerer Analysearten besteht, ist dies bei der Analyse anzugeben. Eine Entscheidung sollten Sie begründen.

Im nominalen Determinativkompositum ist die zweite Konstituente stets ein Nomen, die erste kann ebenfalls ein Nomen sein (*Haustür, Straßenbahn, Straßenbahnschienengebiet*), ein Verb (*Fahrbahn, Istzustand*) oder ein Adjektiv (*Schwarzarbeit, Höchstsatz*). Andere Wortarten sind seltener, z.B. Adverb (*Sofortmaßnahme*), Pronomen (*Ich-Form*), Präposition (*Aufgeld, Fürwort*), Antwortpartikel (*Jawort*), Interjektion (*Aha-Erlebnis*) sowie Verbindungen mit *nicht* (*Nichtbeachtung, Nichtdeutsche*). Wenn nicht klar ist, um welche Wortart es sich handelt, ist der Ausdruck doppelt motiviert: das erste Glied in *Originalausgabe* kann Adjektiv, aber auch Substantiv sein. In anderen Fällen bestehen die Konstituenten aus Zahlen (*Fünfkampf, Zweitfrisur*), Einzelbuchstaben (*O-Beine*), Konfixen (*Biobrot, Thermohose*), unikalen Morphemen (*Himbeere, Schornstein*) oder Wortgruppen (*Gutelauneduft, Keinohrhase, Mehrzweckhalle*). Bei einigen Erstgliedern kommt es zu Allomorphie im Kompositum, vgl. *besondere – Sonderkennzeichen, doppelt – Doppelverglasung, einzeln – Einzelbauweise, Schule – Schulhof.*

Bei den Determinativkomposita kann es zu Auffälligkeiten kommen, die eine Analyse als einfache Zusammensetzung mit determinierender Funktion der ersten Konstituente nicht erlauben. Solche Sonderkomposita entstehen einerseits, wenn gleichwertige Einheiten verbunden werden, die zusammen keine Konstituente bilden und zwischen denen ein Kopulativverhältnis besteht. Sie wirken aber wie eine Konstituente im Kompositum insofern, als das Glied ganz rechts formal und inhaltlich für den Gesamtausdruck bestimmend ist, z.B. *Mann-Frau-Missverhältnis*. Andererseits bedeutet auch die Verbindung mit Einzelbuchstaben, Wortgruppen oder Sätzen als Konstituente eine Besonderheit, z.B. *Einohrhase, Mutter-und-Kind-Kur* oder *b-Faktor*.

b-Faktor	*Mutter-und-Kind-Kur*	*Einohrhase*	*Mann-Frau-Missverhältnis*
{b}{faktor}	*Mutter und Kind* {kur}	*ein Ohr* {hase}	{mann}{frau} *missverhältnis*

Der b-Faktor ist der mittlere Durchlassfaktor von Energie bei Verglasungen, ein Fachterminus, dessen linkes Glied aus einer Gleichung stammt und nur im Fachsprachenbereich als Morphem gelten kann. Solche Fälle sind nicht zu verwechseln mit partiellen Kurzwörtern, beispielsweise *S-Bahn* zu *Schnellbahn*. Bei *Mutter-und-Kind-Kur* handelt es sich um eine bestimmte Kur, und zwar die für Mutter und Kind. Das rechte Glied des Kompositums wird durch eine Wortgruppe näher bestimmt. Das gleiche gilt für *Einohrhase*. Anders *Mann Frau Missverhältnis* 'Missverältnis zwischen Mann und Frau', hier bildet *Mann Frau* keine Einheit, weder Phrase noch Satzfragment, und es gibt auch nicht **Mann-Frau*. Deswegen liegt keine binäre Struktur vor, es gibt drei gleichberechtigte unmittelbare Konstituenten.

Verdeutlichende Komposition

Ein besonderer Fall von Determinativkompositum ist ein Wort wie *Einzelindividuum*, dessen Glieder Gleiches oder Ähnliches meinen. Entstanden sind manche solcher Begriffe zu einer Zeit, als das jeweilige Fremdwort in seiner Bedeutung nicht so bekannt war und es verdeutlichend durch eine heimische Entsprechung gestützt wurde, vgl. *Briefkuvert, Glasvitrine, Düsenjet* (engl. *jet* 'Strahl'), *Pulsschlag* (lat. *pulsus* 'Schlag'), *Turteltaube* (lat. *turtur* 'Turteltaube'). Bei Beispielen wie *Kieselstein, Maultier, Auerochse, Bimsstein* oder *Farnkraut* war die Bedeutung von *Kiesel* (eine Art Stein), *Maul* (früher für *Maultier*), *Auer* (zu ahd. *ūro*, mhd. *ūr* 'Auerochse'), *Bims* (ein poröser Stein) bzw. *Farn* (eine Art Kraut) wohl schon nicht klar, der allgemeinere Begriff wurde stützend hinzugezogen. *Lindwurm* ist ein altes verdeutlichendes Kompositum: beide Glieder meinten früher schlangen- oder drachenartige Geschöpfe. Weitere Beispiele sind *Eichbaum, Erdkugel, Rückantwort, Chiffrenummer* (frz. *chiffre* 'Ziffer'), *Rückstau, Haarfrisur, Essensgericht, Damhirsch, Windhund* oder *Walfisch*.

    Berufskollege zählte ebenfalls zu den verdeutlichenden Komposita. Da diesem Begriff aber heute *Parteikollege* oder *Sportkollege* zur Seite stehen, ist er besser als Determinativkompositum zu analysieren.

Kinder bedienen sich bei ihren Kreationen gern dieses Musters: *Boxer-hund, Briekäse, Spaghettinudel, Käferauto* (gemeint ist ein VW-Käfer, vgl. El-sen 1991, 1999), *Dackelwauwau, Wasserpfütze, Notgefahr* (Augst, Bauer, Stein 1977: 68f.). Im Standarddeutschen ist die Wortbildungsart schwach produktiv.

Possessivkomposition

Dieser Kompositionstyp zeichnet sich dadurch aus, dass er den Determina-tivkomposita insofern gleicht, als das linke das rechte Glied näher bestimmt: *Rotkehlchen, Bleichgesicht*. Daher zählen einige diesen Typ zu den Determina-tivkomposita. Bezeichnet wird jedoch etwas außerhalb des Kompositum Ste-hendes (deswegen auch exozentrisches Kompositum), in diesem Fall ein Vogel bzw. ein Mensch. Sie haben/„besitzen" (lat. *possidēre* 'besitzen') eine rote Kehle bzw. ein bleiches Gesicht, im Unterschied zu einem Determinativkompositum wie *Haustür*, das sich tatsächlich auf eine Türe bezieht. Sehr häufig sind ins-besondere auf Personen bezogene metaphorische Possessivkomposita wie *Ei-erkopf*, das mit 'jemand, der einen Kopf hat, der aussieht wie ein Ei' paraphra-siert wird. Als Wortart für das erste Glied kommen Adjektive, Nomen, Verben sowie Zahlwörter in Betracht. Weitere Beispiele für Possessivkomposita sind *Milchgesicht, Rothaut, Spitzbauch, Schreihals, Rotschopf, Lockenkopf, Hasenfuß, Hinkebein, Geizhals, Schlaukopf, Langbein, Schöngeist, Blaustrumpf, Langfinger, Schafskopf, Stinkefuß, Blauhelm, Rotkäppchen, Großmaul, Lästermaul, Milch-gesicht, Dickwanst, Grünschnabel, Blondschopf, Dummkopf, Schlappschwanz, Vierauge* (Brillenträger), *Löwenzahn, Hahnenfuß* (Pflanze), *Neunauge* (Fisch), *Blauschwanz, Siebenpunkt, Vierzylinder, Dreirad*.

Die Paraphrasen machen den Unterschied deutlich: *Langbein* 'Person, die lange Beine hat', *Vogelbein* 'Bein, das Teil des Vogels ist'. Das Vogelbein ist ein Bein, das Langbein eine Person. Je nach Zusammenhang kann ein Possessiv-kompositum wie in

Der Spitzbauch hat den Saal verlassen; der Rotschopf heißt Pumuckl.

auch wörtlich, als Determinativkompositum, gemeint sein:

Dein Spitzbauch wird langsam weniger; ihr Rotschopf steht in vielen Fransen ab.

Viele der Bildungen sind idiomatisiert. Die ursprünglich possessive Bedeu-tung ist schon verblasst, wie etwa bei *Dickkopf* 'jemand mit einem dicken Kopf/sturen Kopf'.

Diese Wortbildungsart kommt heute produktiv nur noch bei den Substan-tiven vor, ist aber nicht sehr häufig.

Die Bedeutungsbeziehung kann auch als Metonymie bezeichnet werden, da ein Teil für das Ganze steht (pars pro toto). Die Metonymie bezeichnet eine Verwandtschaftsbeziehung, im Gegensatz zur Metapher (Ähnlichkeitsbeziehung).

Zweirad und *Dreizack* (Speer mit drei Zacken) sind Rückbildungen aus *zweirädrig* bzw. *dreizackig* (Henzen 1957: 82). Possessivkomposita dürfen auch nicht mit Zusammenrückungen wie *Gernegroß* verwechselt werden. Bei *Blaustrumpf* und *Heißsporn* handelt es sich um Lehnübersetzungen von *blue stocking* und *hotspur* (Erben 2006: 77).

Kopulativkomposition

Im Gegensatz zur hierarchischen Relation der Glieder im Determinativkompositum sind sie im Kopulativkompositum parataktisch angeordnet. Wir können uns ein „und zugleich" denken mit additiver Bedeutungsrelation, das gegebenenfalls zu „weder noch" tendiert mit exklusiver Bedeutungsrelation (*Nordwest, Südost*). Im Gegensatz zu den Determinativkomposita kann auch das Zweitelement akzentuiert werden. Dies ist jedoch kein verlässliches Merkmal.

Die Kopulativkomposita treten überwiegend ohne Fuge auf. Sie bestehen aus mindestens zwei gleichberechtigten Elementen einer Wortart mit ähnlicher Bedeutung, sie sind syntaktisch gleichgeordnet, prinzipiell vertauschbar und ihre Bedeutungen tragen additiv zum Gesamtausdruck bei, vgl. *Schneeregen, Hassliebe, Uhrenradio, Strichpunkt, Dichterkomponist, Autor-Regisseur, Fürstbischof, Pulloverjacke, Hosenrock, Strumpfhose, Blusenjacke, Nordrhein-Westfalen, Schleswig-Holstein, Karl-Heinz*. Semantisch gibt es feine Unterschiede. Während *Dichterkomponist* eine Person benennt, die sowohl Dichter als auch Komponist ist, bezeichnet *Strichpunkt* ein Zeichen, das sich aus einem Strich und einem Punkt zusammensetzt und *Schneeregen* einen Niederschlag, der aus Schnee und Regen besteht. Viele Bildungen sind lexikalisiert, sodass die Glieder faktisch nicht die Plätze tauschen können. Wieder ist die Paraphrase wichtig, um sie von den Determinativkomposita zu unterscheiden. *Hosenrock* in der Bedeutung 'Hose und (gleichzeitig) Rock' ist ein Kopulativkompositum, in der Bedeutung 'eine bestimmte Art von Rock, ähnelt einer Hose' ein Determinativkompositum. Für *Strumpfhose* findet sich heute vielfach die Interpretation 'eine Art Hose, die einem Strumpf ähnelt' mit der determinierenden Relation. In der Werbung gibt es Fälle von Vertauschung der Glieder: *Cremelotion, Lotioncreme*. Verdunkelt ist *Werwolf* 'Mann und Wolf' (ahd. *wer* 'Mann'). Da das entscheidende Kriterium für die Bestimmung eines Kopulativkompositums im Gegensatz zum Determinativkompositum die Bedeutung ist und diese nie so klar belegbar ist wie strukturelle Aspekte, kommt es immer wieder zu Zweifelsfällen.

Insgesamt ist diese Wortbildungsart zwar produktiv, jedoch nicht häufig.

Reduplikativkomposition

Das R e d u p l i k a t i v k o m p o s i t u m bzw. Reduplikationskompositum verweist auf die kompositionstypische Struktur wie in *Hickhack* zu *hacken*, denn es ist aus zwei Gliedern gebildet, die sich wiederholen, teils mit leichter Änderung. Meist liegt Ablaut vor. Ablaut ist, grob formuliert, ein noch aus dem Idg. stammender Vokalwechsel u.a. bei den starken Verben (*gehen/ging, laufen/lief, werfen/warf*). Dies wird auch als Ablautdopplung oder Ablautbildung bezeichnet, während Formen wie *Kuddelmuddel* auch Reimbildungen heißen. Reduplikativkomposita liegt meist eine Intensivierung zugrunde. Weitere Beispiele sind *Singsang, Krimskrams, Wirrwarr, Zickzack, Tingeltangel, Mischmasch, Schnickschnack, Kuddelmuddel, Heckmeck,* vgl. *singen, Kram, wirr(en), Zacke, tingeln, mischen,* ndd. *snaken* 'reden', ndd. *koddeln* 'Sudelwäsche halten', regional *Moder/Muddel* 'Schlamm', *meckern. Schickimicki* stammt laut Wiese (1990) von *schick.* Nicht hierher gehören *Picknick* aus dem Französischen, dort *piquenique* zum Verb *piquer* 'aufspießen'. *Hottentotte* leitet sich vom Kapholländischen *hotentot* 'Stotterer' ab. *Pingpong* ist laut Kluge (2002) eine lautmalerische Entlehnung aus dem Englischen. *Hokuspokus* stammt ebenfalls aus dem Englischen und ist dort eine dem Lateinischen entnommene Reimformel, *Flickflack* ist französisch. Der Ursprung von *Techtelmechtel* allerdings ist unklar. Der Bildungstyp ist nicht produktiv und als wortbildnerische Randerscheinung aufzufassen.

Neben dem Begriff des Reduplikativkompositums oder allgemeiner Reduplikationsbildung findet sich häufig auch *Reduplikation* für Lexeme, die aus doppelten oder lautlich sich ähnelnden Elementen bestehen. Er bezieht sich jedoch eigentlich auf die phonologische Erscheinung der Laut(gruppen)wiederholung. Bereits Henzen (1957: 259f.) trennt die onomatopoetische von der Wortbildungswiederholung (vgl. auch Simmler 1998, Schindler 1991, Donalies 2002), kommt allerdings zu anderen Unterscheidungen, da er sie nicht als eigentliches Wortbildungsmittel im Indogermanischen auffasst. Es bietet sich an, eine Trennung zwischen phonologischen und morphologischen Verfahren auch terminologisch auszudrücken. Darum wird empfohlen, den Begriff der Reduplikation in der Wortbildungslehre zu umgehen, um Mehrdeutigkeiten zu vermeiden. Lautmalereien wie *Kuckuck* sind lautlich, nicht morphologisch strukturiert. Auch *Wauwau, Klimbim, Popo, Papa, Larifari* oder *Tamtam* gehören nicht zu den Reduplikativkomposita, sondern zur Reduplikation, denn sie sind lautmalerisch und nicht aus Wörtern bzw. Grundmorphemen gebildet. Sie sind zu den Simplizia zu rechnen.

Lautliche Verdopplungen treten in der Kindersprache auf und sind nicht zu den morphologischen Verfahren zu zählen: Sie führen nicht zu Veränderungen in der morphologischen Struktur. In den besprochenen Fällen ist also sorgfältig zwischen den Bereichen Wortbildung (Reduplikativkompositum: *Hickhack*) und Lautlehre (Reduplikation: *Wauwau*) zu trennen.

Fälle wie *Kindeskind, Zinseszins* oder *Helfershelfer* sind Determinativkomposita, auch als Selbstkomposita bezeichnet.

Der Begriff Reduplikationsbildung wird einerseits in der Flexion für die Verdopplung morphologischer Elemente z.b. für die Pluralbildung verwendet, andererseits auch in der Wortbildung. Zur Wiederholung: In diesem Bereich bergen die etablierten Begrifflichkeiten die Gefahr einer Vermischung von lautlichen, z.b. onomatopoetischen Bildungen wie *wauwau*, und morphologisch strukturierten Formen.

Sonderfälle und Verwandtes

Jahrhundert, München-Nord, Berlin-Schöneberg, Whiskysoda, Ford-Taunus, VW-Golf oder *TV-heute* sind I n v e r s i o n s k o m p o s i t a, bei denen das zweite das erste Glied näher bestimmt: *Vierteljahr* 'ein bestimmtes Viertel, das Viertel eines Jahres'. Der Wortakzent liegt auf dem zweiten Glied.

Bei *Hohelied, Hohepriester, Langeweile, Dummerjungenstreich* ist die interne Flexion (Binnenflexion) bewahrt, die Wortstruktur ist nicht stabil, vgl. *ich habe Langeweile, vor Langerweile lese ich ein Buch.* Es handelt sich um Zusammenrückungen, vgl. auch *Gernegroß*. Ihr Status ist umstritten. Manche Abhandlungen fassen sie als Komposita auf, andere als Konversionen. In jedem Fall sollten ihre Besonderheiten aufgeführt werden.

Nicht mit den Komposita zu verwechseln sind Affixoidbildungen (*Riesenblödsinn*) oder Zusammenbildungen (*Dickhäuter*).

Affixoidbildung

Diese Wortbildungsart ist insofern umstritten, als sie in einigen Abhandlungen als nicht nötig angesehen wird. Sie fordern in jedem Fall eine Entscheidung zwischen Komposition und Derivation. Aufgrund der sich verändernden Semantik von *Riesenärger* oder *Affentheater*, nämlich von metaphorischer zu allgemein steigernder Bedeutung, zusammen mit systematischen Änderungen und einer noch wachsenden Zahl an Beispielen gelten in dieser Abhandlung Elemente im Grenzbereich von Kompositionsglied und Affix als Affixoide. Sie haben ein freies Pendant, von dem sie inhaltlich gelöst sind. Die Bildungen sehen zunächst aus wie Determinativkomposita. Jedoch verhalten sich die fraglichen Einheiten nicht mehr wie Kompositionsglieder, sondern wie Affixe, denn sie sind reihenbildend, platzfest und werden mit Stämmen kombiniert, aber nicht abgeleitet.

Bei den Affixoiden handelt es sich um ein dynamisches Konzept bzw. um eine offene Morphemklasse sowohl in ihrer historischen Entwicklung als auch bezüglich ihrer Klassifikation. Sprachgeschichtlich sind Präfixoide neu, während in der Vergangenheit bereits zahlreiche Kompositionsglieder zu Suffixen wurden.

Die Affixoide tragen zumeist eine affektive Mitbedeutung. Bei Präfixoidbildungen sind zudem die Akzentmuster anders als bei den Determinativkomposita.

Präfixoide

Präfixoide haben eine allgemein verstärkende Funktion. Bei einigen von ihnen kann zwar noch auf die ursprüngliche Bedeutung geschlossen werden – *Affengeschrei* 'ein Geschrei, wie es Affen machen'. Aber die steigernde, intensivierende Bedeutung dominiert zusehends, vgl. *Affenhitze, Affenarbeit, Affenschande, Affenkomödie*. Ganz wesentlich ist, dass der Bedeutungsverlust der betroffenen Konstituente nicht jeweils neu in der Zusammensetzung erfolgt. Vielmehr entstehen neue Bildungen mit und wegen der bereits veränderten Bedeutung der Einheit, die nun ihre Eigenständigkeit verliert. Im Gegensatz zu den Determinativkomposita tritt bei den Präfixoiden meist noch die Verlagerung des Wortakzents hinzu oder es gibt zwei Akzente, vgl. *Bómbenfund* 'der Fund einer Bombe', *Bòmbenfúnd* 'ein besonders wichtiger, besonderer Fund', *Spítzensportler* 'ein Sportler', der an der Spitze (der Welt) steht', *Spitzenspórtler* 'ein sehr guter Sportler', das kann auch ein Mitstudent sein, der einfach nur besser als andere ist. Oft werden solche Beispiele auch als Steigerungsbildungen bezeichnet, dies bezieht sich jedoch auf inhaltliche Aspekte und nicht auf die strukturelle Charakteristik. Die Präfixoidbildung ist produktiv, in einigen Formen des Deutschen wie der Jugendsprache hochproduktiv. Die Gruppe der Präfixoide wird gerade in solchen Varietäten ausgeweitet, wohl, weil sie sehr oft eine emotional-stilistische Komponente aufweisen.

Präfixoide sind beispielsweise
- *Affen-* 'sehr groß' (*Affentheater, Affenhitze, Affenspektakel, Affenschande, Affenarbeit, Affenliebe, Affensehnsucht* etc.)
- *Bilderbuch-* 'ideal' (*Bilderbuchehe, Bilderbuchfamilie, Bilderbuchheld, Bilderbuchlandung* etc.)
- *Bomben-* 'sehr groß' (*Bombenstimmung, Bombenfete, Bombenerfolg, Bombenfest, Bombengeschäft, Bombengeld* etc.)
- *Grund-* 'fundamental, wesentlich' (*Grundbaustein, Grundbedingung, Grundbestandteil, Grundeinheit, Grundfarbe, Grundgebühr, Grundlinie* etc.)
- *Haupt-* 'der/die/das wichtigste' (*Hauptbahnhof, Hauptsache, Hauptanschluss, Hauptmahlzeit, Hauptaugenmerk, Hauptperson* etc.)
- *Heiden-* 'sehr groß' (*Heidenangst, Heidenlärm, Heidengeld, Heidenspaß, Heidenprofit, Heidenspektakel* etc.)

- *Höllen-* 'sehr groß' (*Höllenlärm, Höllenqual, Höllentour, Höllenangst, Höllengeschrei, Höllenspektakel* etc.)
- *Hunde-* 'sehr groß' (*Hundeangst, Hundekälte*), 'sehr schlecht' (*Hundewetter, Hundearbeit, Hundeleben* etc.)
- *Mammut-* 'sehr groß' (*Mammutfilm, Mammutaufgabe, Mammutbetrieb* etc.)
- *Mords-* 'sehr groß' (*Mordsgeschrei, Mordshitze, Mordsglück, Mordsgefühl, Mordskrach, Mordskerl, Mordshunger, Mordsdurst, Mordsspektakel* etc.)
- *Ober-* 'sehr groß' (*Oberspinner, Obergauner, Oberbonze, Obermacker* etc.)
- *Pfunds-* 'sehr gut' (eher dialektal *Pfundskerl, Pfundswetter* etc.)
- *Riesen-* 'sehr groß' (*Riesenhunger, Riesenanstrengung, Riesenarbeit, Riesenbau, Riesenschritt, Riesenschwung, Riesenblamage* etc.)
- *Sau-* 'sehr schlecht' (*Sauwetter, Sauarbeit, Sauklaue, Saufraß, Sauwirtschaft, Saukerl* etc.) 'sehr groß' (*Sauangst, Saukälte, Sauhitze, Sauglück, Sauwut* etc.)
- *Scheiß-* 'sehr schlecht' (*Scheißarbeit, Scheißwetter, Scheißlehrer, Scheißkerl* etc.)
- *Schlüssel-* 'zentral, grundlegend' (*Schlüsselbetrieb, Schlüsselindustrie, Schlüsselfrage, Schlüsselfunktion, Schlüsselstellung, Schlüsselposition, Schlüsselproblem* etc.)
- *Schweine-* 'sehr schlecht' (*Schweinearbeit, Schweinekerl)* 'sehr viel' (*Schweinegeld, Schweineglück, Schweinedurst* etc.)
- *Spitzen-* 'sehr gut' (*Spitzenleistung, Spitzenvorlesung, Spitzendozentin, Spitzenfilm* etc.)
- *Traum-* 'sehr gut' (*Traumberuf, Traumfrau, Traummann, Traumfigur, Traumfrisur, Traumdozent* etc.).

Hiermit ist jedoch nicht der gesamte Fäkalbereich mancher Varietäten abgedeckt. Noch nicht als Präfixoid anzusehen sind *stink* und *Bären*. Dazu existieren noch zu wenig Beispiele, vgl. *Bärenhunger, Bärenkälte, Stinklaune, Stinkwut*.

Die Bedeutung des Gesamtausdrucks ist stets zu prüfen, denn neben den Präfixoidbildungen gibt es fast immer auch Determinativkomposita, z.B. *Riesenkampf* (zwischen Riesen, im Märchen), *Haupthaar, Bombenleger, Grundbuch, Spitzentanz, Höllenfürst*. In Zweifelsfällen helfen hier der Kontext und der Wortakzent weiter.

Suffixoide

Etwas anders erfolgt der Bedeutungsverlust vom Determinativkompositum zur Suffixoidbildung. Auch hier kommt es zu einer allgemeineren Semantik, jedoch meist im Sinne von Kollektivität. Das Determinativkompositum *Auto-*

werk ist ein Werk, das Autos produziert, dem stehen Kollektiva wie *Laubwerk* oder *Fachwerk* gegenüber.

Beispiele für Suffixoide sind
- *-gut* kollektiv (*Ersatzgut, Schnittgut, Frachtgut, Postgut, Pflanzgut, Schmelzgut, Ideengut, Stückgut, Saatgut, Wortgut* etc.)
- *-kraft* verallgemeinernd (*Fachkraft, Arbeitskraft, Schreibkraft, Nachwuchskraft* etc.), von der Bedeutung 'Stärke, Fähigkeit' entwickelt zu einer verallgemeinernden Bedeutung für Personen
- *-werk* kollektiv (*Astwerk, Backwerk, Blätterwerk, Buschwerk, Fachwerk, Flechtwerk, Laubwerk, Schuhwerk, Uhrwerk* etc.)
- *-wesen* kollektiv (*Auskunftswesen, Druckwesen, Gesundheitswesen, Haushaltswesen, Rettungswesen* etc.)
- *-zeug* kollektiv (*Werkzeug, Schuhzeug, Schreibzeug, Spielzeug, Nähzeug, Ölzeug* etc.).

Einen eigenen Stellenwert erhalten Eigennamen, die in Zweitstellung zu pejorativen (abwertenden) Gattungsbezeichnungen werden und auch reihenbildend auftreten, etwa *Trödelheini, Pfeifenheini, Filmheini, Reklameheini, Trödelfritze, Meckerfritze, Fernsehfritze, Autofritze, Trödelliese, Bummelliese, Meckerliese, Schnatterliese, Kleckerliese, Heulsuse, Transuse, Nölsuse*. Allerdings werden bzw. wurden auch die Eigennamen allein als pejorative Gattungsbezeichnungen verwendet (*so ein blöder Heini, du dumme Liese!*), und damit passen solche Beispiele nicht mehr zur Definition des Affixoidbegriffs, für den eine Bedeutungsveränderung gegenüber dem freien Pendant ausschlaggebend ist.

Übungsaufgaben zu 4.1. Grundlagen
1. Analysieren Sie morphologisch ausführlich *Wohnzimmertisch*!
2. Vergleichen Sie morphologisch *Dickmilch* und *Dickkopf, Farnwedel* und *Farnkraut, Fürstbischof* und *Weihbischof*!

4.2. Vertiefung

Wortbildungssemantik der Komposita

Die Analyse der Komposita nach ihrer Wortbildungsbedeutung ist aus mehreren Gründen oft sehr schwierig. Erstens einmal werden die semantischen Wortbildungsmuster der Determinativkomposita und ihre Klassifizierung in der Literatur stark uneinheitlich gehandhabt. Erben (2006: 75) zählt drei Hauptgruppen auf, Subjekttypus wie *Waschfrau*, Objekttypus wie *Falt-Karte* und Adverbialtypus wie *Halte-Stelle*. In Altmann/Kemmerling (2005: 104ff.) gibt es 53 wichtige Typen. Ortner et al. (1991) führen 34 Haupttypen an, die nochmals vielfach untergliedert werden. Bei Fleischer/Barz (1995: 98f.) sind es 17 Haupttypen, die ebenfalls weiter differenziert werden – um nur einige zu nennen. Die Gliederungen entsprechen sich nur mäßig. Ein anderes Problem ist die Terminologie selbst, die nicht so ohne Weiteres aus sich verständlich ist, auch bei Lateinkenntnissen nicht. Dann ist die Bedeutungsanalyse an sich schon höchst problematisch. Viele Wörter lassen sich mehreren Wortbildungsbedeutungen zuordnen. In anderen Fällen passt keiner der vorgeschlagenen Typen, dabei sind Ungenauigkeiten oft beabsichtigt und liegen in der Konstruktion des Wortes begründet. Dies alles führt dazu, dass die Bedeutung eines Wortbildungsproduktes besser mit einer knappen, aber sauberen Paraphrase, in der die Kompositiosglieder auftreten, dargelegt werden sollte, als einen Begriff aus einer der vielen Terminologieinventare heranzuziehen und ihn „irgendwie" dem Kompositum zuzuordnen. Der Aufwand, der für das Verstehen und Erlernen der Begrifflichkeiten nötig ist, rechtfertigt nicht das in der Regel magere Ergebnis der Anwendung. Da in vielen Fällen jedoch auf solche terminologisch fixierten Bedeutungsanalysen Wert gelegt wird, folgt ein Katalog der wichtigsten semantischen Wortbildungsmuster der substantivischen Determinativkomposita, und zwar in Anlehnung an Fleischer/Barz (1995), teils auch Ortner et al. (1991).

Die Bedeutung eines Determinativkompositums kann sein

agentiv	gibt den Handelnden, den Urheber an (*Obstverkäufer*)
äquativ	gibt ein Sein wie, ein Sein als, eine Gleichsetzung an (*Amateurpsychologe, Verlustgeschäft*)
dimensional	gibt eine Ausdehnung, ein Ausmaß an (*Hundertmeterlauf, Halbtagsjob*)

final	gibt eine Eignung, eine Bestimmung an (*Badeanzug, Gieß-kanne*)
graduativ	gibt eine Verkleinerung, eine Steigerung an (*Großkraft-werk, Kleinstlebewesen*)
instrumental	gibt ein Mittel an (*Benzinmotor, Sonnenenergie*)
kausal	gibt einen Grund, eine Ursache an (*Feuerschaden, Brems-geräusch*)
komparativ	gibt einen Vergleich an (*Beifallssturm, Puderzucker, Nadel-streifen*)
konstitutional	gibt die Teile an, aus denen etwas besteht (*Blumenstrauß, Menschengruppe*)
lokal	gibt den Ort an (*Ofentür, Westseite*)
modal	gibt die Art und Weise, die Beschaffenheit an (*Schnellver-band, Spurenelement*)
ornativ	gibt eine Ausstattung, ein Versehensein mit etwas an (*Hen-kelkorb, Lichterbaum*)
partitiv	gibt eine Teil-Ganzes-Beziehung an (*Computertastatur, Kinderhand*)
patiens	gibt das Betroffene an (*Hackfleisch*)
possessiv	gibt einen Besitzer oder den Besitz an (*Dorfwiese, Ölscheich*)
referenziell	gibt einen Bezug, ein Thema, eine Beziehung an (*Pressege-spräch, Tierfilm*)
substantiell	gibt den Grundstoff an (*Baumwollhandtuch, Metallschie-ne*)
temporal	gibt einen zeitlichen Aspekt an (*Abendrot, Sofortrabatt*)

Statt graduativ gibt es bei Steigerungsbildungen auch den Begriff augmentativ, bei Verkleinerungen diminutiv. Außerdem gibt es Metaphern – der *Fuchs-schwanz* ist eine Säge, die wie der Schwanz eines Fuchses aussieht, der *Finger-hut* ist eine Blume, deren Blüten wie ein Fingerhut aussehen. Die *Nachteule* wiederum ist im zweiten Teil metaphorisch zu verstehen als 'Mensch, der gern nachts aktiv ist'. Auch bei *Kindergarten* ist das zweite Glied eine Metapher, 'Einrichtung zur Betreuung von (etwa drei- bis sechsjährigen) Kindern'.

Bei einem Kompositum wie *Obstverkäufer* handelt es sich um eine agen-tive Bedeutung, da derjenige angegeben ist, der etwas mit dem Obst tut, am Obst handelt, nämlich, es zu verkaufen. Dies ist die Charakterisierung, die typischerweise mit dem Lexem verbunden ist. Sie kann, je nach Ko- bzw. Kontext, auch anders ausfallen. Andererseits haben sich auch Bedeutungsspe-zialisierungen eingebürgert. Ein *Badeanzug* ist nicht einfach ein Anzug, der für das Baden bestimmt ist (final), sondern der außerdem typischerweise eine bestimmte Form und ein bestimmtes Material aufweist. Das kann aber auch wieder in einer individuellen Situation aufgehoben werden – *Er schritt vom Altar direkt in den Swimmingpool und sein Designer-Badeanzug hinderte ihn am Schwimmen*. Daher dürfen die aktuellen Textzusammenhänge bei der semantischen Interpretation nicht vernachlässigt werden. Ein anderer Fall liegt vor bei *Dorfwiese*. Die Bedeutung ist possessiv, wenn die Wiese der Dorfgemeinschaft angehört. Liegt sie im oder beim Dorf, ist sie lokal. Dies wird allerdings nicht immer im Text oder durch Weltwissen deutlich. Denn unklare Beziehungen zwischen den Komponenten sind oftmals beabsichtigt.

Ausdrücklich soll auf zahllose weitere Möglichkeiten und Varianten, auf Mehrfachzuordnungen und Idiosynkrasien hingewiesen sein. Alle Terminologien und Klassifikationsvorschläge finden Kritik in der einen oder anderen Form.

Ortner et. al. (1991), Fandrych/Thurmair (1994).

Reduplikation und Reduplikativkomposition

Da der Begriff Reduplikation mehrdeutig ist, sollte er als Bezeichnung für einen phonologischen Prozess von der Reduplikativkomposition für Komposita oder allgemeiner Reduplikationsbildung unterschieden werden, die zur Gewinnung neuer Wortformen führt oder die Wortstämme verdoppelt.

Im Indogermanischen war Reduplikation nie ein Wortbildungsmittel, abgesehen von onomatopoetischen (lautmalerischen) Formen, so Henzen (1957: 260). Wilmanns (1899: 22) führt einige ahd. Bildungen auf wie *wi-wint* 'Wirbelwind', die er ebenfalls für onomatopoetisch hält. Meist dienten sie der Verstärkung. Es gab im Bereich der Flexion außerdem reduplizierende Perfektstämme, die allerdings nur noch im Gotischen feststellbar waren. Einige andere Sprachen hingegen verwenden heute die Verdoppelung von Wortmaterial als produktives Mittel für den Plural, etwa im Pangasinan, einer philippinischen Sprache, *amigo, amimígo* 'Freund, Freunde', *báley, balbáley* 'Stadt, Städte', *manók, manómanók* 'Huhn, Hühner' (Rubino 2008). Dabei kann die Verdopplung partiell sein, vgl. Samoanisch *matua* 'er ist alt', *matutua* 'sie sind alt' (Gleason in Becker 1990: 93) oder total, vgl. Thailändisch *dèk* 'Kind', *dèk dèk* 'Kinder'. Neben Numerus markieren verdoppelte Elemente eines Wortes aber auch Kasus-, Tempus- oder Aspektunterscheidungen u.a. (Rubino 2008), wiederholend und damit intensivierend bereits altindisch *annam-annam* 'Nahrung in einem fort', *divé-dive* 'Tag für Tag' (Henzen 1957: 258). Intensivierend ist auch die Reduplikationsbildung im Chinesischen *chingchuu* 'klar', *chingchingchuuchuude* 'vollkommen klar' (Chao in Becker 1990: 94).

Festzuhalten ist in jedem Fall, dass in vielen Sprachen der Welt die Reduplikationsbildung als morphologisches Verfahren produktiv existiert, im Gegensatz zum Deutschen. Ausnahmen bilden höchstens die Interjektionen (*jungejunge*). Reduplikation erscheint bei uns nur phonologisch, als Silbendopplung, in Kinderwörtern (*Pipi, baba, eiei*) oder bei Kosenamen wie *Lili, Mimi*. In manchen Texten der Literatur treten zwar Verdopplungen auf wie in „im Klein-Klein des Alltags" (Fleischer 1982: 235). Sie werden jedoch als Determinativkomposita verstanden. Donalies (2005, 2007) zählt auch Beispiele wie *Film-Film* dazu. Ortner et al. (1991: 124) führen als weitere Determinativkomposita *Jägerjäger* als 'Jagd von Photographen', *Rederede* und *Theater-Theater* auf, als Kopulativkompositum *Winter-Winter*.

Schindler (1991), Hurch (2005), Rubino (2008)

Kopulativkomposita

Erben (2004: 44) weist darauf hin, dass die meisten Kopulativkomposita als Schnittmengen der Bedeutung der Bestandteile aufgefasst werden. Ein Dichterkomponist ist einer der wenigen Komponisten, die auch Dichter sind bzw. einer der wenigen Dichter, die auch Komponisten sind. Namen sind oft rein additiv. Nordrhein-Westfalen umfasst die beiden Gebiete in ihrer Gesamtheit. Meist sind die Bedeutungsbeziehungen diffiziler zu sehen. Denn bei Personennamen entsteht ein neuer eigenständiger Ausdruck – die Person mit Namen *Karl-Heinz* ist nicht gleichzeitig *Heinz* und *Karl* und besteht auch nicht gleichzeitig aus *Karl* und aus *Heinz*. Die Himmelsrichtung *Nordost* steht für eine neue Richtung zwischen *Nord* und *Ost* (Pittner 1991). Häufig ist aber auch eine determinierende Lesart möglich, sodass viele Beispiele nur durch den Kontext oder aufgrund einer Definition als Kopulativkomposita erkannt werden können. Breindl/Thurmair (1992) führen hierzu zahlreiche nominale Zweifelsfälle auf.

Pittner (1991), Breindl/Thurmair (1992), Erben (2004)

Affixoide

Als endlos umstrittener Begriff gilt das Affixoid/Halbaffix. Bei der Analyse haben Sie die Wahl, zwischen Derivation und Komposition zu entscheiden und Fälle wie *Riesenärger* und *Flickwerk* einer der beiden Wortbildungsarten zuzuordnen. Als Alternative können sie eine dritte Wortbildungsart ansetzen. Sie ist wegen der mittlerweile großen Beliebtheit solcher Bildungen nötig geworden. Außerdem ist für die begriffliche Erschließung der betroffenen komplexen Lexeme, vor allem von Gelegenheitsbildungen, die Aufnahme der Präfixoide und Suffixoide in Wörterbüchern mit einer Erklärung des jeweiligen Affixoids wichtig. Damit wird die semantische Sonderstellung dieser Einheiten deutlich (Müller 1989). Zu den nachstehenden Ausführungen vgl. Elsen (2009d).

Bei einer Zweierteilung ergibt sich folgendes Problem – Affixe sind typischerweise einsilbisch und unbetont. Sie weisen wenig lautliches Material auf (*ver-, be-, ge-, -er*), wobei es natürlich auch zu Ausnahmen kommt, etwa *hetero-, un-, -ei, -schaft*. Ein Grundmorphem dagegen ist zumeist frei, aber auch hier finden sich Ausnahmen wie die Verbalwurzeln, die Konfixe und die unikalen Morpheme. Es ist betonbar, weist viel lautliches Material auf und kann aus vielen Silben bestehen. Tabelle (7) stellt Merkmale und morphologische Einheiten zusammen.

Tabelle 7: Zusammenfassung der Merkmale von Affixoiden (vgl. auch Elsen 2009d)

morpholog. Einheit	Beispiels-einheit	Beispiels-lexem	Merkmale							
			gebunden	feste Position	bildet automatisch Reihen	verbindet sich mit Affixen	lexikalische Bedeutung	freies lexikalisches Pendant	lautlicher Gehalt	akzentuierbar
Affix	*ge-, -ig, -er*	*Geäst, glasig, Kocher*	+	+	+	–	–	–	–	–
Präfixoid Suffixoid	*ober-, sau-* *-werk, -los*	*Obergauner, Sauordnung, Schuhwerk, sorglos*	+	+	+	–	-	+	+	+ -
freies lexikal. Morphem	*haus, schuh, stahl*	*Hausschuh, Türschloss, Stahltür*	–	–	–	+	+	0	+	+

Die Tabelle zeigt, dass sich die Affixoide weder eindeutig den Grundmorphemen noch den Affixen zuordnen lassen. Gebundenheit, Positionsfestigkeit, automatische Reihenbildung, die Unfähigkeit, sich mit Affixen direkt zu verbinden und die fehlende lexikalische Bedeutung haben sie mit den Affixen gemeinsam. Das trennt sie damit von Kompositionsgliedern. Gleichzeitig aber unterscheiden sie sich von den Affixen durch das freie Pendant und tendenziell mehr Lautgehalt. Denn Affixoide bestehen nie aus einer einzigen schwahaltigen Silbe mit einfacher Silbenstruktur, genauso wenig wie Lexeme. Sie sind damit lautlich noch nicht reduziert wie viele der bereits etablierten Affixe (*be-* vs. ahd. *bī, ver-* vs. ahd. *faur, fra, fair, -er* vs. lat. *arius*, vgl. Fleischer Barz 1995), sondern stehen den Wörtern noch nahe. Das Kriterium des freien Pendants lässt sich auf Kompositionsglieder nicht anwenden. Weiterhin unterscheiden sich Präfixoide von Gliedern im Determinativkompositum durch das Akzentmuster, vgl. *Bómbenfund,* 'Fund einer Bombe' mit *Bòmbenfúnd* 'außergewöhnlicher Fund'. Affixoide unterscheiden sich von Grundmorphemen positionell und semantisch, von Affixen lautlich und durch das freie Pendant. Dabei dürfen die Prä- und Suffixoide aber nicht gleich behandelt werden, denn zwischen ihnen gibt es genauso wie zwischen den Prä- und Suffixen Unterschiede. Denn erstens behalten die Suffixoidbildungen im Gegensatz zu den Präfixoidbildungen das Akzentmuster des Determinativkompositums bei, und zweitens sind die Produktivitätsgrade unterschiedlich. Im Prinzip entstehen beide über anfänglich metaphorische Verwendung (vgl. bereits Tellenbach 1985). Während aber die Präfixoidbildung äußerst vital ist, sind Suffixoide weniger häufig. Dies liegt wahrscheinlich daran, dass sich die Zweitglieder in Determinativkomposita als semantische Träger des Gesamtausdrucks weniger leicht desemantisieren lassen als die Erstglieder, die als Zusatzinformation inhaltlich flexibler sein dürften und sich bei häufigerem Gebrauch leichter „abnutzen". Damit wird der metaphorische Charakter der Zweitglieder, der für die Interpretation als Komposition wichtig ist, bewahrt und die inhaltliche Verselbstständigung der Einheit bleibt aus.

Die Bedeutungsentwicklung führt zu einem weiteren wichtigen Argumentationskomplex. Bei den Affixoidbildungen entstehen gewöhnlich aus einer Metapher per Analogie ein oder zwei weitere, die dann mit der Zeit die metaphorische Bedeutung einbüßen und Reihen bilden. Schließlich trägt das Affixoid selbst die veränderte Bedeutung und sie entsteht nicht erst in der Verbindung mit einem Grundmorphem. Dieser semantische Aspekt ist charakteristisch für diese Wortbildungsart, neben den Kriterien Reihenbildung und freiem Pendant. Natürlich sind im Bereich der Semantik eindeutige Definitionen oft schwierig, sodass es zu Unterschieden bei der Einordnung vieler Einheiten kommt. Sie entstehen aber auch beim Verzicht auf die Kategorie Affixoid. Eine mögliche Vorgehensweise ist deswegen, die gesamte Gruppe der durch ein Affixoid entstandenen Beispiele zu betrachten. Sie setzt sich meist aus eher metaphorischen (*Mordsangst*) und eher allgemeineren, z.B. steigernden Wörtern zusammen (*Mordsding, Mordshunger*) sowie aus Kandidaten, bei denen beides möglich ist, z. B. bei *Mordsgeschrei* 'Geschrei wie bei einem Mord', 'großes Geschrei'. Dann ist das Affixoid eine produktiv verwendete, semantisch sich verselbstständigende Einheit, die parallel in ihrer ursprünglichen Bedeutung frei vorkommt, wobei sich einige Bildungen nicht mehr als mit dem Einzellexem metaphorisch verwandt interpretieren lassen (*Bombenparty, Mordsglück*). Der Übergangscharakter zeigt sich auch strukturell, wenn sich ursprünglich komplexe Elemente wie *-trächtig* zu einer konzeptionellen Einheit mit Affixfunktion entwickeln.

Nach dieser Definition zählen *affen-, bomben-* oder *mords-* zu den Präfixoiden. Zwar mag *Affentheater* noch als 'Theater, wie es ein Affe macht' interpretierbar sein, aber bei *Affenarbeit* oder *Affenhitze* erscheint eine rein metaphorische Umschreibung nicht mehr passend.

Im Gegensatz dazu finden wir aber bei Formen mit *papst* oder *luxus* momentan nur metaphorisch begründete Bildungen. *Skipapst, Literaturpapst, Kulturpapst* und *Kunstpapst* spielen auf die erhöhte Sonderstellung eines Papstes an. Auch bei *Luxusartikel, Luxusvilla* oder *Luxusgeschöpf* bleibt es bei der Umschreibung 'luxuriös, kostspielig (gesonnen), in den Bereich des Luxus gehörend'. Da hier (noch) keine semantischen Verselbstständigungen zu verzeichnen sind, sollten *luxus* oder *papst* nicht zu den Affixoiden gerechnet werden. Diese Entscheidung gilt auf Grundlage von Beispielen einer ganzen Gruppe.

Dass wir es hier mit einer produktiven, selbstständigen Wortbildungsart zu tun haben, zeigen die Quereinsteiger, die bereits mit intensivierender Bedeutung und in Reihe verwendet werden ohne vorherige Analyse einzelner Komposita (beispielsweise *Scheiß-*, vgl. auch Decroos/Leuschner 2008). Die bisher behandelten Beispiele fungieren als Modellmuster für vor allem jugendsprachliche, also nicht unbedingt langlebige Formen mit *Dreck-, Hammer-, Kack-, Killer-, Kult-, Panne-, Sahne-, Schrott-* etc.

Neben dem von einzelnen metaphorischen Komposita unabhängigen Verhalten bedeutet die Verselbstständigung des Musters und die unverkennbare Produktivität ein wichtiges Argument für die Annahme einer Wortbildungsart Affixoidbildung. Denn die Gruppe der sich ähnlich verhaltenden Einheiten ist groß und wächst an. Auch wenn es zu problematischen Fällen in den Übergangszonen von Determinativkomposition, Affixoidbildung und Derivation kommt, darf nicht vergessen werden, dass die Trennlinie zwischen Komposition und Derivation noch weit weniger eindeutig ist. Aber in diesem Bereich gibt es eine große und vor allem wachsende Gruppe von Wortbildungen, die weder klar dem einen noch dem anderen Typ zugeordnet werden können und die sich systematisch ähnlich und relativ kohärent verhalten; daher der Bedarf an einer dritten Kategorie neben Komposition und Derivation. Darüber hinaus treten vergleichbare Entwicklungen auch in anderen Sprachen auf (Bauer 1983, Bauer 2005, Booij 2005, Decroos/Leuschner 2008, Van Goethem 2008, Leuschner/Wante 2009, Leuschner 2010). Außerdem schließen die Präfixoide als synthetische Elativformen eine morphologische Lücke im Deutschen, vgl. *groß, größer, riesengroß, am größten.*

Auffällig ist, dass es auch bei den Wortarten Adverb (-*weise*) und Verb (Partikelverben) zu vergleichbaren Problemmorphemen kommt, ohne dass jedoch der Begriff des Affixoids angewendet würde, mit Ausnahme von Simmler (1998) und Erben (2006). Er fasst solche Elemente als affixartig zusammen. Zur Abgrenzung zu solchen Elementen bei Adverb und Verb vgl. die entsprechenden Abschnitte dieses Buches.

Duden (2002), Sánchez Hernández (2009), Elsen (2009d), Leuschner/Wante (2009)
Semantische Aspekte der Nomen: Motsch (2004)
Unikale Morpheme: Simmler (2002)

Übungen zu 4.2. Vertiefung

1. Suchen Sie passende Determinativkomposita für die Strukturbäume!

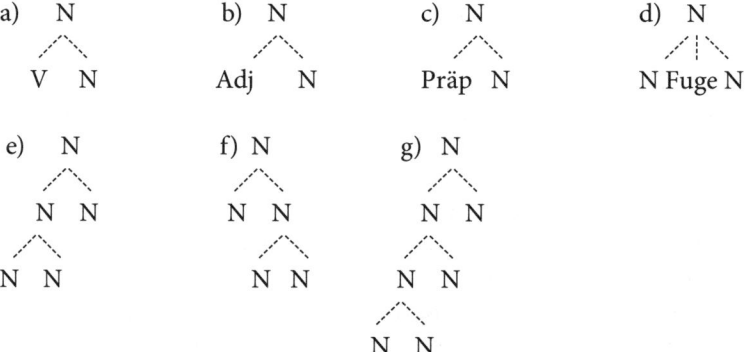

2. Warum gibt es keine Determinativkomposita mit folgender Struktur?

3. Diskutieren Sie den Unterschied zwischen *Affenkäfig* und *Affenhitze*!

5. Nomen – Wortbildung II

5.1. Grundlagen

Explizite Derivation

Präfigierung

Während die Komposition im Deutschen sehr stark genutzt wird, rangiert die Derivation nur an zweiter Stelle, dabei ist bei den Nomen die Suffigierung weit häufiger vertreten als die Präfigierung.

Die nominalen Präfixe treten überwiegend an substantivische Basen. Typische semantische Wortbildungsmuster sind:

> Augmentation (Steigerung), vgl. *Erzfeind*
> Negation, vgl. *Ungeduld*
> Kollektion (drückt eine Gesamtheit aus, für Sammelbegriffe), vgl. *Geäst*
> Taxation (taxierende Bewertung), vgl. *Missheirat*
> pejorative (abwertende) Bedeutung, vgl. *Unmensch*
> iterative (wiederholende) Bedeutung, vgl. *Geklingel*

Bei den Substantiven gibt es nur wenig indigene Präfixe. Wir haben lediglich *ge-*, *miss(e)-*, *un-* und *ur-*. Sie sind bis auf *ge-* betont. In den folgenden Kapiteln sind heimische und fremde, also nicht assimilierte Affixe getrennt behandelt, da sie sich unterschiedlich verhalten. Außer bei *ge-*, das zu Neutra führt, bleibt das Genus der Basis erhalten.

Die folgende Tabelle (8) stellt die indigenen Präfixe, die Wortart der Basen und die Bedeutungen mit Beispielen zusammen. Sie ist gezielt als Hilfe für die Analyse gedacht. Affixe bilden zusammen mit der Wortart der Basis und dem semantischen Typus ein W o r t b i l d u n g s m u s t e r , das mehr oder weniger produktiv ist. Die produktiven heimischen Präfixe sind alphabetisch geordnet (Spalte 1). Es folgt die Wortart der Basis (Spalte 2). In Spalte (3) sind Beispiele und die wichtigsten Bedeutungsaspekte auf einer allgemeinen Ebene aufgeführt. Dabei muss die Möglichkeit von Einzelformen mit eigener bzw.

idiomatisierter Bedeutung stets berücksichtigt werden. In Spalte (4) folgen
Anmerkungen.

Tabelle 8: Die produktiven heimischen Präfixe der Nomen

1	2	3	4
Präfix	**Basis**	**Beispiele, Bedeutung**	**Anmerkungen**
erz-	Substantiv	steigernd (*Erzfeind, Erzübel, Erzgauner*)	zu gr. *archi-* 'der Erste, Oberste', mittlerweile eingedeutscht
ge-	Substantiv	kollektiv (*Geäst, Gebälk, Gebüsch, Gestein, Gemäuer*)	bei Substantiven nicht mehr produktiv, heute undurchsichtig *Gewand, Gewicht, Gespenst, Gemüse, Genick, Geweih, Geländer*; die ursprüngliche soziative Bedeutung ist nicht mehr produktiv und bis auf eventuell *Gefährte* undurchsichtig geworden, vgl. *Genosse, Geselle*
	Verb	iterativ (*Geklingel, Geflatter, Gebräu, Gebrüll*)	
miss-	Substantiv	taxierend, 'falsch/schlecht' (*Misserfolg, Missernte, Missetat, Missheirat*)	nicht sehr produktiv
un-	Substantiv	negativ, Gegenteil bzw. taxierend (*Unmensch, Ungeduld, Unart, Untiefe*), steigernd (*Unmenge*)	idiomatisiert *Unfall, Unrat*; undurchsichtig *Ungetüm, Unflat, Unhold*
ur-	Substantiv	'ursprünglich', Herkunft (*Urahne, Urmensch, Urzeit*), auch verstärkend, eventuell taxierend (*Urbayer, Urfreak*)	idiomatisiert *Urwald*

Bei folgenden Beispielen handelt es sich um Determinativkomposita mit *Erz*
'Metall enthaltendes Mineral': *Erzwäsche, Erzader, Erzgang. Missbilligung,
Missachtung* oder *Misshandlung* stammen von *missbilligen* etc. und sind somit
Suffigierungen. *Misstrauen, Missfallen* und *Missbrauch* hingegen sind Konversionen aus einem Verb. *Unabhängigkeit, Unbescheidenheit* oder *Unsicherheit* sind doppelt motiviert, da sie entweder durch *un-*-Derivation des Nomens
oder durch Derivation des jeweiligen Adjektivs entstanden sein können. Bei
Gebirge handelt es sich um eine *ge-*Präfigierung, bei der sich der ehemalige

Vollvokal der Endsilbe zu *e* abschwächte. Es ist wie auch *Geäst* oder *Gestein* eine Kollektivbildung.

Fremdsprachliche Präfixe dominieren zahlenmäßig, sie sind jedoch im Gebrauch wesentlich eingeschränkter als die indigenen. Ihre Bedeutung bringen sie aus der Gebersprache mit. So heißt *multi* 'vielfach' und bildet beispielsweise *Multitalent, Multipol* oder *Multivalenz*. Oft besitzen sie gleichlautende Pendants bei den Präfixen für Adjektive, vgl. *multidimensional, multifunktional*.

Suffigierung

Wortbildungsmuster

Bei den Nomen gibt es zahlreiche Suffixe, die hinsichtlich Ableitungsbasis und Bedeutung stark aufgefächert sind. Dabei ist auf die Möglichkeit von Allomorphie zu achten. Denn in manchen Fällen treten Varianten auf. So entwickelten sich zu *-ei* (aus dem Altfranzösischen) die Varianten *-erei* und *-elei,* und *-heit* hat die Varianten *-keit* und *-igkeit*. Diese Allomorphien sind geschichtlich bedingt. Viele Derivationsaffixe entwickelten sich aus Wörtern wie *-tum* aus mhd. *tuom* 'Herrschaft, Urteil' oder *-heit* aus mhd. *heit* 'Art und Weise, Eigenschaft'. Daher liegen einigen Derivaten Komposita zugrunde, vgl. ahd. *fiorteil*, mhd. *vierteil, viertel* 'der vierte Teil', 'Viertel'.

Wie bereits bei den Präfixen erwähnt bilden Affixe zusammen mit der Basis und dem semantischen Typus ein Wortbildungsmuster, das mehr oder weniger produktiv sein kann. Darum muss für jedes Suffix wieder nach der Wortart der Basis gefragt werden, in der Regel Verb, Adjektiv oder Substantiv. Entsprechend heißt die Ableitung deverbal, deadjektivisch oder desubstantivisch bzw. denominal. Es lassen sich jedoch auch Adverbien, Zahlwörter/ Numeralia, Namen oder auch Wortgruppen ableiten. Im letzten Fall handelt es sich dann um die Wortbildungsart Zusammenbildung. *Lehrer* ist deverbal, *Musiker* ist desubstantivisch, *Gläubiger* ist deadjektivisch, *Berliner* ist die Ableitung von einem Namen, *Vierer* von einer Numerale, *Dachdecker* von einer Wortgruppe. Die jeweiligen Basen sind *lehr(en), Musik, gläubig, Berlin, vier, Dach deck(en)*.

Wortbildungsemantik

Ein Suffix kann verschiedene Bedeutungsveränderungen hervorrufen, *-chen* beispielsweise wirkt verkleinernd (diminutiv) bzw. verniedlichend. Die verkleinernde Bedeutung ist die ursprüngliche, die vor allem in den Mundarten gern um eine affektive Komponente erweitert oder sogar durch diese ersetzt wurde. *Kindchen* ist ein kleines Kind. Bei *Monsterchen*, das von der Eigenbedeutung her nur für große Wesen Verwendung findet, dürfte eine freundliche, zärtliche, verniedlichende Bedeutungsnuance dominieren. Einige Suffixe transportieren negative Bedeutungsaspekte, sie sind pejorativ (*Singerei*). Wenn eine soziale Beziehung ausgedrückt wird, tritt auch der Begriff Soziativum auf (*Mitbewohner*). Wichtig ist der Begriff M o t i o n , auch Movierung, für die Ableitung einer andersgeschlechtlichen Personen- oder Tierbezeichnung wie bei *Freundin, Friseuse, Witwer, Mäuserich*. Gesellschaftlich bedingt werden meist Frauen- von Männerbezeichnungen abgeleitet.

Folgende semantische Typen sind gängig:

allgemeine Sachbezeichnung, vgl. *Kleidung, Fläche*
andersgeschlechtliche Entsprechung (Motion, Movierung), vgl. *Schülerin, Hexer*
Bewohnerbezeichnung, vgl. *Schweizer*
Bezeichnung für ein soziales Miteinander (Soziativum), vgl. *Mitbewohner*
Bezeichnung für Personen, die eine Situation erleiden, an denen sich eine Handlung vollzieht (Nomen patientis), vgl. *Prüfling*
Bezeichnung mit abwertender Bedeutung (Pejorativum), vgl. *Gefrage, Fragerei*
Eigenschaftsbezeichnung (Nomen qualitatis), vgl. *Blässe, Ehrlichkeit*
Gerätebezeichnung (Nomen instrumenti), vgl. *Kocher, Säge*
Handlungs-, Vorgangsbezeichnung (Nomen actionis), vgl. *Prüfung, Abstecher*
Ortsbezeichnung (Nomen loci), vgl. *Gärtnerei, Gefängnis*
Personenbezeichnung (Nomen agentis), vgl. *Lehrer, Witzbold, Flüchtling*
Sammelbezeichnung (Kollektivum), vgl. *Christenheit, Ärzteschaft*
Tier- bzw. Pflanzenbezeichnungen, vgl. *Röhricht, Pfifferling, Sperling*
Verkleinerungsbildung (Diminutivum), vgl. *Kätzchen, Kindlein*
Zahlen/Numerale, vgl. *Vierer*
Zustandsbezeichnung (Nomen acti), oft als Ergebnis, vgl. *Erzeugnis, Feindschaft*

Produktive heimische Suffixe

In der folgenden Tabelle (9) sind die produktiven indigenen Suffixe alphabetisch geordnet (Spalte 1). Aufgenommen wurden auch die praktisch nicht mehr produktiven Suffixe {-bold, -el, -ian, -sal}, da sie noch geringfügig dialektal gebräuchlich sind. Es folgt die Wortart, die als Basis dient (Spalte 2). In Spalte 3 sind Beispiele und die wichtigsten Bedeutungsaspekte auf einer allgemeinen Ebene aufgeführt. Dabei muss wieder die Möglichkeit von Einzelformen mit eigener bzw. idiomatisierter Bedeutung berücksichtigt werden. Das Genus des Ableitungsproduktes ist ebenfalls angegeben (M., F., N.). Es folgen Anmerkungen (Spalte 4), beispielsweise, ob ein Suffix Umlaut auslöst, ob es besonders stark oder schwach produktiv ist, ob es zu Varianten kommt, zu Fugen wie bei *-tum* oder *-schaft*, zu Lauteinschub (Epenthese) wie bei *-er* (*Afrika-n-er*) etc. Heimische Konsonanteneinschübe verhindern das Aufeinandertreffen von Vokalen (**Afrikaer*, **Wüsteei*) oder gleichen Konsonanten (*Kenntnis*) und sind lautlich bedingt. Bei der Suffigierung verlieren manche Basen die unbetonte Endung, meist das *e* (*Vogel* – *Vöglein*, *Spiegel* – *Spieglein*, *Mühe* – *Mühsal*). Auf solche Allomorphe wird nicht eigens verwiesen. Die Suffixe sind bis auf *-ei/-erei/-elei* unbetont. Hierbei handelt es sich um eine Entlehnung und nicht um ein ursprünglich heimisches Suffix, dass jedoch mittlerweile assimiliert wurde – bis auf den Akzent.

Tabelle 9: Die produktiven heimischen Suffixe der Nomen

1	2	3	4
Suffix	**Basis**	**Beispiele, Bedeutung**	**Anmerkungen**
-bold	Substantiv	M., Person, pejorativ (*Witzbold, Tugendbold, Saufbold, Raufbold, Trunkenbold*)	kaum bis gar nicht mehr produktiv
	Verb		
-chen	Substantiv	N., verkleinernd, verniedlichend (*Kindchen, Fingerchen, Monsterchen*)	Umlaut nicht durchgängig, vgl. *Hündchen, Karlchen, Frauchen*; hochproduktiv; auch *-elchen*: *Dingelchen*, idiomatisiert *Frauchen*, undurchsichtig *Veilchen, Märchen*, regionale Varianten u.a. *-ke*; zu Verben *Nickerchen, Prösterchen*
	Adjektiv	N. (*Dummchen, Kleinchen*)	deutlich seltener, idiomatisiert *Frühchen*
-e	Substantiv	M., Wissenschaftler (*Geologe, Biologe*), Bewohner (*Mongole*)	für Wissenschaftler nur bei Konfixen, bei Bewohnern auch unselbstständige Stämme; bei Bewohnern auch mit Epenthese *Chinese, Sudanese, Kongolese*
	Adjektiv	F., Eigenschaft (*Dicke, Bläue, Höhe*), Gegenstand (*Fläche, Säure*)	oft mit Umlaut *Blässe*, undurchsichtig *Hitze* zu *heiß*
	Verb	F., Ort (*Kippe, Bleibe*), Sache (*Liege, Binde*), Vorgang (*Suche*), Abstraktum (*Liebe*)	jugend- bzw. umgangssprachlich sehr produktiv, vgl. *Anmache, Sause, Biege*; ältere Formen auch mit Ablaut, vgl. *Grube, Gosse*
	Wortgruppe	F. (*Inbetriebnahme*)	dies ist dann Zusammenbildung
	Sonstiges	F., vom Adverb (*Bälde*), Motion (*Cousine*)	von Adverbien unproduktiv

1	2	3	4
Suffix	**Basis**	**Beispiele, Bedeutung**	**Anmerkungen**
-ei, *-elei,* *-erei*	Substantiv	F., Ort (*Pfarrei, Ziegelei, Gärtnerei, Bücherei*), Tätigkeit, pejorativ (*Ferkelei, Teufelei, Dieberei*), kollektiv (*Staffelei, Häkelei*)	betont; bereits im Mhd. entlehnt; mit Konsonanteneinschub *Wüstenei*
	Verb	F., Tätigkeit pejorativ (*Schreierei, Heuchelei*), Sache pejorativ (*Schmiererei*), neutral (*Stickerei*)	
	Wortgruppe	F., pejorativ (*Augenwischerei*)	dies ist dann Zusammenbildung
-el	Substantiv	M., F., N., Zugehörigkeit (*Ärmel, Eichel*), diminutiv (*Büschel, Krümel*)	die Wörter sind idiomatisiert, nur noch diminutiv produktiv in Dialekten
	Verb	M. (*Deckel, Hebel*)	
-er	Substantiv	M., Sache (*Frachter*), Person (*Statiker*), Bewohner (*Berliner*), Zugehörigkeit (*Eisenbahner*), Motion (*Witwer*)	hochproduktiv; Nomina agentis und Berufsbezeichnungen aus lat. *-ārius, -ārium*; mit Konsonanteneinschub *Amerikaner, Tokioter, Ecuadorianer*; fachsprachlich produktiv in der Bedeutung 'Maschine', vgl. *Mischer, Heber, Bohrer, Brenner*; manche Formen mehrdeutig *Schreiber*; selten auch Tiere *Würger*
	Verb	M., Person (*Denker*), vor allem Beruf (*Lehrer*), Gerät (*Kocher, Wecker*), menschlicher Akt, meist einmalig (*Hopser, Ausrutscher, Seufzer, Rülpser*)	
	Adjektiv	M. (*Gläubiger, Schuldiger*)	unproduktiv
	Wortgruppe	M. (*Buchbinder, Wichtigtuer, Liebhaber*)	dies ist dann Zusammenbildung
	Sonstiges	M., von Numeralen (*Fünfer*)	
-erich, *-rich*	Substantiv	M., Motion (*Enterich, Täuberich*), Person, fachsprachlich (*Fähnrich*)	selten, aber produktiv okkasionell in scherzhafter Absicht *Dummerich, Elferich, Flatterich*, früher auch Pflanzenbezeichnungen *Wegerich, Knöterich*
	Verb	M., Person, pejorativ (*Wüterich, Würgerich*)	

1	2	3	4
Suffix	**Basis**	**Beispiele, Bedeutung**	**Anmerkungen**
-heit, *-igkeit*	Substantiv	F., kollektiv (*Menschheit*), abstrakt (*Kindheit, Frechheit*)	zu mhd. *heit* 'Art und Weise, Eigenschaft'; *-heit* auch zu Zahlen *Dreiheit*, wichtig für Bildung von Adjektivabstrakta; Hauptfunktion ist die Nominalisierung, viele Bildungen sind (teil)idiomatisiert *Gemeinheit*
	Adjektiv	F., Eigenschaft (*Genauigkeit, Klugheit, Abgeschlossenheit*) Gegenstände (*Flüssigkeit*)	
-keit	Adjektiv	F. (*Erblichkeit*)	
-i	Substantiv	M., N., F., meist Personen-, selten auch Gegenstandsbezeichnungen, teils neutral (*Profi, Pulli*), teils affektiv (*Studi, Mutti, Fritzi*), teils diminutiv (*Käppi*)	meist gleichzeitig mit Kurzwortbildung; okkasionell, scherzhaft verschiedene Wortarten der Basen möglich *Brummi, Blödi, Knasti, Knacki, Schlaffi, Schwuli*, reine Diminutivfunktion nur dialektal ⚠ nicht zu verwechseln mit reinen Kurzwörtern (*Uni, Abi*)
-ian, *-jan*	Adjektiv	M., Personenbezeichnung, pejorativ (*Blödian, Grobian, Poltrian*)	kaum bis nicht mehr produktiv; historisch teilweise aus *Jan*; *Schlendrian* heute übertragen für zu gemächliche Arbeitsgewohnheiten
	Verb		
-in	Substantiv	F., Motion (*Freundin, Gattin*)	sehr produktiv; im Austausch mit *-e Botin, Philologin*, auch mit Umlaut *Gräfin*
-lein	Substantiv	N., verkleinernd, verniedlichend (*Ringlein, Fingerlein, Monsterlein*)	Umlaut bei umlautfähigem Vokal *Häuslein*, produktiv, idiomatisiert *Fräulein*, zahlreiche regionale Varianten, u.a. *-le, -el, -li, -l*
-ler	Substantiv	M., Person (*Postler, Dörfler, Abweichler*)	für Tiere oder Pflanzen nicht mehr produktiv (*Korbblütler*)
	Verb		
	Wortgruppe	M., Person (*Freiberufler*)	dies ist dann Zusammenbildung

1	2	3	4
Suffix	**Basis**	**Beispiele, Bedeutung**	**Anmerkungen**
-ling	Substantiv	M., Person (*Dichterling*), Tier (*Stichling*), Sache (*Fäustling*)	bei Personen oft mit pejorativer Komponente; mit Wegfall von *-lich Widerling*, idiomatisiert *Schmetterling, Frühling*, undurchsichtig *Pfifferling, Engerling*
	Adjektiv	M., Person (*Naivling, Neuling*), Pflanze (*Säuerling*), Tier (*Frischling*), Sache (*Rohling*)	
	Verb	M., Nomen patientis (*Prüfling, Lehrling*), Nomen agentis (*Eindringling*), Sache (*Steckling*), Vorgang (*Bückling*)	
	Numerale	M. (*Erstling, Zwilling, Fünfling*)	
-ner	Substantiv	M., Person (*Glöckner, Pförtner, Schuldner*)	teils mit Umlaut; ⚠ nicht zu verwechseln mit *-er* mit Konsonanteneinschub *Amerikaner*
-nis	Substantiv	F., N. (*Bildnis, Bündnis, Kümmernis*)	unproduktiv, häufig Umlaut, idiomatisiert *Zeugnis*
	Adjektiv	F., N. (*Wildnis, Geheimnis, Finsternis*)	unproduktiv
	Verb	F., N., Vorgang (*Besäufnis, Wagnis*), Sache (*Erzeugnis, Gefängnis*)	häufig Umlaut, mit Epenthese *Kenntnis*, idiomatisiert *Gedächtnis*
-s	Substantiv	N. (*Dings, Zeugs*)	außer in Dialekten praktisch nicht mehr produktiv
	Verb	M. Vorgang (*Knicks, Mucks, Pieps*), Zustand (*Schwips*), Sache (*Klops, Klecks*)	
-sal, -sel	Substantiv	F. (*Mühsal*)	*-sal* nicht mehr produktiv, undurchsichtig *Scheusal* (urprl. zu *scheuchen*)
	Adjektiv	F. (*Trübsal*)	
	Verb	N., meist Sachen (*Rinnsal, Rätsel, Mitbringsel*), pejorativ (*Anhängsel*)	

1	2	3	4
Suffix	**Basis**	**Beispiele, Bedeutung**	**Anmerkungen**
-schaft	Substantiv	F., Zustand (*Freundschaft*), kollektiv (*Dienerschaft, Herrschaft*), Ort (*Grafschaft*), Eigenschaft (*Kennerschaft*)	zu ahd. *scaffan* 'schaffen'; idiomatisiert z.B. *Botschaft, Wirtschaft*, teils mit Fuge *Beamtenschaft*
	Adjektiv	F. (*Bereitschaft, Schwangerschaft*)	unproduktiv
	Verb	F., Zustand (*Gefangenschaft*), kollektiv (*Belegschaft*), Ergebnis/Sache (*Errungenschaft*),	
-sche	Substantiv	F., Motion (*Doktorsche, Bäckersche*)	nur regional, niederdt.
-tel	Numerale	N., Bruchteil (*Fünftel*)	zu *Teil*; idiomatisiert z.B. *Viertel* 'Siedlungsteil'
-tum	Substantiv	N., kollektiv (*Beamtentum, Rittertum*), Eigenschaft (*Kennertum*), Herrschaftsgebiet (*Fürstentum*), Denkrichtung (*Luthertum*)	zu ahd. *tuom* 'Urteil, Macht' teils mit Fuge
	Adjektiv	M., N. (*Reichtum, Heiligtum*)	
	Verb	M., N. (*Irrtum, Wachstum, Siechtum*)	unproduktiv
-ung	Substantiv	F., kollektiv (*Satzung, Kleidung, Waldung*)	schwach bis nicht mehr produktiv
	Adjektiv	F. (*Festung, Teuerung*)	unproduktiv
	Verb	F., Vorgang/Zustand (*Handlung, Verzweiflung*), Ergebnis (*Rettung*), Sache (*Sammlung, Kupplung*), kollektiv (*Regierung*), Person (*Bedienung*), Ort (*Ansiedlung*)	sehr produktiv; idiomatisiert z.B. *Innung, Schöpfung, Losung*, undurchsichtig z.B. *Böschung*
	Wortgruppe	F. (*Farbgebung*)	dies ist dann Zusammenbildung

Zu -*werk*, -*wesen* vgl. Suffixoide, zu -*icht* vgl. unproduktive Suffixe

Gelegentlich treten auch Fälle von Doppelmotivation auf, wenn zwei Stämme infrage kommen, Nomen oder Verb, wie bei *Geiger, Scherzbold, Erbschaft* oder *Liebling.*

Um ungefähr gleichzeitige Entlehnungen aus dem Französischen handelt es sich bei *rollen/Rolle* und *duschen/Dusche,* sie sind im Deutschen morphologisch nicht voneinander abhängig.

Die nichtnativen Suffixe funktionieren ähnlich, allerdings ist die Ableitungsgrundlage häufig kein indigener Wortstamm, sondern ein Konfix, das im Deutschen nicht wortartgebunden interpretiert werden kann (*Hyster-ie, Hyster-iker, hyster-isch*). Die Produktivität ist selten so ausgeprägt wie bei einigen heimischen Suffixen. Das Affix {-ant} mit der Variante {-ent} beispielsweise tritt an Substantive (*Asylant, Fabrikant*) oder Konfixe (*Dirigent*) und bildet Nomina agentis, daneben treten idiomatisierte, nicht analysierbare Formen auf (*Konsonant, Kontinent*). Das Suffix {-ie} tritt an Substantive und bildet Kollektiva (*Aristokratie*) oder Bezeichnungen für Staatsformen (*Monarchie*) oder Wissenschaften (*Philosophie*). Es tritt auch an Adjektive (*Anomalie*) oder an Konfixe (*Aphatie, Hierarchie, Hysterie*). Das Suffix {-iker} bildet Personenbezeichnungen und tritt an Substantive (*Alkoholiker*) oder Konfixe (*Historiker*).

Für die Analyse ist die semantische Wortbildungsstruktur (Bedeutungstyp), eine Paraphrase sowie ein Kommentar zur Produktivität anzugeben. Die Semantik hängt oft mit der Basis der Ableitung zusammen, darum ist ein Suffix möglichst in Verbindung mit der Basis zu betrachten, weil es schon hier zu Auffälligkeiten kommen kann. Bei *Blinker* bildet das deverbale *-er* eine Gerätebezeichnung, dieses Wortbildungsmuster ist produktiv. Bei *Musiker* bildet das denominale *-er* eine Personenbezeichnung, auch dieses Muster ist produktiv. Unproduktiv sind deadjektivische *er*-Ableitungen wie in *Gläubiger.* Bei *Sensibelchen* tritt das *-chen* an ein Adjektiv, dies ist eher selten, in diesem Fall umgangssprachlich. Schließlich sollten Sie auch Idiomatisierungen erkennen: die Begriffe *Männchen* und *Weibchen* bezeichnen männliche bzw. weibliche Tiere und haben nichts mit einer verkleinernden Bedeutung zu tun. *Kaninchen, Veilchen, Mädchen* und *Frettchen* sind strukturell noch insofern durchsichtig, als das Suffix erkennbar ist, aber der Stamm heute nicht mehr, es sind Simplizia.

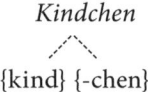

　　　Kindchen

　　{kind} {-chen}

Kindchen	Nomen, explizite Derivation durch Suffigierung, 'kleines Kind', Diminutivum, motiviert, produktiv
{kind}	Nominalwurzel, lexikalisch, frei
{-chen}	Derivationssuffix, gebunden, grammatisch

Das Suffix hat auch eine lexikalische Bedeutung, hier 'klein'. Die Einordnung als grammatisches Morphem ist daher grenzwertig.

Zirkumfigierung

Bei den produktiven Zirkumfixen der Nomen gibt es nur eines, {ge-e}. Es tritt an Verben. Die Wirkung ist überwiegend pejorativ, wenn das Ergebnis Nomen actionis sind bei wiederkehrender oder anhaltender Handlung, vgl. *Gesinge* gegenüber *Gesang*, *Gepfeife* – *Pfiff*, *Gefluche* – *Fluchen*, weiter *Gelache*, *Geturne*, *Gefrage*, *Geklopfe*, *Getute*, *Gequake*. Dieses Muster ist besonders in stilistisch geprägten Varietäten des Deutschen wie der Umgangssprache oder der Jugendsprache sehr produktiv. Auch die Ableitung von komplexen Verben ist möglich. Dann erscheint der erste Teil des Zirkumfixes im Wort, vgl. *Herumgetue*. Fremdsprachliche Verben mit trennbarem Präfix sind allerdings so nicht ableitbar (**Nachgejustiere*). Die Semantik früherer Bildungen ist breiter. Instrumentalbildungen sind *Gebläse*, *Getriebe*. Ergebnisse bezeichnen z.B. *Gedanke*, *Gefüge*, *Geleit*, *Gebäck*. Bei letzteren fehlt das *-e*. Dies ist historisch bedingt und auch bei anderen Beispielen der Fall, etwa *Geschmack*, *Gewimmel*, *Geplauder*, *Getrampel*. Allerdings gibt es auch Präfigierungen mit *ge-*, bei denen im Laufe der Zeit der Endvokal zu heute unbetontem *-e* wurde, vgl. *Gebirge* (ahd. *gibirgi*), *Gefilde* (ahd. *gifildi*), *Gesinde* (ahd. *gisindi*). Hier entstanden Kollektivbildungen wie auch bei *Gemäuer*, *Gestein*, die von Substantiven ableiten. Dazu gehören schließlich auch die iterativen *ge*-Bildungen *Geflatter*, *Geklapper* zu Verbstämmen, die auf das wiederholte Tun verweisen.

Durch die lautlichen Veränderungen sind die ursprünglichen morphologischen Abläufe heute in den Lexemen nicht mehr nachvollziehbar. Neben *ge*+N, kollektiv für zusammengehörig empfundene Dinge, stehen sich heute produktiv gegenüber *ge*+V, iterativ, und *ge-e*+V, pejorativ. Das Abgrenzungsmerkmal zwischen den *ge-* und den *ge-e*-Ableitungen ist letztendlich die Semantik, denn gerade die neuen Ableitungen von Verben durch *ge-e* vermitteln eine pejorative Wertung. Insgesamt aber sind Analysen solcher Wörter nicht ohne morphologische Grundkenntnisse möglich. Darum wird teilweise nur ein Präfix mit einem Allomorph *ge-e* angenommen.

Statt Zirkumfigierung findet sich auch der Begriff der kombinatorischen Derivation.

Die Darstellung eines Zirkumfixes bedeutet für den Strukturbaum ein Problem, weil das Affix als eine Konstituente zählt, jedoch aus zwei Teilen besteht. Um überkreuzende Linien zu umgehen, wird ein Strukturbaum meist so gezeichnet:

$Gefrage_N$

{ge-e} {frag-}

Dabei handelt es sich bei {frag-} um eine lexikalische, gebundene Verbalwurzel. Der verbale Stamm ist charakteristisch für dieses Wortbildungsmuster.

Implizite Derivation

Bei der impliziten Derivation handelt es sich um ein im Deutschen nicht mehr produktives Verfahren zur Gewinnung neuer Wörter nicht durch Anhängen eines Affixes, sondern durch einen Lautwechsel. Hierbei wird ausschließlich von Verben abgeleitet, jedoch nicht vom Infinitiv, sondern meist von einer abgelauteten Form, vgl. *Biss* zu *beißen*, *Flug* zu *fliegen*, *Schritt* zu *schreiten*, *Wurf* zu *werfen*, *Zug* zu *ziehen*. Ein Beispiel für die Derivation von den vom *e/i*-Wechsel betroffenen Verben ist *Tritt* zu *treten*. Neben der Vokaländerung kommt es selten auch zu einer im Konsonantismus. Die implizite Derivation arbeitet im Gegensatz zur expliziten Derivation nicht mit Affixen, dies hat sie mit der Konversion gemeinsam. Im Gegensatz zur Konversion gibt es aber den Stammvokalwechsel. Das heißt, bei der expliziten wie auch bei der impliziten Ableitung kommt es zu einer Veränderung der morphologischen Struktur des Stammes.

Weitere wichtige Beispiele sind *Brand, Bruch, Bug, Bund, Floß, Fluss, Fund, Griff, Guss, Kniff, Kuss, Pfiff, Riss, Ritt, Schloss, Schluss, Schmiss, Schnitt, Schrieb, Schund, Schuss, Schwund, Schwung, Sog, Spruch, Sprung, Stieg, Sturz, Sud, Suff, Trank, Trieb, Trunk, Wuchs, Zwang*. Auch komplexe Verben können mithilfe der impliziten Ableitung zu Nomen werden, vgl. *Ausdruck* (zu *ausdrücken*), *Abraum, Abwurf, Aufstieg, Befund, Einfuhr, Ersatz, Umzug, Unterschlupf, Verlag*, vgl. des Weiteren auch *Lug und Trug, mit Fug und Recht*.

Semantisch ergeben sich sowohl Konkreta (*Bug*) als auch Abstrakta (*Schluss*). Es gibt Nomina actionis (*Umzug, Abwurf*), Nomina acti (*Bruch, Befund*), konkrete Sachbezeichnungen (*Griff, Trank, Fluss*) oder mehrfach interpretierbare Formen und damit Homonyme (*Zug, Biss*). Personenbezeichnung treten nicht auf, es sei denn, Sie verstehen im konkreten Fall *Ersatz* als eine Person, die eine andere ersetzt.

Unterschrift wurde zu *unterschreiben* gebildet und ist kein Kompositum.

Es gibt Dubletten (Doppelformen). Das Verb *drucken* 'durch Druck vervielfältigen' können Sie explizit ableiten zu *ausdrucken*, dazu entsteht durch Konversion *Ausdruck* 'Ergebnis des Ausdruckens'. Dies darf nicht mit dem durch implizite Derivation gewonnenen *Ausdruck* 'Redensart' verwechselt werden. Hinweise erhalten Sie im Kontext. Im Übrigen bilden die beiden Wörter unterschiedliche Plurale.

Übungen zu 5.1. Grundlagen
Erstellen Sie eine ausführliche morphologische Analyse von *Fehlerhaftigkeit*!

5.2   Vertiefung

Unproduktive heimische Affixe

Unproduktiv (vgl. Fleischer/Barz 1995) sind *aber-*, verstärkend in *Abertausend*, mit der Bedeutung 'verkehrt' in *Aberglaube*. Auch nicht mehr produktiv sind {*ge-t*}, {*ge-de*} etc., vgl. *Gehöft, Gemälde, Gelächter*, oder -*icht*, das Substantive, Verben und Adjektive ableitete und Pflanzenbezeichnungen (*Röhricht*) oder Kollektiva bildete (*Dickicht, Kehricht*).

Seit langem nicht mehr produktiv sind -*t* (*Fahrt* zu *fahren*, *Abschrift* zu *abschreiben*) und -*de* (*Zierde, Freude, Begierde, Gemeinde, Beschwerde, Behörde*). Der Übergang von abgeleitetem Wort zum Simplex ist teilweise fließend, denn die Zusammenhänge sind teils noch erkennbar. Dies bedeutet ein Problem bei Analysen, die auf synchroner Ebene arbeiten sollen. Die Durchsichtigkeit ist unterschiedlich stark, vgl. *nähen/Naht, tragen/Tracht, schlagen/Schlacht, schreiben/Schrift, fliehen/Flucht, pflegen/Pflicht, drehen/Draht, sehen/Sicht*. Es empfiehlt sich hier vielleicht ein Hinweis auf transparentere Beispiele. Eindeutig Simplizia sind heute *Brut, Saat, Tat, Glut, Gift, Gruft, Sucht* oder *Bucht*. Trotzdem müsste der Übergangscharakter zumindest erwähnt werden. Ebenfalls als Simplizia gelten mittlerweile die ursprünglichen Derivate *Blüte, Jagd, Feld, Brand, Zierrat, Heimat, Armut, Angst, Dienst, Gunst, Kunst*.

Unproduktiv ist weiterhin die Bildung von Ortsnamen auf -*ing(en)*, vgl. *Bad Säckingen, Sigmaringen, Bischofingen, Freising*.

Fremdaffixe

Sprache lebt und durch die zunehmende Internationalisierung immer mehr
auch von Fremdem. Viele Fremdwörter kommen zwar komplex aus der Gebersprache, sind für uns jedoch zunächst Simplizia. Wiederholen sich Fremdwörter mit immer den gleichen Affixgruppen, analysieren wir die Fremdaffixe
langsam als eigenständige Morpheme bzw. die Fremdwörter als komplexe Fügungen (Reanalyse). Dies geschieht in Abhängigkeit von Bildungsstand und
Kenntnis der Fremdsprachen. Außerdem sind viele Bildungen nicht additiv
als Stamm + Morphem aufzufassen, sondern als Ersetzungen, in denen ein
Suffix ausgetausch wurde, etwa *Disgruenz* zu *Kongruenz* (Becker 1993: 191).
Es kann auch passieren, dass komplexe Bildungen so weit parallel laufen,
dass das ursprüngliche Muster nicht mehr erkennbar ist. Insgesamt gehen
die Entwicklungen individuelle Wege, einige Formen gehören in eine Reihe,
ohne dass sie konkret analysierbar wären, vgl. *Kastellan, Kapellan, Galan* vs.
Dekan, Kumpan, diese zählen zu den Simplizia. Die Produktivität ist selten
so ausgeprägt wie bei einigen indigenen Suffixen. Manche Reihen sind nur
schwach besetzt. Bei anderen ist es schwierig, Systematizität zu erkennen oder
klare Wortmuster zu bestimmen. Dies alles steht im Zusammenhang mit der
Dynamik der Sprache, die Fremdwörter aufnimmt, analysiert und analogisch
neue Wörter bildet, sodass neue Morpheme entstehen, während manche Bildungen isoliert bleiben. Da einige der Elemente in zahlreichen nicht analysierbaren Wörtern vorkommen und nicht sehr einheitliche semantische Funktionen besitzen, wird ihr Status als Affix auch in Frage gestellt, beispielsweise *-or*,
-at, -ent (Fuhrhop 1998). Als problematisch erweist sich weiterhin, dass viele
Bildungen in Reihen und in mehreren Wortarten komplett aus anderen Sprachen übernommen wurden, sodass über das tatsächliche Ausmaß der Produktivität mancher Affixe keine klaren Aussagen gemacht werden können,
vgl. hierzu kritisch Fuhrhop (1998). Allerdings verhalten sich die Fachsprachen hier oft anders als das Standarddeutsche, und wegen der grundsätzlich
hohen Vitalität der Fremdwörter kann die Produktivität einzelner Elemente
nie ganz ausgeschlossen sein.

Die Fremdpräfixe des Deutschen

Die nächste Tabelle (10) behandelt die Fremdpräfixe in alphabetischer Reihenfolge. Im Vergleich zu den heimischen dominieren sie zahlenmäßig,
vgl. *a(n)-, anti-, bi-, de(s)-, dis-, ex-, hyper-, hypo-, in-, infra-, inter-, kontra-,
ko(l, r, m, n)-, makro-, maxi-, mega-, meta-, mikro-, mini-, multi-, neo-, non-,
para-, poly-, post-, prä-, pro-, re-, semi-, sub-, super-, supra-, syn-, topp-, trans-,
ultra-, vize-*. In einigen Fachsprachen kommen weitere vor. Sie sind stets betont

und treten ausschließlich an Nomen, das Genus bleibt erhalten. Allerdings gibt es bei den Adjektiven gleichlautende Präfixe. Einige Nomen wurden von Adjektiven abgeleitet, vgl. *monogam – Monogamie*. Dann liegt beim Substantiv nicht Prä-, sondern Suffigierung vor. In manchen Lexemen wird ein Präfix nur durch Austausch durch ein anderes Fremdpräfix ermittelt, sodass die Basis dann kein Substantiv, aber auch nicht unbedingt allein ein Konfix ist, vgl. *Implantation, Transplantation*.

Mittlerweile eingedeutscht ist *erz-* von gr. *archi-* 'der Erste, Oberste'.

Tabelle 10: Die produktiven fremden Präfixe der Nomen

1	2	3	4
Präfix	Basis	Beispiele, Bedeutung	Anmerkungen
a-	Substantiv	Negation (*Agraphie, Analphabet*)	*a-* wird vor Vokal zu *an-*
anti-	Substantiv	Gegensatz, 'gegen', 'anders' (*Antifaschist, Antiheld, Antithese*)	bei dreigliedrigen Komposita „drittes Glied verhindert zweites Glied" *Antiterrorkampf, Antibabypille*
bi-	Substantiv	'doppelt' (*Bikompositum, Bikarbonat, Biluxlampe, Bimetall*)	
de-, des-, dis-	Substantiv	Negation, Rücknahme (*Dekompression, Desinfektion, Desinteresse, Disharmonie*)	*dis-* und *de(s)-* entstammen nicht der gleichen Wurzel, üben aber die gleiche Funktion aus
ex-	Substantiv	'ehemalig' (*Exkanzler, Exmeister*)	
hyper-	Substantiv	steigernd 'übertrieben', 'äußerst' (*Hyperformat, Hyperphosphat*)	tendenziell negativ wertend
hypo-	Substantiv	'unter' (*Hypofunktion, Hypozentrum*)	
in-	Substantiv	Negation (*Impietät, Immortalität*)	mit Lautangleichung: *il-, im-, ir-*; selten eindeutig denominal, da es fast immer derivationell verwandte Adjektive gibt, vgl. *impotent, Impotenz, intolerant, Intoleranz*, sodass es sich bei den Substantiven eher um Suffigierungen und nicht Präfigierungen mit *in-* handelt
infra-	Substantiv	'unterhalb' (*Infraschall*)	*Infrastruktur* 'Gesamtheit der Anlagen als notwendiger Unterbau für die Versorgung eines Landes'

1	2	3	4
Präfix	**Basis**	**Beispiele, Bedeutung**	**Anmerkungen**
inter-	Substantiv	'zwischen', 'überbrückend' (*Interlinguistik*)	⚠ nicht zu verwechseln mit der Kurzform zu *international* (*Interhotel*)
ko-	Substantiv	'mit', soziativ (*Koexistenz, Koautor, Konrektor, Korreferat*)	mit Lautangleichung: *kol-, kom-, kon-, kor-*; orthographische Variante *co-*
kontra-	Substantiv	'gegen' (*Kontraindikation*)	
makro-	Substantiv	steigernd (*Makrostruktur, Makrokosmos*)	
maxi-	Substantiv	steigernd (*Maxirock, Maxipackung*)	
mega-	Substantiv	steigernd (*Megahit, Megaflopp*)	
meta-	Substantiv	für die Ebene darüber (*Metakritik, Metasprache, Metakommunikation*)	
mikro-	Substantiv	diminutiv (*Mikrokosmos, Mikrochip*)	
mini-	Substantiv	diminutiv (*Minikleid, Minipreis, Miniauto*)	
multi-	Substantiv	'viel(fach)' (*Multitalent, Multimillionär*)	
neo-	Substantiv	'neu' (*Neogotik, Neokolonialismus*)	
non-	Substantiv	Negation (*Nonexistenz, Nonkonformismus*)	
para-	Substantiv	'neben, in der Nähe von', 'ähnlich' (*Paramedizin, Paragenese*)	
poly-	Substantiv	'viel' (*Polyaddition, Polyamid*)	
post-	Substantiv	'nach' (*Postmoderne*)	
prä-	Substantiv	'vor' (*Präfaschismus, Präexistenz*)	
pro-	Substantiv	'für', 'vor' (*Proenzym, Proseminar*)	

1	2	3	4
Präfix	Basis	Beispiele, Bedeutung	Anmerkungen
re-	Substantiv	'zurück', 'wieder' (*Resozialisierung, Reimport*)	
semi-	Substantiv	'halb' (*Semifinale*), 'fast' (*Semivokal*)	
sub-	Substantiv	'unter(geordnet)' (*Subunternehmer, Subsystem, Subkultur*)	
super-	Substantiv	steigernd (*Superauto, Superhotel*), 'übergeordnet' (*Superkartellamt*)	das Präfix tritt seit geraumer Zeit auch als Lexem auf
supra-	Substantiv	'über', auch 'übertrieben' (*Supraleitfähigkeit*)	
syn-	Substantiv	'mit' (*Synthese, Synorganisation*)	
topp-	Substantiv	steigernd (*Toppausbildung, Topphit*)	das Präfix tritt auch als Lexem auf
trans-	Substantiv	'durch', 'hinüber', 'jenseits' (*Transaktion, Transuran*)	
ultra-	Substantiv	steigernd (*Ultramarathon*), 'jenseits' (*Ultraschall*)	
vize-	Substantiv	'stellvertretend' (*Vizekanler, Vizepräsident*)	

Die fremdsprachlichen Präfixe sind teilweise leicht mit Konfixen zu verwechseln. Dazu gibt es drei Testkriterien. Erstens sollten Sie verschiedene Wortbildungen, die das Problemelement enthalten, sammeln und untersuchen, ob ein Präfixkandidat wirklich nur vorn an ein Wort gehängt wird und ob es abgleitet wird, *poly-* z.B. hat immer Präfixposition. Sobald ein Problemelement abgeleitet erscheint, kann es kein Präfix mehr sein, z.B. *psychisch*. Auch *mon(o)-* 'allein, einzeln' (*Monodrama, Monokultur*) wird abgeleitet und muss daher zu den Konfixen gerechnet werden, vgl. *Monist, Monismus, monistisch*. Dies gilt auch für *pseud(o)* gr. 'lügen', vgl. *Pseudolist, Pseudolismus* zu lat. *pseudolus* 'Lügenmaul'. Allerdings ist das *l*, das erst im Lateinischen erscheint, hier problematisch, denn es gehört nicht zur griechischen Wurzel. Wenn wir das Morphem nicht als Präfix einordnen wollen, könnten wir hier eine Morphemvariante ansetzen. Außerdem trägt das Morphem lexikalische Bedeutung. Denn ein Kriterium, das von einer Präfixinterpretation fortführt, ist die Bedeutung der Problemeinheit, ob sie nämlich klar lexikalisch ist wie *hydr*

'Wasser', *bio* 'Leben', oder zusätzlich auch funktional, relativ bzw. steigernd, verkleinernd etc. verstanden sein kann wie bei *mini-*, was dann auf Präfixstatus hinweist. Natürlich ist die Bedeutung 'klein' lexikalisch, gleichzeitig aber auch relativ. Schließlich ist bei der Übersetzung eines Problemkandidaten mit einem Funktionswort, einer Präposition, vgl. *inter-* 'zwischen', *anti-* 'gegen', die Wahrscheinlichkeit, ihn als Affix einordnen zu können, extrem groß. Das Bedeutungskriterium erfreut sich in der wissenschaftlichen Literatur allerdings keiner großen Beliebtheit.

Schwierig sind Fälle, bei denen das Präfix im Laufe der Zeit auch als freies Wort verwendet wurde wie *super* oder *topp*. Dies ist trotzdem, weil ursprünglich, ein Präfix, jedoch mit einem freien Homonym. *Mini* kann auch ein Kurzwort zu *Minirock* sein, je nach Textzusammenhang. Die Abgrenzung von fremdsprachlichen Präfixen und Konfixen wird unnötig erschwert durch viele Abhandlungen mit uneinheitlicher und widersprüchlicher Kategorisierung dieser Morpheme. Und nicht zuletzt wandelt sich die deutsche Sprache in diesem Bereich. Wir können eine Einheit aus ihrem Präfixstatus herauslösen und in neuen Wörtern als Grundmorphem verwenden, wenn sie das semantische Potenzial dazu besitzen. Dies geschieht eher in Fachsprachen.

Die Fremdsuffixe des Deutschen

Die fremdsprachlichen Suffixe stehen oft in einer regulären Beziehung zu den Fremdsuffixen der Verben und Adjektive oder zueinander, es treten beispielsweise meist *-ismus* und *-ist* oder *-ion* und *-ieren* an den gleichen Stamm. Die Tabelle (11) ist daher nicht ganz analog zu den bisherigen Tabellen aufgebaut, weil die Suffixe sehr oft an fremdsprachliche Konfixe treten, die keiner festen Wortart im Deutschen zugeordnet werden können.

Die Produktivität ist gegenüber den heimischen Suffixen stark herabgesetzt. Bis auf *-ik/-iker, -or* (im Singular) und *-ess* sind die fremdsprachlichen Suffixe betont.

Tabelle 11: Die produktiven fremden Suffixe der Nomen

1	2	3	4
Suffix	**Basis**	**Beispiele, Bedeutung**	**Anmerkungen**
-ade	Substantiv Konfix, zu Verb auf *-ieren*	F., Handlung, Tätigkeit (*Kasperiade, Robinsonade, Kanonade*), Veranstaltung (*Alpiniade*), Sache (*Marinade*), Ort (*Promenade*)	selten, meist an Namen, teils mit Lauteinschub *Schubertiade*

1	2	3	4
Suffix	**Basis**	**Beispiele, Bedeutung**	**Anmerkungen**
-age	Substantiv	F., Sache (*Trikotage, Karto-nage, Passage*), Handlung (*Massage, Spionage*)	selten
	Konfix, zu Verb auf -ieren		
-aille	Substantiv	F., Person, pejorativ (*Diplo-maille*)	nur okkasionell , auch *Journaille*
-al	Substantiv	N., kollektiv (*Personal*)	
-alie	Substantiv	F., kollektiv (*Naturalie*)	selten, meist im Plural gebraucht, auch okkasionell scherzhaft *Fressalien*
-an	Substantiv	M., Person (*Kastellan, Galan*)	teils nicht motiviert, nicht analysierbar *Dekan*
-and, -end	Substantiv	M., Nomen patientis (*Diplomand, Doktorand, Habilitand, Subtrahend*)	selten, -*end* sehr selten
	Konfix, zu Verb auf -ieren		
-ant, -ent	Substantiv	M., Nomen agentis (*Asylant, Fabrikant, Dirigent, Student*)	schwach produktiv, -*ant* tritt häufiger auf, -*ent* kaum, idiomatisiert, nicht analysierbar *Konsonant, Kontinent*, deverbal auch scherzhaft *Bummelant*, mit Vokaleinschub *Abiturient*
	Konfix, zu Verb auf -ieren		
-ante, -ente	Konfix, zu Verb auf -ieren	F. (*Determinante, Konsti-tuente*)	
-anz, -enz	Konfix, zu Adjekti-ven auf -*ant*, -*ent*, zu Verben auf -*ieren*	F., Eigenschaft (*Effizienz, Arroganz, Toleranz*), Sache (*Konferenz, Residenz*)	nicht sehr häufig; Haupt-funktion ist die Nomina-lisierung mit der Fortfüh-rung der Semantik, nicht motiviert, nicht analysierbar *Finanz, Distanz*
-ar, -är	Substantiv	M., N., Person (*Archivar, Millionär, Sekretär*), kol-lektiv (*Vokabular*), Sache (*Formular, Kommentar*)	-*ar* stammt von lat. -*arius*, -*är* ebenfalls, kam aber über das französische -*aire* zu uns
	Konfix, zu Verb auf -ieren		
-arium	Substantiv	N., Ort (*Planetarium*)	selten
-ast	Konfix	M., Person (*Gymnasiast*)	selten

1	2	3	4
Suffix	**Basis**	**Beispiele, Bedeutung**	**Anmerkungen**
-at	Substantiv	N., Ort (*Konsulat, Notariat*), Vorgang (*Telefonat, Diktat*), Ergebnis (*Filtrat*), kollektiv (*Proletariat*), auch M. Person (*Stipendiat*)	nicht sehr häufig; teils mit Lauteinschub *Kommissariat*, auch deadjektivisch *Internat*; nicht motiviert, nicht analysierbar *Heirat*
	Konfix, zu Verb auf *-ieren*		
-ee	Konfix, zu Verb auf *-ieren*	N., Sache (*Gelee, Resümee*)	auch *Armee*, nicht motiviert, nicht analysierbar z.B. *Tournee*
-elle	Substantiv	F., Sache (*Organelle, Pastorelle*)	selten
-em	Substantiv	N., theoretische Annahme, Einheit, Bestandteil (*Phonem, Lexem, Theorem*)	fachsprachlich
	Konfix		
-ess, *-esse*	Substantiv	F., Motion (*Stewardess, Baronesse*)	selten
	Adjektiv	F., Eigenschaft (*Noblesse*), Sache (*Delikatesse*)	
-ette	Nomen	F., diminutiv, 'leicht' (*Sandalette, Stiefelette, Fugette, Operette, Statuette*)	selten, auch scherzhaft *Schmonzette* zu *Schmonzes* 'Unsinn', pejorativ; △ *Brünette* zu *brunett*
-erie	Substantiv	F., Ort (*Drogerie*), kollektiv (*Maschinerie*), Verhalten (*Clownerie, Galanterie*)	nicht sehr häufig
	Adjektiv		
-eur	Substantiv	M., männliche Person (*Deserteur, Charmeur, Boykotteur*), auch bezogen auf Beruf (*Redakteur, Friseur*)	
	Konfix, zu Substantiv auf *-ion*, zu Verb auf *-ieren*		
-euse	zu *eur*-Formen	F., Motion (*Friseuse, Masseuse*)	selten, nur im Austausch mit {eur}, auch scherzhaft, abwertend *Kontrolleuse*
-ice	Konfix	F., Motion (*Direktrice*)	selten

1	2	3	4
Suffix	**Basis**	**Beispiele, Bedeutung**	**Anmerkungen**
-ie	Substantiv	F., Abstraktum (*Hierarchie, Apathie, Hysterie, Analogie*), besonders Staatsform, Wissenschaft (*Monarchie, Philosophie*), Sache (*Photographie, Akademie*), kollektiv (*Aristokratie*)	in Wissenschaftlerbezeichnungen wie *Politologe* wird {e} durch {ie} ersetzt, die Basis ist ein komplexer Nominalstamm mit dem Konfix {log}; teils auch Konsonantenwechsel *-t-* zu *-s- Epilepsie, Poesie*
	Adjektiv		
	Konfix, zu Adjektiv auf *-isch*		
-ier	Substantiv	M., Person (*Bankier, Kanonier, Privatier*)	selten; laut Fleischer/Barz (1995: 190) hierzu auch *Proletarier, Vegetarier* mit Lauteinschub und anderer Aussprache; nicht analysierbar *Pläsier*; △ nicht dazu zählen Beispiele wie *Spanier*
	Adjektiv		
	Konfix		
-iere	Substantiv	F., Sache (*Bonboniere, Kantoniere*), weibliche Person (*Garderobiere*)	selten; teils nicht motiviert, nicht analysierbar *Premiere*, mit Tilgung des Endvokals *Sauciere*
-ik	Substantiv	F., Abstraktum (*Komik, Methodik*), eher kollektiv (*Problematik*), Wissenschaft, Stil (*Anglistik, Logik, Gotik*), Sache (*Statistik*)	teils mit Lauteinschub *-at-*; oft ist unklar, welche Bildung die ursprüngliche ist, nicht motiviert, nicht analysierbar z.B. *Republik, Rubrik*
	Konfix, zu Adjektiven auf *-isch*		
-iker	Substantiv	M., Person (*Alkoholiker, Graphiker, Historiker, Asthmatiker*)	
	Konfix, zu Adj. auf *-isch*		
-ikus, -us, -kus	Substantiv	M., Person, nur scherzhaft, (*Luftikus, Pfiffikus, Politikus*)	selten, auch zu Konfixen *Schwachmatikus, Phlegmatikus*
-ine	Substantiv	F., diminutiv (*Karaffine*), weibliche Person (*Blondine*), Motion (*Philippine*)	selten; nicht motiviert, nicht analysierbar z.B. *Konkubine*, okkasionell diminutiv, affektiv *Mauseline, Schusseline*
	Adjektiv		

1	2	3	4
Suffix	**Basis**	**Beispiele, Bedeutung**	**Anmerkungen**
-in	Substantiv Konfix	N., fachsprachlich für Proteine (*Adhäsin, Actin, Pankreatin, Sekretin, Hämoglobin*)	laiensprachlich oft nicht analysierbar; auch fachsprachlich mehrdeutig; ⚠ nicht zu verwechseln mit dem nur stilistisch-klanglichen Pseudosuffix (Werbung) *-in* als Endsilbe, vgl. *Backin*, oder dem unbetonten Motions-*in*
-ion	Substantiv Adjektiv Konfix, zu Verb auf *-ieren*	F., Abstraktum (*Institution, Diskretion, Variation*), Vorgang (*Explosion, Exkursion, Addition*), Sache (*Edition, Dekoration*)	selten; auch mit Lauteinschub *Addition, Dekoration*; auch *ion*-Ableitungen als Basis *fusionieren*, mit *d/s*-Wechsel *Explosion*, idiomatisiert z.B. *Prozession*, nicht motiviert *Inflation, Auktion*
-ismus	Substantiv Adjektiv Konfix	M., Abstraktum (*Terrorismus, Idealismus*), vor allem politische oder Denkrichtung (*Zarismus, Darwinismus, Kapitalismus*), Sache (*Mechanismus*)	mit Lauteinschub *Hegelianismus*, mit Konsonantenwechsel *Klassizismus*, mit Tilgung des Endvokals *Buddhismus* ⚠ nicht zu verwechseln mit medizinisch 'krankhafter Zustand, Vergiftung' *Astigmatismus*
-isse	Nomen	F., Motion (*Diakonisse*)	
-ist	Substantiv Adjektiv Konfix	M., Person (*Terrorist, Idealist, Aktivist, Komponist*)	auch zu Namen *Marxist*, mit Lauteinschub *Harfenist*, mit Tilgung des Endvokals *Cellist, Solist*
-it	Substantiv Konfix	M., Person (*Jesuit, Israelit, Kosmopolit, Favorit*), auch N., Abstraktum (*Kolorit*)	selten; ⚠ nicht das fachsprachliche Suffix für Minerale *Hawaiit, Vulkanit, Plutonit, Quarzit, Calcit, Evaporit*
-ität	Substantiv Adjektiv Konfix in Adjektiv	F., Eigenschaft, Zustand (*Aktualität, Banalität, Solidarität, Absurdität*), Sache (*Lokalität, Spezialität*)	selten; Bildungen mit heimischen Basen sind okkasionell stilistisch *Schwulität*, nicht analysierbar *Kapazität*, die Endung *-tät* kann nicht als Suffix gelten bei *Pubertät, Majestät*

1	2	3	4
Suffix	**Basis**	**Beispiele, Bedeutung**	**Anmerkungen**
-itis	Substantiv Konfix	F., fachsprachlich 'Entzündung' (*Bronchitis, Tonsillitis*)	oft auch okkasionell scherzhaft *E-Mailitis, Telefonitis, Adjektivitis*
-ment	Konfix, zu Verb auf *-ieren*	N., Sache (*Fundament*), Vorgang (*Arrangement, Abonnement*)	die Aussprache variiert, mit Lauteinschub *Bombardement, Postament*
-o	Kurzwort	M., Person (*Prolo, Anarcho*)	umgangssprl., jugendsprl. auch zu Adjektiven *Normalo, Brutalo*
-oid	Substantiv Konfix	M., N., fachsprachlich, mit der Bedeutung „sieht aus wie, ist es aber nicht" (*Planetoid, Metalloid, Affixoid, Karzinoid*)	nicht durchsichtig, aber ähnlich *Asteroid, Geoid*
-ol	Substantiv Konfix	N., fachsprachlich für Alkohole (*Methanol, Ethanol, Benzol*)	⚠ nicht das stilistisch-klangliche Pseudomorphem in Markennamen *Bambuterol*, Medikament
-or	Substantiv Konfix	M., Nomen agentis (*Illustrator, Repetitor*), Sache (*Generator, Junktor*)	selten; viele nicht analysierbare Lexeme *Pastor, Senior, Autor*, mit Lauteinschub *Auktionator, Repetitor*
-ose, *-osis*	Substantiv Konfix	F., fachsprachlich allgemein krankhafter Zustand, (*Tuberkulose, Psychose*), Vorgang / Ergebnis (*Diagnose, Hypnose*)	selten auch nicht bei Krankheiten *Zellulose*
-ur	Substantiv	F. (*Architektur*)	selten, mit Lauteinschub *Reparatur*
	Konfix	F., Sache (*Frisur, Broschur, Glasur*), kollektiv (*Literatur*), auch Vorgang (*Dressur*)	

Eine neue Erscheinung ist die leger-umgangssprachliche pejorative Personenbezeichnung *-ski, -inski*, vgl. *Randalinski* (Duden 1999), *Brutalinski, Radikalinski* (Duden 2003), *Besoffski* (Donalies 2007), *Schwachinski, Beschisski, Blödinski*.

Analysen sind oft auf Einzelbildungen bezogen, ohne dass Sie klare Wortbildungsmuster als Stütze verwenden könnten. Der Übergang zum Simplex ist gleitend, und manchmal kann es ohne historische Kenntnisse zu Fehlinterpretationen kommen. *Minimum* ist ein lateinisches Fremdwort, lat. *min-us, min-or* 'kleiner', *min-imus* 'am kleinsten', *min-imum* 'das Kleinste', dazu *minimal, minimieren.* Deren Entsprechungen traten allerdings im Englischen früher auf, sodass Fremdwortübernahme wahrscheinlich ist und eine Ableitung zu ?*minim-* eher nicht in Frage kommt. Unser Präfix *mini-* allerdings kommt aus dem Englischen, dort ist es zunächst ein Kurzwort zu *miniature camera* / *mini camera* usw. Während der *Minirock* noch eine Übersetzung war, wurden die weiteren Beispiele im Deutschen präfigiert. Das englische *miniature* bzw. deutsche *Miniatur* hat zunächst nichts mit 'klein' zu tun, sondern kommt von lat. *miniāre* 'mit Zinnoberrot anstreichen' (Pfeifer 1999: 874). Das Präfix *mini-* entstand im Englischen durch Kürzung und ging von dort auf die Nachbarsprachen über (Marchand 1969: 130).

Implizite Derivation und Ablaut

Die durch implizite Ableitung entstandenen Wörter wurden nie allein durch Ablaut, stets auch durch weitere Ableitungselemente gebildet, die heute verloren gegangen sind (Henzen 1957: 112). Neue Beispiele sind daher analogisch zu abgeleiteten Lexemen geformt und höchstens spielerisch zu verstehen. Da diese Wortbildungsart nicht mehr produktiv ist im Deutschen, wird sie in einigen Abhandlungen nicht eigens aufgeführt oder bei der Konversion subsumiert. Manchmal fällt beides auch unter den Begriff der impliziten Ableitung. Für manchen wirkt das Adjektiv *implizit* störend, da es ja durchaus eine deutlich wahrnehmbare Veränderung gibt. Bei der Analyse ist in jedem Fall auf den Stammvokalwechsel hinzuweisen. Außerdem ist zu bedenken, dass Konversion und implizite Ableitung zum gleichen Verb konkurrieren können, vgl. *Schneid, Schnitt.* Schließlich sind Konversion und explizite Ableitung produktiv, die implizite nicht. All das spricht für eine eigene Wortbildungsart.

Historisch gehen die Vokaländerungen in der Regel auf den Ablaut zurück. Teilweise ist das noch leicht nachvollziehbar wie bei *Zwang (zwingen, zwang, gezwungen)* oder *Band (binden, band, gebunden).* Bei anderen ist der Zusammenhang aufgrund der zwischenzeitlich eingetretenen Vokaländerungen in den Ablautreihen nicht mehr eindeutig, vgl. *Bruch (brechen, brach, gebrochen).* Manchmal bildeten mehrere Formen aus dem alten Paradigma, die es heute oft gar nicht mehr gibt, die mögliche Grundlage für die vokalveränderte Form, vgl. *Wurf, Bund.* Sie können von der mittelhochdeutschen Form der 2. Person Singular bzw. 1. bis 3. Person Präteritum Indikativ abstammen (Simmler 1998: 620ff.). In anderen Fällen zeigen auch Ableitungen von schwachen Verben, die nie abgelautet wurden, Vokalwechsel (z.B. *Eindruck* zu *eindrücken, Ersatz* zu *ersetzen, Einfuhr* zu *einführen, Gruß* zu *grü-*

ßen, Schutt zu schütten, Schmuck zu schmücken). Sie sind wohl analogisch oder über Rückbildung entstanden (vgl. auch Henzen 1957: 127). Dann gibt es Fälle wie *Drang*, das ursprünglich zu *dringen* entstand. Heute stellen wir dem Wort jedoch gern *drängen* (dies ebenfalls zu *dringen*, kausativ) zur Seite. In den Paaren *Dung* – *düngen* und *Futter* – *füttern* schließlich wurde das Verb vom Nomen abgeleitet. Das alles ist jedoch ohne intensive etymologische Beschäftigung nicht unbedingt nachvollziehbar. Wenn implizite Derivation als Ablautbildung verstanden wird, gehören manche der Fälle historisch gesehen gar nicht dazu (vgl. auch *treten* – *Tritt*). Wenn wir jedoch neutraler formulieren „Ableitung durch Vokalwechsel", können wir bis auf *Futter* und *Dung* die behandelten Fälle als implizite Ableitungen auffassen. Dies ist aufgrund der synchron ausgerichteten Wortbildung heute durchaus vertretbar.

Auch *Kunst* zu *können* oder *Zucht* zu *ziehen* weisen Stammvokalveränderungen auf, allerdings in Kombination mit der *t*-Ableitung. Sie werden heute in der Regel als Simplizia aufgefasst. Weitere Ablautänderungen treten in Kombination mit dem *e*-Suffix auf, vgl. *Gosse, Grube, Schnitte* etc.

Konsonantenveränderungen gehen historisch auf den grammatischen Wechsel zurück und kommen nur bei starken Verben vor, z.B. *Schnitt, Zug.*

Der g r a m m a t i s c h e W e c h s e l entstand im Zusammenhang mit der Ersten Lautverschiebung und führte zu systematischem Wechsel von *f/b* (*dürfen/darben, Hefe/heben*), *d/t* (*schneiden/geschnitten, leiden/gelitten*), *h/g* (*ziehen/gezogen, gedeihen/gediegen*) und *s/r* (*gewesen/waren*).

Die implizite Ableitung an sich ist nicht mehr produktiv. Aber in spielerischironischen oder umgangssprachlichen Situationen treten aus heutiger Sicht fehlerhafte implizite Formen durchaus auf: *Verschub* 'Verlegung in ein anderes Gefängnis', Knastsprache, *in Verschiss geraten*. Fleischer / Barz (1995: 51) weisen darauf hin, dass explizit abgeleitete Verben analog zur einfachen Form auch heute noch analogisch implizit abgeleitet werden, sprich: historisch *fliegen* zu *Flug*, später kamen dann *abfliegen, hinfliegen* etc. /*Abflug, Hinflug* etc. dazu.

Bitte unterscheiden Sie Formen mit Ablaut von solchen mit Umlaut (*Bächlein, Köchin, Nähe*). Auf Umlaut beruhen auch *nässen* (zu *nass*) oder *köpfen* (zu *Kopf*). Solche Ableitungen, die nicht deverbal sind, haben nichts mit der impliziten Ableitung zu tun, sondern zählen zu den Konversionen.

Fremdsprachliche Affixe: Duden (2002), Lohde (2006)
ge-, ge-e: Henzen (1957: 137f.), Simmler (1998: 494ff., 497), Eisenberg (2004: 242ff.)
ge- mit Allomorph *ge-e*: Eichinger (2000: 78)
-t : Henzen (1957: 184), Simmler (1998: 538), Eschenlohr (1999: 217f.)
-ing(en): Henzen (1957: 164ff.)
Weitere verdunkelte Suffixe: Henzen (1957: 117ff.)

Übungen zu 5.2. Vertiefung

1. Bestimmen Sie die Wortbildungsart: *Schusseline, Monogamie, Biograph, Normalo, Terrorismus, Abo, Monokultur*!

2. Versuchen Sie, die Bedeutung und die Herleitung des unterstrichenen Verbs herauszufinden, benutzen Sie Nachschlagewerke: *Die Vorschriften gelten mit Ausnahme des §4, Absatz 5, Satz 2, der ausdrücklich abbedungen wird. / Die VOBIB-Klausel kann individuell abbedungen werden*!

6. Nomen – Wortbildung III

6.1. Grundlagen

Konversion

Bei der Konversion verändert ein Wort ohne Anfügen eines Wortbildungsaffixes und ohne Lautveränderung die Wortart, vgl. *Essen, Besuch, Zurück, Grün, Liebende.* Es handelt sich also um einen Wortartenwechsel ohne äußere Wortbildungsmarkierung. Denn die Infinitivendung als Flexiv bleibt unberücksichtigt. Im Prinzip kann alles entsprechend der Textbedürfnisse in ein Nomen verwandelt werden. Das macht diese Wortbildungsart sehr produktiv, z.B. *Unter großem* Oweh *und* Schwingen *und* Wirbeln *der Zöpfe wollte sie den Raum verlassen. Dieses* Kindliche *an ihr reizte ihn besonders. Aber sein* Ich *machte ihm wieder einen Strich durch die Rechnung und er ließ sie ohne* Wenn *und* Aber *gehen.*

Bei den Verben wechselt teils nur der Stamm die Wortart, vgl. *Raub, Lauf, Spuk, Beginn,* teils das Wort inklusive Infinitivendung, vgl. *das* Essen *endete unter großem* Würgen *und* Spucken. Dabei ist die Konversion der Verbwurzel auf ein spezielles Ereignis (*Lauf, Ruf, Raub*), ein Gerät (*Klingel*) oder ein Nomen agentis (*Koch*) bezogen. Die des Infinitivs ist generell auf die Handlung gerichtet und damit abstrakt (*Laufen, Rufen, Kochen*). Auch die Konversion der Partizipien zur Bildung von Nomen aller drei Genera ist sehr produktiv, vgl. für das Partizip Perfekt *der Verschmähte, Faszinierte, die Verschmähte, das Verschmähte,* für das Partizip Präsens *der Verschmähende, Faszinierende, die Verschmähende, das Verschmähende.* Die Konversion führt zunächst zu Adjektiven, vgl. *das verschmähte, faszinierte Kind, das (mich) faszinierende, die Nahrung verschmähende Kind.* Als Basis für die Nomen sind diese Adjektive anzusetzen. Beim Partizip Präsens besteht für das Deutsche nämlich das Problem, dass es nicht als Verbform in Erscheinung tritt (**er ist verschmähend, faszinierend* in der Bedeutung 'dabei sein zu verschmähen, faszinieren'), sodass der Status des Morphems {-(e)nd} nicht eindeutig als Flexionsform des Verbs und damit auch nicht als irrelevant für die Wortbildung zu sehen ist. Es tritt jedoch wie alle Flexive an alle Verben und führt eine regelmäßige Bedeutungsabwandlung herbei 'dabei sein, etwas zu tun'. Daher ist die Einordnung als Flexiv vertretbar. Dabei sind einige der Formen im Gebrauch eingeschränkt (*ein schreiendes Kind, *das Kind ist schreiend*), während andere eine idiomatisierte Bedeutung entwickelt haben wie *faszinierend* 'bezaubernd'. Sie können als eigenständige Adjektive aufgefasst werden. Bei einer Analyse muss auf die Problematik verwiesen werden.

Manchmal ist die Derivationsrichtung nicht klar (*schauen/Schau, rufen/ Ruf, fischen/Fisch*). Eventuell kann die Paraphrase hier helfen, verbunden mit einigen praktischen Überlegungen. Sehr wahrscheinlich gibt es den Fisch, sonst kann es dazu kein Verb geben, *fischen* ist besser als 'Fische fangen' zu umschreiben als für das Nomen ??'Gefangenes als Ergebnis des Fischens' anzunehmen, ebenso *lärmen* 'Lärm machen'. Im Gegensatz dazu dürfte *rufen* grundlegender sein als *Ruf*. Solche Überlegungen werden von vielen als problematisch angesehen, und trotz allem gibt es einige nicht entscheidbare Fälle (*Lob/loben, Anfang/anfangen*). Sie gelten als doppelt motiviert.

 Konversionen wie *der/die Studierende, Schöne* sind nicht zu verwechseln mit expliziten Derivaten vom Typ *Dichte* (eines Gewebes), denn hier ist das *-e* ein Wortbildungselement und stabil gegen Kasusveränderung. Die Endung bei *Schöne* jedoch ist ein verbliebenes Flexiv, das sich im Satz an die Kasusanforderungen anpasst und auch im Genus flektiert wird. Denken sie sich ein „Person" oder „Mann" dazu, statt *die Schöne* eben *die schöne Person*:

Das ist die Schöne/Dichte, wegen der Schönen/Dichte, das gehört der Schönen/Dichte, ich sehe die Schöne/Dichte, ich sehe den Schönen.

Auch das Verhalten im Plural ist unterschiedlich. In *Dichte* folgt das Plural-*n* dem {-e}, während wir in *Studierende/Schöne* wieder die Kasusanpassung des Flexivs haben. Der Nominativ Plural lautet *viele Schöne/Dichten*.

Der Strukturbaum sieht im Fall der Konversion keinen binären Schritt vor:

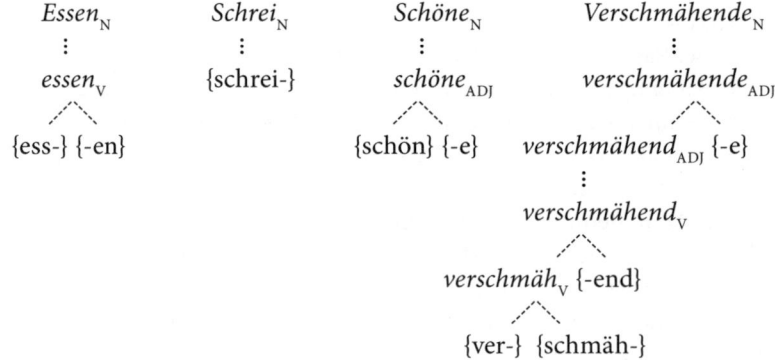

Essen	Nomen, Konversion, 'Handlung des Essens', motiviert, produktiv
Schrei	Nomen, Konversion, 'Ergebnis des Schreiens', nominales Abstraktum, motiviert, produktiv
Schöne	Nomen, Konversion, ohne Kontext genaue Bedeutung nicht klar, 'Person, die schön ist', Personenbezeichnung, oder 'etwas, das schön ist', Abstraktum, je motiviert, produktiv
Verschmähende	Nomen, Konversion, 'Person, die verschmäht', Nomen agentis, motiviert, produktiv
essen	Verbalstamm
schöne, verschmähende	Adjektivstämme, flektiert
verschmähend	Partizip Präsens, Form des Verbs, kommt nur als Adjektiv vor, im Prinzip Konversion aus der Verbform
verschmäh(en)	Präfigierung
{ess-}, {schrei-}, {schmäh-}	Verbalwurzeln, lexikalisch, gebunden
{schön}	Adjektivwurzel, lexikalisch, frei
{-en}	Flexionsmorphem, Suffix, bildet den Infinitiv, grammatisch, gebunden
{-e}	Flexionsmorphem, Suffix, bei Adjektiven, grammatisch, gebunden, wird bei der Konversion mitübernommen
{-end}	Flexionssuffix für das Partizip Präsens der Verben, grammatisch, gebunden
{ver-}	Derivationsmorphem, Präfix, grammatisch, gebunden

Es gibt auch noch den Begriff der Präfixkonversion, er ist nur bei den Verben von Belang.

In einem weiteren Sinne können von der Konversion auch Wortgruppen betroffen sein bei gleichzeitiger Univerbierung wie *Klavierspielen*. Hier und in vielen anderen Abhandlungen werden solche Beispiele Zusammenrückungen genannt. In jedem Fall muss hierzu der Unterschied zur Komposition beachtet werden – *Dummerjungenstreich* und *Sauregurkenzeit* sind Determinativkomposita, das zeigen die Paraphrasen, denn *Streich* und *Zeit* werden näher bestimmt: 'Streich, der von einem dummen Jungen gespielt wird', 'Zeit, in der lediglich saure Gurken eingelegt werden (sonst nichts)'.

Kurzwortbildung

Diese Wortbildungsart führt nur zu Nomen, lediglich die Klammerform gibt es auch bei einigen Adjektiven. Sie arbeitet nicht unbedingt mit Morphemen, und es entstehen keine neuen Wörter, sondern Varianten zu bereits vorhandenen Wörtern oder Wortgruppenlexemen. Darum kommt es bei den verschiedenen Kürzungsverfahren nicht zu Wortartwechseln oder Bedeutungsveränderungen, höchstens zu Konnotationsverschiebungen, also Veränderungen der stilistisch-bewertenden Nebenbedeutungen. Die Ausgangswörter bzw. -wortgruppenlexeme existieren neben den Kurzformen weiter. Ausnahmen sind das Kurzwort zu *Bayerische Motorenwerke*, *BMW*, das auch für die Autos, die die Firma herstellt, verwendet wird, oder das *Bundesausbildungsförderungsgesetz*, gekürzt zu *BaföG*. Hier bezeichnet das Kurzwort mittlerweile auch das Stipendium bzw. das Geld, das aufgrund des Gesetzes vergeben wird. In beiden Fällen entwickelten sich zu den Ursprungskürzungen homonyme Formen mit eigener Semantik. Unter diesem Gesichtspunkt dürfen dann {BaföG} und {BMW} in der neuen Bedeutung als Morphem interpretiert werden. Kurzwörter flektieren in der Regel anders als ihre Langformen. Der Wortakzent kann sich verlagern (*Aúszubildender – Azúbi*).

Der Oberbegriff Kurzwort vereint verschiedene Typen der Kürzung. Einerseits unterscheiden wir zwischen I n i t i a l - bzw. B u c h s t a b e n w ö r t e r n , teils ausbuchstabiert (*EU – Europäische Union, DDR – Deutsche Demokratische Republik, LKW – Lastkraftwagen*), teils wie ein Wort ausgesprochen (*DIN – Deutsche Industrie-Norm, TÜV – Technischer Überwachungsverein*). Sie entstehen in der Regel aus den Anfangsbuchstaben einiger Wörter der Langform. Daneben gibt es S i l b e n k u r z w ö r t e r (*Kiga – Kindergarten, Kripo – Kriminalpolizei*) und M o r p h e m - bzw. W o r t k u r z w ö r t e r (*Korn – Kornschnaps, Bock – Bockbier, Ober – Oberkellner, Hoch – Hochdruckgebiet*). Schließlich treten auch Mischformen bzw. M i s c h k u r z w ö r t e r auf, bei *Azubi* zu *Auszubildende/r* wurden sowohl Anfangsbuchstaben als auch -silben verwendet.

Andererseits stehen K o p f w ö r t e r (*Uni – Universität, Labor – Laboratorium, Kilo – Kilogramm, Krimi – Kriminalroman*) den S c h w a n z - w ö r t e r n (Endwörtern) (*Platte – Schallplatte, Echse – Eidechse*) gegenüber mit einem verbleibenden zusammenhängenden Teil vorn bzw. hinten. Schwanzwörter sind im Deutschen allerdings meistens gekürzte Komposita. Bei K l a m m e r f o r m e n bzw. K l a m m e r a u s d r ü c k e n fehlt ein Teil im Wortinnern, vgl. *Ölzweig – Ölbaumzweig, Fernamt – Fernsprechamt, Bierdeckel – Bierglasdeckel, Laubsäge – Laubholzsäge, Kudamm – Kurfürsten-*

damm, Bauchspeichelkrebs – Bauchspeicheldrüsenkrebs, Ziegenkäse – Ziegen-milchkäse, Schlachthof – Schlachtviehhof, Krad – Kraft(fahr)rad. Klammerfor-men, die aussehen wie Komposita, werden meist dort behandelt. Außerdem gibt es noch die Möglichkeit, dass nach einer Kürzung die Mitte eines Aus-drucks übrigbleibt (R u m p f w o r t , *Lisa* zu *Elisabeth*). Buchstaben- und Kopfwörter werden oft gleichzeitig durch *-i* (*-ie*, *-y*) bzw. *-o* abgeleitet, denn es gibt vorher nicht das Kurzwort ohne Affix (*Ösi/Österreicher, Studi/Student*). Aus dem Englischen stammt *Dinkie, dinky* zu *double income, no kid.*

Ein weiterer Gliederungsaspekt ist die Menge der verbleibenden Einhei-ten. U n i s e g m e n t a l sind *Uni* und *Lisa*, denn sie bestehen jeweils aus ei-nem zusammenhängenden Segment der Langform. M u l t i s e g m e n t a l sind *Kiga* und *DNS*, da sie aus nicht zusammenhängenden zwei Silben bzw. drei Buchstaben der Langform gebildet wurden.

Und weil die Kürzung in manchen Bereichen des Deutschen besonders beliebt ist, wenn nicht nur reine Sprachökonomie, sondern auch Klang, Aussprechbarkeit und verschiedene stilistische Aspekte vermehrt eine Rolle spielen sollen, gibt es immer wieder neue Besonderheiten. So ist es in einigen Fachsprachen, z.B. in der der Chemie, sehr verbreitet, ein Wort zusammen-zuziehen, sodass aufgrund der Kürzung mehrere, ursprünglich nicht zusam-menhängende Teile übrigbleiben. Dabei kann die Reihenfolge der Fragmente erhalten bleiben, muss aber nicht (K o n t r a k t i o n). Dies führt zu praktischen Kurzformen komplizierter Wörter, vgl. *Aclonifen*, der Name eines chemischen Produktes, das korrekt "2-<u>Chl</u>or–6-<u>ni</u>tro–3-<u>phenoxy</u>anilin" heißt, oder *Bam-buterol* für (+-)-1-[3,5-Bis(dimethylcar<u>bam</u>oyloxy)phenyl]–2-<u>tert</u>-butylami-no)ethan<u>ol</u>". Aus den Medien kennen wir *DAX* – <u>D</u>eutscher <u>A</u>ktieninde<u>x</u>. Die unterstrichenen Teile der Ausdrücke wurden für die Kurzform übernommen.

Schließlich seien noch die p a r t i e l l e n K u r z w ö r t e r erwähnt, bei denen ein Glied eines Kompositums gekürzt wird, vgl. *O-Saft – Orangen-saft, U-Haft – Untersuchungshaft.*

Zusammenfassend gibt es folgende Klassifizierungsmöglichkeiten:
- Buchstabenwort, Silbenwort, Morphem-/Wortkurzwort, Mischkurzwort
  DDR, TÜV   *Kripo*   *Korn*   *Azubi*
- Kopfwort, Schwanzwort, Klammerform, Rumpfwort
  Uni   *Echse*   *Laubsäge*   *Lisa*
- unisegementales, multisegementales Kurzwort
  Uni, Lisa   *TÜV, Kripo, Azubi.*

Beispiele für Strukturbäume sind

$$T\ddot{U}V\text{-}Plakette_N \qquad\qquad Demo\text{-}Band_N$$

$$T\ddot{U}V_N \quad Plakette_N \qquad\qquad Demo_N \; Band_N$$

$$\vdots \qquad\qquad\qquad\qquad \vdots$$

$$\underline{T}echnischer\ \underline{\ddot{U}}berwachungs\underline{v}erein \qquad \underline{Demo}nstration$$

Abkürzungen wie *usw.* oder *Dr.*, die lediglich für die orthographische Ebene gelten, zählen nicht zu den Kurzwörtern.

Der Terminus Akronym hat im Deutschen keine fest definierte Bedeutung. Manchmal bezieht er sich nur auf Buchstabenkurzwörter, die ausbuchstabiert werden, manchmal auf alle Buchstabenwörter, manchmal auch auf Silbenkurzwörter. Teilweise wird er mit Abkürzung gleichgesetzt.

Bei der Analyse muss terminologisch geschieden werden zwischen Kurzwort/ Kürzung und

– Fremdwort: Beispiele wie *Laser* (*light amplification by stimulated emission of radiation*), *OPEC* (*Organization of Petrolium-Exporting Countries*), *NATO* (*North Atlantic Treaty Organization*), *Radar* (*radio detecting and ranging*) oder *Aids* (*Acquired Immune Deficiency Syndrome*) sind zunächst Fremdwörter, die allerdings in ihrer Ursprungssprache über Kürzung entstanden sind. Hierzu zählt auch das gerade erwähnte *Dinkie*.

– Komposition: Beispiele wie *U-Bahn* oder *S-Bahn* sind gekürzte Formen von *Untergrundbahn* bzw. *Schnellbahn*. Im Gegensatz dazu entstand *O-Beine* über die Zusammensetzung mit einem Buchstaben und einem Lexem. Auch *Demo-Band* ist ein Kompositum.

– Kontamination: Beispiele wie *Fewa* zu *Feinwaschmittel* sind Kurzwörter. *Persil* oder *Haribo* jedoch sind Kontaminationen, weil die beteiligten Wörter *Perborat* und *Silikat* bzw. *Hans, Riegel, Bonn* keine Sinneinheit bilden. Es liegt damit keine parallele Langform vor.

– Rückbildung: Die Rückbildung führt zu einem Wortartwechsel durch Tilgung (oder Austausch) eines Morphems, vgl. *notlanden* zu *Notlandung*, *Freimut* zu *freimütig*. Dies ist bei der Kürzung nicht der Fall, Substantive bleiben auch gekürzt Substantive und die Kürzung geschieht unabhängig von der morphologischen Struktur. Wie bei der Erleichterungsrückbildung kommt es in den meisten Abhandlungen zu einer terminologischen Trennung von den Kürzungen, obwohl im Prinzip eine Art der Kürzung vorliegt.

– Erleichterungsrückbildung: Im Gegensatz zu Kürzungen, bei denen erstens unabhängig von morphologischen Einheiten und zweitens produktiv Wortmaterial wegfällt, kommt es bei dieser Art der Rückbildung, vgl. *Erweis* zu *Erweisung*, nur historisch zum Verlust von Morphemen, beide Formen gab es nebeneinander, die längere ging verloren. Die Erleichterungsrückbildung kann zwar als Sonderfall der Kürzung verstanden werden, wird heute jedoch meist terminologisch getrennt behandelt.

– Haplologie: Die Bildung von Klammerformen in Beispielen wie *Fernamt* zu *Fernsprechamt* darf nicht mit der phonologischen Erscheinung H a p - l o l o g i e (Silbenschichtung) verwechselt werden, die doppelte, nebeneinander stehende Lautfolgen vereinfacht (**Zaubererin, *Rudererin*), daher gibt es auch den Begriff Haplogie.

Zusammenbildung

Zusammenbildungen sind nicht klar als Komposition oder Derivation einordnbare Konstruktionen aus mindestens drei Morphemen, die sowohl Merkmale einer Ableitung als auch einer Komposition tragen (auch synthetische Komposita genannt), etwa *Schnelldurchblicker, Frauenversteher, Rückwärtseinparker, Wunderwirker*. Solche Formen lassen sich nicht als Komposita analysieren, denn es gibt die Lexeme **Blicker, *Versteher, *Einparker* bzw. **Wirker* nicht, genauso wenig als Derivationen, denn es gibt auch die Lexeme **Schnelldurchblick, *frauenversteh(en), *rückwärtseinpark(en)* oder **wunderwirk(en)* nicht. Sie können auch nicht durchgängig als Ableitung einer Wortgruppe aufgefasst werden wegen Beispielen wie *Trübsinnhabachter*. Daher wurde diese dritte Art der Wortbildung angesetzt. Weitere Beispiele sind *Grundsteinlegung, Farbgebung, Inbetriebsetzung, Rechtshänder, Stellungnahme, Machthaber, Liebhaber*. Sie ist beispielsweise in Werbung und Zeitung produktiv, standardsprachlich kaum. Zusammenbildungen weisen keine Fugen auf, da die Glieder ihre Flexive beibehalten, vgl. *Pferd-e-flüsterer, Frau-en-versteher*.

$$Dickhäuter_N$$
$$\diagup \mid \diagdown$$
{dick}{häut}{-er}
mit {häut} als Allomorph zu {haut}.

Zusammenrückung

Solche Formen entstehen aus dem wiederholten Nebeneinander (mindestens) zweier Lexeme, typische Beispiele sind *Dankeschön, Lebewohl, Schluckauf, Handvoll, Mundvoll, Immergrün* (Pflanze), *Gernegroß, Fußbreit, Haarbreit, Zeitlang, Vaterunser, Muttergottes, Vergissmeinnicht, Stelldichein, Dreikä-*

sehoch, Nimmersatt, Rührmichnichtan, Tunichtgut, Links-, Rechtsaußen. Im Gegensatz zu den (echten) Komposita bestimmt das rechte Glied nicht unbedingt den Gesamtausdruck, und der Wortakzent kann erhalten bleiben (*Lebewóhl*). Diese Beispiele können auch als Konversion einer Wortgruppe aufgefasst werden bzw. als Univerbierung.

Die Kombination der Wortarten ist vielfältig. Beispielsweise handelt es sich bei *Schluckauf* um Verb und Präposition, bei *Gernegroß* um Adverb und Adjektiv und bei *Möchtegern* um Verb und Adverb. Zusammenrückungen weisen keine Fugenelemente auf, da die Glieder mit ihren Flexionsendungen, wenn sie diese haben, zusammengerückt sind.

Zahlreiche neuere Abhandlungen geben die Wortbildungsart auf. Beispiele zählen zu den Komposita oder Konversionen. Historisch ausgelegte Untersuchungen zeigen, dass bei Wortarten wie Adverb, Pronomen, Präposition und Konjunktion nicht klar zwischen Komposition und Zusammenrückung geschieden werden kann, weil sehr oft das nötige etymologische Wissen fehlt und die Kriterien wiederholtes Nebeneinander und Wortart der zweiten Konstituente zu widersprüchlichen Ergebnissen führen. Dieses Problem stellt sich auch für die Interpretation als Univerbierung. Andererseits fassen ältere Studien die Beispiele in einer allgemeinen Gruppe Zusammensetzung oder Komposition zusammen. Ohne die Kategorie Zusammenrückung werden aber die Unterschiede zwischen den verschiedenen Komposita und Beispielen wie *Gernegroß* nicht hervorgehoben. Schlussendlich gibt es hier keine allgemein zufriedenstellende Lösung.

Rückbildung

Dieser Begriff ist bereits in älteren Abhandlungen zu finden und bezieht sich darauf, dass ein morphologisch komplexes Wort durch Wegstreichen oder Ersetzen eines Wortbildungsmorphems entsteht bei gleichzeitiger Wortartenänderung. Die Rückbildung sieht aus wie ein morphologisch kürzeres Ausgangswort, etwa *Freimut* zu dem komplexeren *freimütig*. Während zu *Hochmut, Übermut* und *Demut* tatsächlich *hochmütig, übermütig* und *demütig* gebildet wurde, gab es *freimütig* jedoch bereits vor *Freimut*, damit ist die kürzere die sekundäre Form.

Für die Annahme einer besonderen Wortbildungsart sprechen zwei Gründe. Teilweise wird historisch argumentiert, dass es vor dieser Bildung das Adjektiv *sanftmütig* gab. Der korrekte Entstehungsweg führt also über das Streichen des {ig} und damit zum Wortartenwechsel. Das Suffix wird zurückgenommen. Dies ist jedoch umstritten. Auf den ersten Blick sieht *Sanftmut* wie eine Komposition aus {sanft} und {mut} aus. Die zweite Erklärung sieht bei *Sanftmut* das Problem, dass keine Interpretationsmöglichkeit als Determinativkompositum vorliegt, weil das Genus des Zweitgliedes nicht zu dem des

Gesamtausdrucks passt. Folglich muss ein andere Entstehungsweg gesucht werden, er führt über die Semantik. Demnach sind die Rückbildungen inhaltlich von der Langform her motiviert, die *Tiefkühltruhe* ist das grundlegende Konzept, zu dem *tiefkühlen* als Handlung erst gebildet wird.

Weitere Beispiele sind *Einmut, Frohmut, Großmut, Blödsinn* zu *blödsinnig, Eigensinn* zu *eigensinnig, Allmacht* zu *allmächtig, Alltag* zu *alltäglich, Allgegenwart* zu *allgegenwärtig, Unnatur* zu *unnatürlich*. Neue Bildungen sind *Emanze* zu *emanzipiert, Häme* zu *hämisch* oder *Unsympath* zu *unsympathisch*.

Erleichterungsrückbildung

Die sogenannte Erleichterungsrückbildung ist von der Rückbildung zu trennen, vgl. *Erweis/Erweisung, Ausdruck/Ausdrückumg, Beweis/Beweisung, Hingebung/Hingabe*. Die Formen wurden nach zwei verschiedenen Modellen gebildet, mit der Zeit dominierte dann die kürzere Variante. Außerdem handelt es sich jeweils um die gleiche Wortart.

Kontamination

Die Kontamination, auch Wortmischung, -kreuzung, -verschmelzung, Blending bzw. das Ergebnis auch Kofferwort oder Portmanteauwort genannt, ist selten und im Deutschen fast nur in stilistisch geprägten Zusammenhängen zu finden. Für einige zählt sie nicht zur Wortbildung.

Diese Wortbildungsart zeichnet sich dadurch aus, dass im Prinzip nicht mit morphologischen Einheiten gearbeitet wird, das Klangbild aber mit eine Rolle spielt. Meist verschmelzen Teile zweier, selten auch mehrerer Wörter zu einem neuen. Dieses vereint Bedeutungsaspekte aller Ausgangswörter. Die Beispiele sind meist Gelegenheitsbildungen, die aus stilistischen Gründen geschaffen wurden. Sie finden selten den Weg ins Lexikon, Ausnahmen sind *jein, Kurlaub* und neuerdings das interdisziplinäre Gebiet der *Mechatronik* zu *mechanisch* und *Elektronik*. Somit ist diese Wortbildungsart zwar produktiv, jedoch praktisch nur außerhalb des usuellen Lexikons. Einige der Bildungen haben Wortmaterial gemeinsam, insofern kommt es zu Überlappungen, vgl. *ur* bei *Kur* und *Urlaub*. In anderen Fällen haben die beiden Wörter keine lautlichen Gemeinsamkeiten, vgl. *mecha + tronik*. Weitere Beispiele sind *Medizyniker* zu *Medizin* und *Zyniker, Literatour* zu *Literatur* und *Tour, Komplikatesse* zu *Komplikation* und *Delikatesse*.

Im Englischen erscheinen Kontaminationen wesentlich öfter aus sprachökonomischen Gründen und sind dort lexikalisiert. Einige von ihnen haben wir übernommen, z.B. *Smog,* engl. *smog* aus *smoke* und *fog* für den mit Abgasen und Rauch gemischten Nebel, *Brunch* zu engl. *breakfast* 'Frühstück' und *lunch* 'Mittagessen', *motel zu* engl. *motorist's hotel* 'Hotel für Reisende mit Motorfahrzeug' oder *Eurasien,* engl. *Eurasia* aus *Europe* und *Asia.* Neuerdings verwenden wir auch *Infotainment* (zu engl. *information* und *entertainment*) und *Stagflation* (zu engl. *stagnation* und *inflation*). Weniger bekannt sind *Liger,* engl. *lion* 'Löwe', *tiger* 'Tiger' für die Kreuzung von beiden sowie *Quasar,* engl. *quasi-stellar object* 'sternähnliches Objekt'. Diese Bildungen sind im Englischen entstanden, und wir übernehmen das fertige Wortbildungsprodukt.

Die Kontamination nähert sich dem Kopulativkompositum insofern an, als zumeist zwei Bedeutungen gelten. Als ein Sonderfall der Kürzung könnte sie gesehen werden, weil Wortmaterial getilgt wird. Allerdings müssen im Gegensatz zur eigentlichen Kürzung Begriffe erstbenannt werden. Es gibt keinen **Kururlaub,* den Sie parallel dazu auch *Kurlaub* nennen. Bei den Kürzungen ist der Ausgangspunkt in der Regel eine zusammenhängende Wortgruppe bzw. ein phonologisch oder morphologisch komplexes Wort, das parallel gebräuchlich ist. Das gilt nicht für Kontaminationen. Im ersten Fall wird ein komplexer Begriff formal gekürzt. Im zweiten Fall werden getrennte Begriffe formal zusammengeschoben und bilden ein neues Wort.

Kunstwortbildung

Diese Möglichkeit, neue Wörter zu erzeugen, gehört nicht zur Wortbildung an sich, aber in eine Abhandlung zu diesem Thema. Sie ist für das Standarddeutsche nicht von Belang. Lediglich in der Werbesprache und einigen Formen der Literatursprache treten regelmäßig neue Kunstwörter auf, beispielsweise *Fa, Bac, Mum, Urmel.* Begriff und Definition finden keine einheitliche Verwendung, und es gibt nur wenig wissenschaftliche Forschung auf diesem Gebiet.

Wortgruppenlexembildung

Der Begriff des Wortgruppenlexems ist erstens umstritten und zweitens gehören für viele SprachwissenschaftlerInnen Bildungen wie *Zweites Deutsches Fernsehen, erste Hilfe* oder *Schwarzwälder Kirschtorte* nicht in den Gegenstandsbereich der Wortbildung. Aus diesem Grund geht erst das Vertiefungskapitel näher auf diese Wortbildungsart ein.

Zusammenfassung

Es folgt eine Zusammenstellung der verschiedenen Wortbildungsarten der Nomen mit Beispielen und gegebenenfalls Kommentaren (Tab. 12). Sie vermittelt Ihnen im Überblick die Vielfalt der Möglichkeiten. Sie werden in den Tabellen für die anderen Wortarten dann sehen, wie diese Vielfalt immer mehr abnimmt.

Tabelle 12: Wortbildungsarten der Nomen

Wortbildungsart	Beispiele	Kommentar
Determinativkompositum	*Haustür, Klopapierrolle*	sehr verbreitet
verdeutlichendes Kompositum	*Briekäse, Briefkuvert*	
Possessivkompositum	*Rotkehlchen, Bleichgesicht*	
Kopulativkompositum	*Dichterkomponist, Nordwest*	
Reduplikativkompositum	*Hickhack, Singsang*	nicht mehr produktiv
Inversionskompositum	*Jahrhundert, München-Nord*	selten
Präfixoidbildung	*Affenhitze, Riesenanstrengung*	
Suffixoidbildung	*Laubwerk, Spielzeug*	
Präfigierung	*Erzfeind, Unglück*	
Suffigierung	*Kleidung, Bohrer*	
Zirkumfigierung	*Gesinge, Gefrage*	
implizite Derivation	*Biss, Trank*	nicht mehr produktiv
Konversion	*Besuch, Grün*	
Kürzung	*Uni, Azubi, LKW*	
Zusammenbildung	*Dickhäuter, Frauenversteher*	
Zusammenrückung	*Handvoll, Gernegroß*	
Rückbildung	*Emanze, Allgegenwart*	
Erleichterungsrückbildung	*Erweis, Ausdruck*	extrem selten
Kontamination	*Kurlaub, Literatour*	selten, meist stilistisch geprägt

Übungen zu 6.1. Grundlagen

1. Um welche Wortbildungsart handelt es sich bei *Haustür, Frechheit, Grünschnabel, Rotkehlchen, Grünspecht, Uni, Rückwärtseinparker, Blumentopferde, Gestein, Gebrauch, Abbruch, Handvoll*?
2. Zählen Sie sieben Possessivkomposita auf!

6.2. Vertiefung

Zusammenbildung

Bei Zusammenbildungen liegen Charakteristika von Komposition und Derivation vor. Die Bezeichnung wie auch die Konstruktion ist schon älter und wurde bereits von Wilhelm Wilmanns (1899: 3) anhand von Formen wie *Ehebrecher* oder *breitspurig* als Vereinigung von Komposition und Ableitung beschrieben. Auch bei Otto Behagel, Herman Eichholz, Peter von Polenz und anderen gilt sie als solch ein Mischtyp (Leser 1990: 19f.). Zusammenbildungen wurden also zunächst im Zwischenbereich von Komposition und Derivation angesiedelt (Henzen 1957, Fleischer 1982). Das Argument war, dass keine der beiden Wortbildungsarten eindeutig zu erkennen ist. Ein klassisches Beispiel ist *Dickhäuter*. Es gibt keinen **Häuter* und auch nicht **dickhäuten*. Es ist kein Kompositum.

Eine andere neuerdings öfter anzutreffende Interpretation als Ableitung (vgl. Fleischer/ Barz 1995: 47) wird der Tatsache nicht gerecht, dass es für die abgeleiteten Elemente keine Kategorie gibt, auch wenn meistens Wortgruppen vorliegen. Die Formulierung „Ableitung von einer Wortgruppe" ist nicht problemlos zutreffend, denn es heißt nicht **Dickehäuter*. Darüber hinaus treten andere abgeleitete Einheiten auf, z.B. neu gebildete Elemente und Sätze wie bei *Ichübergreifung, Trübsinnhabachter* (Lem in Siebold 2000: 58, 133), *Sozialverekler* (Kerr in Erben 1996: 5), *Ausschließlich-auf-Sprache-Angewiesenheit, Hände-auf-die-Schultern-Legerei* (Lawrenz 2006: 89).

Heute zählen einige zu den Zusammenbildungen auch Komposita vom Typ *Sauregurkenzeit* (z.B. Leser 1990), sodass Ableitungen und Zusammensetzungen nicht mehr getrennt werden, während Erben (2006: 37) und auch Henzen (1957: 239) *Sauregurkenzeit* als Zusammenrückung, als Sonderfall der Komposition auffassen. Es ist in jedem Fall zu bedenken, dass es **dickhäut* nicht als Zusammenrückung oder die Wortgruppe **dick Häut* gibt. Daher heben sich die Beispiele von Komposita des Typs *Sauregurkenzeit* ab, bei denen die Phrase zusammengerückt die erste Konstituente eines Determinativkompositums bildet (vgl. auch Motsch 2004: 9). Auch wenn hier immer wieder auf Henzen verwiesen wird, betont dieser doch, dass die Zusammenbildung Züge von Zusammensetzung *und* Ableitung trägt, vgl. Henzen (1957: 14f.) und auch Wilmanns (1899: 3). Dies ist somit die traditionelle Auffassung, die auch aufgrund der deutlichen Unterschiede dieser Bildungsweisen als gerechtfertigt erscheint. Sonderkomposita wie *Sauregurkenzeit* sind im Gegensatz zu den Zusammenbildungen außerdem ein relativ junges Wortbildungsphänomen. Die separate Behandlung erwies sich in Elsen (2004) schließlich wegen der divergierenden Auftretenshäufigkeiten in den Korpora als sinnvoll.

Simmler (1998: 406ff.), Motsch (2004).

Zusammenrückung

Die Zusammenrückung ist in manchen Varietäten des Deutschen produktiver als im Standard. Vor allem Gelegenheitsbildungen entstehen oft lediglich durch Zusammenschreibung und werden von einigen als Konversion von Wortgruppen oder Sätzen bezeichnet (*Wirkenwollen, Naserümpfen*, Fleischer/ Barz 1995: 212f., Eichinger 2000: 73). Von den Komposita abzugrenzen sind solche Beispiele insofern, als die Wurzel am weitesten rechts nicht die Wortart des Gesamtausdrucks bestimmen muss. Klar ist dies bei den klassischen Bildungen wie *Vergissmeinnicht* (Fleischer 1982: 62, vgl. aber Fleischer/Barz 1995: 213: Satznamen, auch Lohde 2006) oder *Handvoll*. Weniger eindeutig sind die Fälle à la *Naserümpfen*. Hier hilft eine Paraphrase weiter. *Naserümpfen* ist besser als ein 'Rümpfen mit der Nase' und nicht als *'besondere Art zu rümpfen' zu umschreiben. Ebenso ist *Handvoll* keine *'besondere Art von voll' oder *Dreikäsehoch* keine *'besondere Art von hoch' und *hastusienichtgesehen* (Janosch, vgl. Elsen 2004) ist keine *'besondere Art zu sehen'. Solche Beispiele müssen also von Determinativ-, Kopulativ- und Possessivkomposita getrennt werden.

An dieser Stelle ist darauf hinzuweisen, dass statt des Begriffs Zusammenrückung auch Inkorporierung (bei Nomen-Verb-Verbindungen, Motsch 1999: 50 in Anlehnung an Wurzel), Inkorporation (Eichinger 2000) oder Univerbierung bzw. Inkorporation als eine Möglichkeit der Univerbierung (Motsch 2004) verwendet werden. Diese Begriffe treten jedoch auch in anderer Bedeutung, also wieder uneinheitlich, auf.

Störenfried war ursprünglich eine Imperativform, vgl. *störfriede, störefried* (Grimm 1854–1960).

Kontamination

Die Kontamination ist eine seltene, jedoch nicht konsequent genutzte Wortbildungsmöglichkeit, die ein größeres Spektrum an Gestaltungsmöglichkeiten vereint. Zumindest im Deutschen wird sie beinahe nur in einem stilistisch markierten Rahmen genutzt (vgl. im Folgenden Elsen 2008c). Ihr Status als Wortbildungsart ist umstritten.

Wie bei *Waterkantgate* (*Waterkant, Watergate*), *Müllionärin* (*Müll, Millionärin*) oder *Dollarubel* (*Dollar, Rubel*) setzen sich zahlreichen Beispiele aus längeren oder kürzeren homophonen Wort(teil)en zusammen, die sich überlappen, in unserem Falle *water, m-ll* bzw. *r*. Oft werden aber auch Wortteile getilgt wie bei *Tomoffel* zu *Tomate* und *Kartoffel* oder *Osram* aus *Osmium* und *Wolfram*. Beides kann gleichzeitig auftreten, vgl. *Komplikatesse* aus *Komplikation* und *Delikatesse*. Selten ist die Einfassung, vgl. frz. *expojarrysition* aus *exposition* und *Jarry* (Grésillon 1984: 24f.) oder eine Einfassung mit Überlappung, vgl. das jugendsprachliche *Superhaario* (*Supermario, Haar*). Das heißt, Wortteile verbinden sich und/oder es kommt zu Überlappungen, seltener zu einer Integration eines Wortes in ein anderes, was dann außerdem orthographisch sichtbar gemacht werden sollte (*HerCOOLes*, Janich 1999: 142, *SchreIBMaschine*, Janich 2001: 151). In manchen Fällen ist eine Kontamination Ausgangspunkt für eine weitere Kontamination, vgl. *Mainzelmännchen* zu *Mainz* und *Heinzelmännchen*, *Mainzelmädchen* zu *Mainzelmännchen, Mädchen* (Reischer 2008: 188).

Semantisch liegt meist ein Kopulativ- oder Determinativverhältnis vor. Bei dem englischen Beispiel *smog* handelt es sich gleichzeitig um Rauch und Nebel (engl. *smoke, fog*). Die *Waterkantgate* ist hingegen eine Art *Watergate(affäre)*, und zwar eine an der Waterkant. Hinzu kommt sehr oft aber eine Verschlüsselung als Besonderheit. Denn die SprachbenutzerInnen verwenden ja gerade Beispiele wie *Waterkantgate* und nicht *Waterkantwatergate* (Peschel 2002: 177), und wertneutrale Beispiele wie *Kurlaub* sind im Deutschen ungewöhnlich. Die Kontamination gehört meistens in die gleiche Wortklasse wie die Ausgangswörter. Vielfach weisen die beteiligten Wörter ähnliche, auch gegensätzliche Bedeutungen auf (Maurer 1933: 108, Grésillon 1984: 26f.). Dies ist aber nicht zwingend nötig (Fleischer/Barz 1995: 47). Manche Beispiele sind kaum transparent. Ist eine Kontamination nicht gleich verständlich, so mag Absicht zugrunde liegen, um Leserneugier zu wecken. Es kann aber auch sein, dass die Bildung schlecht gelungen ist, wenn wir sie nicht dechiffrieren können. Eine gewisse Offenheit der Interpretationsmöglichkeiten ist meist beabsichtigt, um Aussagen vage zu halten und um Repressalien, die bei einer eindeutigen Behauptung drohen, zu umgehen wie in der Zeitungssprache.

Insgesamt gibt es also einfache und schwierige Fälle von Kontamination, und das Klangbild dürfte bei der Bildung mit entscheiden.

Wie auch Schulz (2004: 300) schlussfolgert, sind die Regularitäten abgestuft, die Transparenz ist graduell unterschiedlich. Eine allgemeingültige Definition zu formulieren, die die Kontamination deutlich von den anderen Möglichkeiten der Wortbildung abhebt, ist schwierig. Die typische Kontamination, z.B. *wesentiell* aus *wesentlich* und *essentiell*, ist absichtlich geschaffen (denn es gibt auch „Versprecher" wie *Frau Hilsen* zum Namen der Autorin), transparent, also begrifflich motiviert, und geht auf zwei Ausgangslexeme zurück. Dabei gibt es von einem Ursprungswort einen Anfangsteil, vom anderen einen Endteil, beide gehören zu einer Wortklasse, sind bedeutungsverwandt und stammen aus dem usuellen Lexikon. Sie sollten anhand des Kontextes ermittelbar sein. Bedeutungsaspekte der Einzellexeme finden sich im Gesamtausdruck wieder. Die Kontamination ist rekonstruierbar und stilistisch gefärbt.

Natürlich treten auch Abweichungen von dieser Charakteristik auf. Oft bleibt mindestens ein Ausgangslexem graphisch oder lautlich vollständig erhalten (*Waterkantgate*). Dann gibt es Beispiele, die aus drei Quellwörtern stammen, etwa *Haribo* aus *Hans Riegel, Bonn* oder die spielerischen *Abendrotwildente* (Namislow 2008: 24), zu dem *Abendrot, Rotwild* und *Wildente* möglich sind, und *Kontaktlinsengerichtsakten* (Namislow 2008: 55) zu *Kontaktlinsen, Linsengericht, Gerichtsakten*. Manche Beispiele haben sogar noch mehr Quellwörter. Der Verlag des Regensburger Verlegers Dieter Lohr vertreibt Hörbücher und hat als Verlagslogo einen mit Lorbeer bekränzten Bären. Aus den Lexemen *Lohr, Ohr, Lorbeer* und *Bär* entstand der Verlagsname *LOhrBär-Verlag*.

Weitere Spielarten liegen vor bei *Ulkohol* (*Ulk, Alkohol*) oder *Westalgie* (*West, Nostalgie*), hier haben die Ursprungswörter semantisch nichts miteinander zu tun. Bei *alkohöllisch* (*Alkohol, höllisch*) oder *Schlepptop* (*schleppen, Laptop*) wird mit verschiedenen Wortklassen gearbeitet und bei *klaufen* ‚klauen' bleibt nur die Bedeutung eines der beteiligten Wörter erhalten. Schwieriger sind Fälle wie *Pfuhlmond* zu *Pfuhl* und *Vollmond* oder *Schachverstand* zu *Schach* und *Sachverstand,* denn sie könnten Komposita sein.

In der Jugendsprache treten immer wieder Beispiele für Kontaminationen auf, etwa *gruscheln* (*grüßen, kuscheln*), *Bankster* (*Banker, Gangster*), *Mugel* (*Mensch, Kugel*). Und auch im Internet herrscht Kreativität, vgl. *Webinar* für ein Seminar per web.

Postkarte wurde aus *Postblatt* und *Correspondenzkarte* gebildet (Henzen 1957: 250).

Grésillon (1984), Schmid (2003), Schulz (2004), Elsen (2008c)

Kunstwortbildung

Schon Paul (1937) befasste sich mit der „Urschöpfung" in einem ausführlichen Kapitel, und Wilmanns (1899: 1) wie auch Henzen (1957: 4f.) trennten sie ausdrücklich von Wortbildung. So wurde dann die Wortschöpfung, wenn überhaupt erwähnt, auch weiterhin aus der Wortbildung ausgeklammert (z.B. Fleischer 1982, Fleischer/Barz 1995, Schippan 1992, Eichinger 2000, Donalies 2002, Duden 2006). Zur Veranschaulichung dienen auch heute meist Beispiele wie *Gas* und *Kuckuck*. Produkt- bzw. Markennamen nehmen nur einige Autoren mit in die Gruppe der Wortschöpfungen auf, und es hat sich ausgehend von diesem Typus mit der Zeit ein neuer Terminus etabliert: das Kunstwort. Dieser Begriff hebt sich anfangs von dem der Wortschöpfung ab. Fleischer trennt Kunstwörter wie Warenbezeichnungen, die an vorhandene Elemente anknüpfen und von der Bedeutung vorhandener Elemente nicht ganz gelöst sind, von völlig neuen Wortwurzeln, den Wortschöpfungen (Fleischer 1982: 10). Fleischer/Barz (1995) zählen sie deswegen zu den Wortbildungen (Fleischer/Barz 1995: 5). Sornig (2002) hingegen führt als Beispiele für Kunstwörter Formen wie *Maluma* und *Nobebe* an. Das Metzler Lexikon Sprache unterscheidet zwischen Wortschöpfungen – Wörter, die weder durch Wortbildung noch Entlehnung gewonnen werden wie Interjektionen oder Onomatopoetika oder verschiedene Beispiele der Kinder- und Werbesprache (welche, bleibt offen) (Glück 2000: 800) –, und Kunstwörtern – Wörter, die bewusst zur Bezeichnung von Neuem gebildet werden, hierzu zählt auch *Gas* (Glück 2000: 391). Das Unterscheidungskriterium ist offenbar nicht Arbitrarität (Willkürlichkeit, Unmotiviertheit) bzw. eine neue Wurzel, sondern die gezielte Namensformung. Eventuell könnte die Wortschöpfung aber auch als Oberbegriff gelten.

Untersuchungen gab es zunächst für die Werbesprache, und zwar für Marken- oder Produktnamen (Voigt 1985, Platen 1997, Stoll 1999, Piller 1999). Bei der Betrachtung der Markennamen-Kunstwörter wurde phonologischen Faktoren eine ausschlaggebende Rolle zuerkannt, weil sie eine assoziationssteuernde Wirkung auslösen. Die Wortschöpfer bilden die Produktnamen genau auf eine bestimmte Zielgestalt hin, denn sie müssen marktstrategische Erfordernisse erfüllen. Gelegentlich wurden Skalen unterschiedlicher Grade von Motivation vorgeschlagen (z.B. Voigt 1985, Ungerer 1991, Ronneberger-Sibold 2000, Elsen 2004). Damit trat das Kriterium der Arbitrarität mehr und mehr in den Hintergrund, während das der morphologischen Komplexität an Gewicht zunahm. Schließlich wurden die Begriffe Kunstwort und Wortschöpfung gleichgesetzt für nicht über die reguläre Wortbildung des Deutschen entstandene, daher morphologisch nicht komplexe Lexeme, also neue Wurzeln.

Das Kunstwort in Abgrenzung zu Wortbildung

Kunstwörter stehen den Wortbildungen gegenüber, weil diese eine reguläre morphologische Struktur haben. So gesehen zählen auch Interjektionen wie *ooh, au* zu den Kunstwörtern, die lautlich motiviert sein können, aber nicht (morphologisch) komplex sind. Kunstwörter unterscheiden sich von den Kurzwörtern, die ja auch nicht unbedingt eine morphologische Struktur aufweisen (*Azubi, Stabi*), durch die parallele Langform.

Eine umstrittene Wortbildungsart ist die Kontamination, bei der Teile meist zweier Wörter zu einem neuen verbunden werden, das dann Bedeutungsaspekte beider Wörter besitzt, z.b. *Engleutsch* (eine Mischung aus Englisch und Deutsch). Kunstwörter können von Kontaminationen geschieden werden, weil bei letzteren zwei Basislexeme (rudimentär) erkennbar sind. Dazu sehen wir uns Beispiele aus dem Grenzbereich von Kunstwort und Kontamination an (vgl. Elsen 2004). *Biosil* und *Biopren* (Zahnfüllmittel) beispielsweise sind Kunstwörter, weil *sil* und *pren* keine Bedeutung tragen. *Biotuss* (Hustensaft) hingegen kann als Kontamination aufgefasst werden aus *bio(logisch)* 'natürlich, gesund' und *tussis*, lat. 'Husten'. Es ist zweigliedrig insofern, als zwei Wörter eruierbar sind. Dies ist bei *Biosil* und *Biopren* nicht der Fall.

Die Abgrenzung zur Derivation ist ebenfalls nicht immer leicht. Markennamen wie *Aspirin, Birkin, Gustin* (Voigt 1985) sind in Bezug auf ihre Endsilben gleich. Werbesprachinterne Analysen benutzen für solche Endungen gern den Begriff „Morphem" (z.B. Voigt 1985, Stoll 1999). Es handelt sich jedoch um relativ bedeutungsarme, vor allem aber bedeutungsvariable Lautgruppen, vgl. auch *-ol, -on, -en, -il*, die höchstens Assoziationen wie „klingt wie ein Produktname" wecken. Sie können nicht als bedeutungstragend verstanden werden und sind folglich keine Morpheme, höchstens Pseudomorpheme (ausführlich Elsen 2006). In der Sprache der Chemie, der Werbung und auch in Science Fiction und Fantasy sind sie mit wiederkehrenden Assoziationskomplexen verknüpft (während Eisenberg (2004) diesen Begriff für das Standarddeutsche rein formal-phonotaktisch versteht, *Trepp-e, Streif-en, Hamm-er*). Entsprechend gilt ein Wort auch dann als Kunstwort, wenn der Teil interpretierbar ist, an den solch eine Endung (die kein Morphem ist) gehängt ist. Vergleichen wir dazu zwei fiktive Bespiele. Ein Name wie *Diamol* für einen neuen, aus Diamanten gewonnenen Alkohol wäre eine Ableitung mit dem fachsprachlichen Suffix *-ol* für Alkohole. Würde er aber ein Schuhputzmittel ohne alkoholischen Bestandteil bezeichnen, das Schuhe zum Glänzen bringt wie Diamanten, wäre er ein Kunstwort mit *-ol*, das höchstens hochwertige, fachsprachliche Assoziationen auslöst, aber keine eigene Bedeutung trägt. Die Endung kann darum nicht als Morphem, der Name nicht als morphologisch komplex gelten. Beispiele wie *Biskin* oder *Diamol* (Schuhputzmittel) weisen keine morphologische Struktur auf und sind Kunstwörter. Dies führt zu einer präzisierten Definition: Das Kunstwort bzw. die Wortschöpfung ist nicht über die reguläre Wortbildung des Deutschen entstanden, daher morphologisch nicht komplex und bildet somit eine neue Wurzel. Es weist keine parallele Langform auf. Basislexeme, die den Eindruck von Mehrgliedrigkeit erwecken, sind nicht erkennbar. Es kann nicht morphologisch, jedoch lautlich motiviert sein.

Lautsymbolik

Twingo vermittelt Pfiffigkeit (Platen 1997: 44). *Kaloderma, Tussafug* oder *Dolormin* klingen im Gegensatz zu *Husteflucht* gelehrt und seriös (Platen 1997: 51). Aber nicht nur die Kunstwörter der Werbesprache arbeiten mit Klangwirkungen. Für die Untersuchungen von Lautsymbolik sind Namen von Personen und Spezies in *Fantasy-* und *Science-Fiction-*Romanen besonders ergiebig, weil es zu Häufungen bestimmter Laute oder Silbenstrukturen im Zusammenhang mit bestimmten Eigenschaften der Referenten kommt (vgl. Elsen 2008a, Elsen 2008b, Elsen 2009c). Weibliche, vor allem junge und hübsche, Protagonistinnen tragen überwiegend Namen auf *-a* (*Ceena, Lysandra, Agwira, Yadira, Shayla, Ilahja*). Die Namen von jungen und/oder kleinen Referenten weisen oft helle Vokale auf, vor allem *i* wie *Brin* für einen jungen, guten Prinz, *Elim* für einen kindhaften Prinzen, *Gwrgi* für einen kleinen, gutmütigen Sumpfling oder *Schti* für ein sehr kleines geflügeltes Pferd. Die Verbindung des *i*-Lautes mit dem Konzept 'klein' scheint dabei einer der wenigen Fälle einer weiter verbreiteten Lautsymbolik zu sein (Jakobson/Waugh 1987, Ohala 1994). In Namen für bösartige, gefährliche Wesen wie Dämonen, Orks und andere Monstren treten gehäuft hintere Vokale und Konsonanten, vor allem velare Frikative und nicht-standardsprachliche Konsonantenkombinationen auf (*Ch'tuon, Tairach, Ghuzdan, Gnoorat, Azrathoth, Chrekt-Orn, Rrul'ghargop, An-Rukhbar*). Die Namen für mächtige Magier, Druiden und Gelehrte bestehen vielfach aus einer lateinisch-griechisch anmutenden Phonotaktik, die Effizienz und Kompetenz vermittelt und wissenschaftlich-seriöse Assoziationen weckt (*Salamir, Galdalyn, Kalakaman*).

Kunstwörter gibt es bis dato nicht im Standarddeutschen, höchstens in einigen wenigen Varietäten. Dort können sie durchaus vermehrt gefunden werden. Per definitionem weisen sie keine morphologische Struktur auf. Aber sie sind nicht willkürlich gewählt, sondern wirken, zumindest für bestimmte Referenten, über ihre Lauteigenschaften. Sie vermitteln assoziationssteuernde Effekte und verfügen über ein gewisses semantisches Potenzial (vgl. auch Elsen 2004, 2008a, Luft 2007). Im Spracherwerb spielen sie ebenfalls eine Rolle (Elsen/Schlipphak, i. Dr.).

Elsen (2005a), Elsen (2008a)

Wortgruppenlexembildung

Der Begriff des Wortgruppenlexems wird in der Linguistik nicht gern verwendet. Schon Henzen (1957: 41f.) erkennt Beispiele wie das *Rote Meer,* *Kölnisch(es) Wasser, Kap der Guten Hoffnung* oder *russische Eier* nicht mehr einfach als syntaktische Fügung, sondern als einen Ausdruck für einen isolierten Begriff und nennt sie Mehrwortnamen. Oft kommt es zu Schwankungen und Übergängen zum Kompositum (Henzen 1957: 68f.). Immer wieder gibt es Komposita in gleicher Bedeutung, vgl. *der Grüne Donnerstag/* *Gründonnerstag, der schwarze See/Schwarzsee* (Henzen 1957: 42). Eine klare Grenzziehung ist nicht immer möglich. „Es gibt Wortgruppen, die als Komposita gefaßt werden können, nicht müssen" (Schwyzer in Henzen 1957: 43). Die frühen Erkenntnisse sind jedoch verloren gegangen. Heute werden Beispiele wie *Kölner Dom, rechter Winkel, schweres Wasser, essigsaure Tonerde, kinetische Energie, gebrannte Mandeln, passiver Widerstand, rote Beete, erste Hilfe, unikales Morphem, Generative Grammatik, Schwarzwälder Kirschtorte* oder *Europäische Sicherheits- und Verteidigungspolitik (ESVP)* nicht mehr als eigenständig wahrgenommen. Sie zählen in der Regel als eine Untergruppe der Phraseologismen, neben *ins Gras beißen* etc. Und sie werden darum bei der Wortbildung auch nicht behandelt. Im Gegensatz zu den übrigen Phraseologismen bilden Wortgruppenlexeme jedoch die Ausgangsbasis für eine bestimmte Wortbildungsart, die Kürzung, vgl. *ZDF/Zweites Deutsches Fernsehen, EU/Europäische Union, Audimax/Auditorium Maximum.* Daher sollte eine Abhandlung zur Wortbildung des Deutschen sie nicht vernachlässigen.

Wortgruppenlexeme sind lexikalisierte feste Fügungen mindestens zweier getrennt geschriebener Wörter mit Eigensemantik. Im Gegensatz zu freien syntaktischen Fügungen verbinden sich die Inhalte nicht erst bei der Rezeption. Sie bilden ein einheitlich vorhandenes Ganzes und ähneln damit stark den Komposita. Die Einzelwörter bleiben beieinander, sie lassen sich nicht austauschen. Die Gesamtbedeutung des Ausdrucks ist motiviert.

Die Struktur des Wortgruppenlexems ist relativ stabil. Die *erste Hilfe* ist zunächst nicht irgendeine erste Hilfe, die anfangs oder zum ersten Mal geleistet wird, denn die verschiedenen Handlungsabläufe müssen in speziellen Erste-Hilfe-Kursen eigens erlernt werden. Es wird nicht von *erster ärztlicher Hilfe* gesprochen oder von mehreren *ersten Hilfen.* Und auch bei *das w/Weiße neue Haus des US-Präsidenten, die w/Weißen Häuser, ein spitzer, enger Winkel* handelt es sich nicht mehr um Wortgruppenlexeme. Die „Nichtaustauschbarkeit der einzelnen Lexeme" ist, im Unterschied zu Phraseologismen wie etwa *ins Gras beißen* oder *steter Tropfen höhlt den Stein,* allerdings kein ausschlaggebendes Kriterium, da es gerade wegen des Terminuscharakters zu sich gegenseitig abgrenzenden Kontrastbegriffen kommt, wie sie auch bei Komposita vorhanden sind, vgl. *Rotkohl / Weißkohl, Laubbaum / Nadelbaum* einerseits, *passives Wahlrecht / aktives Wahlrecht, spitzer Winkel / rechter Winkel / stumpfer Winkel, Rolle vorwärts / Rolle rückwärts* andererseits. *Eifriges Wahlrecht* oder *scharfer Winkel* jedoch sind freie Syntagmen. Deswegen muss dieses Kriterium spezifiziert werden. In einem Wortgruppenlexem darf ein Lexem, in erster Linie das modifizierende, durch ein kontrastives ausgetauscht werden und zwar nur dann, wenn sich durch die Substitution ein neuer Terminus in Wortgruppengestalt ergibt. Die Strukturstabilität ist somit im Gegensatz zu der der Phraseologismen relativ.

Die Fachsprachen sind bei der Bildung von Wortgruppenlexemen sehr produktiv, weil die besondere Benennungssituation Wortgruppenlexeme forciert, denn sie lassen weniger Interpretationsspielraum offen als Komposita und verbinden über verschiedene Attribuierungsmöglichkeiten sehr viel Information. Die neuen Wörter werden quasi definitorisch gesetzt und durch den fachlichen bzw. theoretischen Hintergrund fixiert, deswegen weisen sie auch kein konnotatives oder pragmatisches Potenzial auf. In der Medizin werden beispielsweise Krankheiten oft nach dem Entdecker benannt, vgl. *Morbus Crohn, Morbus Meulengracht, Basedowsche Krankheit*. Aber die Präzision interferiert mit der Praktibilität bei der Kommunikation, so kommt es zu Kürzungen, vgl. *akute respiratorische Erkrankung/ARE, Untere Iller Arbeitsgemeinschaft/UIAG*.

Strukturell sind bei den Wortgruppenlexemen einige Besonderheiten zu beobachten (vgl. Elsen 2004: 28), zum Beispiel die Erweiterung des Bezugswortes durch eine Präpositionalphrase (*Flachkopfschraube mit Schlitz* (Möhn/Pelka 1984: 18), *Beruhigungsdrossel für Druckmesser*), die Nachstellung eines attributiven Adjektivs oder einer Phrase (*Adrevil forte* (Koß 1992: 146), *Benadryl infant, System Professional, Forelle blau*), die Nachstellung eines Buchstabens, einer Zahl oder einer Kombination davon (*Betadorm A, actinbindendes Protein 120, CoEnzym Q10*) oder Kombinationen, z.B. *Flachkopfschraube mit Schlitz ISO 1580-M5 x 20–4.8* (DIN-Normenheft 2001: 202), *Triam Tablinen injekt 40* (Koß 1992: 146), *Thermal S Matt, Anti-Falten Q10 PLUS*.

Dass solche Begriffe als Ergebnisse der Wortbildung behandelt werden können, liegt weiterhin in ihrem Begriffscharakter begründet, da es sich um inhaltliche Einheiten handelt. Die Nähe zum Kompositum und damit zu einem auch strukturellen Ganzen lässt sich an verschiedenen Merkmalen erkennen. Beispielsweise stehen zahlreiche Wortgruppenlexeme in einer Reihe mit Komposita. Die parataktische Gleichbehandlung deutet auf die strukturelle Verwandtschaft dieser Bildungsweisen hin und damit auf den Wortbildungsstatus der Wortgruppenlexeme (*Echte Kamille, Römische Kamille,*

Acker-Kamille, Feld-Kamille; Bayerischer Wald, Teutoburger Wald, Hochschwarzwald, Hotzenwald).

Dann gibt es oft genug Dubletten in Form eines Kompositums. Auch das betont die strukturelle Nähe von Wortgruppenlexemen und Zusammensetzungen sowie eine feste Bedeutung des Gesamtausdrucks, vgl. *Eulersche Zahl/ Euler-Zahl, schlagende Wetter/Schlagwetter* (Gemische aus atmosphärischer Luft und Methan), *Eustachische Röhre/Eustachi-Röhre*.

Die Beispiele werden nicht nur als strukturelle, sondern auch als semantische Einheit aufgefasst. Dies zeigt sich daran, dass viele von ihnen durch eine andere, meist fachlicher wirkende Bezeichnung ausgetauscht werden können, was auf die Benennungsfunktion der Wortgruppe als Gesamtausdruck hinweist und auf eine feststehende Bedeutung. Das Wortgruppenlexem ist oft etwas durchsichtiger, vgl. *schweres Wasser/Deuteriumoxid, Atlantische Klimaperiode/Atlantikum, Pazifischer Ozean/Pazifik*.

Eine klare, stabile Bedeutung, oft mit Terminuscharakter, muss für die Bestimmung einer Wortgruppe als Wortgruppenlexem also gegeben sein. Es handelt sich dann nicht mehr um freie Fügungen, sondern um definierte Begriffe. Dies ist im Fall von Eigennamen und der Referenz auf ein Individuum leicht nachzuvollziehen. Zusätzlich bilden Wortgruppenlexeme Gruppen mit Komposita, was für sich genommen kein Kriterium darstellt. In Kombination mit weiteren Faktoren aber weist die Gleichbehandlung mit Lexemen auf den Lexemstatus hin. Für die Nähe zum Lexem – und damit für Wortbildung – spricht außerdem, dass häufig Komposita als Dubletten oder analoge Termini vorkommen. Die Verwandtschaft zwischen den beiden Wortbildungsformen zeigt sich schließlich auch darin, dass sich viele Komposita historisch auf eine Wortgruppe zurückführen lassen, z.B. *der edle Stein/Edelstein, das feste Land/ Festland* (Bach 1949 in Möhn 1986: 130), *hoher Ofen/Hochofen, garer Gang/ Gahrgang, magnetischer Eisenstein/Magneteisenstein* (Spiegel 1972 in Möhn 1986: 120), mnd. **to dere schouwenden borch – Schauenburg, Schaumburg* (Laur 1996: 1374). Zwischen Wortgruppenlexemen und Zusammenrückungen bestehen ebenfalls große Ähnlichkeiten – *Radolfzeller Aach, Alper Bach, Breide Rönn, Altenbach, Lautenbach, Krummenbach* (Greule 1996: 1535), *Steinhuder Meer, Tegernsee* (Laur 1996, 1372). Der Übergang zwischen syntaktischen Verbindungen und Zusammensetzungen erscheint fließend: *Klein Barkau, Klein Bennebek, Kleinvollstedt, Kleinwiehe* (Laur 1989: 54), *Kölner Dom, Zwischenahner Meer, Schönbergerstrand* (Laur 1996: 1373).

Je nach Definition handelt es sich bei den Wortgruppenlexemen um eine Untergruppe der Phraseologismen (*ins Gras beißen, jemandem einen Korb geben, Ei des Kolumbus*). Sie heben sich allerdings hervor durch erstens strukturelle Festigkeit verbunden mit primär wörtlicher, höchstens minimal teilidiomatisierter Bedeutung und zweitens, morphologisch relevant, durch ihre Fähigkeit, Basis von Kurzwörtern zu sein. Vor allem jedoch ist diese Art der „Wort"Bildung produktiv, und zwar sehr produktiv in den Fachsprachen, während zur Produktivität von Phrasologismenbildung in der Regel nicht Stellung genommen wird.

Wills (1998), Korhonen (2002), Busse (2002), Elsen (2007a)
Phraseologie: Fleischer (1997), Burger (2003), Donalies (2009)
Rückbildung: Henzen (1957: 240), Erben (2006: 39ff.), Simmler (1998: 639)
Erleichterungsrückbildung: Henzen (1965: 67, 243), Erben (2006: 39), Simmler (1998: 638f.)
Kurzwörter: Greule (1996), Kobler-Trill (2002)

Übungen zu 6.2. Vertiefung

1. Fertigen Sie eine komplette morphologische Analyse an für *Bafög-Antrag*!

7. Adjektiv – Flexion

7.1. Grundlagen

Grundbegriffe

Adjektive sind deklinierbar, häufig komparierbar (steigerbar) und können zwischen Artikel und Nomen stehen. Im Satz sind viele von ihnen attributiv, prädikativ und adverbial verwendbar, z.B. *schön* und *gefährlich*:

- attributiv (zum Substantiv)
  die schöne Frau, die gefährliche Maus, die ständige Quengelei, die gegnerische Mannschaft, mütterliche Liebe, regnerische Nächte
- adverbial
  die Frau läuft schön, die Maus quiekt gefährlich, du quengelst ständig
- prädikativ
  die Frau ist schön, die Maus ist gefährlich, die Nacht ist heiß und regnerisch, die Band ist okay, wir sind quitt.

Im Satz *Der Wagen läuft gefährlich schnell* wird das Adjektiv *gefährlich* attributiv zum Adjektiv *schnell* verwendet.

Attributiv und adverbial, aber nicht prädikativ erscheinen Adjektive wie *gerichtlich, ständig, künftig,* nur attributiv z.B. *städtisch, gegnerisch, mütterlich.* Attributiv und prädikativ verwenden wir Adjektive wie *fertig* oder *regnerisch.* Rein prädikativ fungieren z.B. *okay, egal* oder *quitt.*

Zwar sind dies syntaktische Eigenschaften und in dieser morphologischen Abhandlung zweitrangig, sie interagieren aber mit der Flektierbarkeit. Morphologisch interessant ist nämlich nur die attributive Stellung des Adjektivs vor dem Substantiv.

Adjektive sind deklinierbar nach Kasus, Numerus und Genus in Abhängigkeit vom Substantiv, auf das sie sich beziehen. Sie werden allerdings nur in zum Substantiv attributiver Verwendung vor dem Substantiv flektiert, auch wenn sie grundsätzlich flektierbar sind. Die Eigenschaften *flektiert* und *flektierbar* dürfen nicht verwechselt werden.

In den folgenden Sätzen sind die Adjektive *blau, klein, scharf* und *rot* attributiv zum Substantiv verwendet und flektiert:

> *Ich wohne in einem Zimmer, in einem blauen Zimmer.*

> *Die Mäuse trinken Weine. Die kleinen Mäuse trinken rote Weine.*

> *Das scharfe Messer liegt auf dem Tisch.*

Folgt das Adjektiv in dieser Funktion seinem Bezugswort, flektiert es nicht:

> *Wir haben Wein, rot und fruchtig. Das Brotmesser, scharf, spitz und gefährlich, liegt dort auf dem Tisch.*

In den folgenden Sätzen sind die Adjektive adverbial verwendet und daher nicht flektiert:

> *Das Kind läuft erst blau, dann rot an. Das Wort wird klein geschrieben.*

In den folgenden Sätzen sind die Adjektive prädikativ verwendet und daher nicht flektiert:

> *Das Zimmer ist blau. Die Maus ist klein. Den Wein nennen wir rot.*

In den folgenden Sätzen sind die Adjektive *unmittelbar* und *furchtbar* attributiv zum Adjektiv bzw. Adverb verwendet und daher nicht flektiert:

> *Der Wagen biegt unmittelbar links ab, er fährt furchtbar schnell.*

Es gibt sogenannte defektive Adjektive, die nicht flektierbar sind wie *egal, allein,* aus Nomen konvertierte Adjektive wie *feind* oder *schuld* sowie einige Farbbezeichnungen, z.B. *rosa, lila* (aber umgangssprachlich *rosanes, lilanes Kleid*). Viele Zahladjektive weisen nur vereinzelt Flexive auf (*wegen zweier Frauen* vs. *wegen vier Frauen*).

Flexionstypen

Wie bei den Substantiven gruppieren viele Grammatiken die Adjektivflexion in die drei Klassen stark, schwach und gemischt. Sie ergeben sich über die Artikel. Die Endung *-(e)n* gilt wie bei den Substantiven als schwach. Wenn sie vermehrt auftritt, dann ist die Deklination schwach:

- stark, ohne Artikel   *roter Wein, blaues Zimmer*
- schwach, nach bestimmtem Artikel   *der rote Wein, das blaue Zimmer*
- gemischt, nach unbestimmtem Artikel *ein roter Wein, ein blaues Zimmer.*

Weitere Begriffe sind pronominal für die starke Flexion und nominal für die schwache Flexion. Im Gegensatz zu den Substantiven, die entweder stark oder schwach etc. flektieren, kann das Adjektiv sowohl stark als auch schwach etc. deklinieren, je nach vorausgehendem Wort.

Zusätzlich flektieren die Adjektive nach Genus, Kasus und Numerus in Abhängigkeit vom Bezugssubstantiv, in dieser Hinsicht kongruiert (stimmt überein) das Adjektiv mit dem Bezugssubstantiv. Haben Sie Schwierigkeiten bei der Bestimmung der Kasus, denken Sie sich passende Präpositionen dazu, etwa beim Genitiv *statt*, beim Dativ *mit*, beim Akkusativ *für*.

Wenn ganze Sätze vorliegen, können Sie auch mit den Fragetests arbeiten. Im Satz *Ich sehe roten Wein* ermitteln Sie den Kasus über die Fragen, die Sie auch bei den Substantiven verwenden. Sie müssen entscheiden, welche Frage den Satz als Antwort ergibt: *wer oder was* (Nominativ), *wessen* (Genitiv), *wem* (Dativ) bzw. *wen oder was* (Akkusativ) *sehe ich*? Die letzte Frage passt, *roten Wein* steht im Akkusativ.

Insgesamt hängt die Flexion des Adjektivs von dem Wort unmittelbar vorher (Artikel) und nachher (Bezugsnomen) ab.

Übungen zu 7.1. Grundlagen

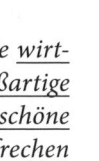

1. Bestimmen Sie die grammatische Form (Kasus, Numerus, Genus) der Adjektive!

   Starke Frauen braucht das Land. Denn starke Frauen verbessern die wirtschaftliche Entwicklung auf lange Sicht. In der Bibliothek gibt es großartige Zeitschriften. Mit den schmutzigen Fingern fasst du mir nicht das schöne Buch an! Wasch sie dir erst mit warmem Wasser. Schau dir die frechen Mäuse an, wie sie auf den riesigen Schrank klettern!

Es folgen nun die Adjektivparadigmen der drei Deklinationsklassen (Tab. 13, 14, 15).

Tabelle 13: Starke Adjektivflexion (ohne Artikel, nach *dessen, wessen, deren, etwas, …*)

Sg.	M.	F.	N.
N	*roter Wein*	*kleine Maus*	*blaues Zimmer*
G	*roten Weines*	*kleiner Maus*	*blauen Zimmers*
D	*rotem Wein*	*kleiner Maus*	*blauem Zimmer*
A	*roten Wein*	*kleine Maus*	*blaues Zimmer*

Pl.	M.	F.	N.
N	*rote Weine*	*kleine Mäuse*	*blaue Zimmer*
G	*roter Weine*	*kleiner Mäuse*	*blauer Zimmer*
D	*roten Weinen*	*kleinen Mäusen*	*blauen Zimmern*
A	*rote Weine*	*kleine Mäuse*	*blaue Zimmer*

Tabelle 14: Schwache Adjektivflexion (nach bestimmtem Artikel, *dieser, jeder, derselbe, derjenige, …*)

Sg.	M.	F.	N.
N	der rote Wein	die kleine Maus	das blaue Zimmer
G	des roten Weines	der kleinen Maus	des blauen Zimmers
D	dem roten Wein	der kleinen Maus	dem blauen Zimmer
A	den roten Wein	die kleine Maus	das blaue Zimmer

Pl.	M.	F.	N.
	die, der, roten Weine(n) den, die	kleinen Mäuse(n)	blauen Zimmer(n)

Tabelle 15: Gemischte Adjektivflexion (nach unbestimmtem Artikel, *kein, mein, …*)

Sg.	M.	F.	N.
N	kein roter Wein	keine kleine Maus	kein blaues Zimmer
G	keines roten Weines	keiner kleinen Maus	keines blauen Zimmers
D	keinem roten Wein	keiner kleinen Maus	keinem blauen Zimmer
A	keinen roten Wein	keine kleine Maus	kein blaues Zimmer

Pl.	M.	F.	N.
	keine ,-er, roten Weine(n) -en, -e	kleinen Mäuse(n)	blauen Zimmer(n)

Tabelle 16: Die Adjektivflexive im Überblick

	stark M., F., N.	schwach M., F., N.	gemischt M., F., N.
Sg. N	-er -e -es	-e -e -e	-er -e -es
G	-en -er -en	-en -en -en	-en -en -en
D	-em -er -em	-en -en -en	-en -en -en
A	-en -e -es	-en -e -e	-en -e -es
Pl. N	-e		
G	-er	-en	-en
D	-en		
A	-e		

In der Überblickstabelle (16) wird erstens ersichtlich, dass die Adjektivflexion insgesamt viele homonyme Morpheme, also solche, die gleich lauten, aber unterschiedliche Inhalte ausdrücken, aufweist. Nur *-em* ist eindeutig Dativ Singular in der starken Flexion, allerdings sowohl für Maskulina als auch für Neutra. Zweitens ist bei der schwachen Flexion die Verwendung von *-(e)n* wesentlich ausgeprägter als bei der starken. Drittens ist die starke Flexion – die ohne Artikel – wesentlich formenreicher als die der anderen beiden. Das liegt daran, dass das Adjektiv hier allein die Merkmale Genus, Kasus und Numerus versprachlicht. Diese Informationen teilen sich sonst Artikel und Adjektiv. Ohne Artikel ist das Adjektiv stark; mit bestimmtem Artikel, der dann die starke Flexion trägt, ist das Adjektiv schwach dekliniert. Beim unbestimmten Artikel ist zu berücksichtigen, dass dieser nicht immer eine Endung aufweist (*ein Mann, für kein Monster*), sodass dann das Adjektiv stark flektiert (*ein großer Mann, für kein großes Monster*). Dies ergibt die gemischte Deklination.

Das Adjektiv in der Apposition mit Personalpronomen

Neben den gerade erwähnten Fällen tritt ein syntaktischer, also stellungs-bedingter Sonderfall auf, der beim Adjektiv zu anderen Flexionsformen als bisher besprochen führt, und zwar das Adjektiv in einer Apposition (Beistel-lung) mit Personalpronomen wie bei *ich alter Esel*. Die Phrase *alter Esel* ist dabei Apposition zu *ich* und bestimmt dies näher. Die Flexion richtet sich nach dem Bezugsnomen (Tab. 17, vgl. Simmler 1998: 338ff.).

Tabelle 17: Die Adjektivflexion in der Apposition nach Personalpronomen (nach Simmler 1998: 340)

Sg.		M.	F.	N.
N	ich, du	alter Esel	alte Kuh	altes Kamel
G	meiner, deiner	–	–	–
D	mir, dir, ihm, ihr	altem Esel	alten Kuh	altem Kamel
A	mich, dich	alten Esel	alte Frau	altes Kamel

Pl.		M.	F.	N.
N	wir, ihr	alten Esel	alten Kühe	alten Kamele
G	unser, euer	–	–	–
D	uns, euch	alten Eseln	alten Kühen	alten Kamelen
A	uns, euch	alte Esel	alte Kühe	alte Kamele

Im Satzzusammenhang lautet die Form im Nominativ Singular *Ich altes Kamel komme bald ins Grab*. Im Genitiv gibt es keine solchen Konstruktionen. Im Dativ Singular lautet sie *Mir altem Kamel wirst Du das wohl glauben*, und im Akkusativ Singular *Mich altes Kamel hast Du sicher nicht gesehen*. Solche Verbindungen sind auch für Muttersprachler oft schwierig, sodass es zu ande-ren Flexionsendungen bei den Adjektiven kommt, etwa *mir armer Kuh* statt *mir armen Kuh*.

Übungen zu 7.1. Grundlagen

2. Welche Möglichkeiten der Flexionsbestimmung gibt es für … *großen Kat-ze* …? Formulieren sie jeweils einen korrekten Satz!

Allomorphie

In manchen Fällen kommt es zu lautlichen Veränderungen. So fällt bei der De-klination das *e* in der unbetonten Endsilbe des Adjektivs (*-el* bzw. *-en*) manch-mal weg, z.B. *dunkel – ein dunkler Raum, penibel – ein penibler Mensch, eigen*

– *meine eigne Wohnung*. Dies geschieht auch bei Adjektiven mit Diphthong und *-er* sowie Fremdwörtern auf *-er* wie *sauer, teuer, makaber* gegenüber *saure Zitrone, teure Kette, makabre Geschichte*. Das bedeutet, dass in Abhängigkeit von der Deklination Allomorphe wie {dunkl} bzw. {makabr} anzusetzen sind. Eine individuelle Veränderung findet bei *hoch* statt, das mit einer Endung versehen das Allomorph {hoh} entwickelt, *die hohen Mauern*.

Aufgrund der Lautung ist zwischen {/līp/} bei *lieb* und {/līb/} bei *lieber, liebes* zu unterscheiden, vgl. auch *blond, schräg, fies*. Diese Varianten können in der normalen Schreibweise nicht ausgedrückt werden. Sie entstehen aufgrund der Auslautverhärtung, einer rein phonologischen Erscheinung im Deutschen, wegen der im Silbenauslaut nur stimmlose *p, t, k, f* und *s* auftreten, unabhängig von der Schreibung. In *lieb* bildet das *b* den Silbenauslaut und wird stimmlos ausgesprochen, in *lie.be* jedoch bildet das *b* den Anlaut der zweiten Silbe und bleibt stimmhaft.

In Adjektiven auf *-ig* (*lustig, nervig*) liegt neben der Aussprache auf /ç/ wie in *ich* (bzw. süddeutsch /k/) eine Variante des Ableitungsmorphems vor, wenn das Lexem nicht auf *-g* endet wie in *lustige, nerviger*. Denn dann wird /g/ gespochen, was zu Allomorphie des Suffixes führt. Auch dies liegt an einer anderen Verteilung der Silbengrenzen, *lus.tig* vs. *lus.ti.ge, ner.vig* vs. *ner.vi.ger*. Das *g* bildet den Anfang der letzten Silbe in *lustige* und *nerviger* und wird /g/ gesprochen, während es in *nervig* und *lustig* im Silbenauslaut /ç/ gesprochen wird.

Komparation

Adjektive sind außerdem komparierbar (steigerbar). Die K o m p a r a t i o n (Steigerung) gibt es nur bei Adjektiven (und in Ausnahmen beim Adverb). Neben der Grundstufe, der Grundform des Adjektivs, die auch P o s i t i v genannt wird, gibt es die erste (K o m p a r a t i v) und die zweite (S u p e r - l a t i v) Steigerungsstufe. Daneben finden sich die Begriffe Vergleichsstufe und Höchststufe. Die Formen werden auch als Vergleichsformen bezeichnet, weil sie Eigenschaften bzw. Merkmale vergleichen, etwas ist so klein wie etwas anderes, etwas ist kleiner als etwas anderes, etwas ist am kleinsten im Vergleich zu allen anderen. Die Komparationsformen geben also Gradunterschiede an.

– Positiv   *klein, schön, gut, grauenhaft*
– Komparativ   *kleiner, schöner, besser, grauenhafter*
– Superlativ   *(am) kleinsten, schönsten, besten, grauenhaftesten*

Wenn ein Vergleich fehlt, aber trotzdem ein äußerst hoher Grad ausgedrückt werden soll, sprechen wir vom Elativ, eine bestimmte Verwendungsweise des Superlativs. Ebenfalls ohne Vergleich kommt der absolute Komparativ aus, der den Positiv abschwächt – eine größere Summe ist nicht klein, aber auch nicht besonders groß bzw. umgekehrt nicht groß, aber auch nicht sehr klein. Das schwächere Geschlecht ist nicht stark, aber auch nicht ganz so schwach.

– absoluter Komparativ   *ein älterer Herr, die reicheren Leute*
– Elativ (= absoluter Superlativ)   *mit besten Grüßen, es war herrlichstes Wetter.*

Die meisten Adjektive steigern mit Suffixen, {-er} für den Komparativ, {-(e)st} für den Superlativ, *lahm-er, lahm-st*. Den Komparativmorphemen folgen die Deklinationsendungen, *der lahm-er-e Gaul, der lahm-st-e Gaul*.

(der) lahme (Gaul)

{lahm} {-e}

{lahm}   Adjektivstamm = Adjektivwurzel, frei, lexikalisch
{-e}   Flexionssuffix, hier Nominativ, Singular, Maskulinum, schwache Flexion, Positiv, da eine Steigerungsendung fehlt

Es handelt sich um ein Simplex.

Allomorphie

Wie auch bei den anderen flektierbaren Wortarten kommt es bei einigen Adjektiven zu Allomorphie. Für den Ausfall von *e* gilt das oben gesagte, z.B. *makabrer, saurer*, ebenso das Wirken der Auslautverhärtung, vgl. *blöd* /t/ vs. *blöder* /d/. Manche Adjektive bilden umgelautete Stämme, z.B. *ärmer, dümmer, frömmer, gröber, größer, jünger, kälter, kürzer, klüger, länger, näher, schwärzer*, jedoch nicht bei z.B. *bunter, glatter, fauler, lauter, lahmer, froher, runder, stummer, sturer*. Eine dritte Gruppe erlaubt beides, z.B. *blasser/blässer, gesund/gesünder, schmaler/schmäler*. Zu *hoch* gibt es die Morphemvarianten {höh} und {höch}, *höher, höchste*, zu *nah* {näh} und {näch}, *näher, nächste*. Dabei vertritt die Schreibung wie immer die Lautung. Eine seltene Variante der Steigerungsformen *wenig, weniger, wenigste* ist *minder, mindeste* mit eingeschränkter Verwendung, denn wir sagen nicht **am mindesten*, jedoch *das mindeste*. Bei *groß* ergibt sich der Superlativ *größt* mit der individuellen Endung {t}.

Besteht ein Paradigma aus Formen, die sich auf unterschiedliche Wurzeln zurückführen lassen, sprechen wir von Suppletivwesen, Suppletivismus oder S u p p l e t i o n . Dies ist der Fall bei *gut – besser – beste* (zu g. **gōda* bzw.

batiz) und *viel – mehr – meiste* (g. **felu, *maizōn*) sowie bei *wenig – minder – mindeste* (ursprünglich zu *weinen* bzw. g. **minnizōn 'weniger'*).

Als problematisch für die Segmentierung erweisen sich Adjektive mit auslautendem *-e*, weil bei den Steigerungsformen entweder Stammallomorphe, vgl. *müde* vs. *müd-er, müd-est*, oder Flexivvarianten, *müde-r, müde-st*, angenommen werden können. Da auch in Wortbildungen wie *Müdigkeit* das *e* fehlt, ist es plausibler, ein Allomorph {müd} anzusetzen.

Zu beachten ist, dass manche Adjektive aus inhaltlichen Gründen nicht zu steigern sind (*tot, mündlich, optimal, unmöglich, zuckerfrei, nahtlos*) oder weil sie bereits gesteigert sind (*superblöd, riesengroß*). Schließlich sind auch die Zahladjektive nicht steigerbar (*zwei, zweite, zweifach, doppelt*). Dagegen dürfen Sie manche Adverbien komparieren (*oft – öfter – am öftesten*). Darum gilt die Definition für das Adjektiv „deklinierbare, steigerbare Wortart" nicht uneingeschränkt.

Übungen zu 7.1. Grundlagen
3. Welche Bedeutungen kann das Morphem *-er* im Deutschen haben?
4. Was ist falsch und warum? „Das sind Reformen für älteren Leute."

7.2. Vertiefung

Wiederholung

Übungen zu 7.2. Vertiefung
1. Was ist an der Definition „das Adjektiv ist eine steigerbare Wortart" problematisch?
2. Wonach richten sich beim Adjektiv die Deklinationstypen stark, schwach und gemischt?
3. Stellen Sie die Allomorphe zusammen:
   höher, schulisch, dünkelhaft, disproportional, äffisch, dunkelgelb, affenartig, gutdurchdacht, desengagiert, schülerhaft, dezentral, hochaktuell, dunkler, bestmöglich!

Komparation – Flexion oder Derivation?

Die Frage, ob die Komparation des Adjektivs zur Wortbildung oder zur Flexion zählt, ist nicht neu. Prinzipiell lassen sich Flexions- und Derivationselemente über ihre unterschiedlichen Funktionen definieren. Während Flexive neue Wortformen bilden, kommt es aufgrund der Derivationsmorpheme zu neuen Wörtern. Bergenholtz/Mugdan (1979: 143f.), inspiriert von Bloomfield (1933), führen verschiedene Kriterien auf, um zwischen Flexions- und Derivationsaffixen tendenziell zu trennen. Und gerade anhand der Steigerung wird deutlich, dass eine Trennung in diese beiden Kategorien nicht immer einfach ist, denn grundsätzlich gibt es für jedes der Kriterien Ausnahmen.

Erstens nun vermerken Bergenholtz/Mugdan zur Stellung des Flexivs, dass es die äußere Position im Wort einnimmt, während das Derivationsaffix weiter innen steht. Dabei darf nicht außer Acht gelassen werden, dass durchaus auch zwei grammatische Morpheme hintereinander vorkommen können, von denen das erste dann weiter innen steht, vgl. *Männ-er-n*, oder zwei Ableitungselemente, von denen das zweite dann das äußere ist, vgl. *frei-heit-lich* (Wurzel 1984: 41). In manchen Diskussionen wird als Ausnahme zu diesem Kriterium *launenhaft* angeführt. Da aber heute die Fuge nicht mehr als Plural verstanden wird, tritt in diesem Beispiel das Derivationsmorphem an die Fuge und bildet keine Ausnahme, ebenso wenig wie bei *Christentum*.

Zweitens gibt es wesentlich mehr Derivations- als Flexionsaffixe.

Drittens – auch bezüglich der Kombinierbarkeit unterscheiden sich die beiden Klassen, denn Flexive verbinden sich mit wesentlich mehr Lexemen und in größerer Regelmäßigkeit als Derivationselemente. Es gibt, so schon Bloomfield (1933: 223), sehr starke Parallelen zwischen Grund- und flektierter Form, beispielsweise zwischen einem Singular und einem Plural oder eben zwischen dem Positiv und dem Komparativ bzw. Superlativ. Zwar kommen hierzu Ausnahmen vor, denn zu manchen Pluralen gibt es keine Singularformen und umgekehrt. Und auch Suppletivformen verletzen dieses Kriterium. Tendenziell verbindet sich ein Flexiv aber mit wesentlich mehr Stämmen und ist regulärer als ein Derivationsaffix. Anders formuliert kann zwischen der verpflichtenden Verwendung von Flexiven und der möglichen Verwendung der Derivationsmorpheme getrennt werden (Booij 2000: 362).

Viertens kann eine abgeleitete Form durch eine einfache ersetzt werden, ohne dass die grammatische Struktur des Satzes verletzt wird, vgl. *Die Hochschulabsolventinnen verlassen das Häuschen* vs. *Die Hochschulabsolventen verlassen das Haus*, eine flektierte Form nicht: **Die Hochschulabsolvent verlassen das Haus.*

Fünftens: die Flexionselemente haben eine relativ eindeutige grammatische Semantik, sie ist auch jeweils sicher vorhersagbar, während Derivationselemente oft schwerer zu charakterisieren sind, auch in Richtung lexikalische Bedeutung tendieren können und teilweise individuell Bedeutungsveränderungen unterliegen, vgl. *Kindchen, Süppchen, Fingerchen*, aber *Mädchen* oder die verschiedenen Bedeutungsmöglichkeiten der *er*-Ableitungen.

Sechstens kommt es bei der Derivation sehr häufig zu einer Wortartenänderung, bei der Flexion nie.

Insgesamt liegt eine strenge Systematik bei den Flexiven vor (Wurzel 1984: 47). Wurzel führt siebtens außerdem tendenzielle lautliche Unterschiede an. Flexive weisen nur das unbetonte *e* und einige wenige unterschiedliche Konsonanten auf, vgl. *-en, -n, -em, -m, -t, -et, ge-*, während bei Derivationsmorphemen sehr viel mehr Laute und Lautkombinationen erlaubt sind, etwa bei *-schaft, -ling, -heit*. Allerdings gibt es auch lautarme Derivationsaffixe, vgl. *-er* (Wurzel 1984: 46f.).

Bezogen auf diese Kriterien ist für die Steigerungselemente zu sagen, dass sie näher am Stamm stehen als die Flexive, vgl. *schnell-er-e, schön-st-es*. Damit ähneln sie den Derivationselementen. Die Austauschbarkeit gesteigerter Formen durch die unabgeleitete Form gelingt nicht immer, vgl. *das schnelle/ schnellere/schnellste Auto, Das Auto fährt schneller als das Motorrad, *das Auto fährt schnell als das Motorrad*. Die meisten der anderen Kriterien sprechen jedoch eher für Flexive, so die klare grammatische Bedeutung, die vorhersagbar und regelmäßig ist, der geringe Reichtum an Lautung (die sich im Falle *-er* aber auch mit eindeutigen Derivationsmorphemen deckt), die Parallelen zwischen den drei Formen Positiv, Komparativ, Superlativ. Es kommt nie zu einer Wortartenänderung. Außerdem lassen sich die Steigerungsmorpheme mit den meisten Adjektiven kombinieren. Es sprechen also mehr Kriterien für eine Einordnung der Steigerungssuffixe zu den Flexiven.

Eisenberg (2004: 183f.) schließt sich dem an. Er führt als Parallelen zwischen Komparation und Derivation auf, dass das Morphem näher am Stamm steht und vom Deklinationsflexiv gefolgt wird. Allein die Stellung, systematisch zwischen Derivations- und den übrigen Flexionsendungen, deutet auf den Problemstatus hin. Die Parallelen zwischen Komparation und der übrigen Flexion überwiegen für Eisenberg, es sind u.a. Stellung, also rechts von Derivationsendungen, die hohe Regelmäßigkeit der Formen und ihre Verwendung für den Großteil der Mitglieder der Wortart. Es gibt keine morphologisch einfachen gesteigerten Formen, sodass die Gesamtbedeutung auf zwei Morpheme verteilt wird wie bei der Flexion, aber nicht wie bei beispielsweise der Konversion. Außerdem gibt es nur geringfügige Lexikalisierung komparierter Formen. Dies alles spricht für die Nähe zur Flexion.

Bloomfield (1933: 223ff.), Bergenholtz/Mugdan (1979: 143f.), Wurzel (1984: 40ff.), Eisenberg (2004: 183f., 209ff.), Booij (2000), Stump (2005)

Besondere Adjektive

Zahlwort
Eine häufig verwendete Bezeichnung ist die der Zahlwörter. Sie umfasst eine Gruppe von Lexemen, die sich über ihr inhaltliches Merkmal, etwas mit Zahlen zu tun zu haben, definiert, nicht über ihre Wortart. Deswegen gehört sie nicht zu den Wortartenbezeichnungen. Folgende Zahlwörter sind Adjektive: eine Kardinalzahl (Grundzahl) wie *null, eins, zwei, vier, elf, zwölf, tausend*, eine Ordinalzahl (Ordnungszahl) wie *erster, zweiter, dritter*, eine Bruchzahl wie *fünftel, zehntel, tausendstel*, eine Vervielfältigungszahl wie *doppelt, dreifach, vierfach*, eine Wiederholungszahl wie *dreimalig, viermalig* und schließlich die Angabe mehrerer Arten (Gattungszahl) wie *zweierlei, dreierlei*. Komplexe Zahlen wie *dreizehn, vierhundert* werden meist als Zusammenrückung betrachtet, es findet sich aber auch die Interpretation als Kopulativkompositum.

Eine Besonderheit stellt *beide* dar, das manchmal als Zahlwort *zwei* ersetzt, vgl. *diese zwei Bücher kenne ich nicht, diese beiden Bücher kenne ich nicht*. Eine weitere Auffälligkeit liegt bei *eins* vor, das auch unbestimmter Artikel sein kann, vgl. *Der Räuber hat einen Arm, nur noch einen Arm*. Im letzten Fall handelt es sich um das Zahlwort, im ersten ist beides möglich.

Neben den Adjektiven gibt es Adverbien, und zwar Ordinalzahlen wie *erstens, zweitens, drittens*. Außerdem treten auch Nomen auf, Kardinalzahlen wie in *Er hatte eine Fünf in der Arbeit; Sie trägt eine Eins auf dem Trikot; die Bevölkerung wird wieder um eine Milliarde wachsen*, Ordinalzahlen wie *jeder Zweite* oder Bruchzahlen wie *ein Viertel*.

Die Zahladjektive werden teilweise gar nicht (*drittel, zweierlei*) oder nur selten dekliniert. Die Bruchzahl *halb* flektiert im Singular nach Artikel (*die halbe Uni* vs. *halb München*). *Zwei* und *drei* weisen eine Genitivform auf, vgl. *zwei Räuber, wegen zweier Räuber*. An die Zahlen *zwei, drei, vier, fünf, sechs, acht, neun, zehn, elf* und *zwölf* kann ein Dativ-*en* treten, vgl. *mit dreien von ihnen*. Teiweise kommt ein *-e* im Nominativ oder Akkusativ vor, vgl. *er streckt alle viere von sich*.

Duden (2006: 384ff.)

Negation
Auch unter diesem Begriff versammeln sich Lexeme unterschiedlicher Wortarten. Zu den Adjektiven bzw. adjektivisch gebrauchten Pronomen zählt *kein*,

denn es ist flektierbar und kann als Begleiter eines Nomens stehen, vgl. *Keiner weiß das, kein Mensch weiß das*. In die Gruppe der Indefinitpronomen gehören *niemand, nichts,* sie können nicht als Begleiter von Nomen auftreten. Adverbien sind *keinesfalls, nicht, nie, niemals* oder *nirgends. Nicht* wird auch als Negationspartikel bezeichnet. Eventuell sind auch Präpositionen wie *ohne* und *außer* oder Konjunktionen wie *weder noch* dazu zu rechnen. Negation bzw. Negationswort bezeichnen keine Wortart, sondern sind Namen einer Gruppe von Lexemen, die das semantische Merkmal des Negierens, des Nichtvorhandenseins vereint.

Pronominaladjektiv

Hierbei handelt es sich um Pronomen, die eigentlich allein stehen, also eine Nominalphrase ersetzen, aber auch als Begleiter von Nomen auftreten wie *alle, andere, beide, manche, mehrere*. In dieser Funktion können die Pronomen eine eigene Bezeichnung erhalten.

Isoliert sind es Pronomen: *Ich sehe alle; Ich kenne auch andere*. Vor einem Nomen verhalten sie sich wie Adjektive, vgl. *Alle Philosophen sind langweilig; andere Studenten fallen durch*. Neben Pronominaladjektiv gibt es auch die Bezeichnung Artikelwort, da diese Lexeme statt des Artikels stehen können. Denn auch die Stellung vor dem Adjektiv ist möglich, vgl. *Alle faulen Studenten fallen durch; Solche süßen Mäuse habe ich gern*. Stellungsbedingt eine eigene Wortart zu eröffnen ist weder nötig noch erleichtert das die grammatische Arbeit, denn dann müssten wesenlich mehr neue Wortarten geprägt werden. Sinnvoller ist es, von adjektivisch gebrauchten Pronomen zu sprechen. Diese Wortgruppe stellt allerdings ein besonderes Problem in ganz anderer Hinsicht dar, denn die nachfolgenden Adjektive werden nicht einheitlich flektiert, nämlich sowohl stark als auch schwach, vgl. *aller westlichen Demokratien, aller demokratischer Parteien, manche osteuropäische Beitrittskandidaten, manche kuriosen Organisationen, sämtliche politische Entscheidungen, sämtliche europäischen Erstaufführungen, solche heftige Diskussionen, solche vorpolitischen Aspekte* (Sahel 2005: 355).

Dabei wird nach *alle* fast immer schwach flektiert, nach *sämtliche* überwiegt die starke Flexion, während nach anderen Pronominaladjektiven der Gebrauch von schwacher und starker Flexion sich eher annähert (Sahel 2005). Ähnliche Schwankungen treten bei *diese* auf. Das Pronomen wird immer wieder wie ein Adjektiv flektiert, vgl. *Ende diesen Jahres*, wenn die SprecherInnen es eher attributiv (also wie ein Adjektiv) als demonstrativ verstehen (Stenschke 2007: 63). Das heißt, die SprachbenutzerInnen kommen mit der Flexion durcheinander, wenn ein Pronomen oder ein Adjektiv wie ein Artikel verwendet wird oder ein Pronomen wie ein Adjektiv.

Partizip Präsens

Das Partizip Präsens ist deswegen problematisch, weil es zwar die regulär gebildete Form eines Verbs ist, jedoch nicht verbal, sondern ausschließlich als Adjektiv Gebrauch findet.

Es tritt nicht als Verbform in Erscheinung (*er ist verschmähend, faszinierend* in der Bedeutung 'dabei sein zu verschmähen, faszinieren'). Für diese Formen gibt es im heutigen Deutsch keinen Platz im Verbalparadigma im Gegensatz zum Partizip Perfekt *bin gegangen, habe gesehen*. Der Status des Morphems {-(e)nd} ist nicht eindeutig als Flexionsform des Verbs zu sehen und damit auch nicht irrelevant für die Wortbildung. Es tritt jedoch wie alle Flexive an alle Verben und führt eine regelmäßige Bedeutungsabwandlung herbei 'dabei sein, etwas zu tun'. Daher ist die Einordnung als Flexiv vertretbar. Einige der Formen sind im Gebrauch eingeschränkt (*ein schreienderes Kind, *das Kind ist schreiend), während andere eine idiomatisierte Bedeutung entwickelt haben wie *faszinierend* 'bezaubernd', sie können als eigenständige Adjektive aufgefasst werden. Dann sind Steigerung (*das spannendere Buch von beiden*) und prädikative Verwendung (*Das Buch ist spannend*) möglich. Bei einer Analyse muss auf diese Problematik verwiesen werden.

In der Literatur gibt es zwei Ansichten dazu. Der Verbstamm verbindet sich mit -*(e)nd* und drückt den Ablauf eines Geschehens, etwas Nichtvollendetes aus, *singend* heißt, dass jemand dabei ist zu singen bzw. noch nicht fertig ist zu singen. Da das Morphem -*(e)nd* zwar eine Verbform bildet, aber immer gleichzeitig in die Wortart Adjektiv überführt, fasst es Simmler (1998: 628) als Ableitungssuffix auf (vgl. auch Motsch 2004: 187). Es ist aber auch möglich, eine Verbalform, die durch Konversion ein Adjektiv ergibt, anzusetzen (u.a. Duden 2006: 752 und auch hier) und von adjektivisch gebrauchten Partizipien zu sprechen mit der Besonderheit, dass alle diese Partizipien ausschließlich adjektivische Verwendung finden, teils mit eingeschränktem Gebrauch und mit unterschiedlichen Graden des „adjektivisch Seins", da es durchaus zu Lexikalisierung kommen kann.

Komposita mit Partizipien sind relativ häufig und bilden oft Reihen, beispielsweise mit -*unterstützend, -erregend, -fördernd*. Sie resultieren aus syntaktischen Gruppen mit einem Akkusativ, vgl. *eine Krankheit erregen – krankheitserregend* (Lohde 2006: 167). Die meisten Bildungen gehen nicht ins Lexikon ein.

Simmler (1998: 627f.), Eisenberg (2000: 204), Booij (2000), Eichinger (2000: 134)
Adjektiv allgemein: Trost (2006), Harnisch/Trost (2009)
Eine ausführliche Darstellung der Adjektivflexion in Abhängigkeit von verschiedenen Artikelwörtern und Pronomen und Bezugsnomen finden Sie in Simmler (1998: 331ff.),

zur Kritik an der Einteilung in starke, schwache und gemischete Adjektivflexion vgl. Simmler (1998: 335ff.)

absoluter Komparativ: Becker (2005), Trost (2006)

Abgrenzung Adjektiv/Adverb: vgl. Kap. 13.2

Übungen zu 7.2. Vertiefung

4. Analysieren Sie das Adjektiv morphologisch!
   Er kommt wegen der schnellstmöglichen Lösung zu ihr.
5. Ist „Zahlwort" eine Wortart? Begründen Sie Ihre Entscheidung.
6. Diskutieren Sie anhand der Beispiele *fleischfarben, silberfarben, hautfarben, cremefarben, honigfarben,* ob es sich bei *farben* um ein Suffixoid handelt!

Da nun die Hälfte der Kapitel bearbeitet wurde, empfiehlt sich eine allgemeine Wiederholung.

8. Adjektiv – Wortbildung I

8.1. Grundlagen

Komposition

Determinativkomposition
Bei den adjektivischen Determinativkomposita kann das Erstglied ein Nomen sein (*hautfreundlich, bündnistreu, kontextabhängig*), ein Adjektiv (*hellgrau, dunkelglühend, schnelllebig*) oder ein Verb (*rutschfest, triefnass, quietschlebendig*). Auch Konfixe treten auf (*elektromagnetisch, aerodynamisch, thermodynamisch*). Selten sind Pronomen (*selbstsicher, allbekannt*), Zahlwörter (*zweigestrichen, zweigeteilt*), Adverbien (*linksradikal, baldmöglichst*) oder Präpositionen (*unterdurchschnittlich, vormittelalterlich*) bzw. *nicht* (*nichtamtlich, nichtöffentlich*). Außerdem gibt es Kurzwörter oder Wortgruppen als erste Glieder (*TÜV-geprüft, vierfünftellang*). Das Adjektiv selbst kann auf ein Partizip Präsens (*schalldämpfend, lebensbedrohend, ohrenbetäubend*) oder Partizip Perfekt (*kalorienreduziert, affektgesteuert, handgeschneidert*) zurückgehen. Es treten Fugen auf, vgl. *stellungsfest, eierschalenweiß*, sowie bei den Konfixen das {-o-} wie bei *soziokulturell*.

Einige Beispiele sind nicht klar von den Zusammenrückungen zu trennen (*atomkraftgetrieben, gottähnlich*). Auch die Abgrenzung zu den Kopulativkomposita ist manchmal schwierig, etwa bei Farbbezeichnungen wie *blaugrün* als 'bläuliches Grün' oder 'blau und grün'. Bei einem Determinativkompositum liegt der Wortakzent auf dem ersten Glied, dies ist häufig eine Möglichkeit, um es von einem Kopulativkompositum zu unterscheiden. Auch die Paraphrase kann zur Entscheidungsfindung beitragen. Sie umschreibt bei einem Determinativkompositum den Gesamtausdruck im weitesten Sinne als eine Art des im zweiten Glied ausgedrückten Lexems, das linke Glied bestimmt das rechte näher, vgl. *hellgrün* 'eine Art grün, und zwar hell', *eidottergelb* 'eine Art gelb, so, wie das des Eidotters / so gelb wie ein Eidotter', *stadtbekannt*, 'bekannt, und zwar in der ganzen Stadt', *nachtaktiv* 'aktiv, und zwar in der Nacht', *mondhell*, 'hell wie der Mond / vom Mond hell gemacht', *sternenklar* 'so klar, dass die Sterne zu sehen sind'. Dies setzt jedoch entsprechende Vorgaben aus dem Kontext oder sicheres Weltwissen voraus: Hennarote Haare können nur durch Färben rot sein, nicht rot wie Henna, denn Hennapulver ist grün. Also muss die Paraphrase lauten 'rot durch/wegen Henna' oder 'so rot wie von Henna gefärbt'. Und außerdem gibt es auch Formen, die nur mühsam und mit viel Phantasie interpretiert werden können – *streichelzarte* (*Haut*) '(Haut, die) so zart ist, dass wir sie streicheln wollen'.

In jedem Falle ist die Determinativkomposition sehr produktiv, vor allem auch in Gebrauchstexten, die gern Informationen verdichten. Oft ist dabei Mehrdeutigkeit gewollt. Die Werbesprache will häufig nur positive Assoziationskomplexe bei den Konsumenten aufbauen, vgl. *spiegelschön, streicheljung*.

Die meisten Adjektivkomposita sind zwei-, einige auch dreigliedrig. Beispiele für verschiedene Strukturtypen sind:

$$\text{dunkelgrün}_{\text{ADJ}} \qquad \text{bierflaschengrün}_{\text{ADJ}} \qquad \text{zarthellgrün}_{\text{ADJ}}$$

$$\{\text{dunkel}\}_{\text{ADJ}}\{\text{grün}\}_{\text{ADJ}} \qquad \text{bierflasche}_{\text{N}}\{\text{n}\}\{\text{grün}\}_{\text{ADJ}} \qquad \{\text{zart}\}_{\text{ADJ}}\,\text{hellgrün}_{\text{ADJ}}$$

$$\{\text{bier}\}_{\text{N}}\{\text{flasche}\}_{\text{N}} \qquad\qquad \{\text{hell}\}_{\text{ADJ}}\{\text{grün}\}_{\text{ADJ}}$$

Teilweise kommt es zu einer Doppelmotivation durch Komposition und Ableitung, etwa *selbstkritisch* (*selbst – kritisch, Selbstkritik – isch*). In anderen Fällen, vor allem bei Gelegenheitsbildungen, ist ein Kompositum durch verschiedene Strukturschritte auflösbar, es ist somit ebenfalls doppelt motiviert. Beispielsweise kann *hellgrünblau* auf der ersten Ebene aus den Konstituenten *hellgrün* und *blau* bestehen, aber genauso gut auch aus *hell* und *grünblau*, solange der Zusammenhang keine deutlichen Hinweise für die eine oder andere Lösung bietet.

Zu den Determinativkomposita zählen auch die seltenen okkasionellen Fälle von Bildungen aus zwei identischen Adjektiven, vgl. *tieftief* 'besonders tief'.

Für manche Beispiele wird es letztendlich eine eindeutige Interpretation als Kompositum, Zusammenrückung oder Zusammenbildung nicht geben, sie sind mehrfach motiviert.

Wortbildungssemantik

Die Bedeutungsbeziehung kann sein

augmentativ	steigernd (*wunderschön* 'sehr schön')
final	gibt einen Zweck an (*schranktrocken* 'trocken für den Schrank')
instrumental	gibt ein Mittel an (*hennarot* 'mit Henna rot gemacht/gefärbt', *maschinenbetrieben* 'von einer Maschine betrieben')
kausal	gibt den Grund an (*schreckensbleich* 'bleich vor Schreck', *altersbedingt* 'durch das Alter bedingt')
komparativ	Vergleichsbildung (*eidottergelb* 'so gelb wie ein Eidotter', *seidenglänzend* 'so glänzend wie Seide')
konsekutiv	gibt eine Folgewirkung an (*sternenklar* 'so klar, dass die Sterne sichtbar sind)
lokal	bezogen auf eine örtliche Größe (*stadtbekannt* 'in der Stadt bekannt')
modal	modifizierend, näher beschreibend (*hellgrün* 'eine helle Art grün', *rotglühend* 'auf rote Art und Weise glühend')
ornativ	versehen mit etwas (*schneebedeckt*)
possessiv	gibt einen Besitz im weitesten Sinne an (*ranghoch* 'einen hohen Rang habend')
referenziell	gibt einen Bezug, einen Geltungsbereich an (*verantwortungsbewusst* 'der Verantwortung bewusst', *hautverträglich* 'verträglich für die Haut') (auch relational)
temporal	bezogen auf eine zeitliche Größe (*nachtaktiv* 'in der Nacht aktiv')

Ein Vielzahl von Adjektivkomposita wird durch ihr Erstglied gesteigert oder verstärkt, z.B. *stocksteif, blutjung, todschick, heilfroh, hundemüde, wunderschön, mutterseelenallein, vielbeschäftigt, stinkfaul, schwerkrank, leichenblass, bettelarm*. Dabei ist eine vergleichende Bedeutung teilweise noch nachvollziehbar, z.B. in *stocksteif* 'steif wie ein Stock', *todsicher* 'so sicher wie der Tod', *leichenblass* 'blass wie eine Leiche'. Auf metaphorische Verwendung beruhen *grundehrlich, grundsolide* 'bis auf den Grund (des Herzens, der Seele) ehrlich bzw. solide'. Ein Vergleich ist erkennbar in einigen Farbbezeichnung wie *grasgrün, dottergelb, himmelblau*, aber auch in *lammfromm* oder *aalglatt*.

Final, auf einen Zweck bezogen, sind die semantischen Verhältnisse in *schranktrocken* für Wäsche, die so trocken ist, dass sie in den Schrank geräumt werden kann im Gegensatz zu *bügeltrocken*, dann ist die Wäsche noch etwas feucht und darum leichter zu bügeln. Hierher könnte auch *streichelzart* für Haut, die zart zum Streicheln ist, gerechnet werden oder *streichzart* für Wurst, Margarine oder Butter, die zart ist, damit sie sich besser auf das Brot streichen lässt.

Wie bei den anderen Wortarten auch gibt es mehr und feinere Auffächerungen.

Possessivkomposition

Hier haben wir nur noch *barfuß* 'einen baren Fuß habend' und das veraltete *barhaupt* 'ein bares Haupt habend'. Damit ist diese Wortbildungsart auch nicht mehr produktiv.

Kopulativkomposition

Im Gegensatz zur hierarchischen Relation der Glieder im Determinativkompositum sind sie im Kopulativkompositum parataktisch angeordnet. Wir können uns ein „und zugleich" denken (*mathematisch-naturwissenschaftlich*). Die Bedeutungsbeziehung ist in der Regel additiv. Selten tritt die Tendenz zu „weder noch" (exklusiv) (*süßsauer*) oder zu einer explikativen Beziehung (*heiter-gelöst* 'heiter, da gelöst') auf. Die deutsch-französische Grenze verläuft zwischen den Gebieten Deutschland und Frankreich, die deutsch-französische Partnerschaft ist eine Partnerschaft zwischen den Vertretern Deutschlands und Frankreichs, bei der deutsch-französischen Vergangenheit wird auf die gemeinsame Vergangenheit Deutschlands und Frankreichs verwiesen. Insofern offenbaren erst die Paraphrasen genaue Bedeutungsverhältnisse. Teilweise implizieren die Kompositionsglieder aber auch eine serielle Ordnung der Elemente, etwa bei *schwarzrotgold* bezogen auf die Farbreihenfolge der deutschen Fahne.

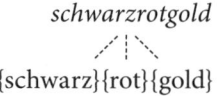

schwarzrotgold

{schwarz}{rot}{gold}

Die Kopulativkomposita bestehen aus mindestens zwei gleichberechtigten Elementen einer Wortart, sie sind syntaktisch gleichgeordnet, prinzipiell vertauschbar (*taubblind, blindtaub*), und ihre Bedeutungen tragen meist additiv zum Gesamtausdruck bei, vgl. *taubstumm, frechdreist, feuchtwarm, schwarzweiß, nasskalt, deutsch-französisch*. Viele sind lexikalisiert, sodass die Glieder faktisch nicht die Plätze tauschen können. Wieder ist die Paraphrase wichtig, um sie von den Determinativkomposita zu unterscheiden. *Nasskalt* in der Bedeutung 'nass und gleichzeitig kalt' ist ein Kopulativkompositum, in der Bedeutung 'kalt, und zwar auf eine nasse (nicht trockene) Art' ein Determinativkompositum. Entsprechendes gilt für *blaugrau* 'blau und grau' mit zwei getrennten bzw. verschiedenen Farben gegenüber 'bläuliches Grau' mit der Variante einer Farbe. Hilfestellung können Akzentlage, bei einem Determinativkompositum nur auf der linken Konstituente, und Bedeutungshinweise aus dem Kontext leisten. Aber manchmal ist beides möglich, dann ist das Kompositum strukturell doppelt motiviert.

Oft bleibt auch das Bedeutungsverhältnis zwischen den Gliedern offen, vgl. *sportlich-elegant*. Streng genommen schließen sich sportlich und elegant, bezogen auf Kleidung, Frisur o.a., gegenseitig aus. Mit dem Kompositum lassen sich aber vorteilhafte Aspekte beider Wörter aktivieren, elegant allein ist vielleicht zu bieder, sportlich allein ist vielleicht zu leger, da könnte es eventuell eine Mitte geben, aber ganz klar ist das nicht.

Das Wortbildungsmuster ist sehr produktiv, wir haben relativ viele Kopulativkomposita bei den Adjektiven.

Verdeutlichende Komposition

Hier gibt es kaum Beispiele. *Klammheimlich* entstand zu lat. *clam* 'heimlich' und *quicklebendig* zu ahd. *quic, quec* 'lebendig, lebhaft'. Pümpel-Mader et al. (1992: 53) führen einige Gelegenheitsbildungen auf, die zu dieser Gruppe gehören, etwa *komplex-vielschichtiges Gebiet* oder *charakterlich-wesensmäßige Verschiedenheit*.

Reduplikatvikomposition

Das Reduplikativkompositum beim Adjektiv führt eine Steigerung herbei. Das Verfahren ist nicht produktiv. An die Reduplikationsbildungen bei Substantiven erinnern *ticktack* zu *ticken*, *ruckzuck* zu *rucken, zucken*, *pickepackevoll* zu *packevoll*. Ein weiterer möglicher Kandidat, *tipptopp*, ist aus dem Englischen entlehnt. Er entstand dort zu *the tip of the top* 'Spitze der Spitze' und kommt nicht als Reduplikationskompositum infrage. Die wenigen Doppelungen zur Verstärkung sind heute nur noch okkasionell und als Determinativkomposita zu interpretieren (*grau-grau, tief-tief, treu-getreu*). Eine Verdoppelung des Grundmorphems zur Steigerung weisen z.B. *tagtäglich* und *wortwörtlich* auf, sie dürften ebenfalls eher zu den Determinativkomposita gerechnet werden.

Affixoidbildung

Präfixoidbildung

Die Präfixoidbildung reiht sich sehr oft in die Steigerungsbildung (vgl. auch *superblöd, grasgrün*) ein, statt lediglich *groß, größer, am größten* ist auch *riesengroß* möglich. Die Präfixoide wirken im Wesentlichen steigernd bzw. intensivierend. Allerdings vertreten sie nicht immer nur ein *sehr*, sondern sind meist emotional gefärbt und teils ausschließlich in negativ konnotierten Kontexten verwendbar. Bei den Präfixoidbildungen liegt der alleinige Wortakzent nicht auf dem Erstglied wie bei den Determinativkomposita bzw. Ableitungen (*blutbildend, grundrechtlich, bombengesichert, hochbeinig, obergährig*). Beispiele für Präfixoide der Adjektive sind

- *blitz-* 'sehr' (*blitzblank, blitzblau, blitzgescheit, blitzsauber, blitzschnell* etc.)
- *blut-* 'sehr' (*blutjung, blutnötig, blutwenig, blutarm* etc.)
- *bomben-* 'sehr' (*bombenfest, bombensicher, bombenvoll* etc.)
- *grotten-* 'sehr', negativ (*grottenblöd, grottendämlich, grottenfalsch, grottendoof, grottenhässlich, grottenschlecht* etc.)
- *grund* 'sehr' (*grundanständig, grundschlecht, grundehrlich, grundfalsch, grundhässlich, grundverschieden, grundverkehrt* etc.)
- *hoch-* 'sehr' (*hochaktuell, hochmodern, hochkultiviert, hochmotiviert, hochgefährlich, hochaktiv, hochanständig, hochexplosiv* etc.)
- *hunde-* 'sehr', negativ (*hundeelend, hundemüde, hundeschlecht, hundemager* etc.)
- *knall-* 'sehr' (*knallvoll, knallrot, knallscharf, knallheiß, knallhart, knallgelb, knalleng, knallbunt, knallwach* etc.)
- *kotz-* 'sehr', negativ (*kotzübel, kotzlangweilig, kotzjämmerlich, kotzhässlich* etc.)
- *mords-* 'sehr' (*mordsblöd, mordsdumm, mordsgemütlich, mordswenig* etc.)
- *ober-* 'sehr' (*oberdoof, obermies, oberfaul, oberschlau* etc.)
- *riesen-* 'sehr' (*riesengroß, riesenblöd, riesendämlich, riesencool, riesengeil* etc.)
- *sau-* 'sehr' (*saukomisch, saufrech, sauteuer, saublöd, saudumm, saugrob, saukalt* etc.)
- *scheiß-* 'sehr' (*scheißfreundlich, scheißegal, scheißkalt, scheißvergnügt, scheißliberal, scheißvornehm* etc.)
- *schweine-* 'sehr' (*schweineteuer, schweinekalt, schweinecool* etc.)
- *stink-* 'sehr' (*stinkvornehm, stinkreich, stinkgemütlich, stinkbürgerlich, stinkbesoffen, stinkfaul, stinkfein, stinknormal, stinkwütend* etc.)
- *stock-* 'sehr', eher negativ (*stockblau, stockdumm, stockbürgerlich, stockblind, stockbesoffen, stockdunkel, stockduster, stockfinster, stockfremd, stockkatholisch, stockkonservativ, stocknormal, stocksolide* etc.)
- *tod-* 'sehr' (*todfroh, todhungrig, todelend, todernst, todsicher, todschick, todmüde, todmatt, todkrank* etc.)
- *über-* 'zu sehr' (*übereifrig, übersensibel, überelegant, übersauber, überbelegt, übersetzt* etc.).

Die bisher behandelten Beispiele fungieren als Modellmuster für Formen wie *endcool, endgeil, endstark* ohne einzelne metaphorische Vorreiter. Die Umgangssprache und vor allem die Jugendsprache fügen weitere Präfixoide hinzu (*hammer-, sack-, turbo-, flamm-*), vor allem aber aus dem Fäkalbereich. Teils ist in bestimmten Kontexten eine motivierte (*todkrank, blitzblank*) oder metaphorische Interpretation möglich (*todelend, saudumm*). Insgesamt haben sich jedoch die Mitglieder der Reihen von den ursprünglichen Bedeutungen der Erstglieder entfernt.

Suffixoidbildung

Bei den Suffixoiden tritt häufig die Schwierigkeit auf, eine ausreichende Bedeutungsdistanz zum Ausgangswort bzw. Kompositionsglied zu finden, was Voraussetzung für die Bestimmung eines Affixoides ist. Auch manche Kompositionsglieder bilden Reihen, ohne jedoch ihre Bedeutung zu verlieren, vgl. *bernsteinfarben, rosafarben, fliederfarben, fußkrank, nierenkrank, magenkrank, charakterfest/-stark, willensfest/-stark, glaubensfest/-stark*.

Das Inventar ist offen. Die Suffixoide sind meist sehr produktiv und verlieren zusehends die semantische Anbindung an das freie Lexem. *Nährstoffarm* kann zwar noch mit 'arm an Nährstoffen' paraphrasiert werden, aber 'mit wenig Nährstoffen' kommt der Spontaninterpretation wesentlich näher. Wenn mehrere Mitglieder einer Reihe die Ursprungsbedeutung des ehemaligen Kompositionsgliedes aufgegeben haben, kann ein Kandidat als Suffixoid bestimmt werden, etwa von *arm* 'ohne genügend Geld' bzw. 'zuwenig Geld habend' hin zu 'wenig' in *bügelarm* und *knitterarm* mit nun auch positiver Konnotation. Den Weg fort vom Kompositionsglied zeigt auch die Verwendung von Basen aus verschiedenen Wortarten. Manche Suffixoide sind an sich wieder komplex. Dies kann dann zu einer großen Nähe zu Ableitungen komplexer Nomen führen. Während *unitechnisch* 'bezogen auf die Uni' bedeutet, gehört *gentechnisch* zu *Gentechnik* und ist damit keine Affixoidbildung.

Nicht so gut passen in diese Gruppe Bildungen auf *-artig, -freudig, -lustig* oder *-mäßig* (*breiartig, wolkenbruchartig, risikofreudig, diskutierfreudig, reiselustig, streitlustig, profimäßig, urlaubsmäßig*). Denn da das freie Pendant semantisch verändert auftritt, fehlt die Nähe zur Kompositionsinterpretation und teilweise könnte auch Zusammenbildung zugrunde liegen.

Suffixoide sind beispielsweise
– *-arm* 'wenig, in geringem Maß vorhanden', 'in geringem Maße erforderlich' (*wortarm, salzarm, ehrgeizarm, regenarm, ideenarm, knitterarm, bügelarm* etc.)
– *-frei* 'ohne', 'unabhängig von', 'nicht nötig', (*bündnisfrei, kreisfrei, waffenfrei, scheinfrei, bügelfrei, aggressionsfrei, knautschfrei, verschleißfrei* etc.)
– *-freundlich* 'angenehm für, gut geeignet, wohlgesinnt' (*verbraucherfreundlich, familienfreundlich, hundefreundlich, magenfreundlich, kundenfreundlich* etc.)
– *-leer* 'ohne' (*ausdrucksleer, inhaltsleer, menschenleer, luftleer, blutleer* etc.)

- *-los* 'ohne' (*baumlos, motivlos, freudlos, schnurlos, lautlos, würdelos, schwe-relos, tugendlos, gefühllos, prinzipienlos, furchtlos, nutzlos* etc.)
- *-reich* 'in hohem Maße vorhanden, viel' (*vitaminreich, kalkreich, kalorien-reich, variationsreich* etc.)
- *-schwer* 'in großen Mengen besitzend, darüber verfügend' (*dollarschwer, millionenschwer, ereignisschwer, kalorienschwer* etc.)
- *-technisch* 'bezogen auf' (*unitechnisch, geldtechnisch, abfalltechnisch, lern-technisch, angebotstechnisch* etc.)
- *-trächtig* 'erfüllt von', Möglichkeit für die Zukunft (*skandalträchtig, sym-bolträchtig, geschichtsträchtig, gewinnträchtig*)
- *-voll* 'stark vorhanden', 'mit viel' (*gefahrvoll, geistvoll, schuldvoll, gefühl-voll, salbungsvoll, hoheitsvoll, vorwurfsvoll* etc.)
- *-wert* 'lohnend', 'ist zu tun' (*anhörenswert, lesenswert, bestaunenswert, achtenswert, begrüßenswert, tadelnswert* etc.)

Übungen zu 8.1. Grundlagen

Vergleichen Sie die Semantik der Adjektive in:

Seine schneeblinden Augen sahen nicht den Abhang.

Sie ist stark behindert wegen ihrer geburtsblinden Augen.

Er hingegen hat Probleme mit seinen nachtblinden Augen.

Die Studenten sind anfangs noch völlig morphologieblind.

8.2. Vertiefung

Wiederholung

Analysieren wir zum Einstieg folgende Adjektive: *milchkaffeebraun* und *serien-gefertigt*.

Das Adjektiv *milchkaffeebraun* ist nicht lexikalisiert. Es besteht aus den beiden unmittelbaren Konstituenten *milchkaffee* und *braun*. Eine nähere Bestimmung von *kaffeebraun* durch *milch* ist unwahrscheinlich. *Milchkaf-feebraun* ist ein Determinativkompositum mit der Bedeutung 'so braun wie Milchkaffee', komparativ, es ist motiviert. *Milchkaffee* ist ein Nomen, ein De-terminativkompositum 'Kaffee mit Milch', ornativ, motiviert. {milch} und {kaffee} sind freie, lexikalische Nominalwurzeln. {braun} ist eine freie, lexi-kalische Adjektivwurzel. *Kaffee* ist ein Fremdwort. Der Gesamtausdruck ist eine Gelegenheitsbildung.

milchkaffeebraun_{ADJ}

milchkaffee_N {braun}_{ADJ}

{milch}_N {kaffee}_N

Das Adjektiv *seriengefertigt* ist ebenfalls nicht lexikalisiert. Es besteht aus {serie} und *gefertigt*, verbunden durch die Fuge {-n-}. Der Ausdruck ist ein Determinativkompositum 'in Serie gefertigt', modal, es ist motiviert. Bei *gefertigt* handelt es sich um eine Konversion aus dem Partizip Perfekt von *fertigen*. Das Verb wiederum ist eine Konversion aus dem Adjektiv *fertig*. {serie} ist eine freie, lexikalische Nominalwurzel, ein Fremdwort, {fertig} ist eine freie, lexikalische Adjektivwurzel. {-n-} ist ein Fugenelement. {ge-t} ist ein Flexiv, ein Zirkumfix, grammatisch, gebunden, zur Bildung des Partizip Perfekt der schwachen Verben.

seriengefertigt_{ADJ}

{serie}{-n-}gefertigt_{ADJ}

gefertigt_V

{ge-t} fertig-_V

{fertig}_{ADJ}

Nun betrachten wir ein flektiertes komplexes Adjektiv, *(die) hellrotgefärbte (Brille)*. Zunächst trennen wir das Flexiv ab, um die Grundform zu erhalten. Bei *hellrotgefärbt* liegt ein Determinativkompositum vor, 'auf eine bestimmte Art und Weise gefärbt, und zwar hellrot', modal, produktiv. Die erste Konstituente, *hellrot*, ist wiederum ein Determinativkompositum, sie bezieht sich auf eine helle Art rot, die Bedeutungsbeziehung ist modal, das Muster ist produktiv. Die zweite Konstituente, *gefärbt*, ist ein Adjektiv. Es ist über Konversion aus dem Partizip Perfekt entstanden. Das Verb *färben* ist ebenfalls eine Konversion, und zwar aus dem Nomen *Farbe*. Das Adjektiv *hellrotgefärbt* ist eine Gelegenheitsbildung.

$$hellrotgefärbte_{\text{ADJ}}$$

$$hellrotgefärbt_{\text{ADJ}}\ \{\text{-e}\}$$

$$hellrot_{\text{ADJ}}\qquad gefärbt_{\text{ADJ}}$$

$$\{\text{hell}\}_{\text{ADJ}}\ \{\text{rot}\}_{\text{ADJ}}\quad gefärbt_{\text{V}}$$

$$\{\text{ge-t}\}\ färb\text{-}_{\text{V}}$$

$$\{\text{farbe}\}_{\text{N}}$$

hellrotgefärbt	Adjektivstamm, Determinativkompositum, 'in hellroter Farbe gefärbt', modal, motiviert, produktiv
hellrot	Adjektivstamm, Determinativkompositum 'helle Schattierung von rot', modal, motiviert, produktiv
gefärbt$_{\text{ADJ}}$	Adjektivstamm, Konversion aus dem Partizip Perfekt *gefärbt*, motiviert, produktiv
gefärbt$_{\text{V}}$	Verbform, Partizip Perfekt zu *färben*
färb(en)	Konversion aus dem Nomen *Farbe*, 'mit Farbe versehen', also ornativ, produktiv
{hell}, {rot}	Adjektivwurzeln, lexikalisch, frei
{farbe}	Nominalwurzel, lexikalisch, frei
{-e}	Flexionssuffix (schwache Flexion, Nominativ/Akkusativ Singular Femininum), grammatisch, gebunden, es gibt homonyme Morpheme
{ge-t}	Flexionszirkumfix, für die Partizip-Perfekt-Bildung der schwachen Verben
Besonderheiten:	Es handelt sich um eine Gelegenheitsbildung.

Eine komplexe, wieder okkasionelle Bildung ist *(die) blauweißrotgeblümten (Kleider)*. Bei der morphologischen Analyse wird als Erstes das Flexionsmorphem abgetrennt, um die Grundform des Ausdrucks zu erhalten. Über die Paraphrase versuchen wir mehr über die Beziehungsverhältnisse zwischen den Konstituenten auf der obersten Ebene zu erfahren. Es ist ein geblümtes Kleid, wie es geblümt ist, verrät die linke der zwei ersten unmittelbaren Konstituenten. Damit ist es ein Determinativkompositum. Das erste Element besteht aus drei Gliedern, *blau*, *weiß* und *rot*. Sie sind gleichberechtigt, ihre Bedeutungen addieren sich, offenbar besteht das Blumenmuster aus diesen drei Farben. Bei *blauweißrot* handelt es sich also um ein Kopulativkompositum. Die rechte der beiden Konstituenten ist schwierig zu analysieren. Sie sieht aus wie ein Partizip Perfekt, so wie *gefärbt*, das zu einem Adjektiv wurde. Das Problem jedoch ist, dass wir das Verb *färben* haben, nicht jedoch *blümen oder *blumen. Bei *geblümt* liegt ein Scheinpartizip vor, das rein äußerlich einem Partizip gleicht. Allerdings leitet das Zirkumfix {ge-t} ein Nomen ab. Im Gegensatz dazu wird bei *gefärbt* eine Verbform per Konversion zu einem Adjektiv.

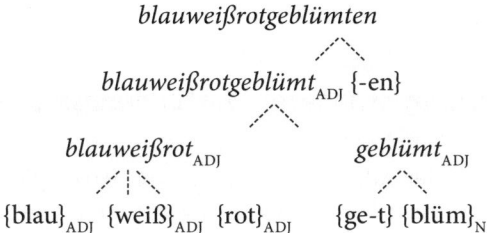

blauweißrotgeblümt	Adjektivstamm, Determinativkompositum, 'mit blauweißroten Blumen/Blumenmuster', modal, motiviert, produktiv
blauweißrot	Adjektivstamm, Kopulativkompositum, dreigliedrig 'sowohl blau als auch weiß als auch rot', additiv, motiviert, produktiv
geblümt	Adjektivstamm, Zirkumfigierung, Scheinpartizip (es gibt keine Verben *blumen, *blümen), 'mit Blumenmuster versehen', ornativ, produktiv
{blau}, {weiß}, {rot}	Adjektivwurzeln, lexikalisch, frei
{blüm}	Allomorph zu {blume}, mit Umlaut, Nominalwurzel, lexikalisch, frei
{-en}	Flexionssuffix (schwache Flexion, Nominativ/Akkusativ Plural Neutrum), grammatisch, gebunden, es gibt homonyme Morpheme
{ge-t}	Derivationszirkumfix
Besonderheiten:	Es handelt sich um eine Gelegenheitsbildung.

Stellen wir diesem Adjektiv nun das folgende gegenüber: *(die) schwarzundweißgeblümten (Kleider)*, so ergibt sich als wesentlicher Unterschied die Struktur der Farbbezeichnung. Es handelt sich dabei um eine Wortgruppe, *schwarzundweiß ist kein komplexes Lexem.

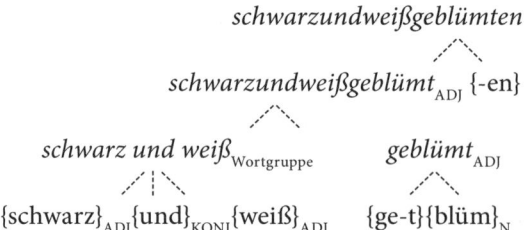

Komposition und die Abgrenzung zu anderen Wortbildungsarten

Bei der Wiederholung traten einige der Adjektive in Gestalt von Partizipien auf. Bei Verbindungen mit dem Partizip Perfekt wie *schwerbeschädigt* oder dem Partizip Präsens wie *feuerspeiend* ergibt sich in der Literatur oft die Frage zur Abgrenzung von Determinativkompositum und Zusammenrückung, da solche Bildungen auch gut als Abfolge der Konstituenten im Satz vorstellbar sind. Deswegen werden u.a. von Simmler Sätze formuliert, in denen die Glieder nebeneinander stehen. Das soll die Grundlage für eine Zusammenrückung bilden, z.B. *Er ist schwer beschädigt; Es ist Feuer speiend* (Simmler 1998: 438ff.). Er stellt bei einer Erweiterung von Beispielen, die aufgrund ihrer Valenz erweiterbar sind, jedoch fest, dass es dann im Satzzusammenhang zu morphologischen Veränderungen kommt. Bei *heimatverbunden* fällt bei *Er ist heimatverbunden* im Gegensatz zu *Er ist der verlassenen Heimat verbunden* der Artikel fort, bei *postlagernd* und *sturmzerfetzt* zu *Es ist auf der Post lagernd* bzw. *Es ist vom Sturm zerfetzt* fehlen in der Regel die Präpositionen. Auch Kasusinformationen oder Attribuierungsmöglichkeiten verlieren sich. Insgesamt entwickeln die Zweitglieder eine gewisse Eigenständigkeit, die sie als Adjektive auszeichnen und nicht als Verbformen in einer Wortgruppe. Außerdem ergeben sich in den komplexen Lexemen verselbstständigte Bedeutungen, während die Zweitkonstituente in den Sätzen kein eigenständiges Lexem bildet, sondern eine Verbform bleibt.

Auch die Unterscheidung von Komposition und Zusammenbildungen geschieht nicht unbedingt einmütig. Simmler (1998: 440) verweist auf zwei für die Zusammenbildung relevante Aspekte, Derivation und die Existenz einer Wortgruppe. Das letzte Kriterium greift für viele okkasionell gebildete Beispiele nicht unbedingt. Anders das erste, dies ist konstituierend für die Wortbildungsart.

Beispiele wie *ausschlaggebend*, *grundlegend* oder *strafmildernd* werden hin und wieder als Kandidaten für Zusammenbildung diskutiert, dann liegen *Ausschlag geben* bzw. *Grund legen* als Basis und eine Derivation durch *-(e)nd* vor. Die Interpretation als Zusammenbildung hängt allerdings vom

Status dieses Morphems ab. Simmler (1998) sieht es als Derivationsmorphem. In der vorliegenden Abhandlung jedoch gilt es als Flexionsmorphem, darum stellt sich diese Interpretationsmöglichkeit erst gar nicht. Das Partizip Präsens ist die regulär gebildete Form eines Verbs mit der Eigenheit, nie verbal, sondern ausschließlich als Adjektiv aufzutreten. Da -(e)nd für alle Verben in immer gleicher Form und Bedeutung für den Ablauf eines Geschehens oder etwas Nichtvollendetes Verwendung findet und nie für andere Wortarten, wird die Klassifikation als Flexiv bevorzugt. Derivationsmorpheme gelten jedoch nicht unbedingt für eine Wortart allein und nie für alle Vertreter dieser Wortart. Außerdem kommt es meist zu verschiedenen Bedeutungung, vgl. -er. Bei dem Partizip Präsens wird eine Verbalform angesetzt, die durch Konversion zu einem Adjektiv wurde. Wir sprechen von adjektivisch gebrauchten Partizipien mit der Besonderheit, dass alle diese Partizipien ausschließlich adjektivische Verwendung finden. Das heißt, -(e)nd ist ein Flexiv. Damit fällt die Grundvoraussetzung für die Interpretation von *ausschlaggebend* oder *grundlegend* als Zusammenbildung im Gegensatz zu Formen wie *blauäugig* oder *zweirädrig* weg.

Als Derivationen, nicht Komposita sind folgende Beispiele zu werten: *symbolbegrifflich, gußeisern, kontrastfarbig, arbeitsgerichtlich, naturgesetzlich, familienväterlich* (vgl. Wilss 1986: 113), da sie von Komposita abgeleitet sind. Um Rückbildungen handelt es sich bei *evolutionsbiologisch* zu *Evolutionsbiologie* oder *prädikatenlogisch* zu *Prädikatenlogik*.

Weiterhin bietet die Abgrenzung von Kompositionsglied und Affixoid in manchen Fällen Grund zu Diskussionen. Auch hier sehen wir uns zunächst die Definition noch einmal an. Ausschlaggebend für die Bestimmung eines Affixoids ist die Bündelung der Kriterien Reihenbildung, semantische Veränderung und freies Pendant. In vielen Fällen sticht eine ausgeprägte Reihenbildung ins Auge, etwa bei *alkoholabhängig, basisabhängig, benutzerabhängig, corpusabhängig, empfängerabhängig, entscheidungsabhängig, erfahrungsabhängig, erlösabhängig, ertragsabhängig* und viele mehr (Wilss 1986: 121), *arbeitsmarktneutral, aromaneutral, aufkommensneutral, bankneutral, besitzneutral, duftneutral, effektivitätsneutral, gefühlsneutral* und viele mehr (Wilss 1986: 124). Allerdings zeigen die Paraphrasen, jeweils mit 'abhängig von' bzw. 'neutral gegenüber, in Bezug auf', dass keine Bedeutungsverselbstständigungen vorkommen, schon gar keine reihenhaften. Von solchen stark produktiven Adjektiven gibt es recht viele, wie Wilss (1986) zeigen kann, und er führt das darauf zurück, dass sie häufig vage sind, einen großen Interpretationsspielraum zulassen und sich für viele unterschiedliche Zusammenhänge eignen (Wilss 1986: 130).

Im Gegensatz dazu kommt es aber in anderen Fällen neben der Reihenbildung auch zu einer Bedeutungsveränderung, systematisch aufgrund des

Affixoids und nicht metaphorisch in jeweils individuellen Konstruktionen.
Dies ist beispielsweise feststellbar bei *los(e)* 'locker, unfest, offen' gegenüber
der Negation 'nicht vorhanden' bei *-los* oder bei *hoch* '(stark) nach oben orientiert, bemessen' zu 'sehr' in *hoch-*, vgl. *freudlos, schnurlos, lautlos, würdelos,
schwerelos, furchtlos* bzw. *hochmodern, hochaktiv, hochfrequent, hochanständig* etc. Andere Beispiele bespricht Fandrych (1993). Er beschreibt die Gruppe
um *-frei, -arm, -voll, -leer* und *-reich* als fast rein funktionale Elemente, die
Bildungsmuster als kohärent, die jeweils realisierten semantischen Relationen als uniform (Fandrych 1993: 113f.). Zwar nennt er sie lexikalische Junk-
toren (Fandrych 1993: 116), fasst sie unter diesem Begriff über gemeinsame
Eigenschaften zu einer Kategorie zusammen und geht auch auf Unterschiede
zwischen Junktionsbildungen und freien Entsprechungen bzw. Suffixen ein
(Fandrych 1993: 244f.), meint aber letztendlich die Kategorie des Affixoids.
Auf jeden Fall sind auch für ihn die semantischen Aspekte relevant.

Nun ist die Bedeutung ein äußerst wichtiges Kriterium für die Bestimmung eines Affixoids, sie ist aber oft schwer zu fassen und darum gern
Ausgangspunkt für die Kritik am Begriff. Immer wieder werden Beispiele
genannt, die sich mit der eigentlichen oder mit metaphorischer Bedeutung
beschreiben lassen. Das reicht jedoch für die Ablehnung der Einheit als Affixoid nicht aus, weil die gesamte Gruppe betrachtet werden muss. Denn eine Bedeutungsveränderung darf nicht an ein Einzellexem gebunden sein. Es
muss stattdessen eine wiederholte Verwendung eines ehemaligen Kompositionsgliedes in veränderter Bedeutung vorliegen. Beispielsweise kann *saublöd*
durchaus noch als 'blöd wie eine Sau' erklärt werden, nicht jedoch *sauteuer*
als *'teuer wie eine Sau'. *Abgasfrei, bleifrei* oder *eisfrei* sind mit 'frei von' zu
umschreiben, aber *rostfrei, bügelfrei, knitterfrei* nicht (ausführlich Vögeding
1981, Fandrych 1993), denn hier passt besser die Paraphrase mit 'ohne', also
'ohne zu rosten', 'ohne, dass gebügelt werden muss', 'ohne zu knittern'. Noch
etwas schwieriger ist *scheinfrei* zu umschreiben mit der teilidiomatisierten Bedeutung 'nicht mehr Scheine benötigend'. *Herrenlos* oder *schuldenlos* lassen
sich mit 'gelöst, abgetrennt von' paraphrasieren, aber *sorglos, furchtlos* oder
fehlerlos nicht, denn auch hier reicht 'ohne', also dann auch *scheinlos* als Zustand vor *scheinfrei*. In manchen Fällen ist gar kein vernünftiger Zusammenhang mehr möglich (*bombenvoll, saugut*). Die Verselbstständigung der Bedeutung ist unterschiedlich stark fortgeschritten, darum zählen einige Autoren
-los bereits zu den Suffixen (z.B. Fleischer/Barz 1995).

Eine Nähe zu Metaphern existiert durchaus. Diese sollte aber entwick-
lungsbedingt verstanden werden insofern, als sich aus einer Metapher per
Analogie ein oder zwei weitere bilden, die dann mit der Zeit die metaphorische Bedeutung einbüßen und Reihen bilden. Das heißt, die veränderte Bedeutung trägt das Affixoid selbst, sie entsteht nicht erst in der Verbindung

mit einem Grundmorphem. Neben den Kriterien Reihenbildung und freiem Pendant ist besonderes Augenmerk auf den Aspekt dieser Auswirkung der semantischen Verselbstständigung zu legen. Weil hier eindeutige Definitionen schwierig sind, kommt es zu Unterschieden bei der Einordnung vieler Einheiten (vgl. ausführlich Elsen 2009d). Darum ist bei der Bestimmung eines Affixoids eine strengere Vorgehensweise nützlich, bei der dann einige Affixoidkandidaten ausscheiden. Ausgehend von den Beobachtungen in Duden (2006: 757), Decroos/Leuschner (2008) und Leuschner (2010), manche Beispiele hätten sowohl vergleichende als auch steigernde Bedeutung (*stocksteif* – 'steif wie ein Stock, 'sehr steif'), werden folgende Kennzeichen für Affixoide angesetzt:

Bei dem Affixoid handelt sich um eine produktiv verwendete, semantisch sich verselbstständigende Einheit, die parallel in ihrer ursprünglichen Bedeutung frei vorkommt. Einige Bildungen lassen sich jedoch bereits nicht mehr metaphorisch verwandt mit dem Einzellexem interpretieren.

Dann dürfen einige Vertreter noch als metaphorisch interpretierbar sein, es sollte aber auch einige semantisch selbstständige Beispiele geben wie die bereits genannten *saugut, knitterfrei* oder *fehlerlos*.

Dass wir es hier mit einer produktiven, selbstständigen Wortbildungsart zu tun haben, zeigen im Übrigen auch die Quereinsteiger, die bereits mit intensivierender Bedeutung und in Reihe verwendet werden ohne vorherige Analyse einzelner Komposita. Beispiele wie *saugut, saustark* fungieren als Modellmuster für Formen wie *endcool, endgeil, endstark, scheißfreundlich*.

Als letzten Aspekt der Entwicklung von Kompositionsglied zu Affixoid soll noch auf die Verbindung mit anderen Wortarten hingewiesen sein. Simmler bemerkt, dass bei adjektivischen Komposita kaum Verben oder Pronomen beteiligt sind, *-los* jedoch verbindet sich ohne Schwierigkeit mit Vertretern dieser Wortarten, vgl. *reglos, selbstlos* (Simmler 1998: 442f.). Dies gilt für viele, aber nicht alle, Suffixoide, z.B. auch für *-frei* oder *-arm*. Die Suffixoide treten vermehrt an Verben und sogar an Pronomen, das ist bei Kompositionsgliedern anders. Auch hier haben wir wieder einen Hinweis auf Verselbstständigung eines Morphems weg vom Status Kompositionsglied. Insgesamt verhalten sich die adjektivischen Suffixoide sehr dynamisch, und es können schnell neue dazu kommen.

Vögeding (1981), Wilss (1986), Fandrych (1993), Simmler (1998), Duden (2002), Ruge (2004)
Sehr ausführliche Bedeutungsdifferenzierungen finden Sie bei Pümpel-Mader et al. (1992), Motsch (2004).

Einige nicht mehr ganz durchsichtige komplexe Adjektive

Einige adjektivische Komposita weisen unikale Morpheme auf. Das heute nicht mehr sehr gebräuchliche *rotwelsch* 'gaunersprachlich, unverständlich' wurde aus *rot* gaunersprachlich 'Bettler' und *welsch* 'unverständliche Sprache', heute 'romanisch' gebildet. In der Verwendung ebenfalls sehr eingeschränkt ist *mundtot* in *jemanden mundtot machen*. Es entstand aus dem Rechtsausdruck ahd., mhd. *munt* 'Hand, Schutz' sowie *tot* in der Bedeutung 'unfähig', also 'unfähig, eine Rechtshandlung auszuführen' (Pfeifer 1999), 'der sich rechtlich nicht verteidigen darf', 'entmündigt' (Kluge 2002). Es hat daher nichts mit unserem *Mund* zu tun, obwohl es heute dazu gestellt wird. In *blutrünstig* liegt ein unikales Morphem als Zweitglied vor. Das mhd. *bluotrunstec* bedeutete zunächst 'blutend, blutig' und wurde abgeleitet aus mhd. *bluotrunst* 'blutige Wunde' mit *runst* 'das Rinnen, Fließen'. Bei *naseweis* 'neugierig, vorlaut' haben wir eine Bildung zu mhd. *wīse* 'kundig'. Es bezeichnete zunächst die Fähigkeit der Hunde, 'mit kundiger Nase' Beute aufzuspüren. Diese Bedeutung ist heute aber nicht mehr erkennbar. *Piekfein* ist ursprünglich ein verdeutlichendes Kompositum mit dem niederdeutschen Ausdruck für eine Qualitätsbezeichnung, ndl. *puik* 'vortrefflich', nd. *pük* 'rein, echt, redlich'. Das Adjektiv *kunterbunt* ist laut Kluge (2002) unklar, es mag zurückgehen auf *kontrabund* 'vielstimmig'.

Die Ableitungen *hurtig, grässlich, liederlich* und *scheußlich* sind zu mhd. *hurt* 'Stoß, Anprall', mhd. *graz* 'wütend', mhd. *loter* 'locker, leichtfertig' bzw. mhd. *schiuzen* 'Scheu oder Abscheu empfinden' gebildet (Simmler 2002: 97ff.).

Die Form *ruchlos* kennen wir als 'gewissenlos, niederträchtig', zu mhd. *ruochelōs* ursprünglich 'sorglos', dann 'gottlos', zu mhd. *ruoche* 'Sorge'. Dies hat nichts mit dem ersten Morphem von *ruchbar* zu tun, zu mndd. *ruchte, rochte* 'Leumund', mhd. *ruoft* 'Schrei, Ruf, Gerücht, Leumund' von *rufen*, das eigentlich 'durch umlaufendes Gerede bekannt' bedeutete und ähnlich als 'offenkundig' noch heute gebraucht wird. *Drollig* stammt aus dem Neuniederländischen, es ist ein Lehnwort. Und schließlich sei noch *dämlich* erwähnt. Es wird gern mit *Dame* in Verbindung gebracht, gehört tatsächlich aber zu einem teilweise im Niederdeutschen noch gebrauchten Verb *dämeln, dameln* 'sich kindisch benehmen'.

Simmler (1998: 444f.), Simmler (2002)

Übungen zu 8.2. Vertiefung
Erstellen Sie eine Wortbildungsanalyse von *geisteskrank*!

9. Adjektiv – Wortbildung II

9.1. Grundlagen

Explizite Derivation

Präfigierung
Die adjektivischen Präfixe sind betont, allerdings tritt *un-* auch unbetont auf, vgl. *úngut* vs. *unéndlich*, vgl. Tabelle (18).

Tabelle 18: Die produktiven heimischen Präfixe der Adjektive

1	2	3	4
Präfix	**Basis**	**Bedeutung**	**Anmerkungen**
erz-	Adjektiv	Verstärkung, Steigerung (*erzkatholisch*)	besonders für negative Adjektive; eher im politischen Rahmen
miss-	Adjektiv	negative Bewertung (*missvergnügt, missgelaunt*)	selten, historisch liegt meist Nominalisierung präfigierter Verben vor
un-	Adjektiv	Gegenteil, negative Bewertung (*ungut, unweit, ungeöffnet*)	sehr produktiv, bei Komposita meist zwischen den Kompositionsgliedern (*arbeits-un-willig*), idiomatisiert *unverfroren*, undurchsichtig *ungestüm*, *unbedarft*
ur-	Adjektiv	Herkunft (*urgermanisch*), Steigerung (*urkomisch, uralt, urgemütlich*)	

Im Adjektiv *misslich* hat sich das Grundmorphem ('verschieden') heute bedeutungsmäßig vom gleichlautenden Präfix entfernt.

Ein unproduktives Adjektivpräfix ist *ge-*, vgl. *geheim, getreu, getrost*, hier ist die Struktur noch erkennbar. Nicht mehr durchsichtig und eindeutig Simplizia sind beispielsweise zu *ab- abhold, abschätzig*, zu *an- anrüchig*, zu *in- inbrünstig* oder zu *be- bequem*.

Die nichtnativen Präfixe haben überwiegend lokale (*inter-* 'zwischen', *sub-* 'unter') oder temporale (*prä-* 'vor', *post-* 'nach'), aber auch negierende (*a-, non-, des-*) oder steigernde (*super-, hyper-*) Funktion. Sie werden stets an eine adjektivische Basis angeschlossen, sind alle betont und meist eher selten verwendet. Viele kommen bei der substantivischen Derivation ebenfalls zum Einsatz. Einige von ihnen sind rein fachsprachlich (*pan-, supra-*), viele gehoben.

Suffigierung

Die indigenen Adjektivsuffixe sind, bis auf *-bar*, nicht betont. Bei Wörtern auf Schwa (der letzte Laut in *eine, schöne*) wird dieses meist getilgt (*Freude/freudig*), auch auslautendes *n* kann fortfallen (*Eltern/elterlich*). Bei unbetonten Endsilben fällt das Schwa oft auch im Wortinnern weg (*Teufel/teuflisch, Zylinder/zylindrisch*).

Andererseits treten Fugen (*launenhaft*) auf. In diesem Fall handelt es sich um ehemalige Komposita. Sie werden aber analogisch ergänzt. Einen Lauteinschub gibt es beispielsweise in *wissentlich, wöchentlich, willentlich, namentlich*.

Die eigentliche Bedeutung bzw. Funktion der meisten Suffixe ist die Adjektivierung. Das heißt, eine genauere Semantik ist meist nur über die Bedeutung des Stammes und den Kontext zu ermitteln. Aus diesem Grund sind in der dritten Spalte der folgenden Tabelle (19) des Öfteren lediglich Beispiele aufgeführt. Im Folgenden sind die heimischen Suffixe zusammengestellt, *-lei* stammt ursprünglich aus dem Französischen und ist mittlerweile assimiliert.

Tabelle 19: Die produktiven heimischen Suffixe der Adjektive

1	2	3	4
Suffix	**Basis**	**Beispiele, Bedeutung**	**Anmerkungen**
-bar	Substantiv	Möglichkeit, passivisch (*gangbar, sichtbar, dienstbar*)	zu ahd. *bāri* 'tragend'; bei Substantiv kaum produktiv, idiomatisiert *furchtbar*, undurchsichtig *ruchbar*
	Adjektiv	*offenbar, kundbar*	selten, unproduktiv, idiomatisiert *sonderbar*

1	2	3	4
Suffix	**Basis**	**Beispiele, Bedeutung**	**Anmerkungen**
-bar	Verb	Möglichkeit, meist passivisch (*trinkbar, brauchbar, auffindbar*), Notwendigkeit (*haftbar*)	sehr produktiv; doppelt motiviert aus Verb oder Nomen *streitbar, dankbar*
-en, -n, -ern	Substantiv	Eigenschaft (aus einem Stoff) (*golden, seiden, schmiedeeisern, kupfern, blechern*)	produktiv, *-(e)n* heute ohne Umlaut, bei *-ern* meist Umlaut *gläsern*
-er	Substantiv	zu Namen (*Berliner, Schweizer*)	meist mit homonymen Substantivableitungen für die Bewohner
	Numerale	*dreißiger*	
-fach	Adjektiv	*vielfach, mehrfach*	zu mhd. *vach* 'Stück, Teil einer Mauer'; mit Adjektiv nicht produktiv
	Numerale	Vervielfältigung (*dreifach*)	idiomatisiert z.B. *einfach*
-haft	Substantiv	ornativ (*glückhaft, schwunghaft*), 'in der Art von' (*streberhaft*)	zu mhd. *haft* 'gefesselt'; meist mit Fuge *heldenhaft, frühlingshaft, geisterhaft* vs. *formelhaft, bildhaft*
	Adjektiv	Neigung (*krankhaft, wahrhaft, boshaft*)	unproduktiv
	Verb	Neigung (*naschhaft, schwatzhaft*)	selten, idiomatisiert *lebhaft, wohnhaft*
	sonstige	von Pronomen (*ichhaft*)	nur okkasionell
-ig	Substantiv	Eigenschaft (wie ein Stoff) (*seidig, krustig*), ornativ (*staubig, sandig, fleißig*), 'in der Art von' (*affig, miesepetrig*)	sehr produktiv; auch mit Umlaut *kräftig, bärtig*, idiomatisiert *zeitig, kernig*, undurchsichtig *drollig, hurtig, schwierig*, △ *zugig* vs. *zügig*
	Adjektiv	*völlig, kundig, dumpfig, niedrig, lebendig*	selten, unproduktiv, undurchsichtig *emsig*
	Verb	Neigung/Eigenschaft (*findig, zappelig, wacklig, kitzlig*)	produktiv, undurchsichtig *anrüchig*
	Adverb	*baldig, dortig, alleinig, bisherig*	produktiv
	Wortgruppe	*geringschätzig, schwerhörig, vierstöckig*	dies ist dann Zusammenbildung △ *vierzehntäglich* 'regelmäßige Wiederholung' vs. *vierzehntägig* 'Dauer'

1	2	3	4
Suffix	**Basis**	**Beispiele, Bedeutung**	**Anmerkungen**
-isch	Substantiv	schulisch, städtisch, sächsisch; auch ornativ (neidisch), Vergleich (barbarisch)	bei Substantiven sehr produktiv; selten mit Umlaut wölfisch, spöttisch, auch pejorativ weibisch, auch idiomatisiert tierisch, Allomorph {sch} stets ohne UL kloppstocksch, undurchsichtig deutsch, hübsch, störrisch, auch mit Epenthese -t-, dogmatisch, phlegmatisch, thematisch, -ar-, tabellarisch, -n- wie bei er-Ableitung trojanisch, afrikanisch, bei Konfixen auch -ist-, positivistisch, atomistisch, bei Verben auch -er, trügerisch, regnerisch
	Adjektiv	linkisch, prädikativisch	
	Verb	neckisch, mürrisch, regnerisch	
	Konfix	elektrisch, klinisch	
	Wortgruppe	halsbrecherisch	dies ist dann Zusammenbildung
-lei	Adjektiv	verschiedenerlei	solche Formen werden auch als Adverbien bezeichnet, da nicht flektiert; Fuge -er- obligatorisch; mit Adjektiv selten
	Pronomen	keinerlei, mancherlei	
	Numerale	zweierlei, dreierlei	
-lich	Substantiv	Zugehörigkeit (mütterlich), verschiedene Bezüge wie Zeit (sommerlich), Ort (nachbarlich), Eigenschaft (königlich, zeitlich), passivisch (erklärlich)	zu ahd. līh 'Körper' – also 'gleichen Körper habend, ähnlich'; sehr produktiv, mit Umlaut männlich, mit Lauteinschub morgendlich, öffentlich; idiomatisiert gründlich, heimlich, undurchsichtig niedlich, stattlich
	Adjektiv	abschwächend (gelblich, rundlich, dümmlich, ältlich), Neigung (kleinlich, zärtlich)	sehr produktiv, teils mit Umlaut, idiomatisiert freilich, undurchsichtig grässlich, liederlich, misslich
	Verb	Möglichkeit, passivisch (zerbrechlich, erklärlich), tatsächlich gegeben (bedrohlich, hinderlich)	teils mit Ablaut-Stamm sprachlich, mit Epenthese -t- flehentlich, hoffentlich, erweiterter Verbstamm bei lächerlich, weinerlich, fürchterlich, idiomatisiert angeblich, möglich, undurchsichtig scheußlich, dämlich
	Adverb	sonderlich, widerlich	selten, undurchsichtig sämtlich
	Wortgruppe	innerbetrieblich, vorgeburtlich	dies ist dann Zusammenbildung; ⚠ vierzehntäglich 'regelmäßige Wiederholung' vs. vierzehntägig 'Dauer'

1	2	3	4
Suffix	**Basis**	**Beispiele, Bedeutung**	**Anmerkungen**
-sam	Substantiv	*tugendsam*	zu mhd. *sam* 'ebenso'; mit Substantiv unproduktiv, vereinzelt; idiomatisiert mit Adverb *genugsam*, mit Zahlwort *einsam*
	Adjektiv	*langsam, sattsam, gemeinsam*	unproduktiv, idiomatisiert *unliebsam, seltsam*
	Verb	Möglichkeit, passivisch (*biegsam, einprägsam*), Neigung (*folgsam, sparsam, wachsam*), ornativ (*sittsam, tugendsam*)	kaum produktiv

-los, -mäßig, -wert bei Suffixoiden

Die Einordnung von Ableitungen auf *-lei* ist schwierig, da sie einerseits nicht flektiertbar sind und daher auch in die Gruppe der Adverbien geordnet werden, andererseits aber wie Adjektive attributiv vor einem Nomen stehen, vgl. *Es stehen dreierlei Suppen auf der Karte, er machte keinerlei Fehler.* Kein Kompositum, sondern eine Ableitung vom Nomen ist *eigenartig*.

Die fremdsprachlichen Adjektivsuffixe sind betont, sie verbinden sich meist mit Fremdwörtern oder Konfixen, sind aber deutlich weniger produktiv als die heimischen Suffixe. Sie bewirken meist eine recht allgemeine Bedeutungsveränderung in Richtung einer Eigenschaft oder Zugehörigkeit im Zusammenhang mit dem im Stamm Bezeichneten mit fachsprachlich gehobenem Aspekt, beispielsweise *diskutabel, charmant, instinktiv, materiell, medikamentös*.

Zirkumfigierung

Von Verben leitet *ge-ig* ab, vgl. *gefügig, gelehrig, gehässig*, mit der Bedeutung 'dazu neigend'. Relativ neu sind Kombinationen von fremdsprachlichen *inter-* und *trans-* mit Adjektivsuffixen wie *-al, -lich* oder *-isch*, die gemeinsam auftreten, vgl. *interkontinental, interparlamentarisch* oder *transatlantisch*.

Zur Zirkumfigierung können auch die wie Partizipien aussehenden, aber nicht auf Verbformen, sondern auf Substantive zurückgehenden „Scheinpartizipien" gerechnet werden. Die Affixe *be-t* und *ge-t* haben ornative Funktion, vgl. *bezopft, benachbart, bebrillt, befrackt, beringt, beknackt* 'mit einem Knacks versehen', *genarbt, gehörnt, geblümt, geädert. ver-t* ist ebenfalls ornativ, aber mit abwertender Komponente (*verkatert, verwanzt*). Eher faktitiv (ein Zustand ergibt sich aus der Tätigkeit) sind *verkrüppelt, verschwägert* oder *verwitwet*. *Zer-t* ist stark abwertend mit dem Aspekt 'zu sehr' bzw. 'zerstört durch' (*zernarbt, zerfurcht, zerklüftet*). Privativ (etwas wird entfernt) ist *ent-t* (*entseelt, entmenscht*). Solche Ableitungen kommen auch von Komposita vor. Das Präfix des Scheinpartizips rückt dann zwischen die Kompositionsglieder, vgl. *quergestreift, schweißbeperlt*.

Unzertrennlich, unbeschreiblich oder *unverbesserlich* können als Ableitungen mit {un-lich} interpretiert werden, während *unverantwortlich, unverdächtig* oder *unbehaglich* Präfigierungen sind.

Implizite Derivation

Diese Wortbildungsart gibt es bei den Adjektiven nicht.

Konversion

Meist entstehen Adjektive aus dem Partizip Perfekt eines Verbs, vgl. *studiert – die studierte Nachbarin*. Beim Partizip Präsens gibt es im Deutschen keine Verbform, jedoch ist das {-(e)nd} am Verbstamm in Beispielen wie *tötend, spielend* eher als Flexiv als als Wortbildungsmorphem zu verstehen, da es regulär an alle Verben tritt, stets mit der Bedeutung 'dabei sein, etwas zu tun'. Also handelt es sich bei solchen Lexemen um Konversionen, vgl. *tötende Blicke, spielende Kinder*. Allerdings sind diese Adjektive nicht immer frei verwendbar, und zwar nicht prädikativ (**die Blicke sind tötend, *die Kinder sind spielend*). Sie sind auch nicht steigerbar. Diese Besonderheiten führen dann in einigen Abhandlungen zu eigenen Bezeichnungen wie Verbaladjektiv oder adjektivähnlich. Auf jeden Fall handelt es sich um eine spezielle Art des Adjektivs.

Viele Formen sind mittlerweile idiomatisiert, beispielsweise *faszinierend, entzückend, spannend, blendend, reizend, bedeutend – der faszinierende Roman, eine blendende Erscheinung*. Dann sind eine prädikative Verwendung und auch die Steigerung möglich. Hier fällt die Klassifizierung als Adjektiv leicht.

Auch beim Partizip Perfekt gibt es lexikalisierte Lexeme, vgl. *ausgezeichnet*. In manchen Fällen muss genau vom Partizip Perfekt unterschieden werden, vgl. das komplexe Prädikat in *Die Vokabeln sind gelernt*, als Adjektiv aber *Der Arbeiter ist gelernt* 'ausgebildet'.

Hinzuweisen ist auf die Homonymie von *er*-Ableitungen zu Namen in adjektivischer Verwendung mit von Ortsnamen abgeleiteten Personenbezeichnungen wie *die B/berliner Currywurst – ein Berliner*.

Während die Konversion von Partizip-I- und -II-Formen sehr produktiv ist, ist sie von Nominalwurzeln, vgl. *schmuck, ernst, angst, feind, schuld, not, klasse, spitze*, deutlich seltener und von Verbwurzeln, vgl. *wach, rege, starr, wirr, schrill*, nicht mehr produktiv. Allerdings kreiert die Werbesprache für Farben viele, oft kurzlebige, Adjektive aus Nomen wie *aubergine, koralle, flieder, lachs, olive, schlamm, senf, zimt*. Aus einem Nomen entstanden auch *barock* und *revolutionär*.

Umgangssprachlich und etwas strittig sind Adjektive wie in *eine klasse/ spitze/super/topp Veranstaltung* aus Substantiven (*Klasse, Spitze*) oder Präfixen (*super, topp*). Genauso wenig eindeutig ist *angst*, vgl. *mir ist angst*. In solchen Fällen fehlt die Flexion, was die Einordnung als Adjektiv erschwert. Denn Adjektive, die über Konversion entstanden sind, sind oft morphologisch und syntaktisch eingeschränkt. Einige weisen keine Flexionsendung auf, vgl. **der toppe Mann*, oder lassen sich nicht steigern **mir ist angster als dir*. Auch die Steigerung der konvertierten Farbadjektive, semantisch durchaus vorstellbar, ist nicht möglich: **mein Kleid ist zimter als deines*. *Angst* ist nur prädikativ, nicht adverbial oder attributiv verwendbar (**er rennt angst, *der angste Kerl*).

Ehemalige Adverbien wie *vorhanden, selten, behände, bange* oder *zufrieden* existieren mittlerweile als Adjektiv. Dies gilt auch für einige Formen auf -*weise* wie *teilweise, schrittweise, zeitweise, probeweise*.

Kurzwortbildung

Bis auf einige wenige Klammerformen, vgl. *kornblau* zu *kornblumenblau*, *atomgetrieben* zu *atomkraftgetrieben*, *mahagonivertäfelt* zu *mahagoniholzvertäfelt*, gibt es bei den Adjektiven keine Kurzwörter.

Zusammenbildung

Diese Wortbildungsart kommt bei den Adjektiven häufiger vor, wobei -*ig* sehr produktiv ist. Die anderen Affixe treten nur vereinzelt auf, z.B. *breitschultrig, schwerhörig, zielstrebig, halsbrecherisch, vorgeburtlich, diesjährig, baufällig, zweisprachig, langlebig, feinfühlig, mehrstimmig* (zu *Stimme*), *goldhaltig, kurzatmig, scharfkantig, breitspurig, leichtlebig, kurzfristig, dreiwöchig, erstklassig, außereuropäisch*. In all diesen Fällen kommt kein abgeleitetes Substantiv bzw. Verb vor, vgl. **schultrig, *füßig, *strebig*. *Hörig, fällig* und *stimmig* in ihrer idiomatisierten Bedeutung sind als selbstständige Lexeme, nicht als die in der Fügung verwendeten Konstituenten einzustufen. Auch die Fachsprachen bilden solche Adjektive, beispielsweise *rechtsufrige Mauern, rechtsseitige Uferwege*.

Eine besondere Problematik bieten komplexe Adjektive mit auf dem Partizip Präsens beruhenden Elementen, vgl. *tonangebend, aufsichtsführend, atemberaubend, haarsträubend, grundlegend, kopfnickend, vielsagend, naheliegend.* Das Morphem {-(e)nd} verhält sich zwar wie ein Ableitungssuffix, das an eine Wortgruppe tritt (*Ton angeben, Atem berauben*), und das Partizip kommt nicht lexikalisiert vor, das heißt, Formen wie *angebend* oder *beraubend* gibt es nur in individuellen syntaktischen Konstruktionen. Aber {-(e)nd} gilt nicht als Ableitungselement – und die Interpretation als Zusammenbildung hängt vom Status dieses Morphems ab. Das Partizip Präsens ist die regulär gebildete Form eines Verbs mit der Eigenheit, nie verbal, sondern ausschließlich als Adjektiv aufzutreten. Da *-(e)nd* für alle Verben in immer gleicher Form und Bedeutung für den Ablauf eines Geschehens oder etwas Nichtvollendetes Verwendung findet und nie für andere Wortarten, wird die Klassifikation als Flexiv bevorzugt. Denn Derivationsmorpheme gelten nicht unbedingt für eine Wortart allein und nie für alle Vertreter dieser Wortart, außerdem kommt es meist zu verschiedenen Bedeutungen, vgl. *-er.* Darum wird bei dem Partizip Präsens eine Verbalform, die durch Konversion zu einem Adjektiv wurde, angesetzt. Wir sprechen von adjektivisch gebrauchten Partizipien mit der Besonderheit, dass alle diese Partizipien ausschließlich adjektivische Verwendung finden. Das heißt, *-(e)nd* ist ein Flexiv. Damit fällt die Grundvoraussetzung für die Interpretation von *ausschlaggebend* oder *grundlegend* als Zusammenbildung fort, und die Beispiele sind als Komposita einzustufen. Auf die Besonderheiten sollte bei der Analyse hingewiesen werden.

Rückbildung

Rückgebildete Adjektive treten nur gelegentlich auf, beispielsweise *kettenrauchend* zu *Kettenraucher, haftpflichtversichert* zu *Haftpflichtversicherung, tierliebhabend* zu *Tierliebhaber, gesetzgebend* zu *Gesetzgebung* oder *Gesetzgeber, gastgebend* zu *Gastgeber, allgemeinbildend* zu *Allgemeinbildung.* Die Fachsprachen sind produktiver, zu *Planfeststellung* gibt es beispielsweise „im Vergleich mit dem planfestgestellten Entwurf", „das planfestgestellte Ilmprofil wird wieder hergestellt" oder *schlussrechnen* zu *Schlussrechnung.*

Erleichterungsrückbildung

Die sogenannten Erleichterungsrückbildungen sind von der Rückbildung zu trennen. Beispiele sind *genial/genialisch, wahrhaftig/wahrhaftiglich, nutzbar/nutzbarlich.* Die Formen wurden nach zwei verschiedenen Modellen gebildet, mit der Zeit dominierte dann die kürzere Variante. Außerdem handelt es sich jeweils um die gleiche Wortart.

Zusammenrückung

Hier gibt es wenige Beispiele, die Wortbildungsart ist nicht sehr produktiv, vgl. *schnellstmöglich, menschenmöglich, fahrtauglich, fronttauglich, gemeinverständlich, starkbehaart, blutdrucksenkend, fußballspielend, feuerspeiend, pfeiferauchend, windzerzaust.* Sie ähneln freien Fügungen, sind also erst durch ein wiederholtes Nebeneinander zusammengewachsen und wurden, da als Einheit empfunden, oft zusammensgeschrieben, zumindest bis zur Rechtschreibreform, vgl. auch die bereits erwähnten Beispiele *bezugnehmend* und *stellungnehmend.* Auch die meisten Zahlen ab *dreizehn* zählen hierzu.

Bei Formen mit dem Partizip I in Zweitstellung ist die Abgrenzung zu den Komposita schwierig. Tendenziell sollten sich bei Komposita in den komplexen Lexemen eher verselbstständigte Bedeutungen ergeben, während die Zweitkonstituente bei Zusammenrückung in den Sätzen kein eigenständiges Lexem bildet, sondern eine Verbform bleibt unter Beibehaltung der syntaktischen Struktur. Zweitglieder in Komposita weisen eine gewisse Eigenständigkeit auf, die sie als Adjektive auszeichnen und nicht als Verbformen in einer Wortgruppe.

Kontamination

Das Beispiel *tragikomisch* ist möglicherweise entstanden aus *tragisch* und *komisch.* Aber eine Interpretation als Rückbildung aus *Tragikomik* ist ebenfalls möglich, es ist damit doppelt motiviert. Ein anderes Beispiel für eine adjektivische Kontamination ist *wessentiell* zu *wesentlich* und *essentiell.* Laut Simmler entstand *funkelnagelneu* aus *funkelneu* und *nagelneu* (Simmler 1998: 447, Henzen 1957: 255).

Zusammenfassung

Tabelle 20: Wortbildungsarten der Adjektive

Wortbildungsart	Beispiele	Kommentar
Determinativkompositum	*hautfreundlich, rutschfest*	
verdeutlichendes Kompositum	*klammheimlich, quicklebendig*	sehr selten, nicht mehr produktiv
Possessivkompositum	*barfuß, barhaupt*	sehr selten, nicht mehr produktiv
Kopulativkompositum	*schwarzweiß, deutschfranzösisch*	
Reduplikativkompositum	*ticktack*	sehr selten, nicht mehr produktiv
Inversionskompositum	–	
Präfixoidbildung	*saublöd, grottenblöd*	
Suffixoidbildung	*bündnisfrei, arbeitsreich*	
Präfigierung	*erzkatholisch, ungut*	
Suffigierung	*boshaft, grünlich*	
Zirkumfigierung	*gehässig, bebrillt*	
implizite Derivation	–	
Konversion	*faszinierend, angst*	
Kürzung	*atomgetrieben, neonbeleuchtet*	nur Klammerformen
Zusammenbildung	*breitschultrig, halsbrecherisch*	
Zusammenrückung	*schnellstmöglich, bezugnehmend*	selten
Rückbildung	*gesetzgebend, kettenrauchend*	selten
Erleichterungsrückbildung	*wahrhaftig, nutzbar*	extrem selten
Kontamination	*wessentiell*	selten, heute meist stilistisch

Übungen zu 9.1. Grundlagen

1. Vergleichen Sie die die Wortbildung der komplexen Adjektive im folgenden Satzpaar:
   In diesem Garten stehen dunkle, fast schwarzrote Tulpen.
   Dein Denken in schwarzweißen Schemata nervt mich schon lange.
2. Bestimmen Sie die Wortbildungsart von *selbstkritisch, wach, seiden, schwerhörig, bezopft, klammheimlich, grundfalsch, hellblau, lammfromm, taubstumm, unbequem, barfuß, scheußlich, dämlich, drollig!*

9.2. Vertiefung

Fremdaffixe

Grundsätzlich gilt auch hier das bereits für die Fremdaffixe der Nomen Gesagte.

Aufgrund der zunehmenden Internationalisierung kommen regelmäßig Fremdwörter ins Deutsche, die in der Gebersprache zwar meist komplex, für uns jedoch zunächst Simplizia sind. Wiederholen sie sich mit immer den gleichen Affixgruppen, können wir die Fremdaffixe langsam als eigenständige Morpheme erkennen, und wir zerlegen die Fremdwörter nachträglich in ihre morphologischen Bestandteile, das heißt, wir reanalysieren die Form. Dies geschieht in Abhängigkeit von unserem Bildungsstand und der Kenntnis von Fremdsprachen.

Ein besonderes Problem bei der Fremdwortbildung ist die Polygenese, wenn ein Morphem in Fremdwörtern aus mehreren Sprachen ungefähr gleichzeitig im Deutschen erscheint. Dies wird z.B. für *-esk* angenommen, das aus dem Französischen (*chaplinesk, donjuanesk*), dem Italienischen (*boccacciesk*) und dem Englischen (*statuesk*) kam und wohl durch spanische Beispiele noch unterstützt wurde, bevor es zu deutschen Bildungen führte wie *gigantesk, pedantesk* oder *mansardesk* (vgl. Wellmann 2005b). Es ist hier aus heutiger Sicht kaum eine sichere Entscheidung zu treffen, wann es sich historisch genau um Übernahme und wann um die Bildung eines Fremdwortes handelt. Da aber eine Fremdwortbildung zwar aus diachroner Sicht im Deutschen entstanden ist, aber aus synchroner Sicht vor allem morphologisch und semantisch motiviert und in ihre Morpheme zerlegbar sein sollte (Müller 2005c), können solche Beispiele unter der Fremdwortbildung subsumiert werden.

Dass viele der Beispiele nicht additiv als Stamm + Morphem aufzufassen sind, sondern als Ersetzungen, in denen ein Affix ausgetauscht wurde, ist ein weiteres Charakteristikum der Fremdwortbildung. So haben wir *exklusiv*, *explosiv*, *extern*, aber auch *inklusiv*, *intern*. Schließlich können wir auch ein *implosiv* bilden. Dabei ermitteln wir die Präfixe *ex-* und *in-* , die wir ja bereits von anderen Wortarten kennen.

Im 18. Jahrhundert sind zahlreiche Wortpaare ins Deutsche gekommen wie *kompetent/Kompetenz, insolent/Insolenz, tolerant/Toleranz, brillant/brillieren, mokant/mokieren* (Russ 2005: 400). Wir empfanden die Lexeme mit der Zeit als komplex, segmentierten sie und führten die Muster analogisch weiter. Nachdem es zunächst keinen Stamm gab, an den ein Affix gehängt wurde, bilden heimische Wortstämme nicht die Ableitungsgrundlage. Vielmehr entstanden aufgrund der Austauschbarkeit neben den Affixen mit der Zeit Einheiten, die ursprünglich Wortreste, heute jedoch Konfixe sind. Wenn jedoch ein morphologisch unklarer Rest übrig bleibt wie bei den bereits erwähnten *intern/extern*, haben wir im Deutschen nicht motivierte, nicht analysierbare Simplizia vorliegen (Müller 2005c: 204).

Eine weitere Besonderheit stellen Fremdwörter dar, die nicht immer chronologisch gestaffelt im Deutschen Verwendung finden, sodass ein erstes und ein abgeleitetes Wort nicht klar bestimmbar sind, vgl. *Operation, operativ, operieren, Argumentation, argumentativ, argumentieren, Kommunikation, kommunikativ, kommunizieren, Spekulation, spekulativ, spekulieren, Demonstration, demonstrativ, demonstrieren*. Und schließlich bilden viele als Ganze übernommene Fremdwörter mit den gleichen Affixen allmählich recht große Gruppen, ohne dass wir eine ausgeprägte Produktivität feststellen könnten. Fuhrhop (1998: 128) spricht daher *-abel* trotz hohen Vorkommens, vgl. z.B. *akzeptabel, blamabel, deklinabel, diskutabel*, Produktivität ab, während Lohde (2006: 200) es als begrenzt produktiv einstuft und Munske (2009: 238) als sehr produktiv. Das Problem stellt sich jedoch bei der aktuellen, erweiterten Definition der Fremdwortbildung nicht mehr. Synchron sind über das tatsächliche Ausmaß der Produktivität mancher Affixe keine klaren Aussagen zu machen. Allerdings verhalten sich die Fachsprachen hier oft anders als das Standarddeutsche, und wegen der grundsätzlich hohen Vitalität der Fremdwörter kann die Produktivität einzelner Elemente nie ganz ausgeschlossen sein. So fand Wellmann (2005b) für das seltene *-esk* in literarischen Werken oder Zeitungen zahlreiche, für die meisten wohl ungewöhnliche Bildungen wie *chaplinesk, godaedesk, michelangelesk, chansonesk* oder *boulevardesk*. Dem Suffix kann nicht grundsätzlich Produktivität abgesprochen werden, nur weil es in stilistisch markierten Situationen eher kurzlebige Lexeme bildet.

Fremdpräfixe

Die nichtnativen Präfixe, vgl. Tabelle (21), sind betont, eher selten verwendet, teils rein fachsprachlich (*pan-, supra-*). Viele gehören der gehobenen Sprache an. Die Bedeutung ist lokal (*inter-, intra-, sub-, supra-, trans-*), temporal (*prä-, post-*), negierend (*a-, in-, non-, des-*), steigernd (*super-, hyper-*), auch vergleichend-relativ (*sub-* in *suboptimal*). Sie verbinden sich mit einer adjektivischen Basis und kommen meist auch bei der substantivischen Derivation vor.

Tabelle 21: **Die produktiven fremden Präfixe der Adjektive**

1	2	3	4
Präfix	**Basis**	**Beispiele, Bedeutung**	**Anmerkungen**
a-	Adjektiv	Negation (*amoralisch, anormal, anorganisch*)	*a-* wird vor Vokal zu *an-*; *arythmisch* neben *arrythmisch*
anti-	Adjektiv	Negation 'gegen' (*antijüdisch*), 'nicht' (*antimagnetisch*)	häufiger
bi-	Adjektiv	'doppelt' (*bipolar, bilateral, binokular, biform, binaural*)	*bi-* wird vor Vokal zu *bin-*
de-, des-, dis-	Adjektiv / Konfix	Negation (*dezentral, desengagiert, disproportional, disjunktiv*), 'abgeleitet' (*deadjektivisch, deverbal*)	nur vereinzelt *dif- (different)*; *dis-* und *de(s)-* entstammen nicht der gleichen Wurzel
ex-	Adjektiv / Konfix	'aus, heraus' (*exterritorial*)	in der Bedeutung 'ehemalig' wohl nur in von Nomen abgeleiteten Bildungen (*exjugoslawisch*), unanalysierbar *exklusiv, explizit*
hyper-	Adjektiv	steigernd 'übertrieben', 'äußerst' (*hyperaktiv, hyperaktuell*)	tendenziell negativ wertend
in-	Adjektiv	Negation (*illegal, illoyal, inaktiv, indirekt, irrelevant, immateriell, impotent, imperfekt*)	sehr produktiv; gleicht sich an seine Lautumgebung an: *il-. im-, ir-*; unanalysierbar *inklusiv, implizit*; ⚠ nicht zu verwechseln mit dem lokalen Präfix der Verben
infra-	Adjektiv	'unterhalb' (*infrakrustal, infrarot*)	
inter-	Adjektiv	'zwischen', überbrückend (*interdisziplinär, interpersonal*)	

1	2	3	4
Präfix	Basis	Beispiele, Bedeutung	Anmerkungen
intra-	Adjektiv	'innerhalb' (intramolekular, intraindividuell) 'hinein' (intramuskulär)	
ko-	Adjektiv	'mit' (kongenial, kollinear)	mit Lautangleichung: kol-, kor-, kon-, kom-; unanalysierbar kompakt, komplex
kontra-	Adjektiv	'(ent)gegen' (kontraproduktiv, kontrainduziert)	
makro-	Adjektiv	steigernd (makroporig)	
mega-	Adjektiv	steigernd (megaerfolgreich, megastark)	
meta-	Adjektiv	für die Ebene darüber (metaethisch)	
mikro-	Adjektiv	'klein' (mikroseismisch, mikrosozial)	
multi-	Adjektiv	'viel' (multinational)	
neo-	Adjektiv	'neu' (neofaschistisch)	
non-	Adjektiv	Negation (nonlinear, nonverbal)	
pan-	Adjektiv	'vereinigend' (panamerikanisch)	
para-	Adjektiv	'ähnlich' (paramilitärisch), 'neben' (paravenös, paranasal), 'über hinaus' (paranormal)	
poly-	Adjektiv	'viel' (polyfunktional, polytechnisch)	
post-	Adjektiv	'nach' (posttraumatisch, postembryonal)	
prä-	Adjektiv	'vor' (prähistorisch, präraffaelitisch, präoperativ)	
pro-	Adjektiv	'für' (prowestlich, proarabisch)	
semi-	Adjektiv	'halb' (semilateral), 'fast' (semiprofessionell)	

1	2	3	4
Präfix	Basis	Beispiele, Bedeutung	Anmerkungen
sub-	Adjektiv	'unter(halb)' (*subtropisch, subakut*)	neuerdings auch *suboptimal*
super-	Adjektiv	steigernd (*supermodern, supereng*), 'übergeordnet' (*supernational*)	sehr produktiv, tritt seit einiger Zeit auch als freies Lexem auf
supra-	Adjektiv	'über' (*supranational, supra-segmental*)	
topp-	Adjektiv	steigernd (*toppaktuell, toppmodern*)	tritt mittlerweile auch als freies Lexem auf
trans-	Adjektiv	'hindurch' (*transsibirsch*), 'jenseits' (*transalpin, transnational*)	
ultra-	Adjektiv	steigernd (*ultraleicht, ultraflach*), teils mit der Komponente 'zuviel' (*ultrakonservativ*), 'jenseits' (*ultraviolett*)	

Mon(o) 'allein, einzeln' (*monolingual, monolateral*) wird auch abgeleitet verwendet und muss daher zu den Konfixen gerechnet werden, vgl. *Monist, Monismus, monistisch*.

Pseud(o) gr. 'lügen' erscheint im Deutschen als 'unecht', 'dem Anschein nach', vgl. *pseudowissenschaftlich, pseodointellektuell*. Aber es tritt ebenfalls auch abgeleitet auf, vgl. *Pseudolist, Pseudolismus*, und trägt klar lexikalische Bedeutung. Daher zählt es zu den Konfixen.

Fremdsuffixe

Die fremdsprachlichen Adjektivsuffixe sind betont, sie verbinden sich meist mit Fremdwörtern oder Konfixen.

Manche Bildungen sind aus synchroner Sicht morphologisch nicht klar, z.B. *manuell*. Nur lateinisch versierte Studenten erkennen lat. *manus* 'Hand'. Hier sind Simplizia anzusetzen.

Manchmal wechseln *s* und *t* ab (*Chaos/chaotisch, Analyse/analytisch*) oder *d* und *s* (*expandieren/expansibel*), was an den lateinischen bzw. griechischen Stämmen liegt, die nicht immer mit der Grundform, wie im Deutschen, identisch sind. Eine deutsche Singularform ist immer als Ganzes der Stamm für die weitere Flexion (Grundformflexion, vgl. *Kind-er*). Im Lateinischen und Griechischen herrscht jedoch Stammflexion vor. Der Nominativ Singular hat eine eigene Endung, die für die weitere Flexion wegfällt (*Radi-us, -en, Vis-um, -a*).

Die Morpheme bewirken meist eine recht allgemeine Bedeutungsveränderung in Richtung einer Eigenschaft oder Zugehörigkeit im Zusammenhang mit dem im Stamm Bezeichneten mit fachsprachlich gehobenem Aspekt, was auch okkasionell ironisierend geschieht wie bei *elefantös, phänomänabel*, vgl. Tabelle (22).

Tabelle 22: Die produktiven fremden Suffixe der Adjektive

1	2	3	4
Suffix	**Basis**	**Beispiele, Bedeutung**	**Anmerkungen**
-abel, -ibel	Substantiv	Eignung, Möglichkeit (*profitabel, diskutabel*), eher neutrale Adjektivbildung (*komfortabel, konvertibel*)	*-ibel* aus dem Lateinischen, *-abel* dann aus dem Französischen; kaum produktiv (*spendabel*), die meisten Wörter sind als Ganze entlehnt
	Konfix zu Verben auf *-ieren*		
-al	Substantiv	Beziehung, Zugehörigkeit (*dialektal, saisonal*), 'in der Art von' (*adverbial, genial, kollegial, formal*)	mit Lauteinschub *äquatorial, prozessural*, mit Tilgung des letzten Vokals *katastrophal, orchestral*; *-al* und *-ell* sind ursprünglich Varianten, aber heute teils kontrastiv, vgl. *ideal* 'vollkommen', *ideell* 'die Idee betreffend'
	Konfix		
	Wortgruppe	*dreidimensional*	dies ist dann Zusammenbildung
-ant, -ent	Substantiv	Eigenschaft (*eklatant, tolerant, intelligent, charmant*)	kaum produktiv, unanalysierbar *pikant*
	Konfix		
-ar,- är	Substantiv	*polar, illusionär, atomar*	*-ar* lat. *-arius, -är* ebenfalls, aber über das Französische *-aire*, mit vokalischer Veränderung *molekular, spektakulär*; mit Tilgung des letzten Vokals *legendär*
	Konfix	*imaginär*	
-ell	Substantiv	Beziehung, Zugehörigkeit, Eigenschaft (*prinzipiell, materiell, personell, traditionell, experimentell*)	mit Lauteinschub *prinzipiell, intellektuell*, mit Tilgung *maschinell, habituell*; *-al* und *-ell* sind ursprünglich Varianten, aber heute teils kontrastiv, vgl. *ideal* 'vollkommen', *ideell* 'die Idee betreffend'
	Konfix		
-esk	Substantiv	'in der Art von' (*clownesk, balladesk, kafkaesk*)	unanalysierbar *grotesk, burlesk*

1	2	3	4
Suffix	Basis	Beispiele, Bedeutung	Anmerkungen
-iv	Substantiv	Eigenschaft, Fähigkeit, 'in der Art von' (*effektiv, instinktiv, attributiv, aggressiv, direktiv*)	mit Lauteinschub *spekulativ*
	Adjektiv		
	Konfix		
-oid	Substantiv	'ähnlich' (*faschistoid, negroid, humanoid, tigroid, paranoid*)	fachsprachlich zu lat. Stämmen 'ähnlich der Erkrankung' *Typhus/typhoid*, mit Tilgung *grippoid*
	Adjektiv		
	Konfix		
-os, -ös	Substantiv	'versehen mit', 'so wie', 'bezogen auf ' (*virtuos, humos, promiskuos, medikamentös, infektiös, religiös*)	-os aus dem Lateinischen, -ös dann aus dem Französischen; mit Lauteinschub *tendenziös*, mit lautlicher Veränderung *muskulös, voluminös, luxuriös*, mit Tilgung *desaströs*, unanalysierbar *dubios, famos, seriös*
	Konfix		

Laut Fuhrhop (1998: 128) ist -*ibel*, das sich mit Konfixen verbindet, vgl. *disponibel, konvertibel*, kein produktives Suffix im Deutschen. Sie versteht es als Variante zu -*abel*, das, so Fuhrhop, allerdings ebenso wenig produktiv ist. Tatsächlich resümiert sie für alle fremdsprachlichen Adjektivendungen Unproduktivität (Fuhrhop 1998: 130). Das gilt aber nicht für verschiedene stilistisch geprägte Randbereiche, z.B. *insektoid, chaplinesk, elefantös, phänomänabel*, vgl. auch *trinkabel, miefös, pechös* (Russ 2005: 402) und die Fachsprachen.

Bildungen auf -*iert*, zu denen es keine Verben gibt (*talentiert, routiniert, renommiert*), können zu den Scheinpartizipien gerechnet werden, die von Substantiven abgeleitet werden (vgl. *geblümt*).

Heimische Suffixe: Kühnhold et al. (1978), Simmler (1998), Erben (2006)
Fremdsprachliche Affixe: Lohde (2006)
Klammerformen: Pümpel-Mader et al. (1992)

Übungen zu 9.2. Vertiefung

1. Geben Sie eine vollständige morphologische Analyse der unterstrichenen Wörter: *Die <u>ultramodernen</u> Topps mit ihren breiten Querstreifen machen aus <u>mageren</u> Jugendlichen <u>sommerliche</u> junge Frauen!*
2. Bestimmen Sie den Wortbildungstyp: *polyphon, horizontal, bibliophil, bioaktiv, illegitim*!

3. Bestimmen Sie die Wortart des Stammes: *dezentral, tugendsam, zerbrech-lich, königlich, städtisch, linkisch, sonderlich, staubig, faschistoid, trinkbar, hyperaktuell, illegal, baldig!*

10. Verb – Flexion

10.1. Grundlagen

Grundbegriffe

Verben, auch Tätigkeitswörter genannt, bezeichnen typischerweise Handlungen (*schlagen, schreiben*), Zustände (*liegen, wohnen*) bzw. Vorgänge (*fallen, wachsen*). Sie sind konjugierbar. Die K o n j u g a t i o n oder Verbflexion betrifft die grammatischen Kategorien Person, Numerus, Modus, Tempus. Bei der P e r s o n wird unterschieden, ob der Sprechende (e r s t e P e r s o n), der Angesprochene (z w e i t e P e r s o n) oder Dritte (d r i t t e P e r s o n) die Handlung ausführen, bei N u m e r u s , ob es sich um einen einzelnen (S i n g u l a r) oder mehrere (P l u r a l) Beteiligte handelt. M o d u s bezeichnet die Aussageweise. Dabei unterscheiden wir den I n - d i k a t i v (Wirklichkeitsform) vom K o n j u n k t i v (Möglichkeitsform) und vom I m p e r a t i v (Befehlsform). Der Konjunktiv I (auch Konj. Präs.) drückt im Grunde eine Möglichkeit aus, er wird auch für Arbeitsanweisungen gebraucht. Der Konjunktiv II (auch Konj. Prät.) versprachlicht Unwirkliches, Unmögliches und tritt auf in der indirekten Rede. T e m p u s bezieht sich auf Informationen, die den Zeitpunkt des Geschehens betreffen: Gegenwart (P r ä s e n s), Vergangenheit (P r ä t e r i t u m / Vergangenheit, auch Imperfekt, für abgeschlossene Handlungen, P e r f e k t / abgeschlossene Gegenwart, für Vergangenes mit Bezug zur Gegenwart, P l u s q u a m p e r f e k t / Vorvergangenheit, für eindeutig Vergangenes oder zeitlich vor anderem Vergangenen Liegendes), Zukunft (F u t u r I für zukünftige Handlungen, für die Annahme zukünftiger Handlungen, F u t u r I I , auch vollendete Zukunft, für in der Zukunft abgeschlossene Handlungen). Der Begriff G e n u s v e r b i („Art des Verbs") oder auch Diathese bzw. Handlungsform trennt zwischen dem Geschehen vom Täter aus betrachtet (A k t i v) und vom Betroffenen aus betrachtet (P a s s i v). Die Kategorie Genus verbi wird entweder nicht markiert (Aktiv) oder mit Hilfsverben (Passiv), also nicht durch Flexion.

Die Zeitformen der Vergangenheit gelten im Prinzip für die Schriftsprache oder für die gehobene Mündlichkeit. Im täglich verwendeten gesprochenen Deutsch kommt beinahe ausschließlich das Perfekt vor. Hier wird das Präteritum praktisch nicht gebraucht.

Bei vielen Verben sind die Formen des Indikativ und Konjunktiv I identisch, dann wird Konjunktiv II verwendet. Weil aber auch oft beide Konjunktivformen mit dem Indikativ gleichlauten, bevorzugen die SprecherInnen die Umschreibung mit *würde*. Immer häufiger vertreten solche Ersatzformen grundsätzlich den Konjunktiv, außer in gehobenen Varietäten.

Die Wahl der Merkmale richtet sich nach dem, was ausgesagt werden soll und nach dem Subjekt des Satzes: Handelt es sich um ein Subjekt im Plural in der dritten Person, muss auch das Verb, das die Rolle des Prädikats im Satz spielt, im Plural, dritte Person, stehen (*die Elefanten trompeten – *der Elefant trompeten, *du trompeten*). Das heißt, Subjekt und Prädikat stehen in Person-Numerus-Kongruenz zueinander, sie stimmen hinsichtlich Person und Numerus überein.

Tabelle 23: grammatische Kategorien des Verbs

Numerus (Zahl)	Singular	*ich bin, du bist, er ist, ich lache, du lachst*
	Plural	*wir sind, ihr seid, sie sind, wir lachen, ihr lacht*
Person	1.	*ich bin, wir sind, ich lache, wir lachen*
	2.	*du bist, ihr seid, du lachst, ihr lacht*
	3.	*sie ist, er ist, sie sind, sie lacht, sie lachen*
Modus (Aussageweise)	Indikativ	*ich bin, ich war, wir singen, sie wird*
	Konjunktiv I	*ich sei, er habe, man nehme, sie werde*
	Konjunktiv II	*ich wäre, wir sängen/wir würden singen*
	Imperativ	*sei!, seid!, singe!, singt!*
Tempus (Zeit)	Präsens	*ich bin, ich lache*
	Präteritum	*ich war, ich lachte*
	Perfekt	*ich bin gewesen, ich habe gelacht*
	Plusquamperfekt	*ich war gewesen, ich hatte gelacht*
	Futur I	*ich werde sein, ich werde lachen*
	Futur II	*ich werde gewesen sein*
Genus verbi	Aktiv	*ich bin, ich lache, ich schlug*
(Handlungsform)	Passiv	*ich werde geschlagen, ich bin geschlagen worden*

Beim Passiv wird getrennt zwischen Zustandspassiv mit *sein* (*der Kuchen ist gebacken*) und Vorgangspassiv mit *werden* (*der Kuchen wird gebacken*). Im Indikativ lautet das Passiv in der 3. Pers. Sg. Präsens *Der Kuchen ist/wird gebacken*, im Konjunktiv I *Der Kuchen sei/werde gebacken*, im Konjunktiv II *Der Kuchen wäre/würde gebacken*.

Die Informationen treten meist kombiniert in einer Endung auf. Die Aufspaltung in einzelne Informationseinheiten pro Morphem gelingt nicht durch-

gängig, weil das Deutsche eine flektierende Sprache ist, die den geschilderten
Kategorien nicht jeweils einzelne Morpheme zuweist. Es gibt kein spezielles
Flexiv für das Präsens, und auch Aktiv wird nicht eigens markiert. Person und
Numerus verbinden sich in einem Morphem (*ich hust-e*). Schließlich lauten
die erste und dritte Person Präteritum Singular (*ich hustete, er hustete*) bzw.
Plural (*wir husteten, sie husteten*) gleich, es ergeben sich homonyme Morpheme. Dieses systematische Zusammenfallen von Flexionsformen heißt S y n -
k r e t i s m u s . Beim Imperativ hingegen sind nur Singular oder Plural markiert. Person, Tempus und Genus verbi fehlen aus inhaltlichen Gründen, denn
wir können nur unser Gegenüber zu etwas auffordern, es ergeben sich erst gar
keine zeitlichen Aspekte oder Handlungsformen. Diese Kategorien werden
bei der morphologischen Analyse oft nicht berücksichtigt, wohl aber bei der
Bestimmung der grammatischen Form. Besondere Aufforderungsformen wie
Kommen Sie! sind keine morphologischen, sondern syntaktische Phänomene.

Übungen zu 10.1. Grundlagen

1. Bestimmen Sie die grammatische Form: *du hast geschlagen, er hatte gelacht, sie rennen, Kalle und Heinz wurden belächelt, ihr werdet schon sehen!*
2. Nach welchen grammatischen Kategorien flektieren die Verben im Deutschen?

Eine Bildung wie *lachst* verbindet in {-st} die zweite Person Singular. Das Flexiv steht nicht für eine einzelne Kategorie, sondern für ein Kategorienbündel.
Präsens und Indikativ ergeben sich dadurch, dass die Form nicht in einem anderen Tempus und nicht in einem anderen Modus steht. Die Bestimmung des
Aktivs ergibt sich daraus, dass die Form nicht im Passiv steht und im Übrigen
auch nicht stehen kann.

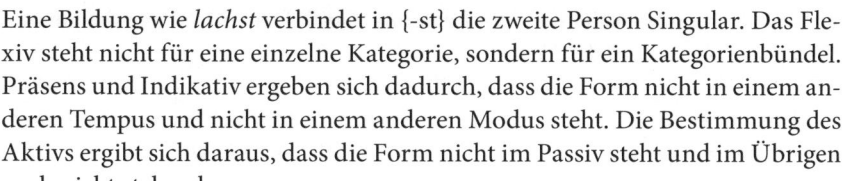

{lach-} ist ein gebundenes lexikalisches Morphem, eine Verbalwurzel, {-st} ist
ein gebundenes grammatisches Morphem, ein Flexionssuffix für die zweite
Person Singular. Präsens und Indikativ werden nicht durch ein eigenes Morphem ausgedrückt, gehören aber zur Bestimmung der Verbform, ebenso Aktiv.

   Sind alle Aspekte wie in diesem Beispiel in einem Lexem kombiniert,
handelt es sich um eine s y n t h e t i s c h e Form. Werden sie auf mehrere
Wörter verteilt, ist die Form a n a l y t i s c h (periphrastisch). Beispielsweise
ist die Form *(der Elefant) hat trompetet* analytisch, sie bildet die dritte Person
Singular Perfekt Indikativ Aktiv.

Synthetische Formen   *ich ging/lief, ich nähme/liefe*
Analytische Formen   *ich bin gegangen/gelaufen, ich würde gehen/laufen*

Für die analytischen Formen benötigen wir die Hilfsverben *sein, haben, werden*. Sie bilden das Perfekt (*ist gestorben, hat geworfen*), das Plusquamperfekt (*war gestorben, hatte geworfen*), Konjunktiv (*würde werfen*), Futur I und II (*wird werfen, wird geworfen haben*), Passiv (*wird geschlagen*). Die mehrteiligen Formen fügen sich zu einem Verbalkomplex zusammen. Zur Konjugation im engeren Sinne zählen nur die synthetischen Formen. Sie gehören zu den morphologischen Verfahren. Die Bildung analytischer Formen zählt zu den syntaktischen Verfahren, denn sie bestehen aus mehreren Lexemen, und die Betrachtung der Verknüpfung von Lexem und ihre Beziehungen zueinander gehört in die Syntax.

Ein weiteres wichtiges Begriffspaar unterscheidet Formen, die flekiert sind, die f i n i t e n   F o r m e n („begrenzte", bestimmte Formen), von denen, die nicht nach mindestens Person und Numerus bestimmt sind, die i n f i - n i t e n   F o r m e n („unbegrenzte", unbestimmte Formen). Dies sind der I n f i n i t i v (*gehen*), das P a r t i z i p   P r ä s e n s / P a r t i z i p   I (*gehend*) und das P a r t i z i p   P e r f e k t / P a r t i z i p   I I (*gegangen*). Im heutigen Deutsch tritt das Partizip I nicht mehr als eigenständige Verbform auf, sondern bildet Adjektive (*das heulende Kind*). Der Infinitiv ist die Grundform bzw. Nennform des Verbs.

Infinite Formen   *gehen/laufen, gehend/laufend, gegangen/gelaufen*
Finite Formen   *(ich) gehe/laufe, (du) gehst/läufst*

Werden infinite Formen als Adjektive oder Substantive gebraucht, erhalten sie die entsprechenden Deklinationsendungen (*die Lachenden, mit den singenden Kindern, das gelesene Buch*).

Verbtypen

Sehr wichtig ist die Unterscheidung von starken und schwachen Verben. Die meisten der im Deutschen verwendeten Verben benötigen für das Präteritum das Präteritalsuffix, das *-(e)t, ich schweb-e* vs. *ich schweb-t-e*. Es wird auch D e n t a l s u f f i x genannt, weil für die Produktion des *t* die Zunge die Zähne berührt (lat. *dentēs* 'Zähne'). Das Partizip II wird mit dem Zirkumfix *ge-t* gebildet, *ge-schweb-t*. Dies ist das Muster für die s c h w a c h e n   V e r b e n .

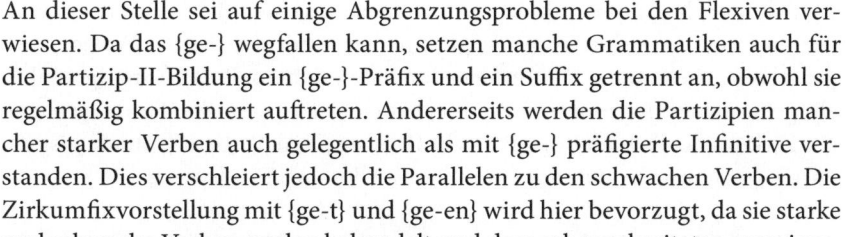

{schweb-} ist ein gebundenes lexikalisches Morphem, eine Verbalwurzel. {-t} ist ein gebundenes grammatisches Morphem, ein Flexionssuffix für das Präteritum, es wird auch Dentalsuffix genannt. {-e} ist ein gebundenes grammatisches Morphem, ein Flexionssuffix für die (hier) erste Person Singular Indikativ, es ist gleichlautend mit anderen Verbflexiven. {ge-t} ist ein gebundenes grammatisches Morphem, ein Flexionsaffix/Flexiv, genauer: ein Zirkumfix. Es bildet das Partizip II bei schwachen Verben.

Manche Grammatiken fassen die Endungen zu einem Morphem zusammen, vgl. *schweb-te*, *schweb-ten* (Duden 2006).

Der Terminus schwache Verben stammt von Jacob Grimm. Er verband damit die Vorstellung, diese Verben seien schwach, weil sie nicht ohne Hilfe durch ein Suffix ihre Formen bilden können. Denn die s t a r k e n V e r - b e n können dies aus sich heraus – durch Vokal- und manchmal auch Konsonantenwechsel, ohne ein Dentalsuffix, *ich laufe/ich lief, ich schwimme/ich schwamm*. Beim Partizip II ist das Zirkumfix {ge-en} nötig – *gelaufen, geschwommen*. Das {ge-} tritt allerdings nicht bei Verben mit unbetonter Erstsilbe bzw. unbetontem Präfix auf (*gehen/gegangen, weggehen/ weggegangen*, aber *begehen/begangen, studieren/studiert*).

Ein weiterer Unterschied ist bei der 1. und 3. Person Indikativ Präteritum zu sehen. Ein schwaches Verb hat die Endung *-e*, das starke ist endungslos, vgl. *ich, er schwebte* vs. *ich, es ging*.

Übungen zu 10.1. Grundlagen

3. Erklären Sie folgende Begriffe: synthetische Form, Konjugation, infinite Form, Dentalsuffix!

An dieser Stelle sei auf einige Abgrenzungsprobleme bei den Flexiven verwiesen. Da das {ge-} wegfallen kann, setzen manche Grammatiken auch für die Partizip-II-Bildung ein {ge-}-Präfix und ein Suffix getrennt an, obwohl sie regelmäßig kombiniert auftreten. Andererseits werden die Partizipien mancher starker Verben auch gelegentlich als mit {ge-} präfigierte Infinitive verstanden. Dies verschleiert jedoch die Parallelen zu den schwachen Verben. Die Zirkumfixvorstellung mit {ge-t} und {ge-en} wird hier bevorzugt, da sie starke und schwache Verben analog behandelt und dem sehr verbreiteten gemeinsamen Vorkommen von *ge-* und *-t* bzw. *-en* Rechnung trägt.

Neben der Interpretation von {-(e)nd} für das Partizip I findet sich auch die Vorstellung einer Ableitung durch {-d} vom Infinitiv, die dann zu drei

Morphemen führt. Das {-(e)nd} als Morphem für das Partizip I bedeutet eine zweimorphemige Verbform, also ist es die ökonomischere Lösung, die deswegen bevorzugt wird. Außerdem ergibt sich durch den Infinitiv als Basis für das Partizip eine indirekte Ableitung, als sei der Infinitiv vom Verbstamm, das Partizip wiederum vom Infinitiv abgeleitet. Unmittelbar vom Stamm abzuleiten stellt dagegen eine Parallele zu den finiten Formen her und zum Infinitiv.

Vokalwechsel wie bei *laufen/lief/gelaufen, schwimmen/schwamm/geschwommen* oder *nehmen/nahm/genommen* entspringen dem Ablaut, der bereits für die rekonstruierte Ursprungsform des Deutschen, das Indogermanische, anzunehmen ist. Er führt bei verschiedenen Verbgruppen zu unterschiedlichen Vokalwechseln, was für Nichtmuttersprachler einiges an Lernaufwand bedeutet. Damit verfügen die jeweiligen Verbparadigmen über unterschiedliche Verbstämme:

starke Verben   *laufen/lief/gelaufen, bitten/bat/gebeten, sprechen/*
                     sprach/gesprochen
schwache Verben   *lachen/lachte/gelacht, bellen/bellte/gebellt.*

Die Strukturbäume für *(ich) sprach* und *gesprochen* könnten folgendermaßen aussehen:

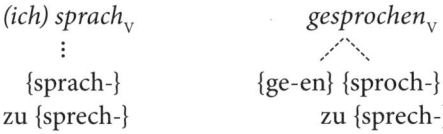

*(ich) sprach*ᵥ   *gesprochen*ᵥ
     ⋮   ⁄⁀⸌
{sprach-}   {ge-en} {sproch-}
zu {sprech-}   zu {sprech-}

{sprech-} ist ein gebundenes lexikalisches Morphem, eine Verbalwurzel. Die Form *sprach* stellt den abgelauteten Präteritalstamm dar, also ist {sprach-} ein Allomorph zu {sprech-}. Bei *sprach* fehlen Flexionssuffixe, es ist (hier) erste Person Singular Indikativ, es ist gleichlautend mit der dritten Person. Aufgrund der abgelauteten Stammform handelt es sich um Präteritum. {ge-en} ist ein gebundenes grammatisches Morphem, ein Flexionsaffix/Flexiv, genauer: ein Zirkumfix. Es bildet das Partizip II bei starken Verben. {sproch-} ist der Partizipialstamm und damit ein weiteres Allomorph zu {sprech-}.

Da die schwachen Verben somit regelmäßig flektieren, können sie auch als regelmäßige Verben bezeichnet werden. Die starken jedoch sind nicht mit unregelmäßigen Verben gleichzusetzen, weil das Deutsche noch einige andere Unregelmäßigkeiten aufweist, die Lautwechsel und Dentalsuffix unterschiedlich kombinieren. Es treten nämlich auch Verben mit Mischformen auf mit teils regelmäßigen (*mahlte*), teils unregelmäßigen Elementen (*gemahlen*)

> *mahlen/mahlte/gemahlen, spalten/spaltete/gespalten, salzen/salzte/gesalzen, sieden/ siedete (sott?)/gesotten.*

Es gibt Verben, die regelmäßig (*backte*) oder unregelmäßig (*buk*) konjugiert werden können

> *backte/buk, gärte/gor, bewegte/bewog, erschreckte/erschrak.*

Es gibt die Verben mit dem sogenannten Rückumlaut, die einen Vokalwechsel aufweisen, der eben nicht mit dem Ablaut verwechselt werden darf, sowie das Dentalsuffix. Zu ihnen gehören *brennen, kennen, rennen, nennen* sowie *senden, wenden.*

> *brennen/brannte/gebrannt, kennen/kannte/gekannt, senden/sandte/gesandt.*

Es gibt weitere Verben mit Dentalsuffix und Lautwechsel wie *bringen/brachte/ gebracht* und *denken/dachte/gedacht.*

Die bisher genannten Verben können im Satz allein das Prädikat bilden und sind inhaltlich selbstständig. Sie heißen V o l l v e r b e n . Daneben gibt es die Gruppe der M o d a l v e r b e n , die eine bestimmte Art und Weise des Geschehens ausdrücken, etwa die Möglichkeit, die Verpflichtung, und sich mit dem Infinitiv, der das Geschehen bezeichnet, verbinden. Bis auf *sollen* kombinieren sie verschiedene Lautwechsel mit Dentalsuffix. Das sonst übliche *-e* in der erste Person Indikativ Präsens fehlt hier, vgl. *ich gehe, singe, laufe* vs. *ich will, darf, soll.* Sie bilden kein Passiv und auch keinen Imperativ. Die sechs Modalverben des Deutschen sind *darf/durfte, kann/konnte, mag/mochte, muss/musste, soll/sollte, will/wollte.*

Morphologisch gesehen, zählt auch *wissen* hierzu. *Brauchen* mit *nicht* verliert zusehends das *zu* beim Infinitivanschluss und kann dann auch hierzu gerechnet werden (*ihr braucht nicht kommen*).

Die Modalverben können je nach Zusammenhang auch allein im Satz auftreten. Dann wird das fehlende Vollverb meist als elliptisch (weggelassen) verstanden – *Ich kann Japanisch* ist eigentlich *Ich kann Japanisch sprechen/ verstehen.*

Hiervon zu trennen sind die M o d a l i t ä t s v e r b e n wie *vermögen, wissen, verstehen, nicht brauchen, pflegen, scheinen* etc., die wie die Modalverben eine Handlung modifizieren, jedoch den Infinitv mit *zu* fordern. Damit sind sie über semantisch-syntaktische Eigenschaften bestimmt und nicht über morphologische Besonderheiten.

Schließlich gibt es auch die H i l f s v e r b e n , die ihren Namen der Tatsache schulden, bei der Bildung analytischer Verbformen beteiligt zu sein. Sie weisen ganz eigene Flexionsformen auf:

haben/hatte/gehabt, sein/war/gewesen, werden/wurde/geworden.

Das Hilfsverb *sein* setzt sich aus Formen zusammen, die aus unterschiedlichen etymologischen Wurzeln stammen (Suppletivwesen/ Suppletion) – *sein* **es-* 'sein'/*ist* *estī/*gewesen* *wes-a.

Die Gruppe der Kopulaverben definiert sich nicht über morphologische Kennzeichen, sondern über syntaktische – Verben wie *sein, werden, bleiben* oder *heißen* verbinden sich mit einem Substantiv oder Adjektiv zum Prädikat (*er wird Lehrer, er bleibt Lehrer, er heißt Donald*). Allerdings gibt es hierzu unterschiedliche Auffassungen und Begrifflichkeiten, die jedoch in die Syntax gehören. Das Verb *sein* kann also sowohl als Hilfsverb als auch als Kopula gebraucht werden sowie außerdem als Vollverb, beispielsweise in *Er ist in Nizza* in der Bedeutung 'sich befinden'. Auch das Hilfsverb *haben* tritt als Vollverb auf. In dem Satz *ich habe Geld* trägt es entsprechend auch eine selbstständige Bedeutung, und zwar 'besitzen'. Das Verb *haben* lässt sich folgendermaßen morphologisch zergliedern: im Infinitiv {hab-}{-en}, dann im Präsens *ich* {hab-}{-e}, *du* {ha-}{-st}, *er* {hab-}{-t}, *wir, sie* {hab-}{-en}, *ihr* {hab-}{-t}, im Präteritum *ich, sie* {ha-}{-tt}{-e}, *du* {ha-}{-tt}{-est}, *wir/sie* {ha-}{-tt}{-en}, *ihr* {ha-}{-tt}{-et}, im Konjunktiv I *ich, er* {hä-}{-tt}{-e}. Hier ist zu bedenken, dass die Schrift die Lautung ersetzt, für die natürlich keine doppeltes *t* anzusetzen ist. Unter Berücksichtigung der Aussprache ergeben sich folgende Allomorphe zur Wurzel {hab-}: {/hāb/-}, {/hāp/-} (in *habt*), {ha-}, {hä-}. Bei dieser Analyse bleiben das Dentalsuffix und die Person-Numerus-Endungen erhalten. Allerdings vertreten manche Autoren die Ansicht, dass eine Formen wie {hat} als eigenes Morphem zu verstehen ist, in dem die grammatischen Kategorien und die lexikalische Basis zusammengezogen, kontrahiert, sind. Dabei ginge jedoch die regelmäßige Parallele zur zweiten Person und zum Präteritum verloren.

Dagegen sind {bin}, {bist}, {ist}, {sind} als Morpheme anzusetzen, da kleinere Segmente nicht regelmäßig mit dem gleichen Inhalt einhergehen, *sei-d* oder *war-t* sind hingegen komplex.

Aus heutiger Sicht nicht mehr erkennbar ist die Suppletion bei *gehen*, dem die Form *gang-* aus einem nicht verwandten Verb g. *gang-a zur Seite steht.

Übungen zu 10.1. Grundlagen

4. Welches sind starke, welches schwache Verben: *joggen, laufen, gehen, schwimmen, googeln, kochen, hervorholen, halten*?

5. Geben Sie die morphologische Struktur und die Morphemtypen an für die folgenden Verben: *(du) kochst, (wir) kochen, (er) kochte, (Vater hatte) gekocht*!
6. Erklären Sie den Begriff Synkretismus am Beispiel *lachen*!

Konjugationsmuster

Im Folgenden (Tabellen 24–29) sind einige Paradigmen, in diesem Fall Konjugationsmuster, beispielhaft für verschiedene Verbtypen aufgeführt. Es wird deutlich, dass sich viele Formen gleichen. Der Synkretismus gerade für die schwachen Verben ist stark ausgeprägt.

Tabelle 24: schwaches Vollverb *schweben*

Infinitiv *schweben*, Partizip I *schwebend*, Partizip II *geschwebt*, Imperativ Sg. *schwebe!*, Pl. *schwebt!*

	Präsens		Präteritum	
	Indikativ	Konjunktiv I	Indikativ =	Konjunktiv II
1. Pers. Sg.	schwebe	schwebe	schwebte	schwebte
2. Pers. Sg.	schwebst	schwebest	schwebtest	schwebtest
3. Pers. Sg.	schwebt	schwebe	schwebte	schwebt
1. Pers. Pl.	schweben	schweben	schwebten	schwebten
2. Pers. Pl.	schwebt	schwebet	schwebtet	schwebtet
3. Pers. Pl.	schweben	schweben	schwebten	schwebten

Tabelle 25: rückumlautendes Vollverb *rennen*

Infinitiv *rennen*, Partizip I *rennend*, Partizip II *gerannt*, Imperativ Sg. *renne!*, Pl. *rennt!*

	Präsens		Präteritum	
	Indikativ	Konjunktiv I	Indikativ	Konjunktiv II
1. Pers. Sg.	renne	renne	rannte	rennte
2. Pers. Sg.	rennst	rennest	ranntest	renntest
3. Pers. Sg.	rennt	renne	rannte	rennte
1. Pers. Pl.	rennen	rennen	rannten	rennten
2. Pers. Pl.	rennt	rennet	ranntet	renntet
3. Pers. Pl.	rennen	rennen	rannten	rennten

Tabelle 26: starkes Vollverb *gehen*

Infinitiv *gehen*, Partizip I *gehend*, Partizip II *gegangen*, Imperativ Sg. *geh!*, Pl. *geht!*

	Präsens		Präteritum	
	Indikativ	Konjunktiv I	Indikativ	Konjunktiv II
1. Pers. Sg.	gehe	gehe	ging	ginge
2. Pers. Sg.	gehst	gehest	gingst	gingest
3. Pers. Sg.	geht	gehe	ging	ginge
1. Pers. Pl.	gehen	gehen	gingen	gingen
2. Pers. Pl.	geht	gehet	gingt	ginget
3. Pers. Pl.	gehen	gehen	gingen	gingen

Tabelle 27: starkes Vollverb *fahren*

Infinitiv *fahren*, Partizip I *fahrend*, Partizip II *gefahren*, Imperativ Sg. *fahr!*, Pl. *fahrt!*

	Präsens		Präteritum	
	Indikativ	Konjunktiv I	Indikativ	Konjunktiv II
1. Pers. Sg.	fahre	fahre	fuhr	führe
2. Pers. Sg.	fährst	fahrest	fuhrst	führest
3. Pers. Sg.	fährt	fahre	fuhr	führe
1. Pers. Pl.	fahren	fahren	fuhren	führen
2. Pers. Pl.	fahrt	fahret	fuhrt	führet
3. Pers. Pl.	fahren	fahren	fuhren	führen

Tabelle 28: Modalverb *dürfen*

Infinitiv *dürfen*, Partizip I *dürfend*, Partizip II *gedurft*, Imperativ Sg. Ø, Pl. Ø

	Präsens		Präteritum	
	Indikativ	Konjunktiv I	Indikativ	Konjunktiv II
1. Pers. Sg.	darf	dürfe	durfte	dürfte
2. Pers. Sg.	darfst	dürfest	durftest	dürftest
3. Pers. Sg.	darf	dürfe	durfte	dürfte
1. Pers. Pl.	dürfen	dürfen	durften	dürften
2. Pers. Pl.	dürft	dürfet	durftet	dürftet
3. Pers. Pl.	dürfen	dürfen	durften	dürften

Tabelle 29: Hilfsverb *sein*

Infinitiv *sein*, Partizip I *seiend*, Partizip II *gewesen*, Imperativ Sg. *sei!*, Pl. *seid!*

	Präsens		Präteritum	
	Indikativ	Konjunktiv I	Indikativ	Konjunktiv II
1. Pers. Sg.	bin	sei	war	wäre
2. Pers. Sg.	bist	sei(e)st	warst	wär(e)st
3. Pers. Sg.	ist	sei	war	wäre
1. Pers. Pl.	sind	seien	waren	wären
2. Pers. Pl.	seid	seiet	wart	wär(e)t
3. Pers. Pl.	sind	seien	waren	wären

Versuchen wir nun, die bisher vorgestellten Begriffe bei Analysen anzuwenden. Weil das Thema Wortbildung des Verbs erst folgt, nehmen wir Simplizia. Damit ergibt sich für die nächsten Beispiele keine Ebene der Wortbildung. Bei der morphologischen Analyse bestimmen Sie den Verbtyp (Vollverb etc.), die Form hinsichtlich der Aspekte finit/infinit, die Morphemstruktur, zum Beispiel anhand eines Strukturbaums, die Morphemtypen und die Kategorien Person, Numerus, Modus, Tempus und bei der Bestimmung der grammatischen Form in jedem Falle auch Genus verbi. Inwiefern dies zur Bestimmung der morphologischen Form gehört ist umstritten. Vergessen Sie Besonderheiten nicht wie Ablaut, andere lautliche Veränderungen oder den Hinweis auf Synkretismus!

Zunächst sehen wir uns eine synthetische Form an: *(sie) kochen*.
Kochen ist ein schwaches Verb, ein Vollverb.

(sie) kochen$_V$

{koch-} {-en}

{koch-} ist ein gebundenes lexikalisches Morphem, eine Verbalwurzel. {-en}
ist ein gebundenes grammatisches Morphem, ein Flexionssuffix für die (hier)
dritte Person Plural Präsens Indikativ. Es ist gleichlautend mit anderen Verbflexiven, mit dem Infinitiv und zahlreichen anderen Flexiven im Deutschen.
Das Verb ist finit. Es steht im Aktiv.

Es folgt eine analytische Form. Gegeben sei der Satz *Das Kind war gestern
nicht in die Schule gegangen*. Hier ist eine morphologische Analyse des Verbal-
komplexes zu leisten.

Der Verbalkomplex lautet *war gegangen*. *War* ist ein Hilfsverb, das hier für
die Bildung des Plusquamperfektes eingesetzt wird. Es ist eine finite Form.
Gegangen ist ein Vollverb in der Form des Partizip II, also infinit.

war$_V$ *gegangen*$_V$
  ⋮
{war}   {ge-en} {gang-}
zu {sein}   zu {geh-}

Bei der Form *war* handelt es sich um die 3. Person Singular Präteritum Indikativ. Es ist eine Suppletivform, aus heutiger Sicht ein Allomorph zu {sein}.
Dies wiederum wird heute als nicht komplexer Infinitiv verstanden (was historisch nicht korrekt ist). Es ist lexikalisch (und frei), wenn es als Vollverb
auftritt. Hier in der Funktion als Hilfsverb ist es grammatisch. {ge-en} ist ein
Zirkumfix, ein Flexiv, grammatisch, gebunden. Es bildet das Partizip II der
starken Verben. {gang} ist der Partizipialstamm und damit ein Allomorph zu
{geh-} (gebundene lexikalische Verbwurzel). Der Verbalkomplex insgesamt
bildet die 3. Person Singular Plusquamperfekt Indikativ Aktiv (Passiv ist bei
dem Verb nicht möglich).

Übungen zu 10.1. Grundlagen

7. Definieren Sie die Begriffe Vollverb, Hilfsverb, Modalverb!
8. Stellen Sie das gesamte Konjugationsparadigma für das Verb *husten* auf
   (synthetische Formen)!
9. Bestimmen Sie die morphologischen Formen der Verbalkomplexe in folgenden Sätzen!

Die Studenten protestieren gegen die Studiengebühren. Du bist auch mit dabei gewesen. Ein Polizist schlug einen der Studenten. Der Student meinte, er werde sich beschwehren. Gestern ist der Polizist vom Räuber erschossen worden.

10.2. Vertiefung

Wiederholung

Übungen zu 10.2. Vertiefung

1. Bilden Sie die Stammformen folgender Verben, wann und warum treten Unsicherheiten auf?
   backen, sich befleißigen, erkiesen, kaufen, gären, gleiten, pflegen, raufen, ziehen, saugen.

Analogie

Wir erinnern uns: Die Analogie ist ein Verfahren, das bei der Bildung von Wörtern und Wortformen eine große Rolle spielt. Die Grundlage muss nicht unbedingt die Grundform sein, denn auch sie kann nachträglich analogisch gebildet werden, beispielsweise der Infinitiv, vgl. *Ich möchte ein Eis – Du hast nichts zu möchten.* Ein anderes, bewusst scherzhaftes Beispiel ist „Der Mensch denkt, Gott lenkt. Der Mensch dachte, Gott …" (Nübling 2008: 44).

Ähnliche Wörter verbinden sich zu Proportionsgruppen in Hermann Pauls Terminologie. Zahlenmäßig starke Gruppen ziehen weitere Wörter an. Das heißt, das Muster der schwachen Verben ist schon allein wegen der Häufigkeit das Vorbild für neue Verben. Deswegen flektieren englische Verben im Deutschen schwach, *ich googelte, ich habe gegoogelt,* und seltene starke Verben übernehmen irgendwann die schwache Flexion, vgl. *ich backte, ich melkte.* Per Analogie werden aber auch innerhalb eines Paradigmas manche Ausreißer ausgeglichen (analogischer Ausgleich).

Allomorphie und Homonymie

Es ist nicht besonders verwunderlich, dass die SprecherInnen Formen wie *brächten, kämet* oder *renntet* meiden und die analytischen Konjunkitvformen mit *würde* vorziehen. Denn die vielen aus heutiger Sicht undurchschaubaren Vokaländerungen der Stämme machen die Formen fehleranfällig, und die häufig gleichlautenden Endungen führen zu Unklarheiten.

Bei der Lautveränderung zwischen den Indikativ- und Konjunktivformen der starken Verben wie *schloss – schlösse* oder *fuhr – führe* handelt es sich um Umlaut. {schloss-}, {schlöss-} sind Allomorphe zu {schließ-}. {fuhr-}, {führ-} sind Allomorphe zu {fahr-}. Die starken Verben bilden ihren Konjunktiv II mit dem umgelauteten Präteritalstamm, während die schwachen Verben im Präteritum die gleichen Endungen bei Indikativ und Konjunktiv aufweisen. Der Ablaut zu *fahr, komm* ist *fuhr, kam*, dazu der Umlaut ist *führ, käm*. So lautet der Konjunktiv II zu *sterben stürbe*, zu *werfen würfe*, zu *gewinnen gewönne*. Hier sind jeweils Stammvarianten anzusetzen.

Alle Gruppen (außer *sein*) verwenden beim Konjunktiv I ein -*e* in der ersten und der dritten Person Singular (er *gehe, fahre, solle*), in der zweiten Person Singular und Plural tritt ein *e* vor die Person-Numerus-Endung (*du gehest, ihr gehet, du sollest, du fahrest*). Während das {st} eindeutig der 2. Person Singular und das {-t} der zweiten Person Plural zugeordnet werden kann, hat ein {-e} viele unterschiedliche Funktionen.

$$(du)\ fahrest_V$$
$$\text{\{fahr-\}\{-e\}\{-st\}}$$

{fahr-}	Verbalwurzel, lexikalisch, gebunden
{-e}	Flexionssuffix, grammatisch, gebunden, markiert den Konjunktiv, es ist homonym zu anderen Flexiven
{-st}	Flexionssuffix, grammatisch, gebunden, markiert die 2. Person Singular

Die Form ist finit. Es handelt sich um ein starkes Verb. Da der Präsensstamm und nicht der Präteritalstamm *fuhr* verwendet wird, handelt es sich um Konjunktiv I. Die Form steht im Aktiv.

*(er) gehe*_V

{geh-} (-e}

{geh-}   Verbalwurzel, lexikalisch, gebunden
{-e}   Flexionssuffix, grammatisch, gebunden, markiert den Konjunktiv,
              3. Person Singular, es ist homonym zu anderen Flexiven

Die Form ist finit. Es handelt sich um ein starkes Verb. Da der Präsensstamm und nicht der Präteritalstamm *ging* verwendet wird, handelt es sich um Konjunktiv I. Die Form steht im Aktiv (das Verb kann nicht im Passiv stehen).

Für einige finite Verbformen gelten lautliche Besonderheiten. Zwischen Stamm und Endung tritt ein unbetontes *e* auf (Epenthese) u.a., wenn auf einen Konsonanten außer *r, l* ein *m* oder *n* folgt (vgl. *lernst, qualmst* mit *atmest, rechnest*) bzw. nach *d* oder *t*, vgl. *schwebst, schreist* mit *redest, hustest.* Dies gilt für die zweite und dritte Person Singular und zweite Person Plural Präsens Indikativ *(rechnest, rechnet, rechnet)*, im Präteritum *(rechnete, rechnetest)*, dem Imperativ Plural *(rechnet!)* und dem Partizip Perfekt *(gerechnet)*. In den Grammatiken wird dieses zusätzliche *e* als zu den Flexiven gehörig betrachtet, die dann {-est} bzw. {-et} lauten.

In anderen Fällen fällt ein *e* fort (*e*-Tilgung), meist, wenn der Stamm auf *-(e)l* oder *-(e)r* endet, vgl. die Infinitive *schreib-en* und *änder-n* oder die Konjunktive *schreibest* und *änderst.* Verschwindet ein unbetonter Vokal, hier das *e*, im Inneren eines Wortes, sprechen wir von Synkope (*knien* ist lexikalisiert, *gehen* vs. *gehn*), am Wortende von Apokope (*ich habe* vs. *ich hab*). Formen wie *gehn* und *hab* sind vor allem in mündlicher Sprache beinahe schon der Normalfall. Die zusätzlichen *e* und die *e*-Tilgung rufen noch mehr Synkretismus hervor.

Dazu sehen wir uns folgende Verbform an: *(Das Kind) rechnete (ohne Taschenrechner). Rechnen* ist ein schwaches Vollverb.

*(es) rechnete*_V

{rechn-} {-et} {-e}
         zu {-t}

{rechn-} ist ein gebundenes lexikalisches Morphem, eine Verbalwurzel. {-et} ist ein gebundenes grammatisches Morphem, ein Flexionssuffix für das Präteritum, es wird auch Dentalsuffix genannt. Es ist das durch *e* erweiterte Allomorph zu {-t}. {-e} ist ein gebundenes grammatisches Morphem, ein Flexionssuffix für die (hier) dritte Person Singular Indikativ, es ist gleichlautend mit anderen Verbflexiven. Das Verb ist finit. Die Form ist außerdem Aktiv.

Lautliche Besonderheiten weisen auch einige Imperativformen auf. Regulär besteht der Imperativ Singular aus der Verbalwurzel und dem Flexiv {-e}, also *rede!*, *rechne!*, *schreibe!* Das *-e* wird vor allem im gesprochenen Deutsch, wenn es die Silbenformen erlauben, gern weggelassen, *komm!*, *steh auf!*, *lauf weg!* Eine nicht unbeträchtliche Zahl starker Verben mit Stammvokal *e* bildet den Imperativ Singular regelmäßig ohne *-e*, aber mit Vokalwechsel von *e* zu *i*. Sie weisen diesen *e/i*-Wechsel auch im Präsens auf (*ich gebe – du gibst*): *geben – gib!*, *helfen – hilf!*, *essen – iss!*, *lesen – lies!*, *nehmen – nimm!*, *sehen – sieh!*, *sterben – stirb!*, *treffen – triff!*, *vergessen – vergiss!*, *werfen – wirf!* (weiter auch *bersten, bergen, dreschen, empfehlen, erlöschen, erschrecken, fechten, flechten, fressen, gelten, geschehen, messen, quellen, schelten, schwellen, schmelzen, sprechen, stechen, stehlen, treten, werben*). Es liegt Stammallomorphie vor. Die Beibehaltung des *e* statt des *i* ist umgangssprachlich verbreitet, aber (noch) als falsch zu sehen **geb her!*, **werf den Ball!*, **helf mir!*, **treff nicht daneben!*

Bitte beachten Sie, dass der Umlaut im heutigen Deutschen morphologischen Status besitzen kann, er führt in manchen Fällen zu Bedeutungsunterscheidungen wie den Plural bei *Vater/Väter*. Wie auch Synkope, Apokope und zusätzliche (epenthetische) *e* ist er ein phonologisches Verfahren, das rein auf lautlicher Ebene zu betrachten ist und nicht zu neuen Morphemen, höchstens zu Allomorphen führt. Nicht zuletzt entstehen auch durch die Auslautverhärtung Allomorphe, beispielsweise bei (*ich*) *band* {/bant/-}, (*wir*) *banden* {/band/-}.

Geschichte

Die Unregelmäßigkeiten in der Verbflexion lassen sich auf historische Entwicklungen zurückführen.

Für die Verben gilt prinzipiell das für die Nomen Gesagte. Im Gegensatz zu einer Verbindung von Stamm und Flexionsendung bestanden die Simplizia im Indogermanischen aus der (lexikalischen) Wurzel bzw. dem Grundmorphem, einem stammbildenden Suffix und einer Flexionsendung. Das stammbildende Suffix wies das Wort einer bestimmten Konjugationsklasse zu und machte zusammen mit der Wurzel bzw. dem Grundmorphem den Stamm aus. Auch die Verben waren den Lautveränderungen unterworfen, die die Systematik aufweichten. Aufgrund der Reduktionsprozesse lauteten ursprünglich unterschiedliche Flexionsendungen bald gleich und gingen dann teilweise verloren. Der Informationsverlust wurde u.a. über Analogie ausgeglichen (analogischer Ausgleich). Solche morphologischen Ausgleichprozesse glätteten im Mittelhochdeutschen und Frühneuhochdeutschen aber auch so manche unregelmäßig scheinenden Paradigmenausschnitte, jedoch nicht alle. Beispielsweise wurde aus mhd. *ich, er warf, wir, sie wurfen* zum Nhd. *ich, er warf, wir, sie warfen*. Wie bei den Substantiven entwickelten sich begleitende Wörter, nämlich die Personalpronomen, zu unentbehrlichen Informationsträgern, und das System der verbalen Flexion sortierte sich bis zum Frühneuhochdeutschen neu.

Ablaut

Die Vokalveränderungen bei starken Verben wie *schwimmen/schwamm/geschwommen* oder *binden/band/gebunden* gehen auf den Ablaut zurück.

A b l a u t ist der regelmäßige Wechsel von Vokalen in etymologisch zusammenhängenden Wörtern. Er bezieht sich auf Veränderungen der Vokalquantitiät (Länge und Kürze eines Vokals, Abstufung) und Vokalqualität (Veränderung zu einem anderen Vokal, Abtönung). Der Ablaut wird schon für das Indogermanischen rekonstruiert und war zunächst eine lautliche Erscheinung, die wahrscheinlich auf unterschiedliche Betonmuster der Verbformen zurückzuführen ist. Diese bewirkten ein regelmäßiges Muster der Verbstämme von der Grundstufe des *e*, der abgetönten Grundstufe (*o*) und der Schwundstufe. In der Grundstufe war der Vokal kurz, die Abtönung bewirkte eine Vokalveränderung und in der Schwundstufe fehlte der Vokal. Dann veränderten sich die Vokale, einmal systematisch in jeder Umgebung, aber auch je nach unmittelbarer Umgebung und somit für die verschiedenen Verben anders, sodass sich das ursprünglich saubere System über viele verschiedene einzelne und systematische Entwicklungsetappen auflöste.

Für die Darstellung des verbalen Flexionssystems werden traditionellerweise vier charakteristische Formen verwendet, die Stammformen (Tab. 30):

Tabelle 30: Stammformen

1. Stammform:	Infinitiv, 1. Pers. Sg. Ind. Präs.:	ahd. *neman*, nhd. *nehmen;*
		ahd. *nimu*, nhd. *nehme*
2. Stammform:	1./3. Pers. Sg., Ind. Präteritum:	ahd. *nam*, nhd. *nahm*
3. Stammform:	1. Pers. Pl. Ind. Präteritum:	ahd. *nāmum*, nhd. *nahmen*
4. Stammform:	Partizip Präteritum (Partizip II):	ahd. *ginoman*, nhd. *genommen.*

Die erste Stammform wies im Idg. die Grundstufe von *e* auf, die zweite die abgetönte Grundstufe, also *o*, und die dritte und vierte die Schwundstufe.

Schon die indogermanischen Verben gliederten sich in sieben Gruppen mit je typischen Folgelauten, den Ablautreihen. Denn bereits hier hatten die relevanten Vokale unterschiedliche lautliche Umgebungen.

Tabelle 31: Die ersten drei Ablautreihen im Indogermanischen

Ablautreihe	Grundstufe	abgetönte Grundstufe	Schwundstufe	Schwundstufe
I	*e+i*	*o+i*	0+*i*	0+*i*
II	*e+u*	*o+u*	0+*u*	0+*u*
III	*e*+Nasal, *l, r*+ Konsonant	*o*+Nasal, l, r+ Konsonant	0+Nasal, *l, r*+ Konsonant	0+Nasal, *l, r*+ Konsonant

In der ersten Ablautreihe (Tab. 31) folgte auf den relevanten Vokal ein *i*, in der zweiten ein *u*, in der dritten ein Nasal (*n, m*), *l* oder *r* und ein weiterer Konsonant wie im heutigen *binden*.

Nun fällt Ihnen vielleicht auf, dass die letzten beiden Stammformen in der Tabelle gleich aussehen und eigentlich zusammengefasst werden sollten. Dies geschieht jedoch nicht und zwar mit Blick auf die nächsten Reihen. Ab der vierten Ablautreihe (Tab. 32) tritt nämlich die Dehnstufe auf (der Vokal wird lang). Dem relevanten Vokal folgt *n, m, l* oder *r* (oder *l, r* geht voraus) wie bei *nehmen*.

Tabelle 32: Die vierte Ablautreihe im Indogermanischen

Ablautreihe	Grundstufe	abgetönte Grundstufe	Dehnstufe	Schwundstufe
IV	*e*+Nasal, *l, r*	*o*+Nasal, *l, r*	*ē*+Nasal, *l, r*	0+Nasal, *l, r*

In der fünften Ablautreihe (Tab. 33) erscheint nach der Dehnstufe die Grundstufe. Dem relevanten Vokal folgt ein Konsonant (nicht *n, m, l, r*) wie bei *geben*.

Tabelle 33: Die fünfte Ablautreihe im Indogermanischen

Ablautreihe	Grundstufe	abgetönte Grundstufe	Dehnstufe	Grundstufe
V	*e*+Konsonant	*o*+Konsonant	*ē*+Konsonant	*e*+Konsonant

In der VI. Ablautreihe (Tab. 34) folgt auf die Grundstufe des *a* zweimal die Dehnstufe, das *ā*. Dann erscheint wieder die Grundstufe.

Tabelle 34: Die sechste Ablautreihe im Indogermanischen

Ablautreihe	Grundstufe	Dehnstufe	Dehnstufe	Grundstufe
VI	*a*	*ā*	*ā*	*a*

Schließlich gab es eine siebte Reihe, die aus ursprünglich reduplizierenden Verben bestand – sie verdoppelten eine Silbe zur Flexion, und zwar teils mit, teils ohne Ablaut. Das Gotische, eine verwandte Sprache, hatte dazu noch Reste, got. *lētan* 'lassen' im Infinitiv, *laílōt* im Präteritum.

Während also im Indogermanischen und Germanischen die Verhältnisse noch relativ geordnet waren, sind heute einige der Kriterien verschwunden. Die sieben Ablautreihen (Tab. 35) sind nur noch teilweise anhand der Lautumgebungen der ursprünglich relevanten Vokale nachvollziehbar. Diese Vokale verhalten sich nicht mehr gruppenkonform. Nur im Germanischen war der Ablaut streng systematisiert und Grundlage der Flexion der starken Verben (Birkhan 1985: 139).

Tabelle 35: Die sieben Ablautreihen im Neuhochdeutschen

Ablautreihe	1. Stammform	2. Stammform	3. Stammform	4. Stammform
I	*reiten, leihen*	*ritt, lieh*	*ritten, liehen*	*geritten, geliehen*
II	*lügen, bieten*	*log, bot*	*logen, boten*	*gelogen, geboten*
III	*binden, werfen, helfen*	*band, warf, half*	*banden, warfen, halfen*	*gebunden, geworfen, geholfen*
IV	*nehmen, brechen*	*nahm, brach*	*nahmen, brachen*	*genommen, gebrochen*
V	*geben, lesen*	*gab, las*	*gaben, lasen*	*gegeben, gelesen*
VI	*fahren, schlagen*	*fuhr, schlug*	*fuhren, schlugen*	*gefahren, geschlagen*
VII	*schlafen, halten*	*schlief, hielt*	*schliefen, hielten*	*geschlafen, gehalten*

In der ersten Reihe ist in der 1. Stammform die alte *e+i*-Verbindung noch über die Schrift nachvollziehbar, die jedoch nicht! die alte Lautung wiedergibt. Denn es kam zwischenzeitlich zu mehreren Veränderungen. Im Ahd. hieß es *rītan* und *līhan*, aufgrund der neuhochdeutschen Diphthongierung sprechen wie heute /ai/. Bei *lügen* und *bieten* ist heute kein *e+u* mehr sichtbar (ahd. *liogan, biotan*).

In der dritten, vierten und fünften Reihe sind die Konsonanten in der 1. Stammform im Wesentlichen geblieben. Für die letzten beiden Reihen müssen wir die Zuordnung lernen. Außerdem fassen wir heute die 2. und 3. Stammform meist zusammen.

e/i-Wechsel

Bereits zum Germanischen traten an einigen Stellen Lautwechsel auf. Vokale änderten sich, z.B. das idg. *o* zu g. *a*. Meist waren solche Vokalwandelerscheinungen jedoch umgebungssensitiv. Einer der wichtigsten war der *e / i* - W e c h s e l : vor einer Silbe mit *i* oder *j* oder vor Nasal + Konsonant, später auch vor *u*, wurde idg. *e* zu germ *i*. Das führte zum heutigen *helfen/hilf*, im ahd. *hëlfan* 'helfen', *hilfu* '(ich) helfe' (die Pünktchen verweisen auf ein kurzes offenes *e*). Bei der zweiten Form, *hilfu*, weist die Silbe nach dem relevanten Vokal ein *u* auf, das die Veränderung bewirkt. Im Infinitiv ist das nicht der Fall. So kam es, dass die Formen eines Verbes unterschiedliche Stammvokale bekamen. Dann schwächten sich zum Mhd. die Endsilben ab, die unterschiedlichen Endvokale wurden zu Schwa, dem unbetonten *e*. Damit war die Umgebung, die zu der Lautänderung führte, verschwunden. Um die Sache zu verkomplizieren, wurden manche Vokalveränderungen aufgrund der Analogie wieder zurückgenommen. Der *e/i*-Wechsel ist noch in zahlreichen Verbformen sichtbar, vgl. die oben erwähnten *geben/gib!, essen/iss!, lesen/lies!, nehmen/nimm!, sehen/sieh!*

Brechung

Vokalalternanzen wie bei *halfen/geholfen, warfen/geworfen, nahmen/genommen* gehen auf die B r e c h u n g (auch Senkung genannt) zurück: Germanisch *i* wurden zu ahd. *ë* vor Silben mit *e, a, o* außer, wenn Nasale dazwischen lagen. Auch das *u* veränderte sich vor *e, a, o*, außer, wenn Nasale dazwischen lagen, und zwar zu *o*. Also wechselten sich je nach Folgelauten *o* und *u* ab, vgl. ahd. *zugun* 'ziehen', *gizogan* 'gezogen'. In *zugun* blieb das *u*, in *gizogan* änderte es sich, weil in der Folgesilbe ein *a* auftrat.

Grammatischer Wechsel

Gehen wir zunächst zur Lautung im Indogermanischen zurück. Ausgangspunkt für die in diesem Abschnitt behandelte Erscheinung war die E r s t e L a u t v e r s c h i e b u n g (Germanische Lautverschiebung, Grimm's Law, Grimmsches Gesetz), die zu einer systemhaften Veränderung der Verschlusslaute (Plosive) des Indogermanischen führte. Jacob Grimm rekonstruierte folgende Entsprechungen:

idg. stimmhafte Plosive *b, d, g* – germanische stimmlose Plosive *p, t, k*
idg. behauchte stimmhafte Plosive *bh, dh, gh* – g. stimmhafte Plosive *b, d, g*
idg. stimmlose Plosive *p, t, k* – g. stimmlose Frikative *f, þ, χ.*

Das ☐ ist das stimmlose „th" im Englischen wie in *thorn* 'Dorn', daher wird das Schriftzeichen auch *thorn* genannt, das *χ* klingt wie unser „ch" in *Dach.*

Diese Entwicklung trat nur in den germanischen Sprachen auf, die sich so von den übrigen Sprachen der indogermanischen Sprachfamilie abheben. Darum ist die Erste Lautverschiebung für die Entwicklung des Deutschen sehr wichtig.

Carl Adolph Verner führte diese Beobachtung fort, er fand Ausnahmen dazu, die wiederum regelhaft waren (V e r n e r s   G e s e t z). Die Entsprechung von idg. *p, t, k* zu *f, þ, χ* ist zu erweitern. Wenn der Wortakzent vor dem relevanten Laut war, blieben die stimmlosen Frikative *f, þ, χ*. Wenn aber der Wortakzent folgte, veränderten sie sich zu stimmhaften Frikativen. Die Lautung des Germanischen veränderte sich danach weiter. Schließlich bekam auch das idg. *s* unter diesen Bedingungen die nord- und westgermanische Entsprechung *r* (Rhotazismus). Heute finden wir noch ganz schwache Reflexe, aber ohne etymologische Verwandtschaft. In *Nerven* mit der Betonung der ersten Silbe haben wir das stimmlose /f/, in *nervös* mit Endbetonung jedoch stimmhaftes /v/ (Weddige 2007: 28). In *Eva* mit der Betonung auf der ersten Silbe wird häufig /f/ gesprochen, also stimmlos. In *Eva Luna* mit der Betonung auf einer Folgesilbe sprechen viele /v/, also stimmhaft.

Nun kehren wir zurück zu den Ablautreihen. Die verschiedenen Stammformen wiesen im Urgermanischen noch unterschiedliche Akzentsetzung auf (der Initialakzent wirkte erst anschließend). Teils wurde die Stammsilbe betont (Präsens und Präteritum Singular), teils aber die Endung (Präteritum Plural, Partizip Perfekt). Und weil der Vernersche Wechsel von der Plazierung des Wortakzentes abhing, trat er bei den Formen eines starken Verbs mal ein, mal nicht, daher heißt er g r a m m a t i s c h e r   W e c h s e l . Das führte zu systematischen Alternanzen, die per Analogie zum Nhd. vielfach ausgeglichen wurden, sodass es heute nicht sehr viele Beispiele gibt (vgl. Tab. 36).

Tabelle 36: Grammatischer Wechsel (nach Paul et al. 2007: 123)

idg.	k	t	p	s
g.	*h* ([χ]) – *g*	*þ* – *đ*˙	*f* – *ƀ*˙	*s* – *z*
mhd.	*h* – *g*	*d* – *t*	*f* – *ƀ*	*s* – *z*
nhd.	*h* – *g*	*d* – *t*	*f* –*b*	*s* – *r*
Beispiel	*ziehen – gezogen*	*schneiden – schnitt*	*dürfen – darben*	*gewesen – war*

* Der Balken durch *b* und *d* deutet an, dass die Laute frikativ ausgesprochen wurden, also wie in englisch *this* bzw. in *Wasser.*

Weitere auch aus der Wortbildung entnommene Beispiele sind *ziehen/Zug*, *schneiden/Schnitt*, *leiden/litt*, *sieden/gesotten*, *verlieren/Verlust*. Das heißt, die Konsonantenveränderungen bei starken Verben wie *schneiden/schnitt/ geschnitten* oder *ziehen/zog/gezogen* gehen auf den grammatischen Wechsel zurück.

Präteritopräsentia

Die Besonderheiten der Flexion deutscher Verben betreffen nicht nur die starken Verben. Wenn Sie sich an das Kapitel über die Verbtypen erinnern, gab es weitere Verben mit morphologischen Auffälligkeiten, die Modalverben. Sie sind inhaltlich dadurch gekennzeichnet, dass sie eine bestimmte Art und Weise des Geschehens ausdrücken, etwa die Möglichkeit, die Verpflichtung. Syntaktisch typisch ist, dass sie sich mit dem Infinitiv, der das Geschehen bezeichnet, verbinden: *sie kann kommen, er will gehen*. Morphologisch fällt auf, dass sie bis auf *sollen* verschiedene Lautwechsel mit Dentalsuffix kombinieren. Das sonst übliche *-e* in der erste Person Indikativ Präsens fehlt, vgl. *ich gehe, singe, laufe* vs. *ich will, darf, soll*. Ebenso fehlt das *-t* der dritten Person Indikativ Präsens, vgl. *er kommt, sie geht* vs. *er kann, sie muss*. Die Modalverben bilden kein Passiv und auch keinen Imperativ. Die sechs Modalverben des Deutschen sind *dürfen, können, mögen, müssen, sollen* und *wollen*.

    Wie kam es dazu?

    Außer bei *wollen* handelt es sich um ehemals starke Verben, die jedoch ihre Präsensformen verloren haben und stattdessen Präteritalformen verwenden. Anders ausgedrückt haben die Präteritalformen nun Präsensbedeutung. Deswegen heißen sie P r ä t e r i t o p r ä s e n t i a (Sg. Präteritopräsens) oder Präteritopräsentien: Verben, die die Präsensbedeutung mit ursprünglichen Präteritalformen ausdrücken.

    Die starken Verben wiesen im Präteritum im Singular andere Vokale auf als im Plural, vgl. die 2. und 3. Stammform, mhd. *(ich) warf, (wir) wurfen*. Weil die Präteritopräsentien die Präteritalformen für das Präsens verwendeten, hatten sie dann im Präsens diesen Lautwechsel. Für das neue Präteritum erhielten sie die Präteritalendungen der schwachen Verben, das Dentalsuffix. Im Mhd. gab es zu *können* die Präsensformen *(ich) kan, (wir) kunnen*, im Präteritum *(ich) kunde*. So kam es, dass diese Verben heute einerseits Vokalwechsel, andererseits Dentalsuffix aufweisen. Bei *sollen* wurden die Vokalwechsel zum Neuhochdeutschen ausgeglichen. Die Präteritopräsentia bildeten den Infinitiv von der 3. Stammform (1. Person Plural Indikativ Präteritum).

    Morphologisch gesehen zählt auch *wissen* hierzu wegen der Formen *(ich) weiß, (wir) wissen, (ich wusste)*, Vokalwechsel und Dentalsuffix. Es ist ein Präteritopräsens. Semantisch passt das Verb nicht zu den Modalverben, syntaktisch ebenso wenig (*ich kann laufen, ich darf laufen, *ich weiß laufen*).

Wollen ging andere Wege, weil nicht eine andere Tempus-, sondern eine Modusformen für die Bildung des Präsens herangezogen wurden, statt des Indikativs der (damalige) Optativ.

Selbstverständlich traten darüber hinaus auch indivduelle Lautänderungen bei den Verben auf sowie immer wieder analogische Ausgleichsprozesse.

Rückumlaut

Es gibt eine weitere Verbreihe mit Vokalwechsel und Dentalsuffix, hierzu gehört *brennen – brannte – gebrannt*. Die Gruppe ist klein, zu ihr zählen außerdem *kennen, nennen, rennen, senden* und *wenden*. Sie werden rückumlautende Verben genannt. Die Bezeichnung geht auf Jacob Grimm zurück, der sich aber ausnahmsweise einmal irrte. Er nahm an, dass eine Form zu ahd. *brennen* wie *branta* 'brannte' früher einmal den Umaut *e* aufgewiesen hatte (wir erinnern uns, die Schreibung *ä* kam viel später auf), der dann zurückgenommen wurde. Denn im Gotischen, einer verwandten Sprache des Ahd., hieß die Form *brannida*, sie hatte also das umlautauslösende *i* in der Silbe nach *a*. Im Ahd. jedoch war es anders. Hier war das *i* schon verschwunden, bevor der Umlaut aktiv wurde. Es hatte nie einen Umlaut *e* in dieser Form, sondern immer das *a* gegeben. Noch heute stehen Formen mit *e* und *a* nebeneinander. Die Verben waren nie stark, sondern schwach und hatten daher das Dentalsuffix. Der Begriff ist im Grunde genommen falsch, hält sich aber, weil den Sprachwissenschaftlern noch kein besserer Ersatz eingefallen ist.

Umlaut

Der Umlaut betraf auch die Verben. Dazu haben wir heute beispielsweise *graben – gräbst, fahren – fährst, fuhren – führen, gaben – gäben*. Denn noch im Ahd. wiesen die 2. Person Singular Indikativ und die Konjunktivformen ein *i* auf, das zu Umlaut führte. Aber die Vokale in den unbetonten Silben schwächten sich ab, einige gingen verloren.

Insgesamt fand eine Fülle verschiedenster Lautveränderungen statt, die oft, aber nicht immer, Auswirkungen auf die Formen eines Verbes hatten. Zusätzlich gab es aufgrund des Initialakzentes die Schwächung der unbetonten Silben im Mhd., die oft auch ganz wegfielen (mhd. *wirdest*, nhd. *wirst*), wie gerade erwähnt. Das führte vermehrt zu Unregelmäßigkeiten, aber auch zu Synkretismus bei den Flexionsformen. Und nicht zu vergessen gingen einige Verben individuelle Wege. Denn es gibt neben den bisher behandelten Verben weitere mit Mischformen. Bei *bringen* und *denken* schwand der Nasal in vielen Formen. *Denken – dachte – gedacht* hat ein Dentalsuffix, weil es ein schwaches Verb ist, den Rückumlaut aufgrund unterschiedlicher Lautumgebungen. *Bringen – brachte – gebracht* hat ein schwaches Präteritum, das trotzdem Ablaut aufweist. *Sein* ist eines der wichtigsten Verben in den meisten Sprachen, es war schon immer unregelmäßig und weist sicherlich aufgrund der äußerst hohen Verwendungsweise besondere Irregularitäten auf. Unregelmäßig war auch früh schon *tun*. Viele der Änderungen wurden wieder rückgängig gemacht, Unregelmäßigkeiten wurden über Analogie ausgeglichen, sodass heute beispielsweise bei vielen Verben alle Präteritalformen einen einheitlichen Stamm aufweisen oder kaum noch Beispiele mit grammatischem Wechsel zu finden sind. Auch werden heute zahlreiche der ursprünglich starken Verben schwach flektiert. Manche befinden sich im Übergang, und es gibt alte und neue Formen nebeneinander, beispielsweise *siedete, gesotten*.

Die schwachen Verben sind jünger und meist aus starken Verben oder Lexemen anderer Wortarten entstanden. Neuaufnahmen im deutschen Verblexikon werden nur schwach flektiert, vgl. *ich jobbe, ich jobbte, ich habe gejobbt*. Die schwache Flexion ist die einzig produktive Methode, neuhochdeutsche Verben zu konjugieren.

Verb allgemein: Hentschel/Vogel (2009b), Thieroff (2009a, b)
Konjunktiv: Weydt (2009)
Geschichte: Paul et al. (2007), Schwerdt (2000), Weddige (1999).

Übungen zu 10.2. Vertiefung

2. Warum sind *sterben*, *helfen* und *werfen* der III. Ablautreihe zuzuordnen, warum *sprechen* der Reihe IV?
3. Nennen Sie Beispiele der Ablautreihe I!

11. Verb – Wortbildung 1

11.1. Grundlagen

Ein wesentlicher Unterschied zwischen der Wortbildung des Verbs und der der anderen Wortbildungsarten ist neben der niedrigeren Zahl an Komposita zunächst einmal vor allem, dass Veränderungen in den meisten Fällen nicht über Suffigierung, sondern links am Wort geschehen (*be-fahren, um-fahren, rad-fahren/Rad fahren*). Bei der verbalen Wortbildung gibt es darüber hinaus aber ein grundsätzliches Problem – sie lässt sich nicht so ohne Weiteres in die gleichen Wortbildungsarten einteilen wie die der anderen Wortarten. Alle komplexen Wörter werden per definitionem zusammengeschrieben und bleiben auch, unabhängig von der Verwendung im Satz, zusammen (mit dialektalen Ausnahmen: *woher kommst du/Wo kommst du her?*). Nicht so die Verben. Zusätzlich zu orthographischen Unklarheiten verhalten sich viele Erstelemente in zweiteiligen Verbkomplexen (*um-fahren*) nämlich im Satz und bei der Flexion nicht so, wie wir das bei den übrigen Wortarten gewöhnt sind, denn sie sind nicht fest, sie lassen sich trennen, und zwar einmal im Partizip (*um-ge-fahren, zu-ge-halten*) und einmal als Verbklammer (*er fährt das um, du hälst das zu*). Werden die Verbmorpheme im Satz getrennt, sprechen wir von Distanzstellung. Viele von ihnen treten sowohl fest als auch unfest auf (*ich habe den Baum umgefahren vs. umfahren*). Die Trennbarkeit/Festigkeit hat Auswirkungen auf den Status des abgetrennten Morphems, das häufig zunächst aussieht wie ein Präfix, getrennt aber eher ein eigenes Wort sein kann. Sollten solche Morpheme eine eigenen Klasse bilden, sollten sie eine eigene Bezeichnung erhalten, zum Beispiel Verbpartikeln? Die Wissenschaft ist unentschieden. Daher gibt es in der Fachliteratur keine einheitliche übergreifende Systematik.

Der vorliegende Band schlägt eine Einteilung der betroffenen Elemente vor, die einerseits möglichst wenig Ausnahmen zulässt, andererseits nah an der Wortbildung der anderen Wortarten bleibt. Um die problematischen Elemente links vom Stamm zu klassifizieren, werden Trennbarkeit und Wortart betrachtet. Da sowohl Trennbarkeit/Festigkeit und übrigens auch Wortakzent bei den Kompositionsgliedern nur tendenziell Hinweise für eine Kategorisierung liefern, steht für die erste Einordnung von Determinativ- und Kopulativkomposita und Wortbildungsarten mit ähnlichen Formen wie Zusammenrückung oder Rückbildung in Abgrenzung zu den Ableitungen die Wortart im Vordergrund. Wesentlich für die bei Komposition und Verwandtem relevanten Konstituenten der Wortarten Verb, Substantiv, Adjektiv oder Adverb ist darüber hinaus, dass sie nicht sowohl trennbar als auch untrennbar auftreten, wie dies für einige Derivationspräfixe der Fall ist.

Kompositionsglieder und Glieder der verwandten Bildungen sind Adverbien (*her, hin, herauf* etc., *hindurchfahren*), Verben (*grinsen, kennen – grinskeuchen, kennenlernen*) und Adjektive (*schön, blank – blankbohnern*). Substantive spielen nur bei Problemfällen eine Rolle (*Seil – seiltanzen*). Kompositionsglieder treten nicht sowohl fest als auch unfest auf.

Determinativ- und Kopulativkomposition

Bei den verbalen Komposita ist nicht nur die Grenze zu den freien Fügungen unklar (*radfahren, Rad fahren, Auto fahren*), sondern auch die zwischen (echter) Komposition und Zusammenrückung oder Rückbildung sowie die Einteilung in Kopulativ- und Determinativkomposita. Sehr oft ist Trennbarkeit möglich, ohne dass dies jedoch als eindeutiges Kriterium für die Bestimmung der Wortbildungsart dienen könnte. Insgesamt sind verbale Komposita bei Weitem nicht so häufig, wie wir es bei den anderen Wortarten gewohnt sind.

Die Verb-Verb-Verbindungen sind selten, aber durchaus produktiv. Bei fachsprachlichen Beispielen wie *spritzgießen, spülbohren* oder *ziehschleifen* überwiegt die Kopulativinterpretation, weil zwei Vorgänge gleichzeitig benannt werden, 'ziehen und dabei schleifen'. Es ist aber auch ein Determinativverhältnis vorstellbar 'ziehend schleifen'. Als Entscheidungshilfe könnte der Kontext oder die Definition das Fachbegriffs dienen. Eine andere Beispielsgruppe, die hin und wieder besprochen wird, stammt aus literarischen Texten, z.B. *grinskeuchen*, das als Determinativkompositum ('grinsend keuchen') vorstellbar ist, häufiger aber als Kopulativkompositum interpretiert wird ('grinsen und keuchen'). Oft ist bewusst beides möglich.

Die Adjektiv-Verb-Kombinationen, wenn sie nicht wie mit *voll* bei den Partikelverben landen, da mit und ohne Distanzstellung (*vollbríngen, vollénden, vóllquatschen*), kommen einer Interpretation als Komposita, und zwar mit determinativem Verhältnis, meist sehr nahe, z.B. *blankputzen, freihalten, brachliegen*. Sie sind unfest.

Besonders produktiv werden Adverbien und Verben zu Determinativkomposita verbunden, vgl. *herbeikommen, vorbeikommen, herkommen, hin-
kommen, hinaufkommen, dalassen, hierlassen, draufhauen* etc. Sie ergeben
trennbare Konstruktionen. Die Erstglieder sind betont. Sie fügen meist eine lokale Bedeutungskomponente dem Grundwort hinzu, in der Regel eine
Richtungsangabe. Teilweise entwickelte sich aus der lokalen eine temporale
Bedeutung (*vorbeigehen, zurückblicken, zurückdenken*). Es treten aber auch
andere übertragene (*sich über eine Vorgabe hinwegsetzen*) oder idiomatisierte Beispiele auf (*herumlaufen* 'ziellos laufen', *dahersagen* 'unüberlegt, flüchtig
sagen'). Zusammensetzungen mit *zurecht* treten in der Bedeutung 'richtig'
auf (*zurechtbiegen, zurechtrücken*). Idiomatisiert ist *zurechtweisen* 'tadeln'.
Verbindungen mit *zusammen* verweisen auf eine Gemeinsamkeit, einen Kon-
takt (*zusammenleben, zusammenschweißen*) oder idiomatisiert auf ein negativ
konnotiertes Tun (*zusammenreden, -faseln*).

Ein Problem bedeutet eventuell *los*, das als Adjektiv oder Adverb erscheint
und in der Zusammensetzung im Verb ähnlich wie *zusammen* auch eine eigene Semantik entwickelt, vgl. 'lösen' (*losdrehen, loslassen*), 'beginnen' (*loslachen, losheulen*).

Die Komposita mit Adverbien nähern sich denjenigen Partikelverben, die
mit *unter, über, wider* oder *wieder* gebildet werden. Im Unterschied zu ihnen
sind sie jedoch stets betont und trennbar, es gibt also keine Doppelformen.

Zusammenbildung

Bei der Wortbildung des Verbs gibt es keine Zusammenbildungen.

Zusammenrückung

Zusammenrückung liegt vor bei *kennenlernen, radfahren, stattfinden, achtgeben, maßhalten, leidtun, standhalten, teilnehmen, krankschreiben, kürzertreten, madigmachen, niedrighängen, richtigstellen, heimlichtun, schwerfallen, worthalten.* In dieser Liste ist die aktuelle Rechtschreibung ignoriert, der
Übergang von Lexem zur Wortgruppe ist fließend. Die Abgrenzung zu Determinativkomposita ist manchmal schwierig.

Rückbildung

Eine Rückbildung ist bei einer rein synchronen Betrachtungsweise nicht erkennbar. Es handelt sich dabei um ein morphologisch komplexes Wort, das durch Wegstreichen oder Ersetzen eines Wortbildungsmorphems entstand. Dabei ändert sich typischerweise die Wortart. Beispiele sind *notlanden* zu *Notlandung*, *staubsaugen* zu *Staubsauger*, *mähdreschen* zu *Mähdrescher*, *bauchlanden* zu *Bauchlandung*, *kurpfuschen* zu *Kurpfuscher*, *bruchrechnen* zu *Bruchrechnung*, *zwangsräumen* zu *Zwangsräumung*, weiter *uraufführen*, *zwischenlanden*, *voranmelden*, *Probe fahren*, *Kopf stehen*. Die Neuregelungen bei der Getrennt- und Auseinanderschreibung brechen dabei historisch begründete Zusammenhänge wieder auf, wenn ein ehemals komplexes Wort auseinandergeschrieben werden soll.

Die Ursprungswörter sind in der Regel Nomen, es kommen aber auch Partizipien, als Adjektive aufgefasst, vor, vgl. *aluminiumbeschichten* zu *aluminiumbeschichtet*, *maschinenschreiben* zu *maschinengeschrieben*, *raubkopieren* zu *raubkopiert*, *fernlenken* zu *ferngelenkt*, *zweckentfremden*, *korrekturlesen*, *computersteuern*.

Nicht auf den ersten Blick ersichtlich ist die Einordnung von Verben, die zu komplexen substantivierten Infinitiven gebildet sind, da hier kein Morphem wegfällt oder ausgetauscht wird. Da jedoch eine konvertierte Form (*das Grün*) als morphologisch verändert und damit komplexer gilt, zählen gewöhnlich Verben wie *seilspringen* zu *Seilspringen*, *nachtwandeln*, *eislaufen* oder *brustschwimmen* zu den Rückbildungen.

Das Verb *bruchrechnen* könnte vom Nomen *das Bruchrechnen* abgeleitet worden sein, tatsächlich aber war *Bruchrechnung* der ursprüngliche Ausdruck.

Zahlreiche Konstruktionen jedoch lassen eine klare Entscheidung nicht zu, sie sind doppelt motiviert über Zusammenrückung und Rückbildung, z.B. *schlangestehen* oder *ehebrechen* zu *Ehebruch* oder *die Ehe brechen*.

Hier sind die Fachsprachen kreativ, denn sie müssen kurz und gleichzeitig präzis formulieren, beispielsweise zu *Beweissicherung* „der Arbeitgeber plant, die Schallwerte Beweis zu sichern" oder auch *Beweissicherer*.

Ein wichtiger Hinweis auf eine Rückbildung ist meist das Meiden finiter Flexionsformen. Bei den SprecherInnen herrscht Unsicherheit bezüglich der korrekten Form – heißt es *er notlandete* oder *er landete Not*? Aber es besteht eine gewisse Tendenz zur morphologischen Trennung, vgl. *notgelandet*, *zwischengelandet*, *uraufgeführt*, jedoch **mähgedroschen*. Dazwischen befindet sich mit beiden Möglichkeiten *gestaubsaugt*, *staubgesaugt*. Die Defektivität ist natürlich kein eindeutiges Kriterium, da auch Konversionen hin und wieder und Kopulativkomposita meist ein unvollständiges Verbparadigma aufweisen.

Trennbarkeit

Bei den Komposita und solchen Konstruktionen, die wie Komposita aussehen, bestehen nur teilweise Tendenzen einer Korrelation von Trennbarkeit und Wortbildungsart. Bei Zusammenrückungen können wir die beiden beteiligten Einheiten trennen, bei Konversionen nicht. Das hängt mit der Entstehungsgeschichte eines Wortes zusammen, das bei der Zusammenrückung (*kennenlernen*) aus im Satz selbstständigen Einheiten, bei der Konversion (*ohrfeigen*) aus bereits vorher zusammengefügten Einheiten besteht. Determinativkomposita sind trennbar. Schwankungen und damit defektive (nicht vollständige) Paradigmen entstehen jedoch bei den Kopulativkomposita und den Rückbildungen (*mähdreschen*). Morphologische und/oder syntaktische Trennbarkeit hilft uns daher bei der Bestimmung der Wortbildungsart Komposition nicht. Auch die Defektivität des Verbparadigmas an sich ist kein verlässliches Zuordnungskriterium. Bei den Substantiv-Verb-Kombinationen (*seiltanzen*) ist die Bestimmung als Kompositum stets fraglich, bei den Verb-Verb-Kombinationen treten höchstens einmal Kopulativkomposita auf. Bei Adjektiv-Verb-Verbindungen sind Komposita eher anzutreffen, aber trotzdem liegen sie und andere Wortbildungen nahe beieinander. Relativ klar sind die Adverb-Verb-Konstruktionen als Determinativkomposita bestimmbar, solange die Adverbien betont sind.

Semantischen Kriterien und etymologische Kenntnisse müssen individuell bei der Bestimmung der Wortbildungsart helfen, es bleiben vielfach doppelmotivierte und problematische Fälle. Und auch die Fachliteratur ist in diesem Bereich erstaunlich uneinheitlich. Dies ist bei einer Wortbildungsanalyse am besten explizit anzugeben.

Erleichterungsrückbildung

Bei einer Erleichterungsrückbildung handelt es sich um eine morphologisch kürzere Form, die einige Zeit neben der längeren existierte und diese überlebte. Dies ist insgesamt sehr selten, besonders aber bei den Verben. Die Literatur führt *lacken* zu *lackieren* an.

Kontamination

Hierher könnte *verschlimmbessern* aus *verbessern* und *verschlimmern* gehören.

Konversion

Verben entstehen über Konversion aus Nomen. Dieses Muster ist stark vertreten, vgl. *filmen, geigen, flöten, dampfen, ölen, hechten, tigern, kleiden, schroten, malern.* Sie entstehen außerdem oft aus Adjektiven, vgl. *grünen, bangen, lahmen, kühlen.* Zu Interjektionen gebildet wurden *miauen, plumpsen, tschilpen.* Nominale Komposita liegen beispielsweise *ohrfeigen, kurzarbeiten, argwöhnen, wetteifern, frühstücken* oder *schichtarbeiten* zugrunde. Bei komplexen Formen besteht Verwechslungsgefahr mit der Rückbildung (*mähdreschen*).

Hinzuweisen ist auf lautliche Veränderungen des Ableitungsstamms wie bei *trocken/trocknen, Regen/regnen, Doktor/doktern* oder *Kopf/köpfen,* weiter *härten, kränken, bläuen, nässen.* Wie die letzten Beispiele zeigen, tritt bei der Konversion manchmal Umlaut auf.

Nichts miteinander zu tun haben *sagen/sägen, spielen/spülen, glucken/glücken, losen/lösen,* denn wir können keinerlei Bedeutungszusammenhänge finden.

Dagegen wirkt der Umlaut bedeutungsunterscheidend bei den deadjektivischen bzw. desubstantivischen *kranken/kränken, lahmen/lähmen, dampfen/dämpfen.* Der Umlaut führt zu Allomorphie, er tritt als Nebeneffekt der Konversion auf und ist als lautliche Variante, nicht als morphologisches Mittel zu behandeln.

Wortbildungssemantik

Die semantischen Aspekte führen zu mehreren Gruppen. Einerseits gibt es die Ornativa, die 'versehen mit' ausdrücken wie *salzen, zuckern, pfeffern, pudern, wässern, düngen, krönen, färben, fetten.* Hierzu ist auch eventuell *quälen* zu rechnen. Es gibt die privative ('etwas entfernen') Bedeutungsveränderung bei *schälen, häuten, flöhen,* die resultative ('werden zu', 'Ergebnis') bei *welken, rosten, splittern,* die faktitive ('machen zu') bei *knechten, schroten, bündeln, teilen, kürzen,* die instrumentale bei *baggern, geigen, löffeln,* die lokale bei *schultern, stranden, landen* und die temporale (hier durative) bei *lahmen, nässen.* In anderen Fällen wird ein Hervorbringen (*fohlen, kalben, krümeln*) oder ein Empfinden (*zweifeln, fürchten, hungern*) ausgedrückt.

Sehr viele der Verben geben ein imitatives Tun, ein „sich verhalten wie" an, z.B. *schnellen, tollen, malern, tischlern, schriftstellern, bocken, robben, lümmeln.* Hier treten auch Konversionsprodukte von Eigennamen auf (*röntgen,*

kneippen). Eine spezielle Gruppe ergeben die nullwertigen Verben, die nur
mit einem expletiven *Es* (nur mit grammatischer Funktion, ohne Eigenbedeutung oder Referenz) kombinierbar sind, vgl. *weihnachten, herbsten, dämmern,
hageln, schneien, regnen, stürmen.* Semantisch gehören auch die syntaktisch
freieren *tagen* und *stauben* dazu. Sie alle beschreiben ein Eintreten von Ta-
ges- oder Jahreszeiten oder Witterungserscheinungen. Erben (2006: 83) führt
sieben Grundmöglichkeiten von Bezeichnungsklassen auf, Tages-, Jahreszeit,
Witterungserscheinung (*tagen, hageln*), Beruf, Rolle (*schriftstellern, schmie-
den*), Tier, Sachgröße (*robben, pendeln*), Tätigkeit, Wirkung, Ergebnis (*rosten,
reisen*), Zustand, Bereich (*zweifeln, weiden*), Zugeteiltes, entnommener Teil
(*polstern, schälen*) und Mittel, Gerät (*hobeln, hupen*). Die Beziehungen werden empfunden als aktualisierend, imitativ, effektiv/resultativ, lokativ, ornativ, privativ bzw. instrumentativ.

Da die Präfixbildungen weitere Bedeutungsaspekte aufweisen, können Sie
dort eine Zusammenstellung mit den wichtigsten Begriffen, Erklärungen und
Beispielen finden.

Affixoidbildung

Diese Wortbildungsart gibt es bei den Verben nicht. Im Gegensatz zu den Affixoiden der Nomen und Adjektive sind die verbalen Elemente wesentlich älter und in ihrem Status längst verfestigt, sodass hier kein Übergang von Kompositionsglied zu Affix vorliegt, wie er für die Afffixoide typisch ist.

Übungen zu 11.1. Grundlagen
Bestimmen Sie die Wortbildungsart *enterben, frühstücken, zweckentfremden,
zusammenfaseln, mähdreschen*!

11.2. Vertiefung

Problembereich Kompositum

In den Grundlagenkapiteln klang bereits an, dass das Identifizieren eines verbalen Kompositums nicht einfach ist, da sich hier aufgrund der Trennbarkeit
und auch der verbeigenen Semantik viele sonst anwendbare Kriterien nicht so

leicht handhaben lassen. Darum sind die Meinungen in der Literatur auch extrem breit gestreut. Das sonst gängige Verfahren, ein Determinativkompositum (*freisprechen, brachliegen, zurückblicken*) über eine Paraphrase wie 'eine Art von' oder „der linke Teil bestimmt den rechten näher" zu erkennen, ist bei den Verben kein so sicheres Kriterium. Auch die Lage des Wortakzentes hilft nur tendenziell bei der Bestimmung der Wortbildungsart.

V+V-Verbindungen

Zunächst zu den seltenen, aber durchaus produktiven Verb-Verb-Verbindungen, und zwar erst einmal mit Verbstamm als Erstglied. Beispiele wie *spritzgießen* oder *spülbohren* werden überwiegend als Kopulativkomposita bestimmt, ohne dass ein Determinativverhältnis ganz auszuschließen ist, das hängt im Endeffekt von Kontext oder Definition ab, oft ist beides möglich.

Ein wichtiges Phänomen dieser Gruppe bedeutet die starke Tendenz, Formulierungen, die eine Entscheidung für eine morphologische Trennung, vor allem Distanzstellung, mit sich bringen, zu umgehen. Solche Komposita treten also als Infinitive auf, auch als Konversion zum Nomen, aber Konstruktionen wie ᵡ*er hatte spritzgegossen*, ᵡ*er spritzgießt /* ᵡᵡ*er gießt spritz* werden gemieden: Das Paradigma ist defektiv. Das heißt, die SprecherInnen wissen nicht, wie sie sich verhalten sollen, und damit ist die Bauweise ganz offensichtlich unklar. Insgesamt sind solche Bildungen selten anzutreffen.

Andere Verb+Verb-Verbindungen, die mit dem Infinitiv als Erstglied, wurden nach der Rechtschreibreform zunächst nicht mehr zusammengeschrieben, vgl. *liegen lassen, sitzen bleiben, kennen lernen*, nach der Reform der Reform 2005 gab es jedoch Korrekturen, die Verben sind nun variabel handhabbar. Allerdings liegt hier die Interpretation als Zusammenrückung näher, denn *kennenlernen* ist keine besondere Art des Lernens und es findet auch nicht gleichzeitig Kennen und Lernen statt. Dafür ist die Trennbarkeit klar: *Er lernt ihn kennen, er hat ihn kennengelernt*. Die Verbindungen mit einem Infinitiv an erster Stelle sind immer unfest. Es kommt zu unterschiedlichen Ansichten bei der Bestimmung der Wortbildungsart.

Lobpreisen ist eine Verbindung mit dem Nomen *Lob* und bedeutet 'mit Lob preisen', gehört also nicht hierher. Bei *mähdreschen* schließlich liegt eine Rückbildung zu *Mähdrescher* vor.

N+V-Verbindungen

Ein anderes Problem weisen die meisten Substantiv-Verb-Kombinationen auf. Häufig sind Fälle wie *radfahren, leidtun, standhalten, teilnehmen*. Hier handelt es sich um Zusammenrückung. Die Distanzstellung fällt leicht. Solche Nomen-Verb-Bildungen sind nie klar als Determinativkomposita interpre-

tierbar, da eine hin und wieder mögliche determinative Beziehung durch die
Interpretation der Zusammenrückung in den Hintergrund tritt. In jedem Fall
ist die Bestimmung der Wortbildungsart problematisch.

Daneben gibt es auch *Kopf stehen* oder *staubsaugen*. Diese Konstruktionen
können, müssen aber nicht zusammengeschrieben werden. Morphologische
Unsicherheiten bestehen bei *dienstleisten* oder *farbkopieren*. Es handelt sich um
Rückbildungen zu Nomen (vgl. *Kopfstand, Staubsauger, Dienstleistung, Farbko-
pierer*) und damit wieder nicht um Komposita, obwohl sie so aussehen. Deswegen werden solche Bildungen auch Pseudokomposita genannt. Ihr Paradigma
ist wieder unvollständig: Konstruktionen, die eine Entscheidung zur Trennung
fordern, werden gemieden, aber in einigen Fällen besteht die Tendenz dazu,
vgl. *Die Familie stand Kopf.* Bei *staubsaugen* ist wohl beides möglich (*gestaubsaugt, staubgesaugt*). Bei *maßregeln, handhaben, haushalten* (Rückbildungen)
kommt es nicht zu Distanzstellung, vgl. *Er wurde gemaßregelt.* Neu als komplexe Wörter zu behandeln sind auch *bankrottgehen, pleitegehen*.

Die Substantiv-Verb-Verbindungen sind insgesamt nicht zu den Komposita zu rechnen.

ADJ+V-Verbindungen

Viele Adjektiv-Verb-Kombinationen, z.B. *blankputzen, freihalten, brachliegen*, sind als Determinativkomposita interpretierbar, während bei beispielsweise *krankschreiben, kürzertreten, madigmachen, niedrighängen, richtigstellen, heimlichtun, schwerfallen, festbinden, blankbohnern, aufrechterhalten,
geheimhalten* oder *brachliegen* Zusammenrückung vorliegt. Beide Gruppen
sind in der Regel ebenfalls unfest.

Liebäugeln, langweilen oder *frohlocken* zeigen keine Distanzstellung auf.

Bei *tiefkühlen* handelt es sich um eine Rückbildung aus *Tiefkühltruhe*, da
ein Morphem wegfällt. Einen Problemfall bedeutet *kurzarbeiten*, da zunächst
nicht klar ist, ob hier *Arbeit* zu *arbeiten* gebildet wurde oder umgekehrt. Falls
nämlich das Verb grundlegend ist, wäre *Kurzarbeit* mit einem morphologisch
markierten zweiten Glied gebildet, das für ein Verb rückgebildet werden
müsste. Kluge (2002) gibt allerdings das Nomen als die ursprüngliche Bildung
an, damit ist *kurzarbeiten* als Konversion einzustufen.

Frühstücken schließlich ist eine Konversion zu *Frühstück*.

ADV+V-Verbindungen

Determinativkomposita aus Adverb und Verb sind sehr häufig, vgl. *herbeikommen, zurückblicken, herumlaufen, dahersagen*. Diskussionspotenzial
bieten Formen mit *los*, das als Adjektiv oder Adverb erscheint und in der
Zusammensetzung eine eigene Semantik entwickelt, vgl. 'lösen' (*losdrehen,
loslassen*), 'beginnen' (*loslachen, losheulen*). Während bei den Partikelverben

mit *unter, über, wider* oder *wieder* Doppelformen auftreten, sind die Komposita mit Adverbien stets betont und trennbar.

Insgesamt sollte die eigentliche Leistung bei der Bearbeitung der komplexen Verben in der Kenntnis der Probleme liegen. Neben einer strukturellen Analyse bedeutet die Diskussion damit den Schwerpunkt der Leistung. Sie sollte sich auf die Aspekte diachrone Entwicklung beziehen, die heute nicht mehr immer nachvollziehbar ist, auf die Rechtschreibreform, die viele als Einheiten empfundene komplexe Lexeme auseinander schreiben will, auf die Trennbarkeit unter bestimmten morphologischen und syntaktischen Bedingungen sowie auf die Semantik.

Rein synchron bzw. auf den ersten Blick betrachtet haben wir es mit Komposita, Pseudokomposita und verschiedenen Arten der Präfigierung zu tun mit breiten Übergangsbereichen und vielen unklaren Beispielen. Was so aussieht wie ein Kompositum, aber nicht sicher so einordbar ist, kann zunächst als Pseudokompositum bezeichnet werden, die Diskussion erklärt dann Näheres. Zwischen Determinativkompositum und Kopulativkompositum kann ohne exakte Definition eines Verbs oder Kontextinformationen nicht immer klar entschieden werden. In den Arbeiten läuft *grinskeuchen* meist unter Kopulativkompositum, obwohl manchmal auch auf ein determinatives Bedeutungsverhältnis hingewiesen wird. Die Zusammenrückungen (*kennenlernen*) liegen sehr eng an den Komposita oder überschneiden sich mit ihnen, dann ist bei einigen die Annahme eine Doppelmotivation vorzuziehen. Bei *wahrnehmen*, *seligpreisen* und *achtgeben* handelt es sich historisch um Zusammenrückungen (Birkhan 1985: 176). Auch die Rückbildungen (*mähdreschen*) sehen synchron oft wie Komposita aus, ebenso die zweigliedrigen Konversionen (*frühstücken*). Die Grenze zwischen Komposition und Ableitung (*vollquatschen*), zu der auch Beispiele mit Partikelverben zählen, wird definitorisch gesetzt, beispielsweise wie hier vorgeschlagen anhand der Kriterien Wortart und Trennbarkeit. Sie erklärt sich nicht aus den in den anderen Wortarten bewährten Kriterien. Hierauf ist in einer Analyse stets hinzuweisen. Denn immer muss ein erläuternder Text genaue Informationen liefern.

Donalies (1999), Motsch (2004), Eschenlohr (2007), Kauffer/Métrich (2007)

Reduplikativkompositum

Das einzige Beispiel in den Wörtbüchern ist *schlampampen* 'schlemmen, hemmungslos schmausen', während *rumpumpeln* höchstens vereinzelt in poetischer Sprache auftritt.

Problembereich Konversion

Eine gewisse Schwierigkeit stellen einfache Konversionen wie *husten* dar, bei denen nicht auf den ersten Blick ersichtlich ist, ob das Verb oder das Nomen das ursprünglichere waren. Die Ableitungsrichtung kann manchmal über den Paraphrasetest ermittelt werden, *fischen* 'Fische fangen', *sägen* 'mit der Säge arbeiten' (Fleischer /Barz 1995: 210), *pudern* 'mit Puder versehen' (Eschenlohr 1999: 53). Das heißt, das Ursprungswort ist für die Paraphrase des komplexen Wortes nötig. Aber oft hilft nur ein etymologisches Wörterbuch weiter, das *Ehre, laufen, Teil* und *rufen* als grundlegend und *ehren, Lauf, teilen* und *Ruf* als hierzu gebildet bestimmt. Doch in manchen Fällen ist das Ableitungsverhältnis nicht geklärt, beispielsweise bei *Lob/loben*. Sind die diachronen Daten unbekannt und/oder stehen bei der Bearbeitung keine Wörterbücher zur Verfügung, muss der Hinweis „synchron nicht entscheidbar" gegeben werden, aus heutiger Sicht sind die Wörter möglicherweise doppelt motiviert.

    Das Verb *rahmen* wurde laut Simmler (1998: 598) zum Nomen, das ursprünglich kein finales *n* aufwies, gebildet. Er weist auch darauf hin, dass *Haufen* und *häufen* bereits im Ahd. existierten als *hûfo* bzw. *hûfôn*. Das Verb *albern* schließlich entstand durch Suffigierung eines *n* an das Adjektiv frühnhd. *alber* (Pfeifer in Simmler 1998: 605).

Die mehrgliedrigen Konversionen wie *wetteifern* führen zum Problembereich der Komposita über. Denn auf den ersten Blick sehen sie aus wie über die Zusammensetzung von *wett* und *eifern* entstanden. So gesehen können sie auch als Pseudokomposita bezeichnet werden. Dies ist aber morphologisch ungenau bzw. sogar falsch, wenn nicht weiter Stellung genommen wird. Denn in unserem Fall war *Wetteifer* das ursprüngliche Wort.

    Eine andere Verwechslungsgefahr besteht mit den Rückbildungen. Eine über Konversion entstandene Form wie *arbeiten* zu *Arbeit* ist morphologisch verändert, damit ist sie im Grunde genommen komplexer. Bei *kurzarbeiten* ist also die Ableitungsrichtung *arbeiten* zu *Arbeit* anzusetzen, dann ist *kurzarbeiten* als Konversion von *Kurzarbeit* (vgl. auch Fleischer/Barz 1995: 298) einzustufen. Anders liegt der Fall bei Verben, die grundlegend sind, beispielsweise *laufen*, zu dem *das Laufen* gebildet ist. Das Nomen ist hier das morphologisch komplexere Lexem. Also sind Formen wie *eislaufen* (aus *das Eislaufen*) wiederum durch die Rücknahme der morphologischen Komplexität zu verstehen. Das Nomen *Eislaufen* verliert bei der Veränderung zum Verb *eislaufen* das morphologische Merkmal Konversion, bildet sich also „zum Verb zurück" und ist daher eine Rückbildung. Auch bei *kugelstoßen, bergwandern, brustschwimmen, spießrutenlaufen, wassertreten, seil(chen)springen, diskuswerfen, speerwerfen, kugelstoßen* oder *raubkopieren* sind die substantivierten Infinitive die Ursprungsformen, sodass die Verben über Rückbildung entstanden (Marschall 2007: 178).

Was ist mit *sonnenbaden*? Laut Kluge (1999) ist *baden* zu *Bad* gebildet. *Sonnenbad* ist lexikalisiert, also dürfte zum Nomen das Verb *sonnenbaden* über Konversion entstanden sein.

Bei *schlangestehen* wie auch bei *schichtarbeiten* setzt Eschenlohr (1999: 144, 154) eine Doppelmotivation von Rückbildung und Zusammenrückung an.

Wir gehen nun eine Beispielsaufgabe durch. Sie lautet: Vergleichen Sie die Wortbildung folgender Verben: *radfahren, keuchhusten, zusammenschlagen*!

Alle drei Lexeme sind komplexe Verben, auf den ersten Blick mit vergleichbarer Struktur.

Die ersten beiden können zunächst als Pseudokomposita bezeichnet werden im Gegensatz zum dritten, hier beschreibt *zusammen* das Verb *schlagen* näher, und wir ordnen es den Determinativkomposita zu.

Bei *radfahren* schreibt die aktuelle Rechtschreibung die Getrenntschreibung vor. Hier liegt die Interpretation als Zusammenrückung nahe. Die Form entstand aus Formulierungen wie *mit dem Rad fahren*.

Bei *keuchhusten* muss davon ausgegangen werden, dass die Benennung der Krankheit vor der der Handlung existierte. Das Nomen *Keuchhusten* ist primär anzusetzen, damit ist das Verb eine Konversion, was sich auf den Strukturbaum auswirkt. Das Nomen *Keuchhusten* ist ein Determinativkompositum. Dass das Nomen *Husten* primär ist und das Verb *husten* über Konversion dazu entstand, erfahren wir erst durch einen Blick in ein etymologisches Wörterbuch. Dass hingegen das Verb *schlagen* das ursprünglichere ist und erst davon *Schlag* gebildet wurde, könnte durch eigene Überlegungen erkannt werden.

Die Strukturbäume der Lexeme sehen folgedermaßen aus:

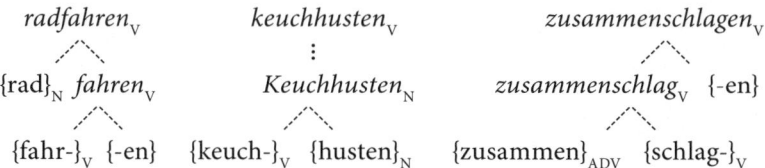

Bei {fahr-}, {keuch-} und {schlag-} liegen verbale Wurzeln, gebunden, lexikalisch, vor. Die Nominalwurzel {husten} und die Adverbialwurzel {zusammen}

sind lexikalisch und frei. Bei {-en} handelt es sich um das Infinitiv-Morphem, das gewöhnlich als Flexionssuffix, grammatisch, gebunden, bezeichnet wird. Es liegt nahe bei den Ableitungselementen, hier könnte eine Diskussion anschließen.

Das Verb *radfahren* ist eine Zusammenrückung, *keuchhusten* eine Konversion, *zusammenschlagen* ein Determinativkompositum. Die Paraphrasen und Wortbildungsbedeutungen sind 'mit dem Rad fahren', instrumental, 'husten, wie es beim Keuchhusten üblich ist', Vorgangsbeschreibung und 'jemanden brutal niederschlagen', intensivierend. Das dritte Verb ist also teilidiomatisiert, da die Bedeutung von *zusammen* verloren gegangen ist. Den drei Verben liegen damit drei verschiedene Wortbildungsarten zugrunde.

In einigen Arbeiten würden *radfahren* und *zusammenschlagen* als Partikelverben bezeichnet, z.B. Duden (2006), da diese dort über die Trennbarkeit der Erstglieder bestimmt werden, unabhängig von deren Wortart und der Entstehunggeschichte. Es werden für die Verben keine Zusammenrückungen und keine Determinativkomposita angesetzt. Diese Analysevariante ergibt damit eine starke Abweichung zu den Wortbildungsarten der übrigen Wortarten.

In anderen Abhandlungen führen alle trennbaren Erstglieder zum Ausschluss aus der Kategorie Lexem (Donalies 2007), was als Konsequenz zum Ausschluss von Wörtern wie *radfahren* und *zusammenschlagen* aus dem Analysebereich führt. Die Gruppe der komplexen Verben würde dann insgesamt stark schrumpfen. Bei beiden Positionen, die hier exemplarisch herausgegriffen wurden, müssten die Unterschiede in der Bildungsweise der drei Lexeme in einem Begleittext beschrieben werden.

Kühnhold et al. (1973), Eschenlohr (1999), Kauffer / Métrich (2007)
semantische Aspekte der Verben: Motsch (2004)
Erleichterungsrückbildung: Erben (2006: 39)

Übungen zu 11.2. Vertiefung
1. Welche verschiedenen Präfixgruppen gibt es bei der verbalen Wortbildung? Worin unterscheiden sie sich?
2. Welche Wortbildungsarten gibt es bei den Verben?

12. Verb – Wortbildung II

12.1. Grundlagen

Das erste Kapitel zur verbalen Wortbildung hat bereits gezeigt, dass das Deutsche hier einige Probleme aufweist, neben Unklarheiten bei der Zusammenschreibung vor allem die Trennbarkeit/Unfestigkeit vieler links vom Stamm plazierter Konstituenten. Das führt zu ganz unterschiedlichen Abgrenzungen zwischen Kompositionsgliedern und Präfixen und oft zu weiteren Untergruppen. Der vorliegende Band schlägt eine Einteilung der betroffenen Elemente bezogen auf Trennbarkeit und Wortart vor mit größtmöglicher Nähe zu der Wortbildung der anderen Wortarten. Ausnahmen werden möglichst vermieden. Das heißt, es wird keine neue Kategorie bei den Wortbildungsarten eröffnet. Die Betonung spielt nur eine untergeordnete Rolle, da sie bei den Präfixen mit Trennbarkeit einhergeht. Die Zusammenschreibung im Infinitiv ist spätestens seit der letzten Rechtschreibreform als Kriterium untauglich geworden.

Für die heimischen Einheiten wird folgende Einteilung angesetzt:

verbale Präfixe
a) (echte) – fest, unbetont: *be-, ent-, er-, ver-, zer-, miss-* (*bearbeiten*)
b) (Verbpartikeln)
    b.1)   unfest, immer betont: *ab-, an-, auf-, aus-, bei-, dar-, ein-, mit-, nach-, vor-, zu-* (*abarbeiten*)
    b.2)   sowohl unfest/betont als auch fest/unbetont: *durch-, über-, um-, unter-, voll-, wider-, wieder-* (*unterhálten, únterbewerten*).
Kompositionsglieder
    unabhängig von Trennbarkeit oder Schreibung, z.B. Adverbien (*her, hin, mit, herauf,* etc., *hindurchfahren*), Verben (*grinsen, kennen – grinskeuchen, kennenlernen*), Adjektive (*schön, blank – schönfärben, blankbohnern*); (Substantive (*Seil – seiltanzen*) nur als Problemfälle).

zu a): In dieser Gruppe sind die (echten) Präfixe zusammengestellt, die untrennbar mit dem Verbstamm verbunden sind. Sie gibt es so auch bei den anderen Wortarten (*be-urteilen, un-gut, Ur-wald*). Sie sind sprachgeschichtlich
älter als die der Gruppe b). Sie sind unbetont und stellen bei der Diskussion
kein Problem dar. Zu ihnen kamen später dann auch die Fremdpräfixe hinzu,
bei denen es keine Verbpartikeln gibt.

zu b): Den Mitgliedern dieser Gruppe stehen gleichlautende freie Wörter
zur Seite. Sie werden zumeist als Verbpartikeln bezeichnet.

Die Gruppe b.1) umfasst die Verbzusätze, die gleichlautend mit Präpositionen vorkommen und Distanzstellung erlauben (Ausnahme: das unproduktive *dar*). Sie sind also trennbar. Sie sind außerdem betont.

Die Gruppe b.2) führt Verbzusätze auf, die gleichlautend mit Wörtern
auftreten, vorwiegend als Präposition, aber auch als Adverb (*wieder*) oder als
Adjektiv (*voll*). Aber entscheidend ist die Verwendung: sowohl fest als auch
unfest. Das führt in der Regel zu verschiedenen Bedeutungen eines Verbs, beispielsweise *úmfahren/er fährt den Baum um* 'beim Fahren umwerfen', *umfáh-
ren/er umfährt den Baum* 'um etwas herum fahren'. In dieser Gruppe ist die
Trennbarkeit gekoppelt an die Betonung des Verbzusatzes.

Den Mitgliedern der Gruppen a) und b) ist gemeinsam, dass sie zur Verb-
bildung dienen, dabei meist von verschiedenen Wortarten ableiten und oft
eine syntaktische Veränderung bewirken (*arbeiten* vs. *etwas erarbeiten*). Sie
sind semantisch eher abstrakt und ergänzen sich bei der abstufenden inhaltlichen Abwandlung der Grundverben. Eine Konkurrenz ist selten (vgl. *auf-,
erblühen*). Meist bewirken die Präfixe feine Differenzierungen. Lautlich sind
sie kurz, nämlich einsilbig (außer *wieder-, wider-, über-* und *unter-*). Für alle
gilt, dass die unbetonten nicht trennbar sind und umgekehrt.

Davon zu unterscheiden sind die Kompositionsglieder bzw. Konstituenten
der Wortarten Verb, Substantiv, Adjektiv oder Adverb. Sie treten NICHT sowohl trennbar als auch untrennbar auf.

Explizite Derivation

Präfigierung

Die erste Gruppe der verbalen Präfixe besteht aus den nicht trennbaren Elementen und ist damit morphologisch eindeutig. Diese – echten – Präfixe sind unbetont, im Partizip II fällt das *ge-* fort (*steigen – gestiegen* vs. *besteigen – bestiegen*).

Es ist typisch für die verbale Wortbildung, dass sich hier sehr häufig die
syntaktischen Verhältnisse verändern, beispielsweise *Ich wohne im Keller* vs.
Ich bewohne den Keller. Das unterscheidet sie von der Derivation der anderen
Wortarten.

Die Präfigierung erfolgt überwiegend an Verbstämme. Bei der Ableitung der Verben von Adjektiven kann der Stamm als Positiv (*verengen, verdünnen*) oder als Komparativ erscheinen (*verschlimmern, verschönern*). Letzteres ist heute nicht mehr produktiv.

Manchmal treten auch zwei Präfixe auf, vgl. *anvertrauen, umverteilen, vorenthalten.*

Wortbildungssemantik

Die semantischen Veränderungen sind stark aufgefächert und oft individuell zu beschreiben. Beispielsweise kann sich aufgrund des Präfixes eine durative (*blühen*) in eine ingressive Bedeutung (*erblühen*) oder in eine egressive (*verblühen*) wandeln. Während *blühen* nur die Tatsache bzw. den Verlauf eines Geschehens angibt, markiert *erblühen* den Beginn und *verblühen* das Ende. Manche Präfixe sind ornativ mit der Bedeutung 'versehen mit' im weitesten Sinne, *verkleistern* meint 'etwas mit Kleister versehen', *bekleiden* heißt 'etwas mit einem Kleid versehen'. Wenn das rückgängig gemacht wird, ist die Bedeutung durch das Präfix privativ, *entkleiden* 'sich seiner Kleidung entledigen'. Oft kommt es zusätzlich zu übertragener und/oder verschobener Bedeutung (*ein Amt bekleiden*). Die Unterschiede in der Verlaufsweise eines Geschehens oder der Handlungsart werden als Aktionsart bezeichnet.

Die Semantik der Präfixe ist äußerst facettenreich. Daher können ausgesprochen viele Bedeutungsnuancen, mit oder ohne eigenen Terminus, angegeben werden, um solche komplexen Verben inhaltlich näher zu beschreiben. Exakte Bedeutungsbestimmungen sind häufig nur als längere Paraphrase möglich und oft heikel. Entsprechende Diskussionen sind eher in der Vertiefungsphase durchzuführen. Für die ersten Analyseschritte genügt sicherlich eine ungefähre Angabe der Bedeutung, vor allem, wenn der Schwerpunkt auf der Strukturbeschreibung liegt. In Hinblick auf eine vertiefende Beschäftigung und der Vollständigkeit halber sollen hier trotzdem die gängigsten Termini zusammengestellt sein.

Eine Verbbedeutung kann sein

temporal	allgemein bezogen auf zeitliche Aspekte (*überwintern*)
durativ	Verlauf eines Prozesses, einer Handlung oder eines Ereignisses (*blühen, ertragen*)
egressiv	Ende des Prozesses etc. (*verblühen, entschlafen*)
Ereignis	*blitzen, donnern, weihnachten*
ingressiv	Beginn des Prozesses etc. (*erblühen, anfahren, aufwachen*)
lokal	allgemein bezogen auf örtliche Verhältnisse (*anschrauben, überfliegen, schultern*), auch lokativ

direktional	eine Richtung wird benannt (*aufflattern*)
dislokativ	Trennung, Verlust von Kontakt (*abreisen, abmontieren*)
modal	allgemein die Art und Weise betreffend
diminutiv	verringernd, abschwächend, meist verbunden mit iterativ/wiederholt (nur als Suffix, vgl. *hüsteln*), auch diminuierend
imitativ	'sich verhalten wie' (*bemuttern, tigern*)
instrumental	der Prozess etc. wird mit einem Mittel hervorgerufen (*erdolchen*)
intensiv	sehr starke Ausführung des Prozesses bzw. der Handlung etc. (*befragen, abküssen*)
iterativ	'wiederholt', oft verbunden mit diminutiv, was auf eine abgeschwächte Handlung verweist (nur als Suffix, vgl. *tröpfeln*)
Negation	*missfallen*
falsch	*verrechnen*
zu viel	*versalzen, überfischen*
revers(at)iv	Rücknahme des Prozesses etc. (*destabilisieren*), auch Umkehrung, rückgängig machen
faktitiv	'etwas machen zu etwas', aktivisch (*verdünnen, zerbomben, härten, blondieren*)
kausativ	ein neuer Zustand wird verursacht (*versenken, ertränken*)
ornativ	Hinzufügung, 'versehen mit' (*verglasen*), auch im weiteren Sinne (*behausen, beehren*), fachsprachlich (*anböschen* 'ein Gelände o.ä. mit einer Böschung versehen*)
privativ	Wegnahme, Beseitigung (*entkleiden*)
resultativ	passivisch, Vorgang, der zum Abschluss führt, Ergebnis, 'werden zu' (*versumpfen*)

Andere verbreitete Begriffe wie inchoativ, was des Öfteren für den Beginn einer Handlung steht, oder perfektiv für den Abschluss einer Handlung werden hier nicht gebraucht, da sie literaturübergreifend uneinheitliche Verwendung finden.

Teilweise liegen die Bedeutungen der Präfixverben recht nahe beieinander. Resultativ und faktitiv unterscheiden sich beispielsweise durch ein Zutun. So heißt *vertrotteln* 'trottelig werden', ohne dass jemand dafür veanwortlich ist (resultativ). Im Gegensatz dazu bedeutet *versklaven* nicht 'zum Sklaven werden', sondern 'jemanden zum Sklaven machen' (faktitiv). Der Unterschied zu den Egressiva ist hier das schlichte Beenden einen Vorgangs, die Rose verblüht, und dann blüht sie nicht mehr, während bei den Resultativa das Ergebnis im Vordergrund steht – wer vertrottelt, ist schließlich trottelig.

In anderen Fällen treffen mehrere Bezeichungen gleichzeitig zu, *entladen* ist privativ, da etwas weggenommen wird, aber auch reversiv, da das Beladen rückgängig gemacht wird.

Davon zu unterscheiden sind syntaktische Veränderungen, die beschrieben werden durch

transitivierend	das Verb benötigt nun ein Akkusativobjekt (*bearbeiten*)
reflektivierend	das Verb benötigt nun ein Reflexivpronomen ((*sich*) *vertun*, (*sich*) *einleben*)

Die Tabellen geben die wichtigsten Funktionen der Präfixe an. Die tatsächliche Bandbreite der semantischen Muster ist jedoch sehr ausgeprägt, sodass einige seltenere oder vereinzelt auftretende Bedeutungen nicht aufgeführt sind, um die Übersichtlichkeit nicht zu gefährden. Bitte vergessen Sie bei der Arbeit mit den Tabellen nicht, dass es immer wieder auch zu semantischen Einzelfällen kommen kann, auf die Sie hinweisen, am besten anhand einer Paraphrase. Für die echten Präfixe vgl. Tabelle (37).

Tabelle 37: Die produktiven heimischen Präfixe der Verben, Gruppe a: untrennbar, unbetont

1	2	3	4
Präfix	**Basis**	**Beispiele, Bedeutung**	**Anmerkungen**
be-	Substantiv	ornativ (*besolden, bedachen, besohlen, beglückwünschen*), imitativ (*bemuttern*)	produktiv, stets transitivierend; eventuell doppelt motiviert *bepolstern*, idiomatisiert *bedingen*
	Adjektiv	faktiv (*befreien, beengen, benässen*)	nicht produktiv, stets transitivierend
	Verb	ornativ (*bepflanzen, bestuhlen*), intensiv (*befragen, befürchten*)	stets transitivierend, teils auch ohne zusätzliche Bedeutungskomponente, idiomatisiert *besuchen*, undurchsichtig *beginnen, begehren*
	Partikel	*bejahen*	isoliert
ent-	Substantiv	privativ (*entthronen, entkleiden*), resultativ (*entziffern*)	
	Adjektiv	reversiv (*entmutigen*), egressiv (*entfernen*)	mit Umlaut *entblößen*, übertragen *entledigen*

1	2	3	4
Präfix	**Basis**	**Beispiele, Bedeutung**	**Anmerkungen**
ent-	Verb	lokal 'weg' (*entführen, entweichen, entfliehen*), resultativ (*entschlafen*), ingressiv (*entbrennen*), reversiv (*entehren, entfärben*)	idiomatisiert *entsprechen,* undurchsichtig *entbehren,* nur diachron ist ein früheres *ent-* heute als *emp-* zu erkennen *empfinden*
er-	Substantiv	instrumental (*erdolchen*), faktitiv (*erlisten, erbeuten*)	schwach produktiv, eventuell doppelt motiviert *erkaufen, erspielen, erstreiten*
	Adjektiv	resultativ (*erkälten, erblinden*), faktitiv (*erleichtern, erfrischen, erneuern, erheitern*), lokativ (aufwärts) (*erbauen, errichten*)	schwach produktiv
	Verb	ingressiv (*erblühen*), egressiv (*erwürgen*), durativ (*ertragen*), intensiv (*erdulden*), faktitiv (*erbauen, erheben*), speziell: 'führt zum Besitz' (*erkämpfen, ersteigern*)	ingressiv nicht mehr produktiv, faktitiv produktiv, oft rein transitivierend *erblicken, erhoffen,* idiomatisiert *erzählen, ergötzen*
miss-	Verb	Negation (*missglücken, missachten*), 'falsch' (*missdeuten, missverstehen*)	nicht sehr produktiv; undurchsichtig *misslingen*
ver-	Substantiv	ornativ (*verglasen, vergittern*), faktitiv (*versklaven, verfilmen*), resultativ (*vertrotteln, versumpfen*), instrumental (*vertäuen*)	*ver*-Ableitungen geben immer eine Zustandsänderung an, immer auch egressiv, oft negativ, die ornative Verwendung ist produktiv, die egressive deverbale Ableitung ist nicht mehr produktiv, idiomatisiert *veruntreuen, verzahnen, vertragen, verstehen,* undurchsichtig *vergeuden, verleumden*
	Adjektiv	faktitiv (*veredeln, verdünnen, verfeinern, verbreitern*), resultativ (*verblassen, verarmen*)	
	Verb	resultativ (*verheizen, verarbeiten*), eggressiv (*verblühen, verklingen*), Negation (*verachten*), 'falsch' (*verrechnen*), 'zu viel' (*versalzen, verstauben*), intensiv (*vermeiden*), lokal (Verbindung) (*verkneten*)	
	Partikel	*verneinen*	isoliert
zer-	Substantiv	faktitiv (*zerbomben, zerfleischen, zermürben, zerschneiden, zerplatzen*)	*zer*-Ableitungen beinhalten immer ein Zerstören, mit Umlaut *zerrädern,* mit gesteigertem Adjektiv *zerkleinern*
	Adjektiv		
	Verb		

Nicht mehr produktiv sind *ob-* (*obliegen, obsiegen*) und *ge-* mit einer gehobensprachlichen Komponente (*geloben, gedenken*) und einer egressiven (*gefrieren, gerinnen*). Idiomatisiert ist *gehören*, undurchsichtig *gelingen*. Fremdsprachliche Präfixe wie *dis-* (*disqualifizieren*) oder *re-* (*reservieren*) sind im anschließenden Vertiefungskapitel behandelt.

Der Begriff der P r ä f i x k o n v e r s i o n wird von einigen verwendet, um darauf hinzuweisen, dass die unpräfigierten Verben (*erdolchen – *dolchen, veruntreuen – *untreuen*) nicht existieren, dass also mit der Präfigierung auch eine Konversion des Nomens zum Verb stattfindet. Bei den anderen Wortarten wird jedoch auf einen eigenen Begriff in vergleichbaren Fällen verzichtet (*Schüchternheit – *Schüchtern*). Es ist nicht unbedingt nötig, hier eine eigene Kategorie anzusetzen, nur weil die meisten Präfixe keine Wortartveränderung bewirken. Wir ziehen also diejenige Lösung vor, die Präfigierung auch bei Wortartwechsel annimmt und die entsprechenden Wortartbestimmungen im Zusammenhang mit der Analyse des jeweiligen Präfixes vornimmt, sodass der Begriff Präfixkonversion überflüssig wird. Bei der Analyse ist darauf hinzuweisen, dass eine Wortartänderung bei der verbalen Präfigierung selten ist.

Bei der Analyse eines derivierten Verbs, zum Beispiel im Satz *Der Spion wollte seine Großmutter bespitzeln*, müssen Sie zunächst die Infinitivendung abtrennen, weil sie als Flexiv gilt. Dabei setzen Sie bereits voraus, dass Sie ein Verb analysieren. Die Wortart ist in jedem Falle anzugeben.

bespitzeln$_V$

$\diagup\diagdown$

bespitzel-$_V$ {-n}

{-n} ist ein Allomorph zu {-en}. Es ist ein gebundenes, grammatisches Flexionssuffix. Nun ist die Struktur des Verbstamms *bespitzel-* zu bestimmen. Sie trennen das {be-} ab, dann müssen Sie entscheiden, zu welcher Wortart der Stamm *spitzel* gehört – es gibt kein Verb **spitzeln* im Deutschen, es handelt sich also um ein Nomen. Dies ist nicht weiter zerlegbar, damit ist es eine Substantivwurzel, sie ist lexikalisch und frei. {be-} ist ein Derivationspräfix, es ist grammatisch, gebunden, nicht trennbar und bewirkt hier eine Wortartänderung, was bei der verbalen Derivation selten ist.

bespitzel-$_V$

$\diagup\diagdown$

{be-} {spitzel}$_N$

Es handelt sich bei der Wortbildungsart also um eine explizite Derivation, genauer Präfigierung. Nun schauen Sie in der Tabelle (37) in der dritten Spalte die Bedeutungsmöglichkeiten nach. Bei der desubstantivischen Ableitung mit {be-} treten gern ornative oder imitative Bedeutungsveränderungen auf. Über die Parapharase *bespitzeln* 'sich verhalten wie ein Spitzel' erkennen Sie in unserem Fall die imitative Bedeutung. Bei der Analyse können Sie schließlich noch ergänzen, dass es sich um ein produktives Wortbildungsmuster handelt.

Für die unfesten Präfixe vgl. Tabelle (38).

Tabelle 38: Die produktiven heimischen Präfixe der Verben, Gruppe b.1: unfest, immer betont

1	2	3	4
Präfix	**Basis**	**Beispiele, Bedeutung**	**Anmerkungen**
ab-	Substantiv	privativ (*abstielen*)	idiomatisiert *absahnen*
	Adjektiv	faktitiv (*abschrägen, abflachen*)	
	Verb	privativ bzw. dislokativ (*ab-pflücken, abreisen, abwischen, abbuchen, abfallen*), lokal/abwärts (*absteigen*), egressiv (*abschließen, abheilen*), reversiv (*abbestellen, abrüsten*), negativ (*abwerten*), intensiv (*abküssen, abprüfen*)	intensivierend besonders jugend-sprachlich *abtanzen, abfeiern, abtelefonieren*, idiomatisiert *absacken, abschaffen*
an-	Substantiv	*anfreunden*	
	Adjektiv	faktitiv (*anschrägen, anschuldigen*)	
	Verb	lokal 'befestigen'/ornativ (*an-schrauben, anketten*), lokal, Rich-tung (*anschreien, anblicken*), ingressiv (*anfahren*), intensiv (*anspannen, anwachsen*), ornativ (*ankreuzen*)	
auf-	Substantiv	faktitiv (*aufforsten*)	
	Adjektiv	faktitiv (*auffrischen, aufhellen aufheitern*)	
	Verb	ingressiv (*aufblühen*), lokal/Kon-takt (*aufprallen*), lokal/aufwärts (*aufheben*), faktitiv (*aufwärmen*), egressiv (*aufessen*), 'öffnen' (*aufmachen, aufdrehen*), intensiv (*aufopfern*)	

1	2	3	4
Präfix	**Basis**	**Beispiele, Bedeutung**	**Anmerkungen**
aus-	Substantiv	privativ (*auskernen, aussteinen*)	
	Adjektiv	resultativ (*ausnüchtern*)	
	Verb	lokal 'heraus' (*auswandern, ausreisen*), resultativ (*ausheilen*), privativ (*ausmisten, ausholzen*), egressiv (*aussterben, ausreifen*), ornativ (*auspolstern*), negativ (*auspfeifen, auslachen*), intensiv (*ausruhen*), 'preisgeben' (*ausplaudern*)	
bei-	Verb	lokal/Kontakt (*beifügen*)	nur noch dialektal produktiv; häufig metaphorisch; idiomatisiert das desubstantivische *beipflichten*, weiter *beisetzen*
ein-	Substantiv	ornativ (*einnebeln*), faktitiv (*einaschern, einkerkern*)	
	Adjektiv	faktitiv (*einschüchtern*)	
	Verb	ingressiv (*einschlafen*), 'hinein' (*einfahren*)	
mit-	Verb	Miteinander, Beteiligung, Gleichzeitigkeit (*mitmischen, mitarbeiten*)	idiomatisiert *mitteilen, etwas mitmachen* 'viel ertragen'
nach-	Substantiv	*nachäffen*	
	Verb	lokal 'hinterher' (*nachlaufen*), temporal 'nachher' (*nachdatieren*), 'erneut' (*nachwachsen*), 'Vorbild' (*nacheifern, nachmachen*), 'Zurückweichen' (*nachgeben*), intensiv (*nachhelfen*)	
vor-	Verb	lokal 'davor, nach vorn' (*vordringen, vorfahren*), 'vor Publikum' (*vortanzen, vorsingen*), temporal 'vorher'/'Vorsorge treffen' (*vorsorgen, vorbereiten*), 'Vorbild' (*vorleben*)	
zu-	Verb	lokal/Richtung (*zujubeln, zurufen*), 'schließen' (*zumachen, zudrehen*), intensiv (*zulassen*), Hinzufügen (*zuzahlen*)	idiomatisiert das desubstantivische *zumuten*

Nicht mehr produktiv ist *dar-*, ursprünglich lokal (*darbieten, darbringen*), heute meist idiomatisiert (*darlegen, darstellen*).

Die sowohl fest als auch unfest auftretenden Präfixe sind in Tabelle (39) aufgeführt.

Tabelle 39: Die produktiven heimischen Präfixe der Verben, Gruppe b.2: +/- fest, +/- betont

1	2	3	4	5
Präfix	Basis	betont ?	Beispiele, Bedeutung	Anmerkungen
durch-	Verb	+	Richtung (*durchgeben, durchrufen*), 'entzwei' (*durchbrechen, durchbeißen*), fakt./resultativ (*durchbacken, durchbiegen*), 'ohne Unterbrechung' (*durcharbeiten*), 'gründlich' (*durchchecken, durchdiskutieren*)	idiomatisiert *durchbringen* 'jemandem helfen, eine Schwierigkeit o.ä. zu überstehen', *durchfallen* 'nicht bestehen', *durchführen* 'verwirklichen'; der Bedeutungsaspekt 'gründlich' geht fließend über in den Aspekt 'vollständig' der unbetonten Formen
		–	'vollständig' (*durchlöchern, durchqueren, durchbohren*)	idiomatisiert *durchkreuzen*
über-	Subst	–	ornativ (*überkronen, überdachen*), temporal (*überwintern, übernachten*)	idiomatisiert *überflügeln*
	Verb	+	'hinüber' (*überwechseln*), 'übrig' (*überbleiben*), Grenzüberschreitung (*überfließen*)	der Bedeutungsaspekt Grenzüberschreitung geht fließend über in den Aspekt lokal/überwinden
		–	lokal/überwinden (*überqueren, überlisten*), temporal (*überleben*), zu stark (*überkühlen, überdüngen*), Besitzwechsel (*überschreiben*), lokal/abdecken (*überbacken*)	idiomatisiert *(sich) übergeben, (sich) überlegen*

1	2	3	4	5
Präfix	Basis	betont ?	Beispiele, Bedeutung	Anmerkungen
um-	Subst	–	*umgarnen, umarmen*	
	Adj	–	'herum' (*umrunden*)	
	Verb	+	Gegenrichtung/anders (*umsteigen, umarbeiten*), 'herum mit Kontakt' (*umbinden, umschnallen*), 'vorüber' (*umsein*), 'nieder' (*umfallen, umwerfen, umfahren*)	
		–	ornativ (*umgittern, umhüllen*), 'umgeben' (*umschweben, umfließen*), 'herum' (*umgehen, umfahren*)	
unter-	Verb	+	'unter/halb, hinunter' (*untergehen, unterpflügen*)	trenn- und untrennbare Varianten sind teilweise homonym, idiomatisiert *unterbleiben, untersagen, unternehmen*
		–	'Unterlegenheit' (*unterliegen, unterstehen*), 'zu wenig' (*unterschätzen, untertreiben*), 'unter' eher übertragen (*unterschreiben, unterstreichen*)	
voll-	Verb	+	'vollständig' (*vollfressen*), 'sehr stark' (*vollquatschen*)	die meisten Verbindungen werden heute auseinandergeschrieben
		–	'fertig' (*vollbringen, vollenden, vollziehen*)	mehr oder weniger idiomatisiert
wieder-	Verb	+	'zurück' (*wiederbringen, wiederholen*), 'noch einmal' (*wiedersehen*)	
		–	'noch einmal' (*wiederholen*)	isoliert – bei komplexen Verben wird das Adverb zusammen mit dem anderen Verbzusatz abgetrennt (*er baut wieder auf, er nimmt wieder auf*) und nach der neuen Rechtschreibung getrennt vom Verb geschrieben

Nicht mehr produktiv ist *wider-*, das in der Bedeutung 'zurück' trennbar (*wi-derspiegeln, widerhallen, widerklingen*), in der Bedeutung 'gegen' nicht trennbar ist (*widerlegen, widersprechen, widersagen*). Nur regional tritt betontes *hinter-* auf (*híntergehen – nach hinten gehen*). Bildungen mit der Präposition *hinter* zählen standardsprachlich zu den Komposita.

Suffigierung

Die indigenen Suffixe der Verben sind unbetont. Sie dienen in der Regel der Darstellung von Handlungen oder Geschehen, vgl. Tabelle (40).

Tabelle 40: Die produktiven heimischen Suffixe der Verben

1	2	3	4
Suffix	**Basis**	**Beispiele, Bedeutung**	**Anmerkungen**
-el, -l	Substantiv	diminutiv/iterativ (*frösteln, kriseln, werkeln*), imitativ (*schlängeln*), bezogen auf eine Form (*häufeln, stückeln, fädeln*)	kaum noch produktiv, höchstens in iterativ/ diminutiver Bedeutung, teilweise Umlaut; nicht mehr durchsichtig *ähneln* sowie die meisten lautmalerischen Ableitungen wie *babbeln, bimmeln*; bair. ist *fensterln* (jedoch *radeln* zu *Radl*); idiomatisiert *wursteln, hänseln*, undurchsichtig *quasseln* (ndd.)
	Adjektiv	imitativ (*frömmeln, blödeln*)	
	Verb	diminutiv/iterativ (*brummeln, drängeln, hüsteln, deuteln, tröpfeln, lächeln, tänzeln, funkeln*)	
	sonstige	von Interjektion (*bimmeln*), von Namen (*sächseln*)	von Namen produktiv
-er, -r	Verb	iterativ (*blinkern, folgern, steigern*)	praktisch unproduktiv, außerdem *kleckern* (zu *klecken*), △ nicht hierher gehören wegen der Pluralbasis z.B. *blättern, gliedern*, wegen des Komparativs *mildern* (Konversionen)
	sonstige	von Interjektion (*blubbern, bibbern*)	die meisten sind undurchsichtig

Nicht mehr produktiv ist *-ig*, das von Substantiven eine ornative (*huldigen, peinigen*) und von Adjektiven eine faktitive (*sättigen, festigen, reinigen*) Bedeutungsänderung verursacht.

Nicht mehr produktiv ist auch *-z*, das bei der Ableitung von Pronomen (*duzen, siezen*) oder Interjektionen (*ächzen, juchzen*) verwendet wurde. Das fremdsprachliche Suffix *-ier(en)* (*amtieren*) finden Sie ausführlich im Vertiefungskapitel behandelt.

Ängstigen, endigen und *schädigen* gehen historisch auf Adjektive mit *-ig* zurück (Simmler 1998: 600).

Zirkumfigierung

Hier gibt es mehrere Morpheme zu nennen, vgl. Tabelle (41).

Tabelle 41: Die produktiven heimischen Zirkumfixe der Verben

1	2	3	4
Zirkumfix	Basis	Beispiele, Bedeutung	Anmerkungen
aus-ig	Substantiv	*aushändigen*	
be-ig	Substantiv	ornativ (*beköstigen, belobigen, beaufsichtigen*), lokal (*beerdigen, beseitigen*)	teils mit Umlaut *besänftigen* vs. *belobigen*
	Adjektiv	faktitiv (*begradigen, beschönigen*)	
ver-ig	Substantiv	ornativ (*verköstigen*)	
	Adjektiv	faktitiv (*verunreinigen*)	
ver-ier	Substantiv	ornativ (*verbarrikadieren*)	
	Adjektiv	faktitiv (*verabsolutieren*)	

Auffällig ist das Fehlen der Wortart Verb als Basis.

Das einzige Zirkumfix, das aus fremdsprachlichen Elementen besteht, tritt bei *in-szen-ier-en* auf. Einzelne Bildungen sind *verschandeln* und *entnazifizieren*. Das Verb *einkästeln* dürfte nicht auf ein Zirkumfix, sondern auf eine Präfigierung des bair. *Kästel* zurückgehen.

Implizite Derivation

Auch bei den Verben ist diese Wortbildungsart nicht mehr produktiv und außerdem nur schwach ausgebaut. Die zentrale Gruppe bilden die Kausativa. Sie drücken ein Bewirken aus. So gibt es zur Grundform *fallen* die abgeleitete Form *fällen*, sie bedeutet 'zum Fallen bringen'. Es sind schwache Verben, die von einer Ablautform des starken Verbs abgeleitet wurden. Die ehemaligen Endung *-jan* bewirkte Umlaut. Sie fiel mit der *en*-Endung zusammen, sodass heute die umlautauslösende Umgebung nicht mehr erkennbar ist (*trinken/ trank – tränken*), vgl. auch *senken, säugen, schwemmen, setzen, legen*. Das Verfahren ist oft aus synchroner Sicht nicht mehr erkennbar wie beispielsweise bei *ätzen* zu *essen, sprengen* zu *springen* oder *führen* zu *fahren*.

Noch einmal hinzuweisen ist darauf, dass die implizite Derivation definiert wird als Ableitung aus Verben. Bildungen wie *häuten* oder *schwärzen* zu *Haut* bzw. *schwarz* zählen zur Konversion.

Zusammenfassung

Tabelle 42: Wortbildungsarten der Verben

Wortbildungsart	Beispiele	Kommentar
Determinativkompositum	*schönfärben, vorbeigehen*	produktiv
verdeutlichendes Kompositum	–	
Possessivkompositum	–	
Kopulativkompositum	*spritzgießen, grinskeuchen*	nicht häufig
Reduplikativkompositum	*schlampampen*	sehr selten, nicht produktiv
Inversionskompositum	–	
Präfixoidbildung	–	
Suffixoidbildung	–	
Präfigierung	*bearbeiten, abarbeiten*	sehr produktiv
Suffigierung	*blödeln, asphaltieren*	wenig Affixe
Zirkumfigierung	*beabsichtigen, verunreinigen*	
implizite Derivation	*fällen, säugen*	nicht mehr produktiv
Konversion	*hechten, ohrfeigen*	
Kürzung	–	
Zusammenbildung	–	
Zusammenrückung	*krankschreiben, kürzertreten*	
Rückbildung	*mähdreschen, notlanden*	
Erleichterungsrückbildung	*lacken*	extrem selten
Kontamination	*verschlimmbessern*	selten, meist stilistisch geprägt

Übungen zu 12.1. Grundlagen

Bestimmen Sie die Wortbildungsart des Stammes beim letzten Wortbildungs-schritt: *verhungern, beköstigen, enterben, entkernen, staubsaugen, hageln, schlängeln, frömmeln, verdeutlichen, verbluten, leeren*!

12.2. Vertiefung

Problembereich Ableitung: der Sonderfall Partikelverb

Aufgrund der verbalen Eigenarten, erstens Veränderungen, die zu neuen Wörtern führen, bevorzugt am Wortanfang durchzuführen und zweitens verbale Komponenten syntaktisch oder bei der Flexion zu trennen (*um-ge-fahren, du fährst den Baum um*), gibt es bei der Benennung und Behandlung der beteiligten Morpheme bei linkserweiterten Verben viele unterschiedliche Meinungen. Durch die neue Rechtschreibung sind zudem ursprünglich zu-sammengeschriebene Wörter auseinander zu schreiben, sodass ihr Status als Wort in Frage gestellt wird.

Orthographie

Erstens nun bedeutet die Neuregelung der Getrennt- bzw. Zusammenschrei-bung einen Problemfaktor. Wurden vorher noch einige Verbindungen, weil sie als zusammengehörig empfunden wurden, auch zusammen geschrieben, vgl. *radfahren, kennenlernen*, hat die Rechtschreibreform die Zusammen-schreibung in vielen Fällen aufgehoben (und dann manchmal fakultativ ge-macht – allerdings gibt Duden (2009) Präferenzempfehlungen), vgl. *kennen lernen, Rad fahren*. Das bedeutet, dass die Grenze zwischen den Komposita oder Zusammenrückungen und den Wortgruppen, also die zwischen kom-plexem Wort und Einzellexem, verwischt wird. Viele Abhandlungen igno-rieren nun die Schreibung und sehen auch Verbindungen wie *Rad fahren* als komplexe Lexeme.

Betonbarkeit

Zweitens lassen sich einige der Verbzusätze unbetont, aber auch betont ver-wenden, bei gleichem Stamm mit einhergehender Bedeutungsveränderung – jemanden umfáhren heißt, um ihn herum zu fahren, jemanden úmfahren jedoch, ihn beim Fahren umzuwerfen.

Trennbarkeit

Drittens teilen sich aufgrund der Satzklammer viele der komplexen Verben auf unter bestimmten syntaktischen Bedingungen (Distanzstellung), vgl. *weggehen – sie ging weg*, bzw. Flexionsbedingungen, vgl. *weggehen – weggegangen*. Dies führt zu der Gruppe der trennbaren bzw. unfesten Verbzusätze. Bei nicht trennbaren fällt das *ge-* im Partizip Perfekt weg (*habe bearbeitet, wurde besucht*), und beim erweiterten Infinitiv mit *zu* steht *zu* vor dem Verb (*zu bearbeiten, zu besuchen*). Die trennbaren stellen *ge-* und *zu* zwischen Verbzusatz und Verbstamm (*aufzuarbeiten, aufgearbeitet*).

In der Gruppe mit betonten als auch unbetonten Mitgliedern werden die betonten getrennt, die unbetonten nicht, dies sind *durch-, über-, um-, unter-, voll-, wider-, wieder-*. Daneben gibt es die Gruppe der nichttrennbaren Verbzusätze, die gleichzeitig unbetont sind: *be-, ent-, er-, ver-, zer-, miss-* sowie fremdsprachige Präfixe. Dann haben wir die Gruppe derjenigen, die trennbar und stets betont sind: *ab-, an-, auf-, aus-, bei-, dar-, ein-, nach-, vor-, zu-*. Sie alle werden von den meisten unter der Präfigierung eingeordnet, auch wenn sich manche von ihnen so selbstständig wie Lexeme und damit Kompositionsglieder verhalten.

Eine gewisse Erleichterung verschafft die Tatsache, dass Trennbarkeit und Betonung zunächst korrelieren (zu Ausnahmen vgl. Donalies 1999), was dazu führt, dass sich Sprecher und Sprecherinnen in Zweifelsfällen in Fragen der Trennbarkeit tendenziell nach der Akzentverteilung richten (Becker/Peschel 2003). Jedoch treten manche Verbzusätze, wie erwähnt, sowohl getrennt als auch ungetrennt auf.

Problematisch gestaltet sich die Abgrenzung zu den Komposita, denn viele rechnen alle Adverb-Verb-Kombinationen dazu, also *hinschauen, herfahren*, obwohl der Unterschied zu *anschauen* und *abfahren*, also Präfigierungen, vielleicht nicht unmittelbar einsichtig ist. Hier wird über Bedeutungsveränderungen argumentiert: Präpositionen wie *an* oder *aus* haben ihre eigene Bedeutung bei der Kombination mit dem Verb verloren, Adverbien wie *hin* oder *her* nicht, darum sind erstere keine Komposita mehr und daher Präfigierungen. So lautet, grob gesagt, die verbreitete Argumentation.

Der Begriff Partikelverb

Schließlich ist auch anzumerken, dass die Begriffe Partikel (F., Pl. *Partikeln*) bzw. Partikelverb uneinheitliche Verwendung finden. Teils zählen die festen Präfixe wie *be-* oder *ent-* dazu (z.B. Poitou 2007), teils ausschließlich die unfesten (neben *an-* oder *ab-* nur *úm-*, nicht *um-*) (Eichinger 2000, Eisenberg 2000, Duden 2006). Also sind untrennbare Zusätze Präfixe (*be-, um-*), trennbare sind Partikeln (*ab-, an-, úm-*). Damit gehören aber Einheiten wie *um-, über-, durch-*, je nach Trennbarkeit, zu verschiedenen Morphemtypen, obwohl sie oft bedeutungsmäßig sehr nahe beieinander liegen oder identisch sind (*dúrchbrechen, durchbréchen*). Dafür sind bei solchen Ansätzen auch Nomen, Verben und Adjektive wie *brust-, heim-, kennen-, blank-* (*brustschwimmen, heimreisen, kennenlernen, blankputzen*) oft Verbpartikeln (Eisenberg 2000: 257, weiter Duden 2006). Teils zählen alle, die trennbar verwendet werden können, zu den Partikeln (neben *an-* oder *ab-* auch *úm-* und *um-*, z.b. Fleischer/Barz 1995, Motsch 2004). Teils wird der Begriff aber, wie ursprünglich auch in der Wortartenlehre, für alle Unflektierbaren benutzt. Und teilweise wird im Gegensatz dazu auf den Begriff verzichtet und zwischen trennbaren und untrennbaren Präfixen geschieden (Erben 1993, Lohde 2006). Es besteht aber die deutliche Tendenz, den Begriff Partikelverb für komplexe Verben mit den Zusätzen *ab-, an-, um-* etc. zu verwenden und sie damit von den echten Präfixen wie *be-* oder *ent-* abzugrenzen. Der Übergang zu den Kompositionsgliedern allerdings ist wieder sehr uneinheitlich, denn *voll, los, wieder* oder *zusammen* erscheinen teils als Verbpartikel, teils als Kompositionsglied bezeichnet, wie überhaupt auch die große Gruppe der Adverbien, die aber eher als Kompositionsglieder aufgefasst werden, z.B. *abwärtsfahren, aufeinanderstapeln*. Schwierigkeiten gibt es auch bei Übergangserscheinungen. So lassen sich Bildungen mit *gegen-* (*gegensteuern, gegenchecken, gegenlesen*) zwar aufgrund ihrer Frequenz weniger als Kompositionsglied, sondern eher als Verbpartikel auffassen. Da aber viele von ihnen nicht in finiter Form erscheinen, können keine Aussagen über Trennbarkeit gemacht werden (Klosa 2003) und der Status bleibt momentan ungeklärt.

Andererseits setzen einige Arbeiten *gar keine* Komposita bei den Verben an (Altmann/Kemmerling 2005). Auch Olsen (1986), Erben (1993) und die Bände der Innsbrucker Reihe *Deutsche Wortbildung* sparen das Thema aus. Und Donalies (2007: 25) zählt Kombinationen mit unfesten Elementen nicht mehr zu den Wörtern, sondern zu den Wortgruppen. Eigentlich sollte es konsequenterweise neben der Präfigierung und der Komposition auch die Partikelverbbildung als eigene Wortbildungsart geben, wie es die Dudengrammatik in der 7. Auflage bei den Verben macht, ohne sie allerdings in der Einführung der Wortbildungsarten vorzustellen. Dies vermeiden jedoch viele Autoren, unter anderem, weil damit eine für die Verben eigene Wortbidungsart entstünde. Im Gegensatz dazu verwenden einige Autoren für die eine oder andere Gruppe eigene Terminologien. Weitere Begriffe mit uneinheitlichen Definitionen sind beispielsweise Halbpräfix, Präverb, Mischpartikel, Partikelpräfix, Doppelpartikel (*hin-aus*, Eichinger 2000).

Ein ehemals frei vorkommendes Lexem, das reihenbildend und mit Bedeutungsverlust verwendet wird, könnte auch in die Gruppe der Affixoide eingereiht werden. Dies geschieht in den größeren Abhandlungen jedoch nur bei Simmler (1998) und einigen Bänden der Innsbrucker Reihe *Deutsche*

Wortbildung. Dagegen spricht allerdings das Alter der meisten verbalen Kandidaten (Donalies 1999: 131), denn die Adjektiv- und Substantivaffixoide sind, von Ausnahmen abgesehen, doch wesentlich jünger und eignen sich daher besser für den Übergangscharakter des Affixoids von Kompositionsglied zu Affix, wohingegen die verbalen Elemente sich in ihrem Status längst verfestigt haben. Wenn sich aber die Elemente noch relativ frei und (angeblich) eigenständig verhalten, könnten sie als Kompositionsglieder behandelt werden. Doch dies bleibt ebenfalls die Ausnahme. Viele stellen also die problematischen Verbzusätze zu den Präfixen.

Insgesamt herrscht bei Terminologie, Abgrenzung und Definition eine große Uneinheitlichkeit, sodass sich keine klare gemeinsame Tendenz ausbilden kann. Die in der vorliegenden Abhandlung vorgeschlagene Verwendung stellt deswegen auch keine Mehrheitsmeinung dar, sondern den Versuch, Unplausibilitäten zu vermeiden und gleichzeitig möglichst nah an der Behandlung der anderen Wortbildungsarten zu bleiben. Der geringe Unterschied zwischen echten Präfixen wie in *bearbeiten* und den Verbpartikeln wie in *abarbeiten* und die vielen Gemeinsamkeiten dürften die Behandlung der Partikelverben als Untergruppe zu den Präfixverben rechtfertigen, während sie es aufgrund der Trennbarkeit verdienen, eine eigene Gruppe zu bilden.

Valenz

Schauen Sie sich folgende Sätze an, präfigieren Sie die unterstrichenen Verben mit *be-* und beschreiben Sie, was mit den Sätzen dann geschieht!

> *Ich will gar nicht auf deine Frage antworten. Du bist durch ganz Amerika gereist, ohne mir das zu sagen. Du hast über mich geschimpft, mir gedroht, und ich konnte über deine Frechheit nur staunen.*

Die veränderten Sätze sehen folgendermaßen aus:

> *Ich will deine Frage gar nicht beantworten. Du hast ganz Amerika bereist, ohne mir das zu sagen. Du hast mich beschimpft, mich bedroht, und ich konnte deine Frechheit nur bestaunen.*

Die syntaktischen Umgebungen der Verben haben sich verändert. Einerseits wird aus einem Präpositionalobjekt/Adverbiale ein Akkusativobjekt:

> *auf die Frage antworten – die Frage beantworten*
> *durch Amerika reisen – Amerika bereisen*
> *über mich schimpfen – mich beschimpfen.*
> *über die Frechheit staunen – die Frechheit bestaunen.*

Oder aus einem Dativobjekt wird ein Akkusativobjekt:

mir drohen – mich bedrohen.

Es ist typisch für die Verbwortbildung, dass es hier sehr häufig zu einer Valenzänderung kommt. Das heißt, durch die Präfigierung ändern sich die syntaktischen Verhältnisse. Beide Sätze, sowohl *Ich wohne im Keller* als auch *Ich bewohne den Keller,* sind grammatisch korrekt. Das Simplex *wohnen* muss sich mit einer Ortsangabe verbinden, die Präfigierung *bewohnen* benötigt unbedingt ein Akkusativobjekt für einen vollständigen Satz. Während bei *Ich steige auf den Turm* das Verb *steigen* die Ortsangabe fordert, benötigen wir bei *besteigen* wieder ein Akkusativobjekt: *Ich besteige den Turm.* In anderen Fällen bewirkt die Affigierung Reflexivität, vgl. *halten – sich enthalten.* Solche strukturellen Verschiebungen sind Valenzänderungen. Der Begriff Valenz, auch Wertigkeit, bezieht sich auf die Eigenschaft eines Wortes, seine syntaktische Umgebung zu strukturieren und die Form und die Anzahl der Einheiten zu bestimmen, die von ihm abhängig sind. In unserem Fall bestimmt das Verb, wie viele Objekte und welche im Satz zu stehen haben. Darüber hinaus fordert ein Verb gewöhnlich ein Subjekt – und das steht im Nominativ. Die Fähigkeit vieler verbaler Präfixe, neben einer semantischen auch eine syntaktische Veränderung zu bewirken, unterscheidet sie von denen der anderen Wortarten.

Diachrones

Die Präfixe waren früher eigenständige Präpositionen oder Adverbien (*be-* ahd. *bi* 'bei', *er-* ahd. *ur, ar, ir* alle 'heraus, empor', *ent-* got. *and* 'entgegen', *ver-* got. *faur* 'vor, vorbei', daneben die Präfixe *fra-* 'weg', *fair-* 'er-', 'ent-', Henzen 1957: 103ff.). *Miss-* geht auf ein Adjektiv 'verkehrt' zurück (Henzen 1957: 91). Sie wuchsen dann mit Verben zu Komposita zusammen, ihre Bedeutungen verblassten. Die Vollvokale schwächten sich ab. Die Stellung wurde fest. Es traten immer mehr Verben mit diesen Erstelementen auf. Schließlich wurden auch andere Wortarten als Stämme genutzt.

Im Mhd. standen einige Konversionen und durch *be-* abgeleitete Verben nebeneinander, z.B. *sterken/besterken* oder *trueben/betrueben.* Die Konversionen verschwanden (Eschenlohr 1999: 109f.). Offenbar wurden sie als weniger deutlich abgeleitet empfunden dem Ikonizitätsprinzip entsprechend, dass ein Mehr an Bedeutung auch mit einem Mehr an Form einhergehen soll. Heute sieht es so aus, als seien die Adjektive die Stämme gewesen. Eschenlohr aber nimmt deverbale Ableitung bereits im Mhd. an.

Das Verb *skalpieren* gab es im Deutschen vor dem Nomen *Skalp* (Kühnhold/Wellmann 1973: 138).

Fremdsprachliche Affixe

Die fremdsprachlichen Präfixe sind betont. Sie verbinden sich überwiegend mit fremdsprachlichen Basen (vgl. Tabelle 43). Ihre Produktivität ist deutlich niedriger als die der heimischen Präfixe. Sie sind als gehoben und teils fachsprachlich gekennzeichnet. Einige der Verben bestehen neben den Substantiven, ohne dass die Ableitungsrichtung endgültig klar wäre (*Koexistenz, koexistieren*).

Pro- 'vor' (*projizieren, proponieren*) und *ex-* 'aus, heraus' (*exmatrikulieren, explodieren, exportieren*) sind selten und treten nur im Austausch mit anderen Präfixen auf, ohne dass eine morphologische Bestimmung des Stamms möglich ist.

Tabelle 43: Die produktiven fremden Präfixe der Verben

1	2	3	4
Präfix	**Basis**	**Beispiele, Bedeutung**	**Anmerkungen**
de-, des-, dis-	Verb	reversiv (*deformieren, de-aktivieren, desillusionieren, disqualifizieren*)	*dis-* und *de(s)-* entstammen nicht der gleichen Wurzel, üben aber die gleiche Funktkion aus
	Konfix		
hyper-	Verb	'sehr, zu stark' (*hypervitalisieren, hypersensibilisieren*)	selten
in-	Verb	reversiv (*inaktivieren, immobilisieren*), lokal (*infiltrieren, immigrieren, induzieren, implodieren, importieren, injizieren*)	mit Assimilation: *im-*, idiomatisiert *informieren* ⚠ nicht zu verwechseln mit dem Negativ-Präfix der Adjektive
	Konfix		
ko-	Verb	soziativ (*koexistieren, kooperieren, koinzidieren, kollaborieren*)	mit Assimilation: *kol-, kor-, kon-,* idiomatisiert *konfigurieren*
post-	Verb	'nach' (*postdatieren*)	selten
prä-	Verb	vorausgehend (*präfabrizieren*)	selten
re-	Verb	'wieder, noch einmal' (*reanimieren, reaktivieren*)	idiomatisiert *reagieren*
trans-	Verb	'(hin)über' (*transmutieren, transplantieren*)	selten; das Präfix tritt beinahe nur im Austausch mit anderen auf
	Konfix		

Das fremdsprachliche Suffix der Verben und seine Varianten sind betont. Die ursprüngliche Form *-ier-* ist seit dem Mhd. belegt. Im Nhd. kamen *-isier-* und *ifizier-* dazu (Birkhan 1985: 185). Wie alle anderen nichtnativen Affixe ist es in gehobener Sprache zu finden. Im Gegensatz zu den meisten Fremdsuffixen tritt *-ier-* jedoch auch an indigenes Wortgut an (*gastieren, halbieren*). Damit erweist sich dieses Suffix als etwas verbreiteter und etwas weiter in den Wortschatz integriert als die meisten Fremdaffixe. Da es hauptsächlich an nichtnative Stämme tritt und das einzige nichtnative Suffix für die Verbalableitung im Deutschen ist, sind die Wortbildungsbedeutungen breit gestreut. Das Suffix ist produktiv (vgl. Tabelle 44).

Tabelle 44: Das produktive fremde Suffix der Verben

1	2	3	4
Suffix	Basis	Beispiele, Bedeutung	Anmerkungen
-ier, *-isier,* *ifizier*	Substantiv	ornativ (*asphaltieren, maskieren*), resultativ (*kristallisieren*), faktitiv (*pulverisieren*), instrumental (*torpedieren*), imitativ (*spionieren*), hauptsächlich verbalisierend (*amtieren, gastieren, moralisieren, buchstabieren*)	kein Umlaut, idiomatisiert *autorisieren, qualifizieren*
	Adjektiv	faktitiv (*blondieren, halbieren, legalisieren, stabilisieren, banalisieren, trivialisieren*)	
	Konfix	faktitiv (*klassifizieren, elektrifizieren, mystifizieren*), durativ (*dominieren*), hauptsächlich verbalisierend (*fanatisieren, kritisieren*)	

Kühnhold et al. (1973), Eschenlohr (1999), Kauffer/Métrich (2007)
defektive Verben: Freywald/Simon (2007)
fremdsprachliche Affixe: Fleischer (2005), Lohde (2006)
Zirkumfigierung: Simmler (1998: 613ff.)
implizite Ableitung: Simmler (1998: 608ff.)

Übungen zu 12.2. Vertiefung

1. Was unterscheidet das verbale Suffix *-ier-* von den meisten anderen fremdsprachlichen Affixen?

2. Welche syntaktischen Veränderungen ergeben sich durch die Präfigierung mit *an-* in folgenden Sätzen?
   Der Hund bellt.
   Der Recke kämpft.
   Der Schiedsrichter pfeift.
3. Welche Veränderungen ergeben sich, wenn der Wortakzent des Verbs nicht auf dem Präfix, sondern auf dem Verbstamm liegt: *den riesigen Baum umfahren*?
4. Welche der Bildungen sind lokal, ornativ, privativ, temporal *umgittern, überwintern, verköstigen, umfallen, häuten, vorfahren, entkleiden, einnebeln, überbacken, belobigen, zuckern*?

13. Adverb und Artikel

13.1. Grundlagen

Adverb

A d v e r b i e n sind nicht flektierbar. Sie sind bis auf wenige Ausnahmen nicht steigerbar. Sie können allein ein Satzglied bilden. Sie geben in der Regel nähere Umstände an, eine räumliche oder zeitliche Positionierung oder kausale oder modale Beziehungen. Sie antworten auf W-Fragen. *Sehr, gern, buld, wohl, oft* und *wenig* können wir steigern: *sehr, mehr, am meisten, gern, lieber, am liebsten, bald, eher, am ehesten, wohl, wohler, am wohlsten, oft, öfter, am öftesten, wenig, weniger, am wenigsten.* Dabei weisen die ersten drei Adverbien Suppletivformen auf, die letzten drei reguläre Steigerungsmorphologie.

Die Adverbien bildeten ursprünglich keine eigene Klasse. Viele entstanden aus flektierten Formen anderer Wortarten.

Determinativkomposition

Bei den Adverbien besteht das Problem, dass die Zuordnungskriterien für Komposita und Zusammenrückungen, wie wir sie von den Substantiven her kennen, nicht greifen. Ausgehend von einer zweigliedrigen Verbindung trennen wir für gewöhnlich solche mit einem bestimmten semantischen Verhältnis, also determinierend oder koordinativ, von solchen, die über ein wiederholtes Nebeneinander entstanden sind, wobei typischerweise das zweite Glied nicht die Wortart des Gesamtausdrucks bestimmt, also *Haustür, Geldgier* vs. *Gernegroß, Tunichtgut.* Bei den Adverbien gibt es aber einerseits kaum solche determinierenden Bedeutungsverhältnisse, während andererseits oft ein wiederholtes Nebeneinander nicht mehr nachvollziehbar, wenn auch theoretisch vorstellbar ist. Damit gerät das Kriterium der Wortart des Zweitgliedes in den Mittelpunkt.

Die zweigliedrigen Adverbien sind in der Regel durch Zusammenrückung entstanden oder analogisch nach deren Vorbild. Komposita im klassischen Sinne sind nicht stark vertreten. Häufig ergibt sich durch die Verbindung zweier Stämme keine determinierende Bedeutung wie bei *hierhin, Ich lege es hin, und zwar/genauer gesagt hierhin.* Verbreiteter ist die verstärkende Funktion, z.B. bei *soeben.* Auf (mindestens) zwei Adverbien beruhen etwa *soeben, sodann, sofort, ebenso, ebendann, ebendarum, dorthin, dorthinein, dorthinab, daneben, dahin, daher, hierhin, hierher, hierherum, wohin, woher, überallher, überallhin, irgendwohin, irgendwoher, nebenhin, umher, fernerhin, sobald, allerspätestens, nunmehr, gleichwohl, untenherum, andersherum, ebensooft, daran, darauf, hinaus, durchaus, voran, nebenan, darum, hellauf, vollauf, geradeaus.* Einige Beispiele haben einen Doppelstatus als Präpositionen und Adverb, beispielsweise *an* 'nicht erloschen', *auf* 'offen', *aus* 'vorbei', 'erloschen'.

Verbindungen mit *allzu* müssen seit der Rechtschreibreform getrennt geschrieben werden, etwa *allzu bald, allzu oft,* jedoch *allzumal,* da idiomatisiert. *Weithin, weither* sind Verbindungen von Adjektiv und Adverb, *ohnehin, bisher, hinterher, gegenüber* (Henzen 1957: 95) von Präposition und Adverb. Laut Heinle (2004: 342f.) sind *deinetwegen* und *euretwegen* etc. Komposita nach dem Vorbild von Zusammenrückungen. Hin und wieder tritt ein epenthetisches *t* auf (*allenthalben, meinetwegen*).

Die beiden Adverbien *überübermorgen* und *vorvorgestern* sind als Determinativkomposita aus *über* und *übermorgen* bzw. *vor* und *vorgestern* aufzufassen in der Bedeutung '(am Tag) nach übermorgen' bzw. '(am Tag) vor vorgestern'.

Auffällig ist, dass regional ein komplexes Adverb wie *dafür, dahin, daher* in bestimmten syntaktischen Zusammenhängen aufgespalten wird, vgl. *Woher kommst du? Wo kommst du her?*

Wie erwähnt gilt die Abgrenzung von Komposition und Zusammenrückung als Problem, da die determinierende Bedeutung meist fehlt, und einige Beispiele können auch als ein Zusammenwachsen nebeneinander gebrauchter Wörter, wie für die Zusammenrückung typisch, betrachtet werden. Einige frühe waren wohl auch Zusammenrückungen, und weitere sind mit den gleichen Endgliedern analogisch hinzu gekommen, die daher als Komposita aufgefasst werden. Folgende Beispiele weisen ein Adverb als Zweitglied auf, sind jedoch laut Simmler (1998: 545) (möglicherweise) aus einer zusammengerückten Wortgruppe entstanden: *immerfort, vorgestern, kieloben, dorthinab, berghinab, rundheraus, irgendwoher, daraufhin, überallher.* Heinle (2004: 122) bezeichnet *vorgestern* ebenfalls als Zusammenrückung. Sie können als Zweifelsfälle bezeichnet werden mit einer bevorzugten Behandlung als Komposita aufgrund der Definition des wortartbestimmenden Zweitgliedes. Bei der Analyse der Adverbien ist auf diesen problematischen Status hinzuweisen.

Beispiele für Strukturbäume sind

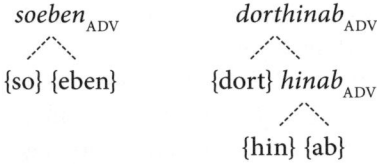

Kopulativkomposition
Eindeutige Kopulativkomposita gibt es nicht.

Reduplikativkomposition
Vereinzelte Adverbien werden auch in Dopplung gebraucht, vgl. *soso, dallidalli*, als Reimbildung (*holterdipolter*) bzw. Ablautbildung (*kritzelkratz*). Außer stark markiert umgangssprachlich ist dies nicht produktiv. Bei *vorvorgestern* ist ein Determinativkomposition anzusetzen, '(am Tag) vor vorgestern'.

Zusammenbildung
Diese Wortbildungsart liegt vor, wenn sich Pronomen oder Präposition und Substantiv und das Derivationssuffix *-s* verbinden wie bei *unsererseits, mancherorts, beiderseits, hinterrücks*. Bei Verbindungen mit *-dings* wird dies heute eher als Suffix verstanden.

Zusammenrückung
Diese Wortbildungsart ist relativ produktiv, die Kombinationstypen facettenreich, die Bedeutungen oft demotiviert. Manche Beispiele werden auch zur Komposition gerechnet, wenn aus synchroner Sicht das wiederholte Nebeneinander nicht mehr klar erkennbar ist. Dies ist aber aufgrund der fehlenden determinierenden Bedeutungsbeziehung problematisch. Zu den Zusammenrückungen sollten in jedem Fall Verbindungen zählen, bei denen das Zweitglied kein Adverb ist (die neue Rechtschreibung spaltet einige dieser Beispiele auf), etwa *nahebei, vorbei, dadurch, fürwahr, hierüber, gegenüber, manchmal, diesmal, kurzerhand, allerhand, derart, dergestalt, derzeit, seinerzeit, mittlerweile, außerstande, außerdem, beiseite, immerzu, querfeldein, hierzulande, insbesondere, heutigentags, überdies, miteinander, außerdem, demnach, herein, andernfalls, großenteils, insofern, beizeiten, genausogut, ebensolang, bislang, umsomehr, genaugenommen, wohlgemerkt, deinetwillen, zualleroberst* etc. Dies ist das Gros der Fälle.

Es gibt zahlreiche Kombinationsmöglichkeiten. *Zeitlebens* setzt sich aus zwei Substantiven zusammen, *überhaupt* und *zuschanden* aus Präposition und Substantiv, *zweifelsohne, bergab* aus Substantiv und Präposition, *kurzer-*

hand und *heutigentags* aus Adjektiv und Substantiv, *derart, jederzeit, manchmal* und *keineswegs* aus Artikel oder Pronomen und Substantiv, *überdies, überall* und *außerdem* aus Präposition und Pronomen, *demnach* aus Pronomen und Präposition, *zumeist, zutiefst* und *vorlieb* aus Präposition und Adjektiv, *querdurch* aus Adjektiv und Präposition. Bei *durchaus, voran* und *nebenan* verbinden sich zwei Präpositionen. Bei *zuguterletzt* liegt eine Kombination von Präposition, Adjektiv und Substantiv vor, bei *insbesondere* und *insgeheim* von Portmanteaumorphem aus Präposition und Artikel und Substantiv (substantiviertem Adjektiv). In *insofern* verbinden sich Präposition, Adverb und Adjektiv (Simmler 1998: 449ff.).

Die Strukturbäume für *überdies* und *insofern* sehen folgendermaßen aus

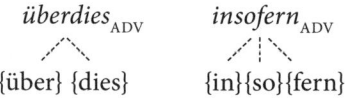

Viele der komplexen Adverbien sind idiomatisiert, beispielsweise *ohnehin, schlechthin, durchaus, mitunter*. Einige der komplexen Adverbien werden auch als Präposition verwendet, vgl. *gegenüber*. Als Adjektive gibt es mittlerweile *vorhanden, zufrieden*.

Nicht immer ist eine Zusammenrückung so durchsichtig wie *jederzeit* oder *außerstande*. Schwierig sind Fälle, die nicht ohne Änderung als ehemalige Wortgruppe (*zeitlebens, überhaupt*) zu sehen sind oder die heute nicht mehr nachvollziehbare Flexionsformen aufweisen (*zuschanden*), was die Eindeutigkeit der Zusammenrückung infrage stellt, während gleichzeitig Komposition eine noch schlechtere Lösung darstellt.

Präfigierung
Präfigierungen gibt es nicht. In Beispielen wie *zuäußerst* oder *zumeist* ist *zu* kein Präfix.

Suffigierung
Bei den Suffixen gibt es nur heimische (vgl. Tabelle 45). Sie sind nicht betont.

Tabelle 45: Die produktiven Suffixe der Adverbien

1	2	3	4
Suffix	**Basis**	**Beispiele, Bedeutung**	**Anmerkungen**
-dings	Adjektiv	*neuerdings, platterdings*	schwach produktiv, mit Fuge *-er-*, aus einer Verbindung von *ding* und *-s* entstanden, also ursprünglich Zusammenbildung
	Pronomen	*allerdings*	

1	2	3	4
Suffix	**Basis**	**Beispiele, Bedeutung**	**Anmerkungen**
-ens	Adjektiv	*übrigens, frühestens, bestens, ehestens, seitens*	*namens* ist ehemaliger Genitiv, heute als Einzelfall das desubstantivische *rechtens*, produktiv mit Superlativ *bestens*
	Numerale	*zweitens*	
-falls	Adjektiv	*bestenfalls, gleichfalls, keinesfalls*	
-halb, *-halber,* *-halben*	Substantiv (*-halber*)	kausal (*anstandshalber, vorsichtshalber*)	produktiv
	Pronomen (*-halben*)	*meinethalben, allenthalben*	nicht mehr produktiv idiomatisiert *deshalb, weshalb*
	Adverb (*-halb*)	*außerhalb, unterhalb*	
-lings	Substantiv	lokal (*bäuchlings, rittlings, rücklings*)	wohl nicht mehr oder nur noch schwach produktiv, immer mit Umlaut
	Adjektiv	*blindlings, jählings*	
	Verb	*meuchlings*	
-mal, -mals	Pronomen	*manchmal, einigemal, jedesmal*	die neue Rechtschreibung spaltet manche Beispiele auf, idiomatisiert *allemal*
	Präposition	*zumal*	nicht mehr produktiv
	Numerale	*einmal, zweimal*	produktiv, auch *zig-mal*, idiomatisiert *erstmals*
	Adverb	*oftmals, damals, einstmals*	kaum noch produktiv, idiomatisiert *abermals*
-(er)maßen	Adjektiv	*einigermaßen, zugegebenermaßen, bekanntermaßen*	mit Partizip II produktiv, idiomatisiert *dermaßen*
-s	Substantiv	temporal (*abends, nachts, mittwochs*), ornativ (*namens, willens*), lokal fachsprachlich (*krezungsbereichs*)	produktiv; aus ehemaligem Genitiv, dann verselbstständigt; mit Partizip *eilends*; *abends* auch als Konversion interpretierbar, mit Epenthese *längst*, idiomatisiert *bereits, flugs, angesichts*, undurchsichtig *vollends, hinterrücks*
	Adjektiv	*stets, besonders* (österr. *weiters*)	
	Adverb	*öfters*	

1	2	3	4
Suffix	**Basis**	**Beispiele, Bedeutung**	**Anmerkungen**
-s	Pronomen	*anders*	
	Wortgruppe	*kirchlicherseits, allerorts, großenteils*	dies ist dann Zusammenbildung
-wärts	Substantiv	lokal: Richtung (*bergwärts, seitwärts, himmelwärts, ab-wärts, einwärts, vorwärts*)	zu ahd., mhd. *wert* 'gewendet, gerichtet'; auch mit Fuge *son-nenwärts*, nur werbesprachlich *frischwärts*
	Adverb		
	Präposition		
-weg	Adjektiv	*glattweg, rundweg, schlank-weg*	meist idiomatisiert
	Adverb	*hinweg, vorweg*	
-weise	Substantiv	*massenweise, scharenweise*	sehr produktiv, mit Fuge
	Adjektiv	*fälschlicherweise*	sehr produktiv, mit Fuge *-er-*
	Verb	*leihweise*	selten

Nicht mehr produktiv ist *-lich*, das an Adjektive tritt, vgl. *sicherlich, freilich, lediglich, schwerlich*, während es im Ahd. und Mhd. noch sehr stark vertreten war. △ Diese Beispiele dürfen nicht mit Adjektiven wie *innigliche (Umarmung)* verwechselt werden, die flektierbar sind.

Affixoidbildung

Verbindungen mit *-dings, -falls, -mal, -mals, -halber/n, -maßen, -weg* und *-weise* lassen sich weder durchgehend als Zusammenrückung noch als Kompositum noch als Suffigierung einordnen. Viele von ihnen gehen ursprünglich auf Zusammenrückung zurück (*einigermaßen, gruppenweise, günstigenfalls, andernfalls, anderntags*). Die Formen sind aber teils heute nicht mehr als Flexionsformen erkennbar, teils traten neue per Analogie hinzu, sodass die Gruppen synchron in sich morphologisch nicht homogen und als Problemfall einzustufen sind. Eine Behandlung von *-weise, -weg, -dings* und *-maßen* als Suffixoide nimmt Simmler (1998) vor. Das passt jedoch nicht ganz zur Definition und ist daher nicht kohärent mit den Affixoiden der anderen Wortarten, da sie dort stets auf Kompositionsgliedern beruhen. Die Abhandlungen tendieren insgesamt zu einer Einordnung als Suffixe.

Zirkumfigierung

Diese Wortbildungsart ist bei den Adverbien nicht vertreten.

Konversion

Von Nomen stammen *morgen*, (*heute*) *abend*, (*heute*) *mittag*, *heim* und *weg*. Aus einer Genitivform entstanden *flugs*, *rechts*, *mittags* oder *vormals*. Ursprünglich Adjektive sind *zweifellos*, *fraglos* oder *anstandslos*. Auf eine Steigerungsform gehen *ferner*, *schleunigst* oder *möglichst* zurück.

Zusammenfassung

Tabelle 46: Wortbildungsarten der Adverbien

Wortbildungsart	Beispiele	Kommentar
Determinativkompositum	*vorvorgestern*	oft keine determinierende Bedeutung, Abgrenzung zu Zusammenrückung schwierig
verdeutlichendes Kompositum	–	
Possessivkompositum	–	
Kopulativkompositum	–	
Reduplikativkompositum	*soso, holterdipolter*	nur umgangssprl.
Inversionskompositum	–	
Präfixoidbildung	–	
Suffixoidbildung	–	
Präfigierung	–	
Suffigierung	*neuerdings, bergwärts*	
Zirkumfigierung	–	
implizite Derivation	–	
Konversion	*abend, weg*	
Kürzung	–	
Zusammenbildung	–	
Zusammenrückung	*gegenüber, kurzerhand*	
Rückbildung	–	
Erleichterungsrückbildung	–	
Kontamination	–	

Übungen zu 13.1. Grundlagen

1. Bestimmen Sie die Wortbildungsart von *flugs, überübermorgen, zuguter-letzt, frühestens*!
2. Mit welchen Wortarten verbindet sich das adverbiale Suffix *-s*? Geben Sie Beispiele!

13.2. Vertiefung

Adverb

Adverb und Adjektiv

Wichtig ist zunächst, das Adverb als Begriff für eine Wortart zu trennen von Adverbiale oder Adverbialbestimmung als Begriff für eine syntaktische Funktion wie *gestern, am Tag davor, als ich weg war, als ich neulich, wie ich sagte, weg war* in den Sätzen

> *Gestern verletzte sich die Oma am Knöchel.*
> *Am Tag davor verletzte sich die Oma am Knöchel.*
> *Als ich weg war, verletzte sich die Oma am Knöchel.*
> *Als ich neulich, wie ich sagte, weg war, verletzte sich die Oma am Knöchel.*

In diesem Fall ist *gestern* Adverb mit der Funktion einer Adverbialbestimmung. Der Begriff adverbial dagegen bezieht sich nicht auf eine Wortart, sondern auf eine syntaktische Funktion. In den folgenden Sätzen sind das Adverb *gestern* und das Adjektiv *qualvoll* adverbial gebraucht

> *Der Bischof starb gestern.*
> *Der Bischof starb qualvoll.*

Das bedeutet, dass Adjektive, die wie Adverbien adverbial gebraucht werden, trotzdem zur Wortart Adjektiv gehören und nicht zu den Adverbien zählen. Ein Adjektiv ist flektierbar, ein Adverb nicht. Allerdings wurden manche Adjektive von Adverbien gebildet wie *oben, unten* (Adverb), *obere, untere* (Adjektiv). Oder es gibt Problemfälle, bei denen sich ein Adverb auf dem Weg zum Adjektiv befindet wie *Insgeheim habe ich aber gelacht,* ?*insgeheime Verkäufe*. Auch hier dient die Flektierbarkeit als Unterscheidungskriterium.

Aber eine ganze Gruppe von Lexemen entzieht sich diesem Aspekt: die Ableitungen auf *-lei*. Sie sind einerseits nicht flektierbar und werden daher auch in die Gruppe der Adverbien geordnet (z.B. Fleischer/Barz 1995). Gleichzeitig aber stehen sie wie Adjektive attributiv vor einem Nomen, vgl. *Es steht dreierlei Suppe auf der Karte, Er machte keinerlei Fehler.* Das ist das Kriterium für Adjektive. Adverbien können diese Funktion nicht ausüben. Sie werden eben adverbial und nicht attributiv bei gleichzeitiger Stellung vor dem Nomen gebraucht (allerdings attributiv und nachgestellt wie bei *Das Kamel hier bleibt liegen*). Für die Einteilung als Adjektiv plädieren Simmler (1998: 580) und Duden (1998: 540). Duden (2006: 385) führt sie bei Artikelwörtern und Pronomen auf.

Adverb und Pronomen

Weiterhin treten bei den Pronominaladverbien wie *darauf, hiermit* manchmal Unstimmigkeiten auf, wenn sie nämlich den Pronomen zugerechnet werden. Natürlich beziehen sich solche Formen auf nomenhaltige Wortgruppen, vgl. *Ich lege die Karte auf den Tisch, ich lege die Karte darauf*; *Ich klopfe an den Käfig, ich klopfe daran.* Insofern sind sie pro-nominal. Aber sie gehören doch inhaltlich zu anderen Adverbien wie *dorthin* oder *hierher,* und es wäre sehr aufwendig und auch unnötig, eine interne Unterscheidung zu treffen. So verbleiben die Kombinationen von *dort, hier, da* und *wo* mit *hin, her, an, auf* etc. bei der Wortart Adverb.

Problemfall Komposition

Für Fleischer / Barz (1995) sind Verbindung mit *hin* und *her* als Letztglied Komposita.

Als einen Sonderfall beschreibt Simmler (1998: 452) die Pronominaladverbien wie *darauf,* weil sie Komposita seien, bei denen das letzte Glied nicht die Wortart des Gesamtausdrucks bestimme. Sie sind auch bei Fleischer / Barz (1995) Komposita.

Geschichte

Aufgrund des Initialakzents zum Germanischen schwächten sich nebentonige Silben ab, unbetonte Silben gingen verloren und viele unterschiedliche Morpheme fielen zusammen oder ganz fort. Während das Englische und die romanischen Sprachen ihre Derivationssuffixe bewahrten, engl. *-ly*, frz. *-ment*, büßten die von Adjektiven abgeleiteten Adverbien im Laufe des Mittelhochdeutschen zum Frühneuhochdeutschen hin ihre Endung ein. Sehr oft wurde im Ahd. noch ein Adjektiv, auch ein abgeleitetes, durch ein finales *-o* zu einem Adverb, vgl. ahd. *tiofo* 'tief, im Grunde, völlig', *giwisso* 'gewiss, mit Sicherheit', *namahafto* 'namentlich' (Heinle 2004: 82f.). Reste davon finden wir beispielsweise in *gerne, lange, feste, sachte, allzulange,* jedoch ohne Wortbildungswert (Heinle 2004: 99). Im 18. Jahrhundert verwendet das Deutsche nur noch Adjektive ohne formale Kennzeichnung (Heinle 2004: 353). Da heute deutsche Adverbien keine einheitliche Derivationsendung mehr haben, sind sie oft nicht mehr morphologisch, sondern nur aufgrund ihrer Funktion im Satz bestimmbar.

Henzen (1957), Fleischer (1982), Simmler (1998), Heinle (2004), Altmann/ Kemmerling (2005)

Artikel

Der A r t i k e l ist deklinierbar, steht nur mit Nomen, also nicht allein, und bildet dann eine Nominalphrase. Er tritt im Deutschen nach der traditionellen Grammatik in zwei Formen auf, als d e f i n i t e r A r t i k e l (bestimmter Artikel), vgl. *die Kuh, der Esel, das Kamel,* und als i n d e f i n i t e r A r t i k e l (unbestimmter Artikel), vgl. *eine Kuh, ein Esel, ein Kamel.* Außerdem weisen viele Nominalphrasen keine Artikel auf, vgl. *Kühe, Esel und auch Kamele verließen das Schiff.* Wir sprechen hier vom Gebrauch des Substantivs ohne Artikel, teilweise findet sich der Begriff des Nullartikels.

Der Artikel wird oft zusammen mit adjektivisch gebrauchten Demonstrativ-, Possessiv-, Interrogativ- und Indefinitpronomina in einer Wortart unter dem Begriff Artikelwort zusammengefasst, z.B. *welche Kuh, mein Esel, jedes Kamel.* Wir verstehen unter Artikel hier jedoch die beiden Artikel im eigentlichen Sinne *der, die, das* und *ein, eine, ein,* also die Wörter mit der charakteristischen Eigenschaft, Begleiter des Nomens zu sein. Stellungsbesonderheiten und Diskussionen zur davon abhängigen Wortartbestimmung gehören in die Syntax. Hier sei nur auf die Tatsache verwiesen, dass die Begriffe Artikel und Artikelwort in den Grammatiken des Deutschen unterschiedlich behandelt werden.

Artikel – Flexion

Artikel sind flektierbar nach Genus, Numerus und Kasus. Sie kongruieren mit dem Substantiv, das ihnen folgt. In der Tabelle (47) sind die Formen des definiten Artikels zusammengestellt, in Tabelle (48) die des indefiniten Artikels.

Tabelle 47: die Flexion des definiten Artikels

	M.	F.	N.
Nominativ Singular	*der*	*die*	*das*
Genitiv	*des*	*der*	*des*
Dativ	*dem*	*der*	*dem*
Akkusativ	*den*	*die*	*das*
Nominativ Plural	*die*	*die*	*die*
Genitiv	*der*	*der*	*der*
Dativ	*den*	*den*	*den*
Akkusativ	*die*	*die*	*die*

Tabelle 48: die Flexion des indefiniten Artikels

	M.	F.	N.
Nominativ Singular	ein	eine	ein
Genitiv	eines	einer	eines
Dativ	einem	einer	einem
Akkusativ	einen	eine	ein
Nominativ Plural			
Genitiv		/	
Dativ			
Akkusativ			

Die Morphologie des unbestimmten Artikels, der nur im Singular erscheint, ist überschaubar. Neben der Grundform {ein} gibt es die flektierten Formen {ein}{-e}, {ein}{-er} etc., die Stamm und Flexiv verbinden. Es markiert Numerus, Kasus und Genus.

Für den bestimmten Artikel sind Morpheme, die alle Informationen tragen, anzusetzen, also {der} als bestimmter Artikel, Singular Nominativ Maskulinum. Nach Duden (2006: 263ff.) besteht der bestimmte Artikel aus dem Stamm und einem Flexionssuffix. Diese Alternative, {-er}, {-ie}, {-as} etc. als Flexive mit dem Stamm {d-} zu sehen, ist zwar prinzipiell möglich, wirkt aber doch aufgrund der Lautarmut solch eines Stammes – er besteht ja lediglich aus *d* – eher zu konstruieren. Nach Simmler (1998: 254ff.) sind die Flexionsformen Suppletivmorpheme. Sie verbinden mit der Hinweisform Kennzeichnungen der grammatischen Kategorien Kasus und Numerus, im Singular auch Genus (allerdings beim Relativpronomen *dess-en*, *der-er* etc.).

Die Artikel(stämme) als lexikalische Morpheme zu bezeichnen ist sicherlich grenzwertig insofern, als sie identifizierende/determinierende/bestimmende bzw. indeterminierende/vereinzelnde Funktion, nicht Bedeutung im eigentlichen Sinne besitzen. Es ist besser, sie als freie grammatische Morpheme zu verstehen.

Für die beiden Artikel im engeren Sinne gibt es keine Wortbildungskapitel.

Übungen zu 13.2. Vertiefung

1. Welche Wortbildungsarten gibt es bei den Adverbien?
2. Um welche Wortbildungsarten handelt es sich bei *großenteils, insbesondere, vorvorgestern, sobald, gegenüber, abends*! Wo treten Probleme auf?
3. Das Adverb gilt als nicht flektierbare Wortart. Wo gibt es trotzdem Flexion?
4. Ordnen Sie die Beispiele nach dem Grad der Motivation:
   Frauchen, Köpfchen, Veilchen
   Großmutter, Haustür, Nachbar, Steckenpferd
   dämlich, gelblich, möglich
   emsig, staubig, zeitig

5. Text:

Heutigentags versuchen Sprachrichter immer wieder, über eigens aufge-
stellte Grundsätze das politisch-sprachliche Handeln zu überwachen, gar
zu kontrollieren. Sie verlangen eine gewisse Freiwilligkeit bei der Einhal-
tung solcher Grundsätze. Dieser Art der Sprachkritik, die die Einstellung
der Massen unterfüttern will, ist jedoch selten Erfolg vergönnt.

Aufgabe: Erstellen Sie eine komplette morphologische Analyse der unterstrichenen Lexeme!

14. Andere Wortarten

14.1. Grundlagen

Wiederholung

Übungen zu 14.1. Grundlagen

1. Um welche Art der Übernahme handelt es sich bei *Sinnbild* (lat. *symbolum*), *Mitlaut* (lat. *consonans*), *Wolkenkratzer* (engl. *skyscraper*), *Sputnik* (russ. *sputnik)*, *Wein* (lat. *vinum*), *realisieren* (engl. *to realize*), *Rechtschreibung* (gr. *orthographía*), *Streik* (engl. *strike)*? Benutzen Sie Nachschlagewerke!
2. Um welche Art der morphologischen Veränderung auf der obersten Ebene handelt es sich bei *Schwere, wurmstichig, bearbeiten, Morphemtypen, Sender, Dummheiten*?
3. Stellen Sie die deutschen Pluralallomorphe zusammen und geben Sie Beispiele!

Pronomen

Das P r o n o m e n (Fürwort) hat als Hauptaufgabe, eine Nominalphrase zu ersetzen und sich dadurch auf sie zu beziehen. Es ist meist deklinierbar, nicht steigerbar, hat keinen bestimmten Artikel, stellt jedoch keine einheitliche Klasse dar. Ein Pronomen kann allein ein Satzglied sein. Nach ihrer Funktion werden die Pronomina als Stellvertreter des Substantivs (einer Wortgruppe, eines Satzes) definiert.

> *Meine sind angekommen. Alle jubeln. Keiner kann es fassen.*

Stehen sie beim Substantiv, gehen sie nach vielen Grammatiken in die Gruppe der Adjektive oder Artikelwörter über.

> *Meine Bücher sind angekommen. Alle Freunde jubeln. Kein Mensch kann es fassen.*

Wie bereits bei den Artikeln erwähnt, gehören die Stellungsdiskussion und die damit verbundene Problematik bei der Wortartbestimmung in die Syntax.

Nach semantischen und syntaktischen Kriterien unterscheiden wir Personalpronomina (*ich*), Possessivpronomina (*mein*), Reflexivpronomina (*sich*), Demonstrativpronomina (*dieser, jener, der, derselbe, derjenige*), Relativpronomina (*der, welcher, wer*), Interrogativpronomina (*wer, welcher, wieviel*) und Indefinitpronomina (*ein, ein paar, jeder, jedermann, niemand, einige, alle, manche, ...*).

Pronomen – Flexion

Pronomen sind flektierbar nach Genus, Numerus und Kasus und teilweise auch nach der Person. Die Pronomen bzw. die Pronominalwurzeln haben lediglich geringe eigene Bedeutung und sind als grammatische Morpheme zu verstehen.

Das Personalpronomen tritt nur allein auf, es flektiert nach vier Kategorien, vgl. Tabelle (49).

Tabelle 49: die Flexion des Personalpronomens

	1. Person	2. Person	3. Person M., F., N.
Nominativ Singular	*ich*	*du*	*er, sie, es*
Genitiv	*meiner*	*deiner*	*seiner, ihrer, seiner*
Dativ	*mir*	*dir*	*ihm, ihr, ihm*
Akkusativ	*mich*	*dich*	*ihn, sie, es*
Nominativ Plural	*wir*	*ihr*	*sie*
Genitiv	*unser*	*euer*	*ihrer*
Dativ	*uns*	*euch*	*ihnen*
Akkusativ	*uns*	*euch*	*sie*

Hinzukommen die Höflichkeits- bzw. Distanzformen der zweiten Person *Sie, Ihrer, Ihnen, Sie*, die für beide Numeri identisch sind. Morphologisch gesehen, kommen einerseits Suppletivformen wie {ich}, {mir}, {du} oder {er} vor, die den Status Personalpronomen sowie Person, Genus, Numerus und Kasus in sich vereinen. Daneben treten auch komplexe Formen auf wie *sein-er, ihr-e*, die einen Stamm aufweisen, der das Personalpronomen sowie Person, Numerus und Genus versprachlicht, und ein Flexiv für Kasus.

Wer Probleme mit der Kasusbestimmung hat, suche sich geeignete syntaktische Umgebungen: *x* (Nom.) *tut etwas, um x* (Gen.) *willen, x* (Dat.) *gehört das, x* (Akk.) *sehe ich.*

Als formenärmer erweist sich das Reflexivpronomen (vgl. Tabelle 50), da es nicht im Nominativ stehen kann. Auch hier gibt es keinen Gebrauch als Begleiter eines Substantivs.

Tabelle 50: Die Flexion des Reflexivpronomens

	1. Person	2. Person	3. Person M., F., N.
Nominativ Singular	/	/	/
Genitiv	meiner	deiner	seiner, ihrer, seiner
Dativ	mir	dir	sich
Akkusativ	mich	dich	sich
Nominativ Plural	/	/	/
Genitiv	unser	euer	ihrer
Dativ	uns	euch	sich
Akkusativ	uns	euch	sich

Hingegen sind die Formen des Possessivpronomens stark aufgefächert, weil zu trennen ist zwischen der Person, die etwas besitzt (*ich besitze ein Buch, es ist mein Buch, du besitzt ein Buch, es ist dein Buch*), und dem Gegenstand, dem Besitz im weitesten Sinne bzw. Zugehörigkeit (*mein Ring, meine Reise, mein Buch*) (vgl. hierzu Engel 2009). Denn dieses Pronomen steht meist als Begleiter eines Substantivs. Je nach Besitzer wählen wir ein bestimmtes Stammmorphem (Tabelle 51). Es handelt sich um Suppletion.

Tabelle 51: Die Flexion des Possessivpronomens, bezogen auf den Besitzer

1. Person Singular	mein
2. Person	dein
3. Person (M., F., N.)	sein, ihr, sein
1. Person Plural	unser
2. Person	euer
3. Person	ihr

Die Possessivpronomen flektieren nach Numerus, Kasus und Genus jeweils in Abhängigkeit ihres Bezugswortes, des Besitzes, sie kongruieren mit ihm (Tabelle 52).

Tabelle 52: Die Flexion des Possessivpronomens, bezogen auf den Besitz

	Sprecher/ 1. Person Singular	Angesprochener/ 2. Person Sg.	Besprochenes/ 3. Person Sg. M.
Besitz M., F., N.			
Nominativ Singular	mein, meine, mein	dein, -e, dein	sein, -e, sein
Genitiv	meines, meiner, meines	deines, -er, -es	seiner, -er, -es
Dativ	meinem, meiner, meinem	deinem, -er,- em	seinem, -er,- em
Akkusativ	meinen, meine, mein	deinen, -e, dein	seinen, -e, sein
Nominativ Plural	meine	deine	seine
Genitiv	meiner	deiner	seiner
Dativ	meinen	deinen	seinen
Akkusativ	meine	deine	seine

	Sprecher/ 1. Person Plural	Angesprochener/ 2. Person Pl.	Besprochenes/ 3. Person Pl. M., F., N.
Besitz M., F., N.			
Nominativ Singular	*unser, unsere, unser*	*euer, eure, euer*	*ihr, ihre, ihr*
Genitiv	*unseres, -er, -es*	*eures, -er, -es*	*ihres, -er, -es*
Dativ	*unserem, -er, -em*	*eurem, -er, -em*	*ihrem, -er, -em*
Akkusativ	*unseren, -e, unser*	*euren, -e, euer*	*ihren, -e, ihr*
Nominativ Plural	*unsere*	*eure*	*ihre*
Genitiv	*unserer*	*eurer*	*ihrer*
Dativ	*unseren*	*euren*	*ihren*
Akkusativ	*unsere*	*eure*	*ihre*

Bei einem Besitzer 3. Person Maskulinum heißt der Stamm *sein* (*der Mann –
sein Hof, seine Kuh, sein Geld*). Bei einer Besitzerin 3. Person heißt der Stamm
ihr (*die Frau – ihr Hof, ihre Kuh, ihr Geld*) und im Neutrum 3. Person wieder
sein (*das Kind – sein Hof, seine Kuh, sein Geld*). Im Plural ist der Stamm für
den Besitzer 3. Person immer *ihr* (*die Frauen, die Kinder, die Männer – ihr Hof,
ihre Kuh, ihr Geld*).

Das bedeutet für die morphologische Analyse, dass sowohl Stamm als
auch Endung nach verschiedenen grammatischen Kategorien zu bestimmen
sind. Für das Possessivpronomen in der Phrase *wegen deines Hofes* lautet die
Analyse

> *deines*
>
> /͞\͞
>
> {dein}{-es}

{dein} ist ein Possessivpronomen, 2. Person Singular bezogen auf den Besitzer,
ein grammatisches, freies Morphem, {-es} ist ein Flexionssuffix, grammatisch,
gebunden, für Singular Genitiv und (hier) Maskulinum, bezogen auf den Besitz.

Des Weiteren kommt es zu Allomorphie, so beim Stamm, vgl. *unser-e* vs.
unsr-e, oder beim Flexiv, vgl. *unser-en* vs. *unser-n*.

Im Nominativ Singular Maskulinum, Neutrum und im Akkusativ Singular Neutrum (Besitz) haben die Formen keine Endungen (vgl. Tabelle 52).
Als reine Pronomen, also ohne ein folgendes Substantiv, erhalten sie aber eine
Endung, vgl. bezogen auf *ein Ring*: *Das ist meiner, das ist deiner*, aber *Das ist
mein Ring, das ist dein Ring* und bezogen auf *ein Buch*: *Das ist mein(e)s, das
ist dein(e)s, ich sehe eures/euers* aber *Das ist mein Buch, das ist dein Buch, ich
sehe euer Buch*. Wie das Possessivpronomen *mein* flektieren auch die Indefinitpronomen *ein* und *kein* (*meiner ist da drüben, einer ist da drüben, keiner
ist da drüben*).

In Phrasen wie *der meine, die unseren, das deine,* die lediglich bestimmten Artikel und Pronomen verbinden, entspricht die Flexion die des stark deklinierten Adjektivs.

Die anderen Pronomen, die auch vor einem Substantiv stehen können, beispielsweise *dieser, jener, jeder, mancher,* vgl. Tabelle (53), flektieren ähnlich wie der bestimmte Artikel. Sie können wie er vor einem eigentlichen Adjektiv stehen, vgl. *der schöne Wagen, dieser schöne Wagen.* Dies gilt auch für *mein* und *kein; mein schönes Auto, kein schönes Auto. Ein* ist direkt vor dem Substantiv in der Regel unbestimmter Artikel, in Formulierungen wie *eines seiner Autos* Indefinitpronomen.

Tabelle 53: die Flexion des Demonstrativpronomens *dieser*

	M.	F.	N.
Nominativ Singular	*dieser*	*diese*	*dieses*
Genitiv	*dieses*	*dieser*	*dieses*
Dativ	*diesem*	*dieser*	*diesem*
Akkusativ	*diesen*	*diese*	*dieses*
Nominativ Plural	*diese*	*diese*	*diese*
Genitiv	*dieser*	*dieser*	*dieser*
Dativ	*diesen*	*diesen*	*diesen*
Akkusativ	*diese*	*diese*	*diese*

In dem Paradigma ist der Stamm {dies} leicht vom Flexiv, das die Kategorien Numerus, Genus und Kasus vereint, zu trennen. Für die morphologische Analyse bestimmen Sie die Art des Pronomens, diese Informationen finden Sie im Stamm, und die grammatischen Kategorien der Endungen.

Bei einigen Pronomen ist die Flexion eingeschränk. Wie bereits angemerkt, gibt es keinen Nominativ des Reflexivpronomens. Nur im Singular stehen zum Beispiel *jemand, niemand, man.* Der Plural zu *jeder* ist meist *alle.* Nur im Plural steht *mehrere.* Einige Indefinitpronomen flektieren nicht, zum Beispiel *etwa, man, nichts, genug.* Für *man* tritt im Akkusativ und Dativ *einen* bzw. *einem* auf.

Pronomen – Wortbildung

Während die Flexion der Pronomen zwar systematisch, aber durchaus schwierig aufgrund der komplexen Funktionsweise ist, lässt sich die Wortbildung knapp darstellen. Die Wortart wird nicht durch neue Formen bereichert, sie ist, wie auch die des Artikels, geschlossen. Die Wortbildungsmuster sind nicht mehr produktiv. Bei den Pronomen tritt das gleiche Problem wie bei den Adverbien auf – soll historisch zwischen Komposition und Zusammenrückung entschieden werden oder aufgrund der Wortart der zweiten Konstituente? Für Simmler (1998: 464f.) sind Verbindungen mit *irgend-* Komposita, der Rest Zusammenrückungen, aber konsequenterweise sollten auch Kombinationen mit *sonst* zu den Komposita zählen. Dann haben wir einerseits Zusammensetzungen wie *sonstwo, sonstwas, sonstwie, sonstwer* etc. (die neue Rechtschreibung fordert Getrenntschreibung), *irgendwer, irgendein, irgenwelcher* oder *irgendetwas*, bestehend aus Adverb und Pronomen. Anderserseits sind historisch zusammengerückt *derselbe, derjenige* (über *der jeniger*), *untereinander* sowie *jedermann, meinesgleichen* aus Pronomen und Substantiv.

Die Einteilung, die sich nach dem Kriterium der Wortart der zweiten Konstituente richtet und die konform geht mit den Analyseentscheidungen der anderen Wortarten, sieht für Bildungen aus zwei Pronomen Komposita vor, vgl. *derselbe, derjenige, ebenda, einander, woselbst*. Dabei ist *jenig* abgeleitet. *Untereinander* verbindet eine Präposition mit einem Pronomen, das wiederum aus zwei Pronomen besteht. *Daselbst, hierselbst, woher, wohin* entstanden aus Adverb und Pronomen,

Hier wie auch bei der Wortbildung der Adverbien ist auf das Problem hinzuweisen. Entscheidungen sind mit Argumenten zu stützen.

Ableitungen sind die praktisch nur noch adjektivisch verwendeten *allerlei, beiderlei, vielerlei, keinerlei* oder *mancherlei*. Daher sind sie bei den Adjektiven aufgeführt. Weiterhin gibt es *meinig-, deinig-, seinig-, unsrig-, einig-* etc. *Sämtlich* ist eine Ableitung aus einer heute selten gebrauchten Präposition *samt*. Die Form wird kaum noch stellvertretend für Substantive verwendet und ist daher wohl eher den Adjektiven zuzurechnen. *Etlich-, jeglich-* und *jedweder* sind nicht mehr durchsichtig. Fügungen aus mehreren Wörtern, die als Wortgruppenlexeme oder auch als feste oder formelhafte Verbindungen bezeichnet werden können, sind *ein paar, ein wenig, ein bisschen, was für ein, welch ein*.

Eine Wortbildungsanalyse des Demonstrativpronomens im Satz *(Wer von euch hat den Papierkorb angezündet?) Diejenigen sollten sich schämen* könnte folgendermaßen aussehen:

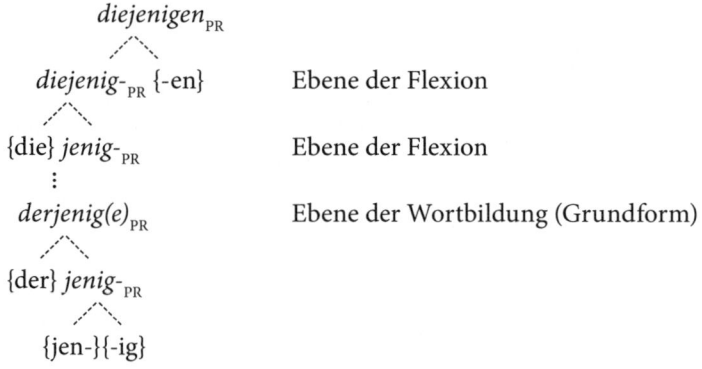

diejenigen~PR~

diejenig-~PR~ {-en}   Ebene der Flexion

{die} *jenig-*~PR~   Ebene der Flexion

derjenig(e)~PR~   Ebene der Wortbildung (Grundform)

{der} *jenig-*~PR~

{jen-}{-ig}

Wie bei vielen komplexen Pronomen flektieren beide Stämme. Damit ist zunächst {-en} als Flexiv des Gesamtausdrucks zu bestimmen und dann {die} als flektiertes Suppletivmorphem. Im Satz nimmt der Ausdruck die Stellung des Subjekts ein, er steht daher im Nominativ und außerdem im Plural. Genus ist im Plural nicht markiert. Hierzu gibt es homonyme Formen (Akk.). Die Grundform lautet *derjenige* (Nominativ Singular Maskulinum). Bei {die} handelt es sich um das Demonstrativpronomen, nicht um den Artikel, im Nominativ Plural. Die allgemein gebrauchte Grund- bzw. Zitierform ist {der}. {jen-} ist eine Wurzel für das Demonstrativpronomen. Sie ist grammatisch und tritt nur gebunden auf (vgl. *jene, jener*), *jenig-* tritt nur in dieser Verbindung und nur flektiert auf. {-ig} ist ein Derivationssuffix, grammatisch, gebunden. Insgesamt handelt es sich historisch gesehen um eine Zusammenrückung aus *der* und *jenige*. Letztes wiederum ist eine Ableitung, heute nicht mehr selbstständig vorhanden. Aufgrund der synchron ausgerichteten Definition von Komposition zählt der Ausdruck zu den Komposita.

Zusammenfassung

Tabelle 54: Wortbildungsarten der Pronomen

Wortbildungsart	Beispiele	Kommentar
Determinativkompositum	*irgendwer, sonstwo*	
verdeutlichendes Kompositum	–	
Possessivkompositum	–	
Kopulativkompositum	–	
Reduplikativkompositum	–	
Inversionskompositum	–	
Präfixoidbildung	–	
Suffixoidbildung	–	
Präfigierung	–	
Suffigierung	*meinig, deinig*	
Zirkumfigierung	–	
implizite Derivation	–	
Konversion	–	
Kürzung	–	
Zusammenbildung	–	

Wortbildungsart	Beispiele	Kommentar
Zusammenrückung	*jedermann*	
Rückbildung	–	
Erleichterungsrückbildung	–	
Kontamination	–	

Präposition

P r ä p o s i t i o n e n sind nicht flektierbar. Sie verlangen ein Bezugsnomen bzw. eine -nominalgruppe und bestimmen den Kasus des Bezugsnomens bzw. der Gruppe. Sie bilden allein kein Satzglied und auch kein Attribut. Präpositionen bzw. Präpositionalstämme sind als grammatische Morpheme zu verstehen, denn sie tragen wenig Eigenbedeutung, vielmehr drücken sie Beziehungen zwischen Gegenständen aus.

Sehr viele der traditionellen Präpositionen entstanden aus Lokaladverbien, vgl. *auf* 'in die Höhe, nach oben' in *auf und davon* mit der Präposition in *auf dem Tisch*. Sie werden aber heute nicht als Konversionen, sondern als Simplizia aufgefasst.

Die Präposition ist zwar eine kleine, aber im Prinzip offene Wortart, obwohl viele Grammatiken sie als geschlossene Klasse sehen, weil es nur wenig Neuzugänge gibt.

Kompositionen aus zwei Präpositionen sind *anbei, nebenbei, voran, überaus, mitunter, mitsamt*, aus Substantiv und Präposition *seitab*. Nach unserem Kriterium der Wortart des zweiten Glieds sind *außerhalb, innerhalb, oberhalb, unterhalb* Zusammenrückungen aus Präposition und Adjektiv. Während die Komposition unproduktiv ist, entstehen über Zusammenrückung gelegentlich neue Präpositionen durch eine Verknüpfung von Präposition und Substantiv wie bei *zugunsten, zuliebe, infolge, anhand, aufgrund, anstelle, mithilfe*, jedoch nicht mehr von Präposition und Adjektiv, vgl. *inmitten*. Ein typisches Beispiel ist das Nomen *Statt* 'Platz, Ort' wie in *Werkstatt*, das mhd. in der Verbindung *an stat* und nhd. *anstatt* auftrat und dann zu *statt* wurde. Außerdem verwenden wir heute eher Dativ als Genitiv als Anschlusskasus. Damit entwickelt sich die neue Präposition noch einen Schritt weiter von der ursprünglichen Präposition-Nomen-Verbindung fort (Lindqvist 1994: 1). *Zufolge* bildeten wir analogisch zu *zuliebe* und *zugunsten* (Lindqvist 1994: 126).

Feste Fügungen bzw. Wortgruppenlexeme sind *in Bezug* oder *um – willen*. Bei einigen ist die Entwicklung zum komplexen Wort noch nicht abgeschlossen, denn vielfach findet sich auch *mit Hilfe, an Stelle*, allerdings schon weniger *auf Grund*. Falsch ist heute (noch) **imlaufe*. Da immer wieder neue Präpositionen entstehen, gibt es auch stets Übergangszonen, was die Abgrenzung zu anderen Wortarten erschwert.

Die Derivation ist nicht mehr produktiv und überhaupt sehr schwach ausgeprägt. Aus einem ehemaligen Genitiv entwickelte sich das Derivationsmorphem *-s* in *angesichts* oder *zwecks*, fachsprachlich *ausgangs*, *betreffs*, *mangels*. Der Status des Morphems ist unklar in *mittels*. In *längs* und *seitens* ist es eher Flexiv. *Nebst* ist nicht mehr aufschlüsselbar (Simmler 1998: 586ff.).

Über Konversion aus einem Nomen entstanden *dank*, *laut*, *kraft*, *trotz*, *mangels*, *mittels*, *zwecks* und *wegen*, aus Verben, und zwar Partizipien, *entsprechend* und *während* sowie *ungeachtet* und *unbeschadet*. Hier gab es zunächst *geachtet* bzw. *beschadet*, was dann negiert wurde (Lindqvist 1994: 68). *Gegenüber*, *jenseits* und *abseits* sind Konversionen aus einem Adverb. Andere wie *südlich*, *links* und *rechts* (*links des Rheins*, *rechts des Rheins*) sind in ihrer Entwicklung nicht ganz abgeschlossen.

Die Fachsprachen sind hier wieder produktiver und kreieren Zusammenbildungen, vgl. *oberwasserseitig des Kanals*, *unterwasserseitig des Kanals*, *linksseitig des Damms*, *rechtsseitig des Kanalbauwerks*.

Zusammenfassung

Tabelle 55: Wortbildungsarten der Präposition

Wortbildungsart	Beispiele	Kommentar
Determinativkompositum	*anbei*	keine klaren Determinativverhältnisse, nicht produktiv
verdeutlichendes Kompositum	–	
Possessivkompositum	–	
Kopulativkompositum	–	
Reduplikativkompositum	–	
Inversionskompositum	–	
Präfixoidbildung	–	
Suffixoidbildung	–	
Präfigierung	–	
Suffigierung	*zwecks*, *mangels*	selten, nicht produktiv
Zirkumfigierung	–	
implizite Derivation	–	

Wortbildungsart	Beispiele	Kommentar
Konversion	*außerhalb, links*	selten
Kürzung	–	
Zusammenbildung	*oberwasserseitig*	wohl nur fachsprachlich
Zusammenrückung	*zugunsten, infolge*	leicht produktiv
Rückbildung	–	
Erleichterungsrückbildung	–	
Kontamination	–	

Konjunktion

K o n j u n k t i o n e n sind nicht flektierbar und platzfest. Sie verbinden Sätze, auch Wortgruppen oder Wörter, und werden daher auch Bindewörter genannt. Sie sind weder Satzglied noch Attribut.

Konjunktionen bilden aufgrund ihres grammatischen Gewichts grammatische Morpheme. Wie bei den Artikeln oder den Präpositionen ist eine gewisse Eigensemantik erkennbar, die Funktion, im Text Beziehungen zwischen syntaktischen Einheiten herzustellen, überwiegt.

Die Wortart bildet eine geschlossene Klasse. Es treten keine neuen Wörter hinzu. Die Wortbildungsarten Komposition und Zusammenrückung sind nicht produktiv. Wieder ist eine klare Grenzziehung nicht möglich. Zusammenrückungen aus Konjunktion und Adverb sind beispielsweise *obschon, obgleich, wennschon, wenngleich*, aus zwei Adverbien *sobald, solange, soviel*, aus Adverb und Adjektiv *sofern, soweit*, aus Adverb und Präposition *damit*. Zusammenrückungen aus Präposition und Pronomen sind *seitdem, trotzdem, außerdem*, aus Präposition und Substantiv *zumal*, aus zwei Adverbien und Präposition *wohingegen*. Konversionen aus Adverbien sind *dagegen, danach, demnach, wonach, nachdem, indem, seitdem, inzwischen, also, folglich, ferner, sodann*.

Ableitungen gibt es nicht.

Zusammenfassung

Tabelle 56: Wortbildungsarten der Konjunktion

Wortbildungsart	Beispiele	Kommentar
Determinativkompositum	*?*	keine klaren Beispiele, nicht produktiv
verdeutlichendes Kompositum	–	
Possessivkompositum	–	
Kopulativkompositum	–	
Reduplikativkompositum	–	
Inversionskompositum	–	
Präfixoidbildung	–	
Suffixoidbildung	–	
Präfigierung	–	
Suffigierung	–	
Zirkumfigierung	–	
implizite Derivation	–	
Konversion	*nachdem*	nicht produktiv
Kürzung	–	
Zusammenbildung	–	
Zusammenrückung	*seitdem, zumal*	nicht produktiv
Rückbildung	–	
Erleichterungsrückbildung	–	
Kontamination	–	

Übungen zu 14.1. Grundlagen

4. Wie bestimmen Sie die Wortarten Artikel, Präposition, Pronomen und Konjunktion?
5. Analysieren Sie morphologisch *Klopapierrollenhalter*!
6. Welcher morphologische Unterschied besteht zwischen *Vogelfänger* und *Schwarzhörer*?

14.2. Vertiefung

Interjektion

Diese Wortart bildet einen Einzelfall sowohl in syntaktischer und lautlicher als auch in morphologischer Hinsicht. Die Interjektion hat keinen festen Platz im Funktionsgefüge des Satzes. Sie referiert nicht auf Gegenstände, sondern versprachlicht Gefühle (*aua*) oder Wahrnehmungen (*uih*) oder bildet einen Ausruf (*hey*). Daher steht gewöhnlich das Ausrufezeichen nach dem Ausdruck. Die Interjektion ist oft satzwertig (*hurra, oh, au*) bzw. bildet allein einen Sprechakt und zählt damit zu den Randerscheinungen im Wortschatz einer Sprache. Einige Beispiele sind konventionalisiert, vgl. *oh, ach, aua, hm, hä, pfui*, andere nur in bestimmten Vorkommensbereichen wiederholt zu finden, vgl. *ächz, oink, würg*, oder jeweils okkasionell (*jauuuu, schrmmh*) mit fließenden Übergängen. Es gibt keine orthographische Normierung. Aber es handelt sich um eine offene Klasse, zu der in manchen Ausprägungen des Deutschen viele neue Formen erscheinen, etwa in Comics, Werbung oder im Chat. Sie verschwinden allerdings meist schnell wieder.

Neue Interjektionen entstehen meist lautmalerisch (*pffft, wuschsch*). Daher halten sie sich nicht immer an die phonologischen Regeln. Das zeigen rein konsonantische Interjektionen (*pst, hm, schh*), solche mit eigenen Lauten wie dem Diphthong in *hui* oder mit besonderen Lautkombinationen wie in *tja*. So gesehen können sie zu den Wortschöpfungen bzw. Kunstwörtern gerechnet werden. Es gibt keine Flexion, aber auch keine Ableitung, wie wir sie von den anderen Wortarten kennen, außer im Fall von *ach Gottchen* (Nübling 2001: 41).

Beispiele wie *herrje* oder *potzblitz* sind nicht mehr durchsichtig, *potz* ist entstellend zu *Gottes* in Flüchen gebildet, *Potzblitz* zu *Gottes Blitz* (Nübling 2001: 34) und steigernd gebraucht. Historisch entstand *herrje(mine)* aus *Herr Jesu (Domine)* (Henzen 1957: 19), *oje* aus *o Jesus domine – ojemine*. Aber *je* kann nicht immer auf *Jesus* zurückgeführt werden (Kluge 2002, Wilmanns 1899: 670). Manche neueren Beispiele beruhen auf Konversion, beispielsweise *Mann, Mensch, Mist*. Die eher in Comics erscheinenden deverbalen *würg, ächz, kotz, jaul* zählen ebenfalls hierzu. Sie werden auch u.a. Inflektive, Rumpfwörter oder Lexeminterjektionen genannt (Nübling 2004). Einige bilden einen Bestandteil in einem komplexen Ausdruck wie *oh Gott* oder *pfui Teufel*. Nübling (2001: 33) spricht in Anlehnung an Wilhelm Wundt hier von sekundären, also nicht ursprünglichen Interjektionen. Sie können aber auch als Wortgruppenlexeme bezeichnet werden. Als Komposita sind wohl *herrgottsakrament* oder *ihbäh* aufzufassen mit verstärkender Bedeutung. Diese liegt außerdem den Reduplikativbildungen zugrunde wie *ojeoje, ohgottohgott, igittigitt* oder *jungejunge*, deren verdoppeltes Morphem allein vorkommt und nun intensiviert wird, während *papperlapp* und *rumpeldipumpel* zu *papp, pappen* bzw. *rumpeln* eher lautmalerisch enstanden sind. Simmler (1998: 470f.) nimmt auch bei u.a. *eieiei, bimbam* und *klippklapp* Reduplikation(sbildung) an. Bei *huhu* als Ruf, der aufmerksam machen will, sollte von dieser Interpretation jedoch Abstand genommen werden, da *hu* als Ausdruck des Entsetzens gilt und somit nicht verdoppelt wurde. Darum ist *huhu* wohl eher als lautmalerisch im Ganzen zu verstehen. Hingegen treten *ei, bim* und *klapp-* auch als eigene Wörter auf.

Nübling (2001)

Zusammenfassung

Tabelle 57: Wortbildungsarten der Interjektion

Wortbildungsart	Beispiele	Kommentar
Determinativkompositum	*herrgottsakrament*	weniger determinativ als intensivierend – selten
verdeutlichendes Kompositum	–	
Possessivkompositum	–	
Kopulativkompositum	–	
Reduplikativkompositum	*igittigitt, jungejunge*	produktiv
Inversionskompositum	–	
Präfixoidbildung	–	
Suffixoidbildung	–	
Präfigierung	–	
Suffigierung	–	
Zirkumfigierung	–	
implizite Derivation	–	
Konversion	*Mann, Mensch*	produktiv
Kürzung	–	
Zusammenbildung	–	

Wortbildungsart	Beispiele	Kommentar
Zusammenrückung	–	
Rückbildung	–	
Erleichterungsrückbildung	–	
Kontamination	–	

Partikel

Die Partikeln sind ebenfalls nicht flektierbar, sie sind bedeutungsarm und bilden jeweils kein Satzglied. Hier sind die G r a d p a r t i k e l n (Fokuspartikeln) zu nennen wie *sogar, bloß, nur, allein, auch* in _ *der Weihnachtsmann sah zu.* Zweitens gibt es die M o d a l p a r t i k e l n /Abtönungspartikeln wie *ja, bloß, aber, halt* etc. in *Du bist ja blöd. Hau bloß ab. Bist du aber gewachsen. Dann hör halt auf!* Schließlich haben wir noch die S t e i g e r u n g s - p a r t i k e l n , zum Beispiel *sehr, ziemlich, echt, wahnsinnig* in *eine _ schöne Aussicht.* Diese Partikeln weisen ein gleichlautendes Pendant bei den anderen Wortarten auf. Beispielsweise gibt es *echt* oder *wahnsinnig* als Adjektive. Wenn diesen Lexemen kein eigener Wortartstatus zuerkannt wird, üben die Adjektive und Konjunktionen etc. besondere syntaktische Funktionen aus. So gesehen hätte im Satz *Bloß der Weihnachtsmann kommt* das Adjektiv *bloß* Gradpartikelfunktion, im Satz *Hau bloß ab* hätte es Modalpartikelfunktion. In den letzten Jahren gehen jedoch immer mehr Grammatiken von einer eigenen Wortart aus, sodass bei dieser Sichtweise dann die Partikeln über Konversion entstanden. Die Wortbildung ist bei den Quellwörtern besprochen.

Diewald (1997)
Präposition: Henzen (1957: 93ff.), Lindqvist (1994)
Pronomen: Wilmanns (1899: 585), Erben (1976), Simmler (1998)

Übungen zu 14.2. Vertiefung

1. Um welche Kurzwortarten handelt es sich bei *Pulli, DNS, Azubi, Emmentaler, Lisa, Bus, Schupo, Kilo, Füllhalter*?
2. Text:
   Wie ist nun dieser Text aufzufassen, als Glosse, als Entgleisung des Kunstbetriebs? Auch wenn der Band mit Goldrand und ochsenledergebundenem Buchdeckel dem Auge schmeichelt, zeugt doch der Inhalt von einer Dummheit, die jeden Kritiker in Rage bringen wird.

Aufgabe:
Analysieren Sie die Wortbildung folgender Wörter bis zur untersten gegenwartssprachlich noch motivierten Ebene: *Kunstbetrieb, ochsenledergebundenen, Dummheit*!

Lösungsvorschläge

Zu den Übungen 1.1. Grundlagen (S. 11)

1. Segmentieren Sie die Lexeme in ihre kleinsten bedeutungstragenden Einheiten und klassifizieren Sie sie!

   am Portmanteaumorphem, = {an} + {dem}

   {an} grammatisch, frei

   {dem} grammatisch, frei

   {tor} lexikalisch, frei, nominales Grundmorphem/Nominalwurzel

   {des} grammatisch, frei

   {turm} lexikalisch, frei, nominales Grundmorphem/Nominalwurzel

   {-es} grammatisch, gebunden, Flexionssuffix

   {ver-} grammatisch, gebunden, Derivationspräfix

   {brann-} Allomorph zu {brenn-}, lexikalisch, gebunden, verbales Grundmorphem /Verbalwurzel

   {-t} grammatisch, gebunden, Flexionssuffix

   {-e} grammatisch, gebunden, Flexionssuffix

   {der} grammatisch, frei

   {lind-} lexikalisch, gebunden, nominales Grundmorphem/Nominalwurzel, unikales Morphem

   {wurm} lexikalisch, frei, nominales Grundmorphem/Nominalwurzel

   {hundert} lexikalisch, frei, adjektivisches Grundmorphem/Adjektivwurzel

   {-e} grammatisch, gebunden, Flexionssuffix

   {von} grammatisch, frei

   {tapfer} lexikalisch, frei, adjektivisches Grundmorphem/Adjektivwurzel

   {-en} grammatisch, gebunden, Flexionssuffix

   {männ} Allomorph zu {mann} lexikalisch, frei, nominales Grundmorphem/Nominalwurzel

   {-er} grammatisch, gebunden, Flexionssuffix

   {-n} grammatisch, gebunden, Flexionssuffix

2. Unikale Elemente haben *Samstag, Fledermaus, Schornstein, Himbeere, Brombeere*

3. Was ist ein Okkasionalismus? Kennen Sie Beispiele? Vgl. Kapitel „zeitliche und dynamische Aspekte"

4. Geben Sie Beispiele für das Wirken der Auslautverhärtung in morphologisch zusammenhängenden Wörtern! Vgl. Kapitel „Einführung, Termini, morphologische Einheiten", auch *gra.de/grad.li.nig, Weg/We.ge, brav/bra.ve, Maus/Mäu.se, blei.ben/bleibt, gib/ge.ben, Klug.heit/klü.ger.*

Zu den Übungen 1.2. Vertiefung (S. 25)

1. Wortbildungsanalyse

Brombeermarmelade

brombeer {marmelade}

{brom-} {beer}

Brombeermarmelade	Nomen, Determinativkompositum 'Marmelade aus Brombeeren', substantiell ('besteht aus'), motiviert, produktives Wortbildungsmuster
Brombeer	Nominalstamm, Determinativkompositum, nur noch teilweise motiviert, da {brom-} heute keine Bedeutung mehr hat, 'eine Art Beere'
{marmelade}	Nominalwurzel, lexikalisch, frei, Lehnwort
{brom-}	Nominalwurzel, lexikalisch, gebunden, unikales Mophem
{beer}	Nominalwurzel, Allomorph zu {beere}, lexikalisch, frei

2. Was bedeutet I & A? Vgl. Kapitel „Anfänge, Strukturalismus, Generative Grammatik"

3. Was ist morphologisch besser und warum: *die Kinder, die Mütter, die Mädchen*?
   Kinder ist morphologisch am besten, weil für ein Mehr an Bedeutung (Plural) ein Mehr an Form (-*er*) einhergeht. Das ist nicht der Fall bei *Mütter*, aber hier ist immerhin der Plural durch den Lautwechsel markiert. Es ist schlechter als *Kinder*, aber besser als *Mädchen*, weil hier der Plural genauso lautet wie der Singular.

Zu den Übungen 2.1. Grundlagen (S. 35)

1. Wortbildungsart:
   Buchrücken Determinativkompositum, *Bleichgesicht* Possessivkompositum, *Fahrer* explizite Derivation, *Vaterunser* Zusammenrückung, *Dickhäuter* Zusammenbildung, *Blumentopf* Determinativkompositum, *Akku* Kurzwort (Kopfwort, Silbenkurzwort, unisegmental), *Motel* Fremdwort,

im Englischen Kontamination, *Schuss* implizite Ableitung, *Dichterkomponist* Kopulativkompositum, *Handvoll* Zusammenrückung, *hochmodern* Präfixoidbildung, *blaugelb* Kopulativkompositum.

2. Führen Sie verschiedene Möglichkeiten der Komposition bei den Substantiven auf!

   Determinativkomposition (hier auch verdeutlichende Komposition), Possessivkomposition, Kopulativkomposition, Reduplikativkomposition, auch verdunkelte Komposition.

3. Erstellen Sie eine Wortbildungsanalyse von *Schulhof, Hautcreme, Suche, Floßfahrt!*

   Schulhof

   {schul}{hof}

Schulhof	Nomen, Determinativkompositum, 'Hof bei der Schule', leicht demotiviert, da es sich nicht unbedingt um einen Hof, sondern auch um einen Garten o.ä. handeln kann, produktives Wortbildungsmuster
{schul}	Allomorph zu {schule}, Nominalwurzel, lexikalisch, frei
{hof}	Nominalwurzel, lexikalisch, frei

   Hautcreme

   {haut}{creme}

Hautcreme	Nomen, Determinativkompositum, 'Creme für die Haut', motiviert, produktiv
{haut}	Nominalwurzel, lexikalisch, frei
{creme}	Nominalwurzel, lexikalisch, frei, Fremdwort

   Suche

   {such-}{-e}

Suche	Nomen, explizite Derivation, 'Vorgang des Suchens', motiviert, produktives Muster
{such-}	Verbalwurzel, lexikalisch, gebunden
{-e}	Derivationssuffix, grammatisch, gebunden

Floßfahrt

floß   fahrt

{fließ-} {fahr-}{-t}

Floßfahrt	Nomen, Determinativkompositum, 'Fahrt mit dem Floß', motiviert, produktiv
floß	Nominalstamm, implizite Derivation, kein produktives Muster mehr, 'Wasserfahrzeug', Gegenstandsbezeichnung, demotiviert
fahrt	Nominalstamm, explizite Derivation, 'Vorgang des Fahrens', motiviert, kein produktives Muster mehr
{fließ-}	Verbalwurzel, lexikalisch, gebunden
{fahr-}	Verbalwurzel, lexikalisch, gebunden
{-t}	Derivationssuffix, grammatisch, gebunden

Zu den Übungen 2.2. Vertiefung (S. 46)

1. Analysieren Sie morphologisch vollständig

Thermohose

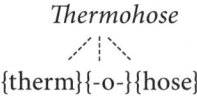

{therm}{-o-}{hose}

Thermohose	Nomen, Determinativkompositum, 'warme/wärmende Hose', final, nicht ganz motiviert, weil es sich um eine besondere Art der Fütterung handelt, um die Hose wärmend zu machen
{therm}	Konfix, lexikalisch, gebunden
{-o-}	Fugenelement, Status als Morphem umstritten
{hose}	Nominalwurzel, lexikalisch, frei

 Das Konfix {therm} ist vom Markenzeichen *Thermos* (seit 1904) zu trennen, das Sie aus *Thermosflasche* kennen.

Hauptstadt

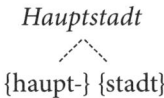

{haupt-} {stadt}

Hauptstadt	Nomen, Präfixoidbildung, produktiv, 'Stadt eines (Bundes) Landes mit Regierungssitz', teilmotiviert
{haupt-}	Präfixoid, kein Kompositionsglied, da reihenbildend mit

der Bedeutung 'der/die/das wichtigste', ehemals lexikalisch
freies Morphem, Nominalwurzel, nun auf dem Weg zum
Präfix

{stadt}   Nominalwurzel, lexikalisch, frei

Zu den Übungen 3.1. Grundlagen (S. 49–54)

1. grammatische Form (Numerus, Kasus)
   Ich sehe viele <u>Kinder</u>. Akk. Pl.
   Viele <u>Kinder</u> spielen heute auf dem Schulhof. Nom. Pl.
   Viele Kinder spielen heute auf dem <u>Schulhof</u>. Dat. Sg.
   <u>Affen</u> kann ich nicht leiden. Akk. Pl.
   Wegen der <u>Schneewehe</u> sind sie in den Graben gefahren. Gen. Sg.
   Wegen der Schneewehe sind sie in den <u>Graben</u> gefahren. Akk. Sg.
   Das <u>Auto</u> konnten sie nicht herausziehen. Akk. Sg.
   Das <u>Auto</u> blieb stecken. Nom. Sg.
2. Was ist der Unterschied zwischen den Begriffen Substantiv und Nomen?
   Definieren Sie den Begriff Flexion! Vgl. Kapitel „Grundbegriffe"
3. Deklinieren Sie *Mutter, Kind, Auge,* am besten mit Angabe der grammatischen Kategorien!

Nominativ Singular	*Mutter*	*Kind*	*Auge*
Genitiv	*Mutter*	*Kindes*	*Auges*
Dativ	*Mutter*	*Kind*	*Auge*
Akkusativ	*Mutter*	*Kind*	*Auge*
Nominativ Plural	*Mütter*	*Kinder*	*Augen*
Genitiv	*Mütter*	*Kinder*	*Augen*
Dativ	*Müttern*	*Kindern*	*Augen*
Akkusativ	*Mütter*	*Kinder*	*Augen*

4. Zählen Sie verschiedene Pluraliatantum und Singulariatantum auf!
   Singulariatantum beispielsweise *Getreide, Gramm, Kälte, Kindheit, Mehl, Milch, Obst, Publikum, Seide, Silber, Treue, Vieh,* Pluraliatantum beispielsweise *Alimente, Alpen, Eltern, Ferien, Flitterwochen, Kosten, Leute, Masern, Ostern*

5. Bestimmen Sie die grammatische Form der Substantive!
   Die Kinder bleiben nicht an der Hand ihrer Mütter. Sie wehren sich mit Händen und Füßen dagegen.
   Kinder Nom. Pl.
   Hand Dativ Sg.
   Mütter Gen. Pl.

Händen Dativ Pl.
Füßen Dativ Pl.

Zu den Übungen zu 3.2. Vertiefung (S. 60)

1. Was ist Umlaut? Vgl. Kapitel „Pluralbildung", „Umlaut"
2. Welche Möglichkeiten der Pluralbildung gibt es bei *Balkon*? Warum gibt es mehrere Möglichkeiten?
   Balkons/Balkone Der *s*-Plural ist typisch für Fremdwörter. Existieren sie lang genug im Deutschen, erhalten sie langsam heimische Endungen, hier das -*e*.
3. Warum verlor der frühneuhochdeutsche Singular *Nasen* seine *n*-Endung?
   Der Artikel hebt im Maskulinum und Neutrum den Singular vom Plural ab, *der, das* vs. *die*. Dies gilt jedoch nicht für Feminina, die in beiden Fällen ein *die* mit sich tragen, also auch *Nase*. Bei dem Plural auf -*(e)n* wären die Formen von einem Singular auf -*(e)n* nicht zu unterscheiden. Feminina bevorzugten generell als Pluralmarkierung -*(e)n* und eliminierten dann ein -*(e)n* im Singular, um die Unterscheidung von Singular und Plural zu verdeutlichen.

Zu den Übungen zu 4.1. Grundlagen (S. 70)

1. Analysieren Sie morphologisch ausführlich *Wohnzimmertisch*!

> *Wohnzimmertisch*
>
> *wohnzimmer* {tisch}
>
> {wohn-}{zimmer}

Wohnzimmertisch	Nomen, Determinativkompositum 'Tisch im/für ein Wohnzimmer', lokal, motiviert, produktive Wortbildungart
Wohnzimmer	Nominalstamm, Determinativkompositum 'Zimmer zum Wohnen, kulturbedingt mit bestimmter Ausstattung', nicht mehr ganz motiviert
{wohn-}	Verbalwurzel, lexikalisch, gebunden
{zimmer}, {tisch}	Nominalwurzeln, lexikalisch, frei

2. Vergleichen Sie morphologisch
   Dickmilch Determinativkompositum, *Dickkopf* Possessivkompositum
   Farnwedel Determinativkompositum, *Farnkraut* verdeutlichendes Kompositum

Fürstbischof Koordinativkompositum, *Weihbischof* Determinativkompositum

Zu den Übungen zu 4.2. Vertiefung (S. 78)

1. Suchen Sie passende Determinativkomposita für die Strukturbäume! Beispiele:

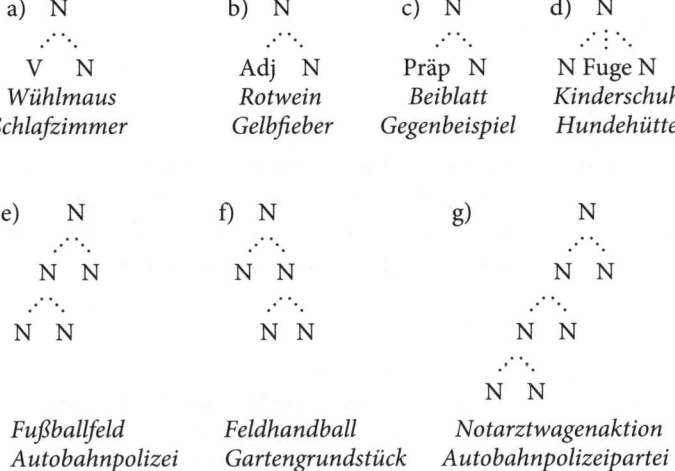

a) N
  V N
Wühlmaus
Schlafzimmer

b) N
  Adj N
Rotwein
Gelbfieber

c) N
  Präp N
Beiblatt
Gegenbeispiel

d) N
  N Fuge N
Kinderschuh
Hundehütte

e) N
  N N
  N N
Fußballfeld
Autobahnpolizei

f) N
  N N
  N N
Feldhandball
Gartengrundstück

g) N
  N N
  N N
  N N
Notarztwagenaktion
Autobahnpolizeipartei

2. Warum gibt es keine Determinativkomposita mit folgender Struktur?

*N
  N V

Da in einem zweiteiligen Determinativkompositum das rechte Glied die Wortart bestimmt, muss bei einer N+V-Verbindung die Wortart des Determinativkompositums Verb sein.

3. Diskutieren Sie den Unterschied zwischen *Affenkäfig* und *Affenhitze*!
Bei *Affenkäfig* handelt es sich um ein Determinativkompositum 'Käfig für einen oder mehrere Affen', motiviert, mit dem Wortakzent auf dem ersten Teil, während bei *Affenhitze* und vieler vergleichbarer Konstruktionen eine Bedeutungsveränderung von *affen* zu 'sehr groß' zusammen mit Reihenbildung vorliegt. Der Wortakzent liegt links oder es gibt zwei Akzente. Aus diesen Gründen handelt es sich bei *Affenhitze* um eine Präfixoidbildung.

Zu den Übungen zu 5.1. Grundlagen (S. 91)

Erstellen Sie eine ausführliche morphologische Analyse von *Fehlerhaftigkeit*!

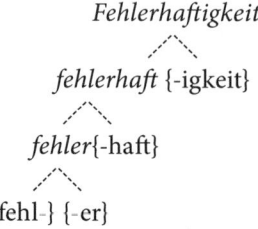

Fehlerhaftigkeit

fehlerhaft {-igkeit}

fehler{-haft}

{fehl-} {-er}

Fehlerhaftigkeit	Nomen, explizite Ableitung 'Eigenschaft, fehlerhaft zu sein', Abstraktum, motiviert, produktiv
fehlerhaft	Adjektivstamm, explizite Ableitung 'Fehler aufweisend', ornativ, motiviert, produktiv
fehler	Nominalstamm, expl. Ableitung, 'Abweichung, Unrichtigkeit', teilmotiviert
{fehl-}	Verbalwurzel, lexikalisch, gebunden
{-haft}, {-er}	Derivationssuffixe, grammatisch, gebunden
{-igkeit}	Allomorph zu {-heit}, Derivationssuffix, grammatisch, gebunden, tritt an Adjektive auf *-haft*

Zu den Übungen zu 5.2. Vertiefung (S. 104)

1. Bestimmen Sie die Wortbildungsart: *Schusseline* explizite Derivation durch Suffigierung, Motion, *Monogamie* explizite Derivation durch Suffigierung, zu *monagam*, *Biograph* Determinativkomposition aus zwei Konfixen, *Normalo* explizite Derivation durch Suffigierung, *Terrorismus* explizite Derivation durch Suffigierung, *Abo* Kurzwortbildung (unisegmental, Kopfkurzwort) zu *Abonnement*, *Monokultur* Determinativkomposition

2. Versuchen Sie, die Bedeutung und die Herleitung des unterstrichenen Verbs herauszufinden: *Die Vorschriften gelten mit Ausnahme des §4, Absatz 5, Satz 2, der ausdrücklich* abbedungen *wird. / Die VOBIB-Klausel kann individuell* abbedungen *werden.*
   Das Verb *abbedingen* bedeutet 'eine Vorschrift, ein Gesetz außer Kraft setzen'. Das Verb stammt von *bedingen*, dies ist abgeleitet von *dingen*, dies zu *Ding*. Die ursprgl. Bedeutung ist 'aushandeln, vereinbaren', die juristische Fachsprache verwendet das Verb *abbedingen* mit idiomatisierter Bedeutung. Es gehört nicht zu *bedingen* 'zur Bedingung machen', dazu *sich ausbedingen*.

Zu den Übungen zu 6.1. Grundlagen (S. 116)

1. Wortbildungsart: *Haustür* Determinativkomposition, *Frechheit* explizite
   Derivation durch Suffigierung, *Grünschnabel* Possessivkomposition, *Rotkehlchen* Possessivkomposition, *Grünspecht* Determinativkomposition,
   Uni Kurzwortbildung (unisegemental, Kopfwort), *Rückwärtseinparker*
   Zusammenbildung, *Blumentopferde* Determinativkomposition, *Gestein*
   explizite Derivation durch Präfigierung, *Gebrauch* Konversion, zu *gebrau-
   chen*, *Abbruch* implizite Derivation, zu *abbrechen*, *Handvoll* Zusammenrückung
2. Zählen Sie sieben Possessivkomposita auf! Vgl. Kapitel „Possessivkomposition"

Zu den Übungen zu 6.2. Vertiefung (S. 126)

1. komplette morphologische Analyse:

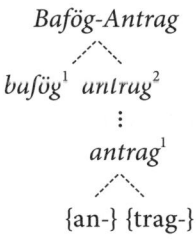

$$Bafög\text{-}Antrag$$

$$bafög^1 \quad antrag^2$$

$$antrag^1$$

$$\{an\text{-}\} \ \{trag\text{-}\}$$

Bafög-Antrag	Nomen, Determinativkompositum, 'Antrag auf Bafög', final, motiviert, produktiv
bafög[1]	Nomen, mittlerweile Homonym zum Kurzwort *bafög*[2] (Mischkurzwort zu *Bundesausbildungsförderungsgesetz*) mit Bedeutungsänderung 'Stipendium aufgrund dieses Gesetzes'
antrag[2]	Nominalstamm, Konversion, 'Angebot' veraltet, heute 'Gesuch', demotiviert
antrag[1]	Verbalstamm, explizite Derivation durch Präfigierung, 'an j-m etwas herantragen, anbieten', lokal, relational, motiviert, produktiv, aber veraltet
{an-}	Derivationspräfix, grammatisch, gebunden, trennbar
{trag-}	Verbalwurzel, lexikalisch, gebunden

Besonderheit: die Bedeutungsveränderung eines Kurzwortes ist unüblich.

Zu den Übungen zu 7.1. Grundlagen (S. 129–134)

1. Grammatische Form (Kasus, Numerus, Genus) der Adjektive:
   Starke Frauen braucht das Land Akk. Pl. F.
   Denn starke Frauen Nom. Pl. F.
   verbessern die wirtschaftliche Entwicklung Akk. Sg. F.
   auf lange Sicht Akk. Sg. F.
   In der Bibliothek gibt es großartige Zeitschriften Akk. Pl. F.
   Mit den schmutzigen Fingern fasst du mir nicht Dat. Pl. M.
   das schöne Buch an Akk. Sg. N.
   Wasch sie dir erst mit warmem Wasser Dat. Sg. N.
   Schau dir die frechen Mäuse an Akk. Pl. F.
   wie sie auf den riesigen Schrank klettern Akk. Sg. M.

2. Möglichkeiten der Flexionsbestimmung für … *großen Katze* … mit korrektem Satz:
   Wegen der großen Katze musste sie bremsen – schwache Flexion, Gen. Sg. F.
   Mit der großen Katze fährt sie in Urlaub – schwache Flexion, Dat. Sg. F.
   Wegen keiner großen Katze musste sie bremsen – gemischte Flexion, Gen. Sg. F.
   Mit keiner großen Katze fährt sie in Urlaub – gemischte Flexion, Dat. Sg. F.
   Dir/mir/ihr großen Katze ist das Mäuslein zu wenig – Apposition nach Personalpronomen, Dat. Sg. F.

3. Welche Bedeutungen kann das Morphem *-er* im Deutschen haben?
   beim Nomen Flexion: Plural (*Kinder*), Derivation: Personenbezeichnung (*Statiker*), Gerätebezeichnung (*Stecker*), Motion (*Witwer*)
   beim Adjektiv: starke Flexion Nom. Sg. M. (*roter Wein*), Gen./Dat. Sg. F. (*wegen neuer Mode, mit neuer Mode*), Gen. Pl. M./F./N. (*wegen roter Weine, wegen neuer Moden, wegen kleiner Bücher*), gemischte Flexion Nom. Sg. M. (*kein roter Wein*), außerdem Komparativ (*die Banane ist kleiner als die Melone*), Ableitungen von Namen (*Berliner Currywurst*)

4. Was ist falsch und warum? „Das sind Reformen für älteren Leute."
   Es muss entweder heißen „für die älteren Leute" mit bestimmtem Artikel, darum schwach flektiert, oder „für ältere Leute", ohne Artikel, daher stark flektiert.

Zu den Übungen zu 7.2. Vertiefung (S. 134–140)

1. Was ist an der Definition „das Adjektiv ist eine steigerbare Wortart" problematisch?
   Erstens sind nicht alle Adjektive steigerbar, zweitens aber einige Adverbien.

2. Wonach richten sich beim Adjektiv die Deklinationstypen stark, schwach und gemischt?
   Sie richten sich nach dem Wort davor, bestimmter (schwach), unbestimmter (gemischt) oder kein Artikel (stark).

3. Stellen Sie die Allomorphe zusammen
   {schul}, {schül}, (außerdem {schule}); {affe}, {äff}; {dis-}, {de-}, {des-}; {hoch}, {höh} (außerdem {hoh}); {dunkel}, {dunkl}, aber *dünkelhaft* gehört nicht dazu; {best-} und {gut} sind verschiedene Wurzeln, Suppletivwesen

4. Analysieren Sie das Adjektiv morphologisch:
   Er kommt wegen der schnellstmöglichen Lösung zu ihr.

```
            schnellstmöglichen
                  ⟋ ⟍
      schnellstmöglich  {-en}
              ⟋ ⟍
      schnellst     möglich
       ⟋ ⟍          ⟋ ⟍
   {schnell}{-st}  {mög-}{-lich}
```

schnellstmöglichen	Adjektiv, flektiert, hier schwache Flexion, Gen. Sg. F.
schnellstmöglich	Adjektivstamm, Determinativkompositum, 'so schnell wie möglich, ohne dass es schneller geht', modal/augmentativ, motiviert, produktiv
schnellst	Adjektivstamm, flektiert (Superlativ)
möglich	Adjektivstamm, explizite Derivation durch Suffigierung, 'machbar, denkbar' idiomatisiert, (*-lich* von Verben ist produktiv)
{schnell}	Adjektivwurzel, lexikalisch, frei
{mög-}	Verbalwurzel, lexikalisch, gebunden
{-lich}	Derivationssuffix grammatisch, gebunden
{-st}	Flexionssuffix, grammatisch, gebunden (Superlativ)
{-en}	Flexionssuffix, grammatisch, gebunden

5. Ist „Zahlwort" eine Wortart? Begründen Sie Ihre Entscheidung.
   Nein, denn es gibt in dieser Gruppe Wörter aus verschiedenen Wortarten
   wie Adjektive (*zwei*, *hundert*), Nomen (*Drittel*) oder Adverbien (*erstens*).

6. Diskutieren Sie anhand der Beispiele *fleischfarben, silberfarben, hautfarben, cremefarben, honigfarben,* ob es sich bei *farben* um ein Suffixoid handelt!
   Nein, denn es hat keine Bedeutungsveränderung stattgefunden. Außerdem gibt es *farben* nicht in Isolation.

Zu den Übungen zu 8.1. Grundlagen (S. 148)

Vergleichen Sie die Semantik der Adjektive in:
Seine schneeblinden Augen sahen nicht den Abhang. 'blind wegend des
Schnees', kausal
Sie ist stark behindert wegen ihrer geburtsblinden Augen. 'blind seit der Ge-
burt', temporal
Er hingegen hat Probleme mit seinen nachtblinden Augen. 'blind in der
Nacht', temporal
Die Studenten sind anfangs noch völlig morphologieblind. 'blind gegen-
über/ in Bezug auf die Morphologie', referenziell

Zu den Übungen zu 8.2. Vertiefung (S. 156)

Wortbildungsanalyse

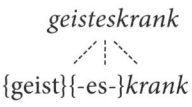

    geisteskrank

{geist}{-es-}*krank*

geisteskrank	Adjektiv, Determinativkompositum, 'krank sein im Geist', lokal, motiviert, produktiv
{geist}	Nominalwurzel, lexikalisch, frei
{krank}	Adjektivwurzel, lexikalisch frei
{-es-}	Fugenelement, keine Bedeutung, aber verbindende Funkti-on, Morphemstatus umstritten

Zu den Übungen zu 9.1. Grundlagen (S. 167)

1. Vergleichen Sie die Wortbildung der komplexen Adjektive im folgenden
   Satzpaar:
   In diesem Garten stehen dunkle, fast schwarzrote Tulpen. Determinativ-
   kompositum

Dein Denken in schwarzweißen Schemata nervt mich schon lange. Koordinativkompositum

2. Bestimmen Sie die Wortbildungsart

selbstkritisch Komposition oder Derivation durch Suffigierung zu *Selbstkritik*, also doppelt motiviert, *wach* Konversion, *seiden* explizite Derivation durch Suffigierung, *schwerhörig* Zusammenbildung, *bezopft* explizite Derivation durch Zirkumfigierung (Scheinpartizip), *klammheimlich* verdeutlichende Komposition, *grundfalsch* Präfixoidbildung, *hellblau* Determinativkomposition, *lammfromm* Determinativkomposition, *taubstumm* Koordinativkomposition, *unbequem* explizite Derivation durch Präfigierung, *barfuß* Possessivkomposition, *scheußlich* explizite Derivation durch Suffigierung, mit unikalem Morphem, *dämlich* explizite Derivation durch Suffigierung, mit unikalem Morphem, *drollig* Lehnwort aus dem Niederländischen, dort explizite Derivation durch Suffigierung

Zu den Übungen zu 9.2. Vertiefung (S. 173)

1. vollständige morphologische Analyse

ultramodernen

ultramodern {-en}

{ultra-} {modern}

ultramodernen	Adjektiv, flektiert, hier schwache Flexion, Nom. Pl. Neutrum
ultramodern	Adjektivstamm, explizite Derivation durch Präfigierung 'äußerst modern', steigernd, motiviert, produktiv
{ultra-}	Fremdpräfix, grammatisch, gebunden
{modern}	Adjektivwurzel, lexikalisch, gebunden, Fremdwort
{-en}	Flexionssuffix, grammatisch, gebunden

mageren

{mager}{-en}

mageren	Adjektiv, flektiert, hier starke Flexion, Dat. Pl., Genus nicht eindeutig
{mager}	Simplex, Adjektivwurzel, lexikalisch, frei
{-en}	Flexionssuffix, grammatisch, gebunden

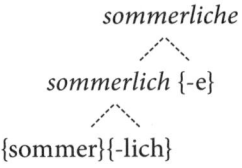

sommerliche

sommerlich {-e}

{sommer}{-lich}

sommerliche Adjektiv, flektiert, hier starke Flexion, Akk. Pl. F.
sommerlich Adjektivstamm, explizite Derivation durch Suffigierung, 'wie im Sommer', temporal, motiviert, produktiv
{sommer} Nominalwurzel, lexikalisch, frei
{-lich} Derivationssuffix, grammatisch, gebunden
{-e} Flexionssuffix, grammatisch, gebunden

2. Wortbildungstyp
    polyphon explizite Derivation durch Präfigierung, mit Konfix
    horizontal explizite Derivation durch Suffigierung
    bibliophil Determinativkomposition, mit zwei Konfixen
    bioaktiv Determinativkomposition, mit Konfix
    illegitim explizite Derivation durch Präfigierung
3. Wortart des Stammes
    de-zentral Adjektiv, *tugend-sam* Substantiv, *zerbrech-lich* Verb, *könig-lich* Substantiv, *städt-isch* Substantiv, *link-isch* Adjektiv, *sonder-lich* Adverb, *staub-ig* Substantiv, *faschist-oid* Substantiv, *trink-bar* Verb, *hyper-aktuell* Adjektiv, *il-legal* Adjektiv, *bald-ig* Adverb

Zu den Übungen zu 10.1. Grundlagen (S. 177–186)

1. grammatische Form:
    du hast geschlagen: 2. Pers. Sg. Perfekt Indikativ Aktiv
    er hatte gelacht: 3. Pers. Sg. Plusquamperfekt Indikativ Aktiv
    sie rennen: 3. Pers. Pl. Indikativ oder Konjunktiv I Aktiv
    Kalle und Heinz wurden belächelt: 3. Pers. Pl. Präteritum Indikativ Passiv
    ihr werdet schon sehen: 2. Pers. Pl. Futur I Indikativ Aktiv
2. Nach welchen grammatischen Kategorien flektieren die Verben im Deutschen?
    Sie flektieren nach Person, Numerus, Modus, Tempus. Die Genera verbi sind entweder unmarkiert (Aktiv) oder analytisch gebildet (Passiv).
3. Erklären Sie folgende Begriffe: synthetische Form, Konjugation, infinite Form, Dentalsuffix! Vgl. Kapitel „Grundbegriffe", „Verbtypen"
4. Welches sind starke, welches schwache Verben:
    schwach: *joggen, googeln, kochen, hervorholen*, stark: *laufen, gehen, schwimmen, halten*

5. Geben Sie die morphologische Struktur und die Morphemtypen an für die folgenden Verben: *(du) kochst, (wir) kochen, (er) kochte, (Vater hatte) gekocht!*

(du) kochst	*(wir) kochen*	*(er) kochte*	*gekocht*
{koch-}{-st}	{koch-}{-en}	{koch-}{-t}{-e}	{ge-t} {koch-}

{koch-}	Verbalwurzel, lexikalisch, gebunden
{-st}, {-en}, {-t}, {-e}	Flexionssuffixe, grammatisch, gebunden
{ge-t}	Flexionszirkumfix, grammatisch, gebunden

6. Erklären Sie den Begriff Synkretismus am Beispiel *lachen*!
Synkretismus ist der systematische Zusammenfall von Flexionsformen. Bei dem Verb *lachen* beispielsweise lauten die erste und dritte Person Präteritum Singular *(ich lachte, er lachte)* bzw. Plural *(wir lachten, sie lachten)* gleich, es ergeben sich homonyme Morpheme.

7. Definieren Sie die Begriffe Vollverb, Hilfsverb, Modalverb! Vgl. Kapitel „Verbtypen"

8. Stellen Sie das gesamte Konjugationsparadigma für das Verb *husten* auf (synthetische Formen)!
Infinitiv *husten*, Partizip I *hustend*, Partizip II *gehustet*, Imperativ Sg. *huste!*, Pl. *hustet!*

	Präsens		Präteritum	
	Indikativ	Konjunktiv I	Indikativ	Konjunktiv II
1. Pers. Sg.	*huste*	*huste*	*hustete*	*hustete*
2. Pers. Sg.	*hustest*	*hustest*	*hustetest*	*hustetest*
3. Pers. Sg.	*hustet*	*huste*	*hustete*	*hustete*
1. Pers. Pl.	*husten*	*husten*	*husteten*	*husteten*
2. Pers. Pl.	*hustet*	*hustet*	*hustetet*	*hustetet*
3. Pers. Pl.	*husten*	*husten*	*husteten*	*husteten*

9. Morphologischen Formen der Verbalkomplexe:
Die Studenten protestieren gegen die Studiengebühren. 3. Pers. Pl. Präsens Indikativ (Aktiv)
Du bist auch mit dabei gewesen. 2. Pers. Sg. Perfekt Indikativ (Aktiv)
Ein Polizist schlug einen der Studenten. 3. Pers. Sg. Präteritum Indikativ (Aktiv)
Der Student meinte, 3. Pers. Sg. Präteritum Indikativ (Aktiv)
er werde sich beschwehren 3. Pers. Sg. Futur I Konjunktiv I (Aktiv)
Gestern ist der Polizist vom Räuber erschossen worden! 3. Pers. Sg. Perfekt Indikativ Passiv

Zu den Übungen zu 10.2. Vertiefung (S. 186, 197)

1. Bilden Sie die Stammformen folgender Verben, wann und warum treten Unsicherheiten auf?

   backen, buk ist älter als *backte, gebacken; bakte* ist schwach, *gebacken* stark flektiert

   sich befleißigen, befliss, beflissen, zu selten gebraucht

   erkiesen, erkor, erkoren, der Infinitiv ist kaum mehr bekannt

   kaufen, kaufte, gekauft, unproblematisch

   gären, gor/gärte, gegoren/gegärt, stark und schwach möglich, starke Formen schwinden

   gleiten, glitt, geglitten, es sollte keine Probleme auftreten

   pflegen, pflog/pflegte, gepflegt/ᵉgepflogen, das starke Präteritum schwindet, das starke Perfekt klingt bereits ungewöhnlich

   raufen, raufte, gerauft, unproblematisch

   ziehen, zog, gezogen, unproblematisch

   saugen, sog/saugte, gesogen/gesaugt, die starken Formen schwinden

2. Warum sind *sterben, helfen* und *werfen* der III. Ablautreihe zuzuordnen, warum *sprechen* der Reihe IV?

   In der dritten Ablautreihe folgte auf den relevanten Vokal ein Nasal (*n, m*), *l* oder *r* und ein weiterer Konsonant. In der vierten Ablautreihe folgt dem relevanten Vokal *n, m, l* oder *r* (oder *l, r* geht voraus), bei *sprechen* geht das *r* dem Vokal voraus.

3. Nennen Sie Beispiele der Ablautreihe I , beispielsweise *reiten, greifen, leihen, leiden, pfeifen, schmeißen, streiten.*

Zu den Übungen zu 11.1. Grundlagen (S. 204)

Bestimmen Sie die Wortbildungsart

enterben explizite Derivation durch Präfigierung, *frühstücken* Konversion, *zweckentfremden* Rückbildung, zu *zweckentfremdet, zusammenfaseln* Determinativkomposition, *mähdreschen* Rückbildung, zu *Mähdrescher*

Zu den Übungen zu 11.2. Vertiefung (S. 210)

1. Welche verschiedenen Präfixgruppen gibt es bei der verbalen Wortbildung? Worin unterscheiden sie sich? Vgl. Kapitel „XII Grundlagen" Anfangskapitel und „Problembereich Ableitung: der Sonderfall Partikelverb"

2. Welche Wortbildungsarten gibt es bei den Verben?

   Determinativkomposition, Kopulativkomposition, Reduplikativkomposition (unproduktiv), Präfigierung, Suffigierung, Zirkumfigierung, implizite Derivation (unproduktiv), Konversion, Zusammenrückung, Rückbildung, Erleichterungsrückbildung, Kontamination

Zu den Übungen zu 12.1. Grundlagen (S. 225)

Bestimmen Sie die Wortbildungsart des Stammes beim letzten Wortbildungs-schritt:

ver-hungern Verb, *be-köst-igen* Substantiv, *ent-erben* Verb, *ent-kern(en)* Substantiv, *staubsaug(en)* Substantiv (Rückbildung zu *Staubsauger*), *hagel(n)* Substantiv, *schläng-eln* Substantiv, *frömm-eln* Adjektiv, *ver-deutlich(en)* Adjektiv, *ver-bluten* Verb, *leer(en)* Adjektiv

Zu den Übungen zu 12.2. Vertiefung (S. 231)

1. Was unterscheidet das verbale Suffix *-ier-* von den meisten anderen fremd-sprachlichen Affixen?
   Es ist sehr viel weiter verbreitet und tritt auch an indigenes Wortgut.
2. Welche syntaktischen Veränderungen ergeben sich durch die Präfigierung mit *an-*
   Der Hund bellt vs. *Der Hund bellt ihn an*: *anbellen* erfordert ein Akkusativobjekt
   Der Recke kämpft vs. *Der Recke kämpft gegen den Sturm an*: *ankämpfen* erfordert ein Präpositionalobjekt mit *gegen*
   Der Schiedsrichter pfeift vs. *Der Schiedsrichter pfeift das Spiel an*: *anpfeifen* erfordert ein Akkusativobjekt
3. Welche Veränderungen ergeben sich, wenn der Wortakzent des Verbs nicht auf dem Präfix, sondern auf dem Verbstamm liegt?
   den riesigen Baum umfahren
   Beim Akzent auf *um* ist die Bedeutung 'nieder', beim Akzent auf *fahren* 'um herum'. Das *um* ist im ersten Fall trennbar, im zweiten nicht.
4. Welche der Bildungen sind lokal, ornativ, privativ, temporal?
   temporal: *überwintern*
   lokal: *umfallen, überbacken, vorfahren*
   privativ: *häuten, entkleiden*
   ornativ: *belobigen, einnebeln, verköstigen, umgittern, zuckern*

Zu den Übungen zu 13.1. Grundlagen (S. 240)

1. Bestimmen Sie die Wortbildungsart von *flugs* Konversion, *überübermorgen* Determinativkomposition, *zuguterletzt* Zusammenrückung, *frühestens* explizite Derivation durch Suffigierung
2. Mit welchen Wortarten verbindet sich das adverbiale Suffix *-s*? Geben Sie Beispiele!
   mit Substantiv *nachts, mittwochs*, mit Adjektiv *stets, besonders*, mit Adverb *öfters*, mit Pronomen *anders*, außerdem auch mit Wortgruppen *kirchlicherseits, allerorts, großenteils*

Zu den Übungen zu 13.2. Vertiefung (S. 243)

1. Welche Wortbildungsarten gibt es bei den Adverbien?
   Determinativkomposition, Reduplikativkomposition, Suffigierung, Konversion, Zusammenrückung

2. Um welche Wortbildungsarten handelt es sich bei *großenteils* Zusammenrückung, *insbesondere* Zusammenrückung, *vorvorgestern* Determinativkompositum, *sobald* Zusammenrückung, *gegenüber* Determinativkompositum, *abends* explizite Derivation durch Suffigierung.
   Als problematisch kann *gegenüber* aufgefasst werden. Die Abgrenzung von Komposition und Zusammenrückung gilt als Problem, da die determinierende Bedeutung meist fehlt (auch hier), und einige Beispiele können auch als ein Zusammenwachsen nebeneinander gebrauchter Wörter betrachtet werden, wie für die Zusammenrückung typisch. Einige frühe waren wohl auch Zusammenrückungen, aber oft ist ein wiederholtes Nebeneinander nicht mehr nachvollziehbar, wenn auch theoretisch vorstellbar. Weitere sind mit den gleichen Endgliedern analogisch hinzu gekommen, die daher als Komposita aufgefasst werden. Damit gerät das Kriterium der Wortart des Zweitgliedes in den Mittelpunkt: Adverb spricht für Komposition, anderes für Zusammenrückung. Dieses Lösung ist als kleineres Übel zu verstehen – das größere: ohne die Kategorie Zusammenrückung werden die Unterschiede zwischen den verschiedenen Komposita und Beispielen wie *Gernegroß* oder *großenteils* nicht hervorgehoben.

3. Das Adverb gilt als nicht flektierbare Wortart. Wo gibt es trotzdem Flexion?
   Einige Adverbien lassen sich steigern, z.B. *oft.*

4. Ordnen Sie die Beispiele nach dem Grad der Motivation:
   Köpfchen, Frauchen, Veilchen
   Haustür, Großmutter, Steckenpferd, Nachbar
   gelblich, möglich, dämlich
   staubig, zeitig, emsig

5. komplette morphologische Analyse

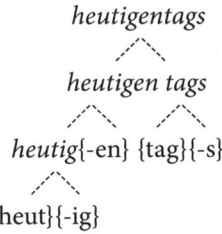

heutigentags

heutigen tags

heutig{-en} {tag}{-s}

{heut}{-ig}

heutigentags	Adverb, Zusammenrückung, 'gegenwärtig, zur Zeit', teil-idiomatisiert/teilmotiviert, produktiv
heutigen	Adjektivstamm, flektiert
heutig	Adjektivstamm, explizite Derivation, 'Eigenschaft, heute zu sein, stattzufinden', Adjektivierung, Eigenschaftsbezeichnung, produktiv, motiviert
tags	Nominalstamm, flektiert
{heut}	Allomorph zu {heute}, Adverbwurzel, lexikalisch, frei
{tag}	Nominalwurzel, lexikalisch, frei
{-ig}	grammatisch gebunden, Derivationssuffix
{-en}, {-s}	grammatisch gebunden, Flexionssuffixe

```
        Sprachrichter
          /    \
     sprach   richter
       ⋮       /    \
{sprech-} {richt-}{-er}
```

Sprachrichter	Nomen, Determinativkompositum, 'Richter über die Sprache', motiviert, produktiv
sprach	zu *Sprache*, Nominalstamm, explizite Derivation durch *-e*, Abstraktum/Prozessbezeichnung, motiviert, produktiv, hier mit *e*-Tilgung
richter	Nominalstamm, Derivation 'jemand, der richtet', Nominalisierung, Agens, produktiv
{sprech-}	Verbalwurzel, gebunden, lexikalisch
{richt-}	Verbalwurzel, gebunden, lexikalisch
{-er}	Derivationssuffix, grammatisch, gebunden

Das Nomen steht im Text im Nominativ Plural, es weist kein Flexionssuffix auf.

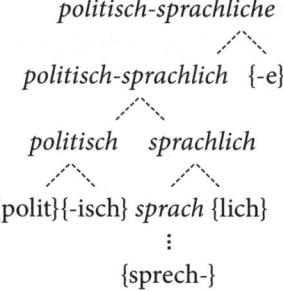

```
      politisch-sprachliche
              /    \
   politisch-sprachlich   {-e}
          /    \
    politisch   sprachlich
      /   \       /    \
{polit}{-isch} sprach {lich}
                 ⋮
              {sprech-}
```

politisch-sprachliche	Adjektiv, flektiert, hier schwache Flexion, Akk. Sg. N.
politisch-sprachlich	Adjektivstamm, Determinativkompositum, 'sprachlich, und zwar politisch gesehen', modal, motiviert, produktiv
politisch	Adjektivstamm, Derivation, 'die Politik betreffend', desubstantivische Adjektivierung/Bezugsadjektiv, motiviert, produktiv
sprachlich	Adjektivstamm, Derivation, 'die Sprache betreffend', desubstantivische Adjektivierung/Bezugsadjektiv, motiviert, produktiv
sprach	zu *Sprache*, Nominalstamm, explizite Derivation durch -e, Abstraktum/Prozessbezeichnung, motiviert, produktiv, hier mit e-Tilgung
{polit}	Konfix, gebunden, lexikalisch
{-isch}	Derivationssuffix, gebunden, grammatisch. spezialisiert auf Fremdwörter
{-lich}	Derivationssuffix, gebunden, grammatisch
{sprech-}	Verbalwurzel, gebunden, lexikalisch
{-e}	Flexionssuffix, gebunden, grammatisch

überwachen

überwach {-en}

{über-}   {wach-}

überwachen	Verb, Infinitiv
überwach	Verbstamm, Derivation, Verbstamm trägt Wortakzent, 'beaufsichtigen', transitivierend, produktiv, idiomatisiert
{über-}	Derivationspräfix, grammatisch, gebunden, untrennbare Verbpartikel, aus Präposition
{wach-}	Verbalwurzel, gebunden, lexikalisch
{-en}	Infinitivsuffix, meist als Flexiv eingeordnet, grammatisch, gebunden

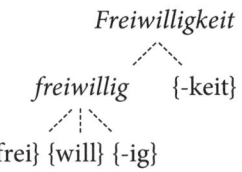

Freiwilligkeit

freiwillig   {-keit}

{frei} {will} {-ig}

Freiwilligkeit	Nomen, Derivation, 'freiwilliges Verhalten', Nominalisierung, motiviert, produktiv
freiwillig	Adjektivstamm, Zusammenbildung, 'aus freiem Willen', Eigenschaftsbezeichnung, motiviert, produktiv
{frei}	Adjektivwurzel, lexikalisch, frei
{will}	Allomorph zu {wille}, Nominalwurzel, lexikalisch, frei
{-ig}, {-keit}	Derivationssuffixe, grammatisch, gebunden

Das Nomen steht im Text im Akk. Sg., es trägt keine Flexionsendung, *Wille* historisch zu *wollen*

dieser

/‾‾\

{dies}{-er}

dieser	Demonstrativpronomen, flektiert
{dies}	Wurzel des Demonstrativpronomens, frei, grammatisch
{-er}	Flexionssuffix, grammatisch, gebunden, hier Dativ Singular Femininum

unterfüttern

/‾‾\

unterfütter {-n}

/‾‾\

{unter-}   *fütter*

⋮

{futter}

unterfüttern	Verb, Infinitiv
unterfütter	Verbstamm, Derivation, Partikel nicht abtrennbar, Verbstamm trägt Wortakzent, 'mit Unterfutter versehen', lokal, produktiv, aber im Text metaphorisch/übertragen gebraucht, also nicht mehr motiviert
fütter	Verbstamm, Konversion, 'mit Auskleidung versehen', ornativ, nicht mehr produktiv
{unter-}	Derivationspräfix, grammatisch, gebunden, untrennbare Verbpartikel, aus Präposition
{futter}	lexikalisch, frei, Nominalwurzel
{-n}	Allomorph zu {-en}, Infinitivsuffix, meist als Flexiv eingeordnet, grammatisch, gebunden

Zu den Übungen zu 14.1. Grundlagen (S. 245, 255)

1. Um welche Art der Übernahme handelt es sich bei *Sinnbild* (lat. *symbolum*) Lehnschöpfung, *Mitlaut* (lat. *consonans*) Lehnübersetzung, *Wolkenkratzer* (engl. *skyscraper*) Lehnübertragung, *Sputnik* (russ. *sputnik)* Fremdwort, *Wein* (lat. *vinum*) Lehnwort im engeren Sinn, *realisieren* (engl. *to realize)* Lehnbedeutung, *Rechtschreibung* (gr. *orthographía*) Lehnübersetzung, *Streik* (engl. *strike)* Lehnwort im engeren Sinn

2. Um welche Art der morphologischen Veränderung auf der obersten Ebene handelt es sich bei
Schwer-e explizite Derivation durch Suffigierung, *wurmstich-ig* explizite Derivation durch Suffigierung, *be-arbeiten* explizite Derivation durch Präfigierung, *Morphemtyp-en* Plural, *Send-er* explizite Derivation durch Suffigierung, *Dummheit-en* Plural

3. Stellen Sie die deutschen Pluralallomorphe zusammen und geben Sie Beispiele!
{-e} *Beine, Gurte, Berge*; {-(e)n} *Straßen, Menschen, Wolken, Bären*; {-er} *Kinder, Leiber, Felder,* {-s} *Rollis, Opas, Autos*; {-e} mit Umlaut *Gänse, Schwäne, Bälle*; {-er} mit Umlaut *Kälber, Löcher, Wörter*; nur Umlaut *Väter, Mütter, Töchter, Gärten*; keine Kennzeichnung *Mädchen, Roller, Fernseher*

4. Wie bestimmen Sie die Wortarten Artikel, Präposition, Pronomen und Konjunktion?
Der Artikel ist deklinierbar, steht nur mit Nomen, also nicht allein, und bildet dann eine Nominalphrase/-gruppe. Er tritt im Deutschen in zwei Formen auf, als definiter Artikel (bestimmter Artikel) und als indefiniter Artikel (unbestimmter Artikel).
Präpositionen sind nicht flektierbar. Sie verlangen ein Bezugsnomen bzw. eine Nominalphrase/-gruppe und bestimmen den Kasus des Bezugsnomens bzw. der Gruppe. Sie bilden allein kein Satzglied und auch kein Attribut.
Das Pronomen hat als Hauptaufgabe, eine Nominalphrase/-gruppe zu ersetzen und sich dadurch auf sie zu beziehen, ist meist deklinierbar, nicht steigerbar, hat keinen bestimmten Artikel, stellt jedoch keine einheitliche Klasse dar. Ein Pronomen kann allein ein Satzglied sein. Nach ihrer Funktion werden die Pronomina als Stellvertreter des Substantivs (einer Wortgruppe, eines Satzes) definiert.
Konjunktionen sind nicht flektierbar. Sie sind platzfest. Sie verbinden Sätze, auch Wortgruppen oder Wörter. Sie sind weder Satzglied noch Attribut.

5. Analysieren Sie morphologisch *Klopapierrollenhalter*

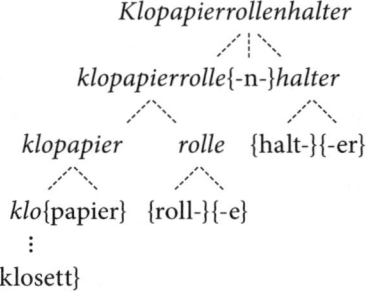

```
            Klopapierrollenhalter
                 ╱ ╎ ╲
          klopapierrolle{-n-}halter
             ╱╲              ╱╲
    klopapier    rolle   {halt-}{-er}
       ╱╲         ╱╲
   klo{papier}  {roll-}{-e}
     ⋮
  {klosett}
```

Klopapierrollenhalter	Nomen, Determinativkompositum, 'Halter für eine Klopapierrolle', final, motiviert, produktiv
Klopapierrolle	Nominalstamm, Determinativkompositum, 'Rolle aus Klopapier', substantiell, motiviert, produktiv
Halter	Nominalstamm, Derivation, 'Vorrichtung, die etwas hält', Nomen instrumenti/instrumental/ Gerätebezeichnung, motiviert, produktiv
Klopapier	Nominalstamm, Det. Komp., 'Papier für die Benutzung auf dem Klo', final, motiviert, produktiv
Rolle	Nomen, entlehnt – synchron sieht es aus wie eine Derivation, Nomen acti, 'etwas, das gerollt ist'
Klo	Nomen, Kurzwort (Kopfwort, unisegmental) zu *Klosett* (Fremdwort)
{papier}	Nominalwurzel, lexikalisch, frei, Lehnwort
{roll-}	Verbalwurzel, lexikalisch, gebunden
{-e}	Derivationssuffix, hier für Sachbezeichnung, heute schwach produktiv
{-n-}	Fugenelement, keine Bedeutung, aber verbindende Funktion, Morphemstatus umstritten
{halt-}	Verbalwurzel, lexikalisch, gebunden
{-er}	Derivationssuffix, grammatisch, gebunden

Besonderheit: *Rolle* und *rollen* wurden im 15. Jahrhundert aus dem Französischen entlehnt (*rôle* ursprünglich 'Papierrolle', *rouler* '(sich) drehend bewegen'), sodass keine morphologische Abhängigkeit im Deutschen besteht. Eine Derivation mit {-e} anzusetzen ist kognitiv, aber nicht historisch korrekt.

6. Welcher morphologische Unterschied besteht zwischen *Vogelfänger* und *Schwarzhörer*?
   Vogelfänger ist ein Determinativkompositum, *Schwarzhörer* eine Zusammenbildung zu *schwarz hören*.

Zu den Übungen zu 14.2. Vertiefung (S. 258)

1. Um welche Kurzwortarten handelt es sich bei *Pulli* Kopfwort, unisegemental, mit Derivation durch *-i*, *DNS* Buchstabenwort/Initialwort, multisegemental, *Azubi* Mischkurzwort, multisegemental, *Emmentaler* Kopfkurzwort, unisegmental, *Lisa* Rumpfwort, unisegemental, *Bus* Schwanzwort, unisegemental, *Schupo* Silbenkurzwort, multisegemental, *Kilo* Kopfwort (zu *Kilogramm*), unisegemental, *Füllhalter* Klammerform, multisegmental (zu *Füllfederhalter*)

2. Wortbildung bis zur untersten gegenwartssprachlich noch motivierten Ebene

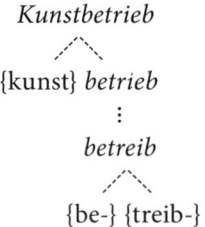

Kunstbetrieb

{kunst} *betrieb*

    betreib

    {be-} {treib-}

Kunstbetrieb	Nomen, Determinativkompositum, 'Betrieb um die Kunst' referenziell, motiviert, produktiv
betrieb	Nominalstamm, implizite Derivation a) 'Anlage, Fabrik', hier b) 'das Betreiben, Wirken', Nomen actionis/Verbalabstraktum, unproduktiv
betreib	Verbstamm, Derivation, 'ausüben', {be-} ist intensivierend zur Bedeutungsvariante *treiben* 'sich mit etwas beschäftigen', produktiv, motiviert
{kunst}	Nominalwurzel, lexikalisch, frei
{be-}	Derivationspräfix, untrennbar, grammatisch, gebunden
{treib-}	Verbalwurzel, lexikalisch, gebunden

ochsenledergebundenem
Bei der Wortbildungsanalyse stets die Grundform bilden!

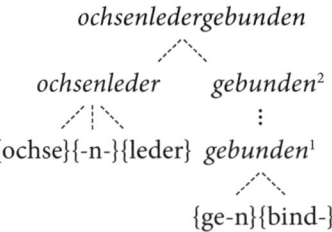

ochsenledergebunden

ochsenleder   gebunden²

{ochse}{-n-}{leder}   *gebunden*¹

            {ge-n}{bind-}

ochsenledergebunden	Grundform, Adjektivstamm, Determinativkompositum, 'gebunden aus Ochsenleder', gibt den Grundstoff an/substantiell, motiviert, produktiv
ochsenleder	Nominalstamm, Determinativkompositum, 'Leder aus Ochsenhaut', gibt die Herkunft an/lokal bzw. eine Teil-Ganzes-Beziehung/partitiv, motiviert, produktiv
gebunden²	Adjektivstamm, Partizipialkomposition, Konversion aus Verbform, produktiv, 'mit festem Rücken und Deckel versehen', demotiviert
gebunden¹	Partizip II, Flexionsform zu *binden*
{ochse}	Nominalwurzel, lexikalisch, frei
{-n-}	Fugenelement, keine Bedeutung, aber verbindende Funktion, Morphemstatus umstritten
{leder}	Nominalwurzel, lexikalisch, frei
{bund-}	Partizipialstamm, Allomorph zu {bind-}
{bind-}	Verbalwurzel, lexikalisch, gebunden
{ge-n}	Flexionszirkumfix für das Partizip II der starken Verben, grammatisch, gebunden

Dummheit

{dumm} {-heit}

Dummheit	Nomen, Derivation, a) substantivische Eigenschaftsbezeichnung, produktiv 'Eigenschaft, Anlage, dumm zu sein', hier: b) 'unüberlegte Handlung', teilmotiviert
{dumm}	Adjektivwurzel, lexikalisch, frei
{-heit}	Derivationssuffix, grammatisch, gebunden

Glossar

Das Glossar führt bevorzugt morphologische Termini auf und solche, die für das Verständnis der Texte notwendig sind. Daher sind auch phonologische, syntaktische und semantische Begriffe aufgenommen.

Ablaut: Lautwechsel, der bereits im Indogermanischen regelmäßig in verwandten Wortreihen auftrat. Er erscheint daher bei der Verbflexion oder in von Verben abgeleiteten Formen

absoluter Komparativ: zweite Steigerungsstufe außerhalb von Vergleichen, die den Positiv abschwächt

absoluter Superlativ (Elativ): höchste Steigerungsform beim Adjektiv außerhalb von Vergleichen

Abstraktum: Nomen mit nicht-gegenständlicher Bedeutung für Eigenschaften, Vorgänge, Zustände, Gefühle und gedankliche Konzepte

Ad-Hoc-Bildung: vgl. Okkasionalismus

Adjektiv: Wortart, Adjektive sind deklinierbar, häufig steigerbar und können zwischen Artikel und Nomen stehen. Im Satz sind viele von ihnen attributiv, prädikativ und adverbial verwendbar

Adverb: Wortart, nicht flektierbar, bis auf wenige Ausnahmen nicht steigerbar, kann allein ein Satzglied bilden

Affix: gebundenes, grammatisches, nicht basisfähiges reihenbildendes Wortbildungs- und Wortformbildungselement, je nach Position wird getrennt zwischen In-, Inter-, Prä-, Suf-, Trans- und Zirkumfixen – in einem Stamm, zwischen zwei Stämmen, vor, nach, verzahnt mit und um einen Stamm herum. NICHT in diese Gruppe gehören die Konfixe

Affixoid (Halbaffix): affixartiges Wortbildungselement, das reihenbildend auftritt und mit einem frei vorkommenden Element form-, aber nicht bedeutungsidentisch ist, ehemaliges Kompositionsglied

Agens: Handelnder, syntaktisch oder semantisch gesehen

Akkusativ: 4. Fall, Wen-Fall, grammatische Kategorie von Substantiven, Adjektiven, Artikeln und Pronomen, zu Kasus

Akronym: uneinheitlich verwendeter Begriff in der Kurzwortbildung, der teils für ausbuchstabierte Buchstabenwörter, teils für alle Buchstabenwörter oder auch für Buchstaben- und Silbenkurzwörter gebraucht wird. Teilweise erfolgt die Gleichsetzung mit Abkürzungen

Aktionsart (Handlungsart): bezieht sich auf Verlaufsweise bzw. Abstufungen eines Geschehens/Vorgangs/Zustands, in manchen Sprachen morphologisch ausgedrückt, semantische Blickrichtung (im Gegensatz zu Aspekt, der sich auf systematische grammatische Kategorien der Formenbildung bezieht). Zu den Aktionsarten zählen beispielsweise perfektiv: Ende, Abschluss eines Vorgangs, imperfektiv: statischer Zustand, dynamischer Vorgang ohne Endpunkt, inchoativ/ingressiv: Beginn, egressiv/resultativ/terminativ: Beenden, iterativ: rasche, regelmäßige Wiederholung, frequentiv: häufige Wiederholung, privativ: etwas entfernen, beseitigen, durativ: das Fortlaufende, Andauernde, kausativ: das Veranlassen, das Bewirken, intensiv: das Verstärken (△ Begriffe/Inhalte umstritten)

Aktiv (Tätigkeitsform): grammatische Form des Verbs, zu Genus verbi

Allomorph (Morphemvariante): geringfügig variierte Form eines Morphems

analogischer Ausgleich: Reduktion oder Eliminierung von Alternativen, z.B. von Allomorphen, durch Analogie, nicht durch regulären (Laut)wandel, meist in der Flexionsmorphologie zu finden

analytische Form (periphrastische F.): (grammatische) Form eines Ausdrucks, bei der die Informationen auf mindestens zwei Wörter verteilt sind, Gegensatz: synthetische Form

Apokope: Wegfall eines Lautes (auch einer Lautfolge) am Wortende, im Deutschen meist Schwa

Appellativ (Gattungsbezeichnung): nicht auf Namen bezogen, Substantiv, das Klassen von Gegenständen oder Einzelgegenstände bezeichnet

Arbitrarität: Willkürlichkeit, Unmotiviertheit, speziell: zwischen Form und Inhalt eines sprachlichen Zeichens gibt es keinen Zusammenhang

Archaismus: alt wirkendes, bereits veraltetes oder ausgestorbenes Wort/Ausdruck

Artikel: Wortart, deklinierbar nach Genus, Numerus und Kasus, kongruiert mit dem Substantiv, das ihm folgt, steht nur mit Nomen, also nicht allein, und bildet dann eine Nominalphrase. Er tritt im Deutschen nach der traditionellen Grammatik in zwei Formen auf, als definiter Artikel (bestimmter Artikel) und als indefiniter Artikel (unbestimmter Artikel). Artikel bzw. Artikelstämme sind als grammatische Morpheme zu verstehen, denn sie tragen wenig Eigenbedeutung, vielmehr drücken sie Beziehungen zwischen Gegenständen aus bzw. geben Zusatzinformationen an wie Bekanntheit, Individualisierung, Definitheit

Aspekt: grammatische Kategorie des Verbs in Aspektsprachen, z.B. Russisch, ähnlich, aber nicht bedeutungsgleich mit Aktionsart, drückt Verlaufsweise, Beginn, Ende etc. von Geschehen aus

Assimilation: allgemein Anpassung bzw. Angleichung, a) lautliche, morphologische und/oder graphische Angleichung eines fremdsprachlichen Morphems bzw. Lexems an die heimische Lautung, Morphologie bzw. Schreibung, b) phonologischer Prozess der Angleichung von Lauten

Augenblicksbildung: vgl. Okkasionalismus

Augmentationsbildung: komplexe Form, in der eine Steigerung ausdrückt ist, dies kann durch Kompositionsglieder, Präfixoide oder Affixe erfolgen, auch Augmentativ-, Steigerungsbildung (Vorgang und Ergebnis)

Auslautverhärtung: phonologische Erscheinung im Deutschen, die dazu führt, dass im Silbenauslaut nur stimmlose *p, t, k, f* und *s* auftreten, unabhängig von der Schreibung und unabhängig von der Wortart oder der morphologischen Veränderung. Die Auslautverhärtung ist einzig von der Stellung der betroffenen Laute in der Silbe bestimmt und kann zu Allomorphie der Morpheme führen

Basis (Stamm): Ausgangsform, die durch ein Morphem erweiterbar ist

binär: zweistufig, zweiteilig, in der Morphologie bezogen auf die Analyse in zwei unmittelbare Konstituenten bzw. Komponenten, vgl. auch ternär

Blockierung: Einschränkung der Produktivität, indem Formen vermieden werden, die zu Wörtern führen würden, die wir nicht benötigen, die aus klanglichen oder Gründen der Aussprechbarkeit ungünstig sind oder die es in der Form oder in der Bedeutung bereits gibt

Brechung (Senkung): Vokaländerung im Germanischen, *i* wurde zu ahd. *ë* vor Silben mit *e, a, o* außer, wenn Nasale dazwischen lagen. Das *u* veränderte sich zu *o* vor *e, a, o*, außer, wenn Nasale dazwischen lagen

Buchstabenkurzwort (Buchstabenwort): vgl. Initialwort

Dativ: 3. Fall, Wem-Fall, grammatische Kategorie von Substantiven, Adjektiven, Artikeln und Pronomen, zu Kasus

defektiv: (bezogen auf ein Paradigma) ein Paradigma ist defektiv, wenn nicht alle Flexionsformen gebildet werden (können)

Deklination: Flexion von Substantiven nach Kasus und Numerus, bei Adjektiven, Pronomen und Artikelwörtern zusätzlich nach Genus

Dentalsuffix: -(e)t, Flexionssuffix für die Bildung des Präteritums hauptsächlich der schwachen Verben. Bei der Produktion berührt die Zunge die Zähne (lat. *dentēs* 'Zähne'). Wenn für die Bildung des Partizip II nicht ein Zirkumfix {ge-(e)t}, sondern zwei getrennte Flexive angesetzt werden, gibt es auch hier ein Dentalsuffix

Derivation (Ableitung): Haupttyp der Wortbildung neben Komposition; erfolgt durch Lautveränderung oder durch Anfügen eines Affixes an ein freies Morphem

Determinans: bestimmt das Determinatum näher

Determinativkompositum: Kompositum, bei dem die erste von zwei unmittelbaren Konstituenten der zweiten untergeordnet ist und sie in ihrer Bedeutung näher bestimmt, während die zweite die Wortart (und Genus) des Gesamtausdrucks bestimmt, in der Regel trägt die erste unmittelbare Konstituente den Wortakzent

Determinatum: Grundmorphem bzw. Basismorphem, das durch das Determinans näher bestimmt wird

Diachronie: Betrachtung von Sprache historisch bzw. über eine bestimmte Zeitspanne hinweg, der Schwerpunkt liegt dabei auf Sprachwandel

Diminutivbildung (Deminutivbildung): Verkleinerungs-, Verniedlichungsbildung, semantischer Typ (Vorgang und Ergebnis)

diskontinuierliches Morphem (Zirkumfix): zusammengehöriges Morphem, unterbrochen durch dazwischen stehende andere Elemente

Doppelmotivation: zwei verschiedene Möglichkeiten der strukturellen und/ oder bedeutungsmäßigen Wortbildungsstruktur eines morphologisch komplexen Wortes

Dual: Zweizahl, gibt an, das nicht einer (Singular) oder mehrere (Plural), sondern zwei gemeint sind. Diesen Subtyp des Numerus gibt es nicht im Deutschen

Dublette: Doppelform

durativ: semantischer Typ, bezeichnet einen längeren, fortlaufenden Vorgang

egressiv: semantischer Typ, bezeichnet das Enden eines Geschehens

Eigenname (Nomen proprium): Substantiv, das einzelne Individuen oder Objekte identifiziert

***e/i*-Wechsel**: Lautwechsel zum Germanischen, vor einer Silbe mit *i* oder *j* oder vor Nasal + Konsonant/Nasal, später auch vor *u*, wurde idg. *e* zu germ *i*. Das führte zum heutigen *helfen – hilf*

Elativ (absoluter Superlativ): höchste Steigerungsform beim Adjektiv außerhalb von Vergleichen

endozentrisches Kompositum: Kompositum, bei dem eine der unmittelbaren Konstituenten zur gleichen Kategorie zählt wie der Gesamtausdruck und bei dem die Bezugsgröße in der Bildung genannt ist

Entlehnung: a) allgemein Übernahme von sprachlichen Elementen aus einer anderen Sprache bzw. deren Ergebnis, b) Übernahme von sprachlichen Elementen aus einer anderen Sprache, die mittlerweile an das Deutsche assimiliert sind (bzw. deren Ergebnis)

Epenthese (Lauteinschub): Einschub eines oder mehrerer Laute in eine Lautgruppe, im Gegensatz zu den Fugenelementen etymologisch nicht motiviert und nicht morphologisch bedingt, sondern lautlich, dient in der Regel der Ausspracheerleichterung. In der Fremdwortbildung ist der Lauteinschub oft aus der Gebersprache übernommen

Erbwort: Wort, das nicht aus einer anderen Sprache übernommen wurde im Gegensatz zu Fremdwort und Lehnwort

Erleichterungsrückbildung: im Gegensatz zur Rückbildung wurden zwei Formen mit einer Bedeutung und der gleichen Wortart nach zwei verschiedenen Modellen gebildet, mit der Zeit dominierte dann die kürzere Variante. Der Begriff wird nur selten gebraucht (Vorgang und Ergebnis)

Etymologie: auch Wortgeschichte, Lehre von der Herkunft, Bedeutungsentwicklung und Verwandtschaft der Wörter

exozentrisches Kompositum: Kompositum, bei dem die Bezugsgröße nicht erwähnt ist, sie steht also außerhalb des Gesamtausdrucks

euphemisch: bedeutungsverbessernd, verhüllend

faktitiv: semantischer Typ, bezeichnet ein aus Tätigkeit oder Vorgang sich ergebendes Objekt, Zustand

Femininum: weibliches Geschlecht, grammatische Kategorie der Substantive, Adjektive, Artikel und Pronomen, zu Genus

finite Form: Personalform, bezogen auf das Verb, konjugierte, also nach Kategorien wie Numerus, Person etc. bestimmte Form

Flexion (Wortformbildung, Beugung): Abwandlung von Substantiven, Adjektiven, Verben, Artikeln, Pronomen, vereint Konjugation, Deklination und Komparation

Flexiv: Flexionsaffix

Fremdwort: Wort aus einer anderen Sprache, bei dem das Fremde anhand von Flexion, Schreibung und/oder Lautung noch bemerkbar, also nicht assimiliert ist

Fremdwortbildung: Bildung neuer Wörter im Deutschen aus fremdsprachlichen Morphemen, die noch nicht ans Deutsche assimiliert sind, im Gegensatz zur Übernahme fremder Wörter im Ganzen (Fremdwortübernahme) bzw. Lehnwortbildung

Fugenelement: zwischen Wurzeln sowie zwischen Wurzel und Affix auftretendes Element. Es handelt sich nicht um Flexive. Die Fuge hat zwar keine Bedeutung, aber eine morphologische Funktion. Der Morphemstatus ist umstritten

Futur: auch Zukunft, grammatische Kategorie des Verbs, Zeitstufe, zu Tempus

Gattungsbezeichnung: vgl. Appellativ

Gelegenheitsbildung: vgl. Okkasionalismus

Genitiv: 2. Fall, Wessen-Fall, grammatische Kategorie von Substantiven, Adjektiven, Artikeln und Pronomen, zu Kasus

Genus: (Pl. Genera) grammatisches Geschlecht (Maskulinum, Femininum, Neutrum) im Gegensatz zum natürlichen Geschlecht (Sexus)

Genus verbi: (Pl. Genera verbi) grammatische Kategorie des Verbs, Handlungsrichtung (Aktiv, Passiv)

Grammatischer Wechsel: der grammatische Wechsel entstand im Zusammenhang mit der Ersten Lautverschiebung und führte zu systematischem Wechsel von *f/b*, *d/t*, *h/g* und *s/r*

Grundform (Nennform, Zitierform): diejenige Form eines Paradigmas, die als Name aller Wortformen verwendet wird, im Deutschen bei Verben der Infinitiv, bei Adjektiven und Substantiven die Form ohne Endung (Nominativ Singular)

Grundformflexion (Wortflexion): im Gegensatz zur Stammflexion wird die Flexionsendung an die Grundform gehängt

Grundmorphem: auch Wurzel a), ein Grundmorphem ist typischerweise lexikalisch, freie grammatische Morpheme werden in den Lehrbüchern nicht dazu gezählt. Ein komplexes Wort baut in der Regel auf ein lexikalisches Grundmorphem auf.

Haplologie (Silbenschichtung): lautliches, nicht morphologisches Verfahren, bei dem eine von zwei gleichen oder ähnlichen hintereinander stehenden Lautfolgen wegfällt

Hilfsverb: Verb, das nicht selbstständig das Prädikat bilden kann und das zur Bildung von analytischen Verbformen gebraucht wird

Homonym: Wort, das bei gleicher Schreibung und Lautung eine andere Bedeutung hat

Homonyme Morph(em)e: gleichlautende, aber funktional unterschiedliche Morpheme

Hybrid(bildung): zusammengesetztes oder abgeleitetes Wort mit Elementen aus verschiedenen Sprachen

Idiomatisierung: Verselbstständigung der Bedeutung. Bei einem idiomatisierten Wort ist die Bedeutung nicht mehr aus den Einzelmorphemen rekonstruierbar, es ist bedeutungsmäßig undurchsichtig. Ein ehemals komplexes Wort ist zu einer neuen semantischen Einheit geworden, auch Lexikalisierung, Demotivierung

Imperativ (Befehlsform): grammatische Kategorie des Verbs, Aussageweise, zu Modus

implizite Ableitung: Ableitung durch Vokalwechsel ohne Ableitungsaffix

inchoativ: semantischer Typ, bezeichnet meist den Beginn eines Geschehens

Indikativ (Wirklichkeitsform): grammatische Kategorie des Verbs, Aussageweise, zu Modus

infinite Form: bezogen auf das Verb, nicht konjugiert, also nicht nach einer Kategorie wie Numerus, Person etc. bestimmt (Infinitiv, Partizip I, Partizip II)

Infinitiv: infinite Form des Verbs, Grundform

Infix: Affix, das in den Stamm eingefügt wird

ingressiv: semantischer Typ, bezeichnet das Einsetzen eines Geschehens

Initialwort (Buchstabenwort): Kurzwort, das aus einigen Anfangsbuchstaben der Langform besteht, dabei können die Buchstaben einzeln ausgesprochen oder zu einem neuen Wort zusammengezogen werden

Inkorporation: allmähliche Univerbierung in der syntagmatischen Abfolge des Satzes nebeneinander stehender Elemente gegenüber Komposition und Derivation, der Begriff findet nur eingeschränkte Verwendung

Inkorporierung: Wortbildungsverfahren der inkorporierenden Sprachen, durch das Einzellexeme zu komplexen Verben bis hin zu Satzwörtern verbunden werden, teils nur für lexikalische, teils auch für grammatische Morpheme, teils wie Inkorporation verwendet

Interfix: Affix, das zwischen zwei Stämmen steht

Interjektion: Wortart mit syntaktischem, lautlichem und auch morphologischem Sonderstatus, referiert nicht auf Gegenstände, sondern versprachlicht Gefühle oder Wahrnehmungen oder bildet einen Ausruf, kann satzwertig sein und zählt zu den Randerscheinungen im Wortschatz einer Sprache. Es handelt sich um eine offene Klasse

Internationalismus: Wort, dass in mehreren Sprachen in fast gleicher Form und Bedeutung Verwendung findet

Inversionskompositum: Kompositum, bei dem das rechte Glied das linke näher bestimmt

isolierte Form: Form eines morphologisch komplexen Wortes, das es in dieser Struktur und/oder Bedeutung nur mehr einmal gibt

iterativ: semantischer Typ, bezeichnet ein wiederholtes Geschehen

Kasus (Fall): (Pl. Kasūs), grammatische Kategorie der deklinierbaren Wortarten, dient u.a. der Kennzeichnung grammatischer Funktionen im Satz, im Deutschen Nominativ, Genitiv, Dativ, Akkusativ

Kategorie: in der Morphologie eine Klasse von Lexemen mit gemeinsamen (grammatischen) Eigenschaften oder auch eine Gruppe von Eigenschaften

kausativ: semantischer Typ, bezeichnet ein Geschehen, das von jemandem verursacht wird

Klammerform (Klammerwort): mindestens dreigliedriges Kompositum, bei dem das mittlere Glied fehlt, in manchen Abhandlungen darf das fehlende Element auch ein Derivationsmorphem oder ein nicht morphologisches Wortfragment sein, Sonderform des Kurzwortes

Kollektivum (Sammelbezeichnung): semantischer Typ

Kombinatorische Derivation: Derivation über Zirkumfigierung, also gleichzeitiger Verwendung von Prä- und Suffix

Komparation: Steigerung

Komparativ (Vergleichsstufe): Steigerungsform beim Adjektiv, im Gegensatz zu Positiv und Superlativ

Komposition: Verbindung von mindestens zwei Stämmen

Kompositionsglied: der Begriff wird teilweise allgemein als Konstituente eines Kompositums verstanden, teilweise als morphologisch einfachste Konstituente in einem Kompositum, also meist Grundmorpheme, in bestimmten Fällen auch Einzelbuchstaben, aber nie Affixe

Konfix: lexikalisches Grundmorphem aus einer anderen Sprach(stuf)e, das im Deutschen nicht frei vorkommt, sich aber wie ein Grundmorphem verhält, weil es sich bei stabiler Bedeutung mit Derivationsaffixen, Konfixen und anderen Grundmorphemen verbinden kann, ohne wortart- oder positionsgebunden sein zu müssen. Es ist nicht einer bestimmten Wortart zuzuordnen

Kongruenz: (Verb: kongruieren) Übereinstimmung zwischen mindestens zwei Satzelementen wie Subjekt und Prädikat oder Adjektiv und Bezugsnomen in ihren grammatischen Kategorien wie Person, Numerus, Kasus oder Genus

Konjugation: Flexion des Verbs nach Person, Numerus, Tempus, Modus, Genus Verbi. Die Konjugation im engeren Sinne bezieht sich nur auf synthetische Formen

Konjunktion (Bindewort): Wortart, nicht flektierbar, platzfest, verbindet Sätze, auch Wortgruppen oder Wörter, weder Satzglied noch Attribut. Konjunktionen bilden aufgrund ihres grammatischen Gewichts grammatische Morpheme. Eine gewisse Eigensemantik ist erkennbar, die Funktion, im Text Beziehungen zwischen syntaktischen Einheiten herzustellen, überwiegt. Die Wortart bildet eine geschlossene Klasse

Konjunktiv (Möglichkeitsform): grammatische Kategorie des Verbs, Aussageweise, zu Modus

Konnotation (Nebenbedeutung): zusätzliche Bedeutung wie stilistische Färbung

Kontamination (Wortverschmelzung, -mischung, -kreuzung): Verbindung aus Teilen mindestens zweier Wörter mit Bedeutungsaspekten aller beteiligter Wörter (Vorgang und Ergebnis)

Kontraktion: Zusammenziehung, Form der Kürzung, bei der mehrere, nicht zusammenhängende Teile erhalten bleiben, die Reihenfolge der Wortfragmente kann sich ändern (Vorgang und Ergebnis)

Konversion: gelegentlich auch Nullableitung genannt, Wortbildung durch Wortartwechsel ohne Veränderung der Wortbildungsstruktur (Vorgang und Ergebnis), eine Konversion lässt sich nicht in unmittelbare Konstituenten zerlegen

Kopfwort: Form der Kürzung, bei der ein zusammenhängender Teil des Wortanfangs erhalten bleibt

Kopulativkompositum (Koordinativkompositum, Dvandva(-Kompositum)): Kompositum, in dem sich (mindestens) zwei Elemente der gleichen Wortart verbinden, ihr Verhältnis ist im Gegensatz zum Determinativkompositum nicht determinierend, sondern gleichberechtigt

Kunstwort (Wortschöpfung, Urschöpfung): neue Wurzel, also ein neues Wort ohne morphologische Struktur

Kürzung: Ergebnis, vgl. Kurzwort, und Vorgang, vgl. Kurzwortbildung

Kurzwort: auch Kürzung, verkürzte Variante eines Wortes, auch eines Wortgruppenlexems, im Gegensatz zur Abkürzung, die rein orthographisch wirkt und als Vollform ausgesprochen wird, der Vorgang wird Kurzwortbildung genannt

Lauteinschub: vgl. Epenthese

Lautmalerei (Schallnachahmung, Onomatopoesie, Onomatopöie): Wiedergabe eines Lautes oder anderen akustischen Phänomens durch ein klangähnliches Wort

Lehnwort: a) allgemein Übernahme eines Lexems aus einer anderen Sprache, b) speziell fremdes Wort, das sich in Laut, Schrift und grammatischem Verhalten an das Deutsche angepasst hat, sodass es heimisch wirkt, also assimiliert ist

Lexikalisierung (Usualisierung): Speicherung im Wortschatz bzw. in der Grammatik, bezieht sich auf Struktur und/oder Bedeutung und verweist damit auf den Gegensatz einerseits zu Neologismen, die noch nicht lexikalisiert sind, andererseits zu motivierten Bildungen, deren Bedeutung noch durch die Einzelteile nachvollziehbar ist

Maskulinum: männliches Geschlecht, grammatische Kategorie der Substantive, Adjektive, Artikel und Pronomen, zu Genus

Metapher (Bedeutungsübertragung): Begriff mit bildlicher, übertragener, nicht wörtlicher Bedeutung, auch als rhetorische Figur verwendet

Metonymie (Bedeutungsverschiebung): Begriff wird mit etwas bezeichnet, mit dem er inhaltlich in einer Beziehung steht

Mischkurzwort: Kurzwort, das aus unterschiedlichen Einheiten wie Buchstaben oder Silben der Langform besteht

Modalverb: Verb aus einer kleinen Gruppe, das Möglichkeit, Erlaubnis etc. oder Sprechereinstellung angibt, hat keinen Imperativ, kein Passiv und kann nur zusammen mit einem Vollverb im Infinitiv das Prädikat bilden

Modifikation: Wortbildung ohne Wortart-, Begriffsklassenwechsel, teils auf alle Wortbildungsarten, teils nur auf Ableitung bezogen, im Gegensatz zur Transposition

Modus: (Pl. Modi) grammatische Kategorie des Verbs, Aussageweise (Indikativ, Konjunktiv, Imperativ, Vorläufer unseres Konjunktivs war der Optativ)

Morph: kleinstes bedeutungtragendes Element; Segment, das noch nicht als Repräsentant eines bestimmten Morphems klassifiziert ist

Morphem: kleinstes bedeutungtragendes (abstraktes) Element einer Sprache

Morphologie: Teildisziplin der Linguistik, die sich mit dem inneren Aufbau der Wörter in ihrem systematischen Zusammenhang befasst, also mit Flexion und Wortbildung, und Vorkommen, Formen und Kombinationen der Morpheme einer Sprache oder sprachübergreifend untersucht

Motion (Movierung): Ableitung einer andersgeschlechtlichen Personen- oder Tierbezeichnung, typischerweise weiblich von männlich, seltener auch umgekehrt

Motiviertheit (Motivation): Erschließbarkeit der Bedeutung eines Wortes aus Laut- oder Morphemstruktur, aus den Bestandteilen und ihrer Beziehung zueinander. Dies ist eine graduelle, keine diskrete Erscheinung. Ein vollmotiviertes komplexes Lexem ist ganz erschließbar, ein teilmotiviertes nur teilweise, ein demotiviertes/idiomatisiertes gar nicht mehr

Movierung: vgl. Motion

multisegmentales Kurzwort: Form der Kürzung, bei der mindestens zwei im Ausgangswort nicht zusammenhängende Teile erhalten bleiben

Negation: a) auch Negationswort, keine Wortart, sondern Gruppe von Wörtern aus verschiedenen Wortarten, die das semantische Merkmal des Negierens, des Nichtvorhandenseins vereint, b) Verneinung, Nichtvorhandensein, semantischer Typ

Nennform: vgl. Grundform

Neutrum: sächliches Geschlecht, grammatische Kategorie der Substantive, Adjektive, Artikel und Pronomen, zu Genus

Neologismus: a) allgemein neues Wort, b) speziell im Gegensatz zu Okkasionalismus zwar noch neu, aber nicht nur einmalig verwendetes Wort

Nomen: (Pl. Nomen, Nomina) Wortart, der Begriff wird teils gleichbedeutend mit Substantiv, teils allgemein für die deklinierbaren Wortarten (Substantiv, Adjektiv, Pronomen, Artikel) verwendet. Im vorliegenden Buch ist er austauschbar mit Substantiv. Diese Wortart ist deklinierbar, genuskonstant, hat (meist) einen Artikel bei sich und wird im Deutschen stets groß geschrieben. Die meisten Nomen sind Gattungsbezeichnungen (Appellative) im Gegensatz zu den Eigennamen

Nomen acti: semantischer Typ, Bezeichnung für das Ergebnis einer Handlung

Nomen actionis (Handlungsbezeichnung): semantischer Typ

Nomen agentis (Täterbezeichnung): semantischer Typ, für den Handelnden, den Ausführenden einer Handlung

Nomen instrumenti (Instrumentalbildung): semantischer Typ, Bezeichnung für das Werkzeug einer Handlung

Nomen patientis: semantischer Typ, Bezeichnung für jemanden, an dem sich ein Geschehen vollzieht, dem etwas angetan wird, mit dem etwas geschieht

Nomen qualitatis (Eigenschaftsbezeichnung): semantischer Typ

Nominativ: 1. Fall, Wer-Fall, grammatische Kategorie von Substantiven, Adjektiven, Artikeln und Pronomen, zu Kasus

Nullableitung: Ableitung mit Nullmorphem, also ohne Ableitungsmorphem, und damit Konversion (Vorgang und Ergebnis)

Nullmorphem: morphologisch nicht gekennzeichnete (grammatische) Bestimmung, dient zur formalen Bewahrung des Systems der sonst durch Affixe gekennzeichneten Unterschiede in einem Paradigma

Numerale (Zahlwort): keine Wortart, Gruppe von Wörtern aus verschiedenen
Wortarten, die sich über ihr inhaltliches Merkmal, Zahlen zu bezeichnen,
definiert

Numerus (Pl. Numeri): grammatische Kategorie, Kennzeichnung von Quanti-
tätsverhältnissen bei flektierbaren Wörtern, im Deutschen Singular, Plural,
in anderen Sprachen auch Dual als Angabe der Zweiheit, Paucalis als Angabe einer überschaubaren Vielheit im Sinne von 'wenig'

Okkasionalismus (Ad-Hoc-Bildung, Gelegenheitsbildung, Augenblicksbildung): ein für den momentanen Gebrauch gebildetes neues Wort

Onomatopoesie: vgl. Lautmalerei

Optativ: Wunschform, grammatische Kategorie des Verbs, Aussageweise, zu
Modus, schon idg., Vorläufer unseres Konjunktivs

ornativ: semantischer Typ, 'versehen mit'

Paradigma: Flexionsschema, das alle Formen eines Konjugations- bzw. Dekli-
nationsmusters zusammenstellt

Paraphrase: Umschreibung, Verfahren zur Ermittlung der semantischen Eigenschaften eines komplexen Ausdrucks

partielles Kurzwort: Form der Kürzung, bei der ein Glied eines Kompositums
gekürzt wird, während das/die anderen erhalten bleiben

Partikel: Wortart, die nicht flektiert, teils für alle nicht flektierbaren, teils wie
hier nur für die nicht satzgliedwertigen gebraucht

Partizip Präsens (Partizip I): infinite Form des Verbs für den Verlauf eines
Geschehens, nur adjektivisch gebraucht

Partizip Perfekt (Partizip II): infinite Form des Verbs für das Ergebnis eines
Geschehens, bildet zusammengesetzte Zeiten

Passiv (Leideform): grammatische Form des Verbs, zu Genus verbi

Paucalis: für wenige, gibt an, das nicht einer (Singular), sondern überschaubar
wenige oder zählbare gemeint sind. Diesen Subtyp des Numerus gibt es
nicht im Deutschen

pejorativ: semantischer Typ und auch allgemein bedeutungsverschlechternd,
abschätzig, abwertend

Perfekt (abgeschlossene Vergangenheit, 2. Vergangenheit): grammatische Kategorie des Verbs, Zeitstufe, zu Tempus

perfektiv: semantischer Typ, meist für das Ende eines Geschehens

Person: grammatische Kategorie des Verbs und einiger Pronomen, die angibt,
ob der Sprechende (erste Person), der Angesprochene (zweite Person) oder
Dritte (dritte Person) die Handlung ausführen bzw. gemeint sind

Phraseologismus (Phrasem): inhaltlich und formal fest stehende Einheit aus mindestens zwei Wörtern, typischerweise lässt sich die Gesamtbedeutung nicht aus den Bedeutungen der Einzelwörter ermitteln

Plural (Mehrzahl): grammatische Kategorie, zu Numerus

Pluraletantum: (Pl. Pluraliatantum) Substantiv, das nur im Plural steht

Plusquamperfekt (Vorvergangenheit, vollendete Vergangenheit, 3. Vergangenheit): grammatische Kategorie des Verbs, Zeitstufe, zu Tempus

Portmanteaumorphem: Verschmelzung mehrerer, sonst distinktiver Morphemeinheiten

Positiv (Grundstufe): Grundform bei der Steigerung des Adjektivs im Gegensatz zu Komparativ und Superlativ

Possessivkompositum (Bahuvrihi(-Kompositum)): aufgebaut wie ein Determinativkompositum, gibt den Besitz oder die Eigenschaft einer nicht im Ausdruck erwähnten Person, Tier, Pflanze etc. an und dient als Bezeichnung für die Person, das Tier, die Pflanze

Präfix: Affix, das vorn an einen Stamm gehängt wird

Präposition: Wortart, nicht flektierbar, verlangt ein Bezugsnomen bzw. eine Nominalgruppe, bestimmt den Kasus des Bezugsnomens bzw. der Gruppe. Präpositionen sind grammatische Morpheme, denn sie tragen wenig Eigenbedeutung, sondern drücken Beziehungen zwischen Gegenständen aus

Präpositionales Rektionskompositum: Zusammensetzung aus Präposition und Substantiv, bei der die Präposition das Substantiv regiert, im Unterschied zum Determinativkompositum bestimmt hier jedoch die Bedeutung des Substantivs nicht die des Gesamtausdrucks, sondern etwas außerhalb des Kompositum stehendes, daher sind solche Bildungen exozentrisch

Präsens (Gegenwart): grammatische Kategorie des Verbs, Zeitstufe, zu Tempus

Präteritum ((1.) Vergangenheit): grammatische Kategorie des Verbs, Zeitstufe, zu Tempus

Präteritopräsens: (Pl -präsentia, -präsentien), ehemals starkes Verb, das die Präsensformen verloren hat und stattdessen Präteritalformen verwendet, damit haben die Präteritalformen nun Präsensbedeutung

privativ: semantischer Typ, 'etwas entfernen'

Produktivität: aktive Anwendung z.B. einer Wortbildungsart, eines Wortbildungsmusters oder eines Wortbildungsmittels bei der Prägung neuer Wörter. Für die Produktivität von Wortbildungsmitteln gibt es auch den Begriff der Aktivität, er ist aber uneinheitlich definiert. Produktivität darf nicht mit der reinen Vorkommenshäufigkeit einer Einheit oder eines Musters verwechselt werden

Pronomen: Wortart, flektierbar nach Genus, Numerus, und Kasus und teilweise auch nach der Person. Das Pronomen, auch Fürwort genannt, hat als Hauptaufgabe, eine Nominalphrase zu ersetzen, ist meist deklinierbar, nicht steigerbar, hat keinen bestimmten Artikel, stellt jedoch keine einheitliche Klasse dar. Ein Pronomen kann allein ein Satzglied sein. Nach ihrer Funktion werden die Pronomina als Stellvertreter des Substantivs (Wortgruppe, Satz) definiert. Sie haben nur geringe eigene Bedeutung und sind grammatische Morpheme

Pseudokompositum: ein komplexes Wort, das wie ein Kompositum aussieht, aber nicht durch Komposition entstanden ist

Pseudomorphem: Lautgruppe bzw. Endung, die in bestimmten formal-funktionalen Zusammenhängen öfter erscheint und die Reihen bildet. Die Reihen sind inhaltlich nicht homogen und es gibt keine stabile Form-Funktions-Korrelation. Manche dieser Einheiten sind praktisch bedeutungsleer, manche wecken ähnliche Assoziationen, ohne jedoch eine einheitliche Bedeutung zu tragen.

Reduplikation: phonologischer Prozess/Ergebnis, Verdoppelung, Wiederholung eines Lautes, einer Lautgruppe, eines Wortteils oder eines Wortes

Reduplikationsbildung: morphologisches Verfahren, bei dem Morpheme bzw. Morphemvarianten verdoppelt werden, in manchen Sprachen auch zur Flexion verwendet, im Deutschen nur zur Wortbildung, dann auch Reduplikativkompositum

Reduplikativkompositum (Reduplikationskompositum): Wortbildungsverfahren, bei dem Morpheme bzw. Morphemvarianten verdoppelt werden

Referenz: Beziehung zwischen sprachlicher (Lexem oder Phrasem) und nicht sprachlicher Einheit, dem wirklichen Gegenstand bzw. Person

Rektion: Fähigkeit eines Adjektivs, einer Präposition oder eines Verbs, immer mit einem bestimmten Kasus (Genitiv, Dativ, Akkusativ) der abhängigen Wörter zu erscheinen

Rektionskompositum: Determinativkompositum, bei dem das Bestimmungswort als Argument/Ergänzung des Grundwortes analysierbar ist

resultativ: semantischer Typ, bezeichnet einen passivischen Vorgang, der zu einem Abschluss, einem Ergebnis führt

Rückbildung Wortbildung durch Wegfall oder Austausch eines Affixes bei gleichzeitiger Wortartänderung (Vorgang und Ergebnis)

Rückumlaut: historisch nicht korrekte Bezeichnung für einen nicht eingetretenen Umlaut in paradigmatisch zusammengehörigen Wörtern, die teils auch Umlaut aufweisen

Rumpfwort: Form der Kürzung, bei der ein zusammenhängender Teil aus dem Wortinnern erhalten bleibt

Scheinpartizip: Adjektiv, das aussieht wie die Form des Partizip Perfekt eines Verbs. Das Verb existiert jedoch nicht, das Scheinpartizip wird aus einer Substantivwurzel durch Zirkumfigierung gewonnen.

schwaches Verb: Verb, das die Vergangenheitsform mit Dentalsuffix bzw. das Partizip II mit *ge- t* bildet, also keinen Vokalwechsel aufweist

Schwa(-Laut) (/□/, Neutralvokal, Zentralvokal): unbetontes *e*

Schwanzwort: Form der Kürzung, bei der ein zusammenhängender Teil des Wortendes erhalten bleibt

Segmentierung: schrittweise Zerlegung sprachlicher Einheiten in kleinere Einheiten wie z.B. unmittelbare Konstituenten oder Morpheme, strukturalistisch gebraucht gekoppelt mit bestimmten weiteren Verfahren wie Austauschbarkeit

Semantik: a) Teildisziplin u.a. der Linguistik, die sich mit der Bedeutung von Wörtern und Sätzen beschäftigt, b) Bedeutung bzw. Inhalt eines Wortes

Sexus: natürliches Geschlecht im Unterschied zu Genus

Silbenkurzwort: Kurzwort, das aus einigen Silben der Langform besteht

Simplex: (Pl. Simplizia) nicht zusammengesetztes oder abgeleitetes Wort, besteht somit aus einem Morphem

Singular (Einzahl): grammatische Kategorie, zu Numerus

Singularetantum (Pl. Singulariatantum): Substantiv, das nur im Singular steht

Soziativbildung (auch Soziativum): semantischer Typ, Bezeichnung für Gruppen, deren Mitglieder gemeinsam handeln

Stamm: Morphem oder Morphemkonstruktion, an die Affixe treten können. Als Wortstämme gelten daher sowohl freie Morpheme als auch gebundene wie die Konfixe sowie Ableitungen und Komposita

Stammflexion: Bildung der Flexionsformen zu einem Wort, das nicht frei vorkommt, sondern nur mit einem Flexiv

starkes Verb: Verb, das die Vergangenheitsform mit Vokalwechsel bzw. das Partizip II mit *ge- n* bildet, also kein Dentalsuffix verwendet

Substantiv: diese Wortart ist deklinierbar, genuskonstant, hat (meist) einen Artikel bei sich und wird im Deutschen stets großgeschrieben. Die meisten Substantive sind Gattungsbezeichnungen (Appellative) im Gegensatz zu den Eigennamen

Suffix: Affix, das hinten an einen Stamm angehängt wird

Superlativ (Höchststufe): Steigerungsstufe beim Adjektiv im Gegensatz zu Positiv und Komparativ

Suppletivismus (Suppletivwesen, Suppletion): Bildung eines Flexionsparadigmas durch unterschiedliche Wurzeln bzw. Lexeme unterschiedlicher etymologischer Herkunft

Synchronie: Betrachtung von Sprache zu einem bestimmten Zeitpunkt, der durchaus auch in der Vergangenheit liegen kann, der Schwerpunkt liegt dabei auf dem Sprachsystem

Synkope: Ausfall eines unbetonten Vokals im Wortinnern

Synkretismus: systematisches Zusammenfallen von verschiedenen grammatischen Funktionen in einer Form (Homonymie) in der Flexion

synthetische Form: (grammatische) Form eines Ausdrucks, bei der sich alle Informationen in einem Wort befinden, im Gegensatz zur analytischen Form

Taxation: taxierende Bewertung

Tempus: (Pl. Tempora) grammatische Kategorie des Verbs, Zeitform, im Deutschen Präsens, Präteritum, Perfekt, Plusquamperfekt, Futur I, II

ternär: dreistufig, dreiteilig, in der Morphologie bezogen auf die Analyse in drei Komponenten im Gegensatz zu binär

Transfix: Affix, das sich mit dem Stamm verzahnt, in ihn eindringt. Transfixe kommen nicht im Deutschen vor. Die semitischen Sprachen verwenden bei Flexion und Wortbildung diese Affixe, die dort nur aus Vokalen bestehen, zur Auffüllung und morphologischen Abwandlung der Wurzeln, die aus Konsonanten bestehen

Transposition: Wortbildung mit Wortart-, Begriffsklassenwechsel, teils auf alle Wortbildungsarten, teils nur auf Ableitung bezogen, im Gegensatz zur Modifikation

Umlaut: Vokalwechsel, der in der Geschichte der deutschen Sprache eine „Aufhellung" der dunklen Vokale *a, o, u, au* vor (ehemaligen) Silben mit *i* oder *j* zu *ä, ö, ü, äu* bewirkte. Dieser lautassimilatorische Vorgang setzte schon vor Dokumentation des Ahd. ein. Umgelautete Formen sind als sekundär anzusehen

unikales Morphem: an nur ein bestimmtes Stammmorphem gebundenes lexikalisches Morphem, das nur einmal in einer Sprache auftritt und dessen ursprüngliche Bedeutung nicht mehr analysierbar ist

unisegmentales Kurzwort: Form der Kürzung, bei der ein zusammenhängender Teil erhalten bleibt

Univerbierung: Zusammenwachsen mehrerer beieinanderstehender Wörter zu einem Wort ohne Auswirkung auf die Bedeutung, in allgemeiner Verwendung des Begriffs muss die Flexion nicht beibehalten werden

unmittelbare Konstituente: die Einheiten z.B. eines Wortbildungsproduktes, aus denen es im ersten Analyseschritt, also unmittelbar, gebildet ist, es sind zumeist zwei. Diese Konstituenten können (morphologisch) komplex sein

Usualisierung: vgl. Lexikalisierung

Valenz (Wertigkeit): Eigenschaft bestimmter Wortarten, die syntaktische Umgebung zu bestimmen, indem Form und die Anzahl der abhängigen Einheiten festgelegt werden

Verb (Tätigkeitswort): Wortart, konjugierbar nach den grammatischen Kategorien Person, Numerus, Modus, Tempus und Genus verbi

verdeutlichendes Kompositum: besonderer Fall von Determinativkompositum, dessen Glieder Gleiches oder Ähnliches meinen, teilweise sind dies Ober- und Unterbegriff, ein Glied verdeutlicht das andere

verdunkelte Zusammensetzung (verdunkeltes Kompositum): Form, die auch strukturell nicht mehr als Kompositum erkennbar und heute als Simplex zu betrachten ist

Vollverb: Verb, das allein das Prädikat bildet, im Gegensatz zu Modalverb, Hilfsverb

Volksetymologie: fehlerhafte Herleitung der Struktur und der Bedeutung eines Wortes bzw. eines seiner Morpheme, die zu einer Umdeutung führt, kann als Wortbildungsprozess verstanden werden

Wortbildung: Teilgebiet der Morphologie, typischerweise Bildung von Lexemen aus vorhandenen Morphemen (bzw. deren Ergebnis) wie Komposition, Derivation, Konversion

Wortbildungsart: der Begriff wird unterschiedlich verwendet, hier Klasse von Wortbildungsmustern mit den gleichen strukturellen bzw. morphologischen Eigenschaften auf einer allgemeinen Ebene (z.B. Determinativkomposition, Konversion). Die Begriffe Wortbildungstyp und -art werden hier gleichbedeutend verwendet

Wortbildungsmittel: für die Wortbildung relevante Einheiten wie Vokalwechsel des Stammvokals, Morpheme, Lexeme, Wortgruppenlexeme, syntaktische Fügungen etc., wenn bedeutungsunterscheidend wird teils auch die Lage des Wortakzentes dazu gezählt

Wortbildungsmodell: der Begriff wird unterschiedlich verwendet, hier gleich Wortbildungsmuster

Wortbildungsmuster: der Begriff wird unterschiedlich verwendet, hier bestimmtes Strukturmuster bzw. -schema, das durch Morphemtypen (z.B. Präfix), Wortart des Stammes und einen semantischen Typ geprägt ist, es führt zu Wortbildungen mit den gleichen morphologischen und semantischen Eigenschaften

Wortbildungstyp: der Begriff wird unterschiedlich verwendet, hier gleich Wortbildungsart

Wortform: konkret realisierte grammatische Form eines Wortes im Satzzusammenhang

Wortgruppenlexem: lexikalisierte feste Fügung mindestens zweier getrennt geschriebener Wörter, die eine begriffliche Einheit bilden. Die Einzelwörter bleiben beieinander und lassen sich nicht austauschen, ohne die Bedeutung zu verändern. Die Gesamtbedeutung ist aus der Bedeutung der Einzelelemente ableitbar

Wortschöpfung: vgl. Kunstwort

Wurzel: a) (lexikalisches) Grundmorphem, also nach Tilgung aller Affixe und Wurzeln und damit nicht identisch mit Stamm, obwohl Stamm und Wurzel manchmal gleichlauten können, b) historisch gesehen die Ausgangsform. Manche Wurzeln kommen nur gebunden vor. △ Manchmal wird Wurzel gleichbedeutend mit Stamm verwendet

Zahlwort: vgl. Numerale

Zirkumfix (diskontinuierliches Morphem): Affix, das aus zwei Teilen besteht, die vorne und hinten an einen Stamm gehängt werden und ihn somit umschließen

Zusammenbildung: Bildung im Zwischenbereich von Ableitung und Komposition, meist gleichzeitig Derivation und Wortgruppenbildung bzw. Komposition (Vorgang und Ergebnis)

Zusammenrückung: komplexe Fügung, die aus dem wiederholten Nebeneinander mehrerer Wörter entstanden ist, wobei Flexionsendungen erhalten blieben. Die letzte Wurzel muss nicht die Wortart des Gesamtausdrucks bestimmen (Vorgang und Ergebnis)

Literatur

Altmann, Hans, Kemmerling, Silke, *Wortbildung fürs Examen,* Wiesbaden 2002, zweite Auflage Göttingen 2005.

Aronoff, Mark, *Word Formation in Generative Grammar,* Cambridge 1976.

Augst, Gerhard, Bauer, Andrea, Stein, Anette, *Grundwortschatz und Ideolekt. Empirische Untersuchungen zur semantischen und lexikalischen Struktur des kindlichen Wortschatzes,* Tübingen 1977.

Bauer, Laurie, *English Word-Formation,* Cambridge et al. 1983.

Bauer, Laurie, The borderline between derivation and compounding, Wolfgang Dressler, Dieter Kastovsky, Franz Rainer, *Morphology and its Demarcations,* Amsterdam 2005, 97–108.

Becker, Tabea, Peschel, Corinna, „Wir bitten Sie das nicht misszugeneralisieren". Sprachverhalten in grammatischen Zweifelsfällen am Beispiel trennbarer und nicht-trennbarer Verben, *Linguistik Online* 16, 2003, 85–104.

Becker, Thomas, *Analogie und morphologische Theorie,* München 1990.

Becker, Thomas, Morphologische Ersetzungsbildungen im Deutschen, *Zeitschrift für Sprachwissenschaft* 12.2, 1993, 185–217.

Becker, Thomas, Warum eine alte Dame älter ist als eine ältere Dame: zum absoluten Komparativ im Deutschen, *Deutsche Sprache* 33.2, 2005, 97–116.

Bergenholtz, Henning, Mugdan, Joachim, *Einführung in die Morphologie,* Stuttgart et al. 1979.

Bergmann, Rolf, Pauly, Peter, Stricker, Stefanie, *Einführung in die deutsche Sprachwissenschaft,* Heidelberg [3]2001.

Bernstein, Basil, Code-theory and its positioning: a case study in misrecognition, *British Journal of Sociology of Education* 16(1), 1995, 3–17.

Birkhan, Helmut, *Etymologie des Deutschen,* Bern et al. 1985.

Bloomfield, Leonard, *Language,* New York 1933.

Booij, Geert, Inflection and derivation, Geert Booij, Christian Lehmann, Joachim Mugdan, *Morphologie. Ein internationales Handbuch zur Flexion und Wortbildung* I, Berlin 2000, 360–369.

Booij, Geert, Compounding and derivation: evidence for Construction Morphology, Wolfgang Dressler, Dietrich Kastovsky, Franz Rainer, *Morphology and its Demarcations,* Amsterdam 2005, 109–132.

Booij, Geert, *The Grammar of Words. An Introduction to Morphology*, Oxford ²2007.

Brdar-Szabó, Rita, Brdar, Mario, Grammaticalization and the lexicon: Core-and-periphery model vs prototype approach, Martina Mangasser-Wahl, *Prototypentheorie in der Linguistik*, Tübingen 2000, 139–159.

Breindl, Eva, Thurmair, Maria, Der Fürstbischof im Hosenrock. Eine Studie zu den nominalen Kopulativkomposita des Deutschen, *Deutsche Sprache* 20, 1992, 32–61.

Burger, Harald, *Phraseologie. Eine Einführung am Beispiel des Deutschen*, Berlin 2003.

Busse, Dietrich, Wortkombinationen, D. Alan Cruse, Franz Hundsnurscher, Michael Job, Peter Rolf Lutzeier, *Lexikologie. Ein internationales Handbuch zur Natur und Struktur von Wörtern und Wortschätzen* I, Berlin, New York 2002, 408–415.

Bybee, Joan L., *Morphology. A Study of the Relation Between Meaning and Form*, Amsterdam 1985.

Carstairs-McCarthy, Andrew, *Current Morphology*, London, New York 1992.

Clark, Eve, *First Language Acquisition*, Cambridge ²2009.

Croft, William, Cruse, D. Alan, *Cognitive Linguistics*, Cambridge ⁴2007.

Decroos, Nancy, Leuschner, Torsten, Wortbildung zwischen System und Norm: Affixoide im Deutschen und im Niederländischen, *Sprachwissenschaft* 33, 2008, 1–34.

Diewald, Gabriele, *Grammatikalisierung. Eine Einführung in Sein und Werden grammatischer Formen*, Tübingen 1997.

DIN-Normenheft 10, *Grundlagen der Normungsarbeit des DIN*, hg. v. DIN Deutsches Institut für Normung e.V., Berlin, Wien, Zürich ⁷2001.

Dirven, René, Verspoor, Marjolijn, *Cognitive Exploration of Language and Linguistics*, Amsterdam 1998.

Dittmer, Ernst, Form und Distribution der Fremdwortsuffixe im Neuhochdeutschen, Peter O. Müller, *Fremdwortbildung. Theorie und Praxis in Geschichte und Gegenwart*, Frankfurt et al. 2005 (1983), 77–90.

Donalies, Elke, Präfixverben, Halbpräfixverben, Partikelverben, Konstitutionsverben oder verbale Gefüge? – Ein Analyseproblem der deutschen Wortbildung, *Studia Germanica Universitatis Vesprimiensis* 3.2, 1999, 127–143.

Donalies, Elke, Das Konfix. Zur Definition einer zentralen Einheit der deutschen Wortbildung, *Deutsche Sprache* 28, 2000, 144–159.

Donalies, Elke, *Die Wortbildung des Deutschen. Ein Überblick*, Tübingen 2002, ²2005.

Donalies, Elke, *Basiswissen Deutsche Wortbildung*, Tübingen, Basel 2007.

Donalies, Elke, *Basiswissen Deutsche Phraseologie*, Tübingen, Basel 2009.

Dressler, Wolfgang U., Mayerthaler, Willi, Panagl, Oswald, Wurzel, Wolfgang U., *Leitmotifs in Natural Morphology*, Amsterdam, Philadelphia 1987.

Dressler, Wolfgang U., Word-formation in Natural Morphology, Pavol Štekauer, Rochelle Lieber, *Handbook of Word-Formation*, Dordrecht 2005, 267–284.

Duden, *Das große Wörterbuch der deutschen Sprache in zehn Bänden. Studienausgabe.* ³1999 / erschienen 2002, Mannheim et al.

Duden, Band 1, *Die deutsche Rechtschreibung*, Mannheim et al. ²⁵2009.

Duden, Band 4, *Die Grammatik*, Mannheim et al. ⁵1995, ⁶1998, ⁷2006.

Duden, Band 10, *Das Bedeutungswörterbuch*, Mannheim et al. ³2002.

Eichinger, Ludwig M., *Deutsche Wortbildung. Eine Einführung*, Tübingen 2000.

Eisenberg, Peter, *Grundriss der deutschen Grammatik. Das Wort*, Stuttgart, Weimar ²2000, ³2004.

Elman, Jeffrey L., Bates, Elizabeth A., Johnson, Mark. H., Karmiloff-Smith, Annette, Parisi, Domenico, Plunkett, Kim, *Rethinking Innateness. A Connectionist Perspective on Development*, Cambridge (Mass.), London 1996.

Elsen, Hilke, *Erstspracherwerb. Der Erwerb des deutschen Lautsystems*, Wiesbaden 1991.

Elsen, Hilke, The acquisition of past participles: One or two mechanisms?, Ray Fabri, Albert Ortmann, Teresa Parodi, *Models of Inflection*, Tübingen 1998, 134–151.

Elsen, Hilke, *Ansätze zu einer funktionalistisch-kognitiven Grammatik. Konsequenzen aus Regularitäten des Erstspracherwerbs*, Tübingen 1999.

Elsen, Hilke, *Neologismen. Formen und Funktionen neuer Wörter in verschiedenen Varietäten des Deutschen*, Tübingen 2004, überarbeitete Neuauflage 2011.

Elsen, Hilke, Das Kunstwort, *Muttersprache* 115.2, 2005a, 142–149.

Elsen, Hilke, Deutsche Konfixe, *Deutsche Sprache* 33, 2005b, 133–140.

Elsen, Hilke, Pseudomorpheme – Fiktive Namen im Übergangsbereich von Phonologie und Morphologie, *Muttersprache* 116.3, 2006, 242–248.

Elsen, Hilke, Wortgruppenlexeme – Beispiele aus Enzyklopädie, Zeitung, Baurecht und Wasserbau, *Fachsprache. International Journal of LSP* 1–2/2007, 2007a, 44–55.

Elsen, Hilke, Gestaltverarbeitung, *Deutsch als Fremdsprache* 44.3, 2007b, 162–165.

Elsen, Hilke, Die Aufgabe der Namen im literarischen Text, *Zeitschrift für Literaturwissenschaft und Linguistik* 147, 2007c, 151–163.

Elsen, Hilke, Die Wortbildung der Eigennamen in fiktionalen Texten, *Zeitschrift für Literaturwissenschaft und Linguistik* 148, 2007d, 184–197.

Elsen, Hilke, *Phantastische Namen. Die Namen in Science Fiction und Fantasy zwischen Arbitrarität und Wortbildung*, Tübingen 2008a.

Elsen, Hilke, Die sprachliche Gestaltung phantastischer Szenarien – die Rolle der Namen, *Muttersprache* 118.2, 2008b, 97–107.

Elsen, Hilke, Kontaminationen im Randbereich der deutschen Grammatik, *Deutsche Sprache* 36.2, 2008c, 114–126.

Elsen, Hilke, Komplexe Komposita und Verwandtes, *Germanistische Mitteilungen* 69, 2009a, 57–71.

Elsen, Hilke, Die Rolle der Gestalt in der Sprachverarbeitung, *Journal of Literary Theory* 2.2. *Special Issue: Gestalt* (K. Eibl / K. Mellmann), Berlin, New York 2009b, 209–229.

Elsen, Hilke, Prototypen im Grenzbereich von Phonologie und Morphologie, *Linguistik Online* 40, 2009c, 63–75.

Elsen, Hilke, Affixoide. Nur was benannt wird, kann auch verstanden werden, *Deutsche Sprache* 37.4, 2009d, 316–333.

Elsen, Hilke, Morphologie und Kognitive Grammatik, *Muttersprache* 119.4, 2009e, 259–277.

Elsen, Hilke, Between phonology and morphology, Alexander Onysko, Sascha Michel, *Cognitive Perspectives on Word Formation*, Berlin, New York 2010, 127–146.

Elsen, Hilke, *Bibliographie Neologismus mit Lehnwortschatz*, München 2011; urn:nbn:de:bvb:19-epub-12130-6; http://epub.ub.uni-muenchen.de/12130/

Elsen, Hilke, Michel, Sascha, Wortbildung in Sprechstundengesprächen an der Hochschule – eine exemplarische Analyse, Nicole Hinrichs, Anika Limburg, *Gedankenstriche – Reflexionen über Sprache als Ressource. Für Wolfgang Boettcher zum 65. Geburtstag*, Tübingen 2010, 33–45.

Elsen, Hilke, Schlipphak, Karin, Word-formation in first language acquisition, Peter O. Müller, Ingeborg Ohnheiser, Susan Olsen, Franz Rainer, *Word-Formation, Handbücher zur Sprach- und Kommunikationswissenschaft / Handbooks of Linguistics and Communication Science*, Berlin, im Druck.

Engel, Ulrich, *Deutsche Grammatik*, Neubearbeitung, München [2]2009.

Erben, Johannes, *Quali-tas/Weich-heit*, zur Wortbildung der Pronomen im Deutschen, *Wirkendes Wort* 1.1976, 1976, 227–234.

Erben, Johannes, Vorstöße und Verstöße. Versuch einer Einschätzung von A. Kerrs Neologismen (Theaterkritiken 1905 – 1933), Werner König, Lorelies Ortner, *Sprachgeschichtliche Untersuchungen zum älteren und neueren Deutsch,* Heidelberg 1996, 1–11.

Erben, Johannes, *Einführung in die deutsche Wortbildungslehre*, Berlin [3]1993, [5]2006.

Eschenlohr, Stephanie, *Vom Nomen zum Verb: Konversion, Präfigierung und Rückbildung im Deutschen*, Hildesheim 1999.

Fandrych, Christian, Thurmair, Maria, Ein Interpretationsmodell für Nominalkomposita: linguistische und didaktische Überlegungen, *Deutsch als Fremdsprache* 31, 1994, 34–45.

Fleischer, Wolfgang, *Wortbildung der deutschen Gegenwartssprache*, Tübingen [5]1982.

Fleischer, Wolfgang, Zur Wortbildungsaktivität des Adverbs im Deutschen, *German Life and Letters* 43.2, 1990, 125–130.

Fleischer, Wolfgang, *Phraseologie der deutschen Gegenwartssprache*, Tübingen 1997.

Fleischer, Wolfgang, Zum Status des Fremdelements -*ier*- in der Wortbildung der deutschen Gegenwartssprache, Peter O. Müller, *Fremdwortbildung. Theorie und Praxis in Geschichte und Gegenwart*, Frankfurt et al. 2005 (1997), 435–445.

Fleischer, Wolfgang, Barz, Irmhild, *Wortbildung der deutschen Gegenwartssprache*, Tübingen ¹1992, ²1995.

Fradin, Bernard, Combining forms, blends and related phenomena, Ursula Doleschal, Anna M. Thornton, *Extragrammatical and Marginal Morphology*, München 2000, 11–59.

Freywald, Ulrike, Simon, Horst S., Wenn die Wortbildung die Syntax stört: Über Verben, die nicht in V2 stehen können, Maurice Kauffer, René Métrich, *Verbale Wortbildung im Spannungsfeld zwischen Wortsemantik, Syntax und Rechtschreibung*, Tübingen 2007, 181–194.

Fuhrhop, Nanna, *Grenzfälle morphologischer Einheiten*, Tübingen 1998.

Fuhrhop, Nanna, Zeigen Fugenelemente die Morphologisierung von Komposita an? Rolf Thieroff, Matthias Tamrat, Nanna Fuhrhop, Oliver Teuber, *Deutsche Grammatik in Theorie und Praxis*, Tübingen 2000, 201–213.

Glück, Helmut, *Metzler Lexikon Sprache*, Stuttgart, Weimar 2000.

Grésillon, Almuth, *La règle et le monstre: le mot-valise. Interrogations sur la langue, à partir d'un corpus de Heinrich Heine*, Tübingen 1984.

Greule, Albrecht, Reduktion als Wortbildungsprozess der deutschen Sprache, *Muttersprache* 106, 1996, 194–203.

Grimm, Jacob, Grimm, Wilhelm, *Deutsches Wörterbuch*, 16 Bde. in 32 Teilbänden, Leipzig, 1854–1960, Quellenverzeichnis 1971, Online-Version Universität Trier.

Hansen, Klaus, Wortverschmelzungen, *Zeitschrift für Anglistik und Amerikanistik* 11, 1963, 117–142.

Harnisch, Rüdiger, Koch, Günter, Substantiv, Elke Hentschel, Petra M. Vogel, *Deutsche Morphologie*, Berlin, New York 2009, 389–423.

Harnisch, Rüdiger, Trost, Igor, Adjektiv, Elke Hentschel, Petra M. Vogel, *Deutsche Morphologie*, Berlin, New York 2009, 17–37.

Haspelmath, Martin, König, Ekkehard, Oesterreicher, Wulf, 2001, *Language Typology and Language Universals, An International Handbook* I, II, Berlin, New York 2001.

Heidolph, Karl Erich, Flämig, Walter, Motsch, Wolfgang, *Grundzüge einer deutschen Grammatik*, Berlin ²1984.

Heine, Bernd, Claudi, Ulrike, Hünnemeyer, Friederike, *Grammaticalization: A Conceptual Framework*, Chicago 1991.

Heinle, Eva-Maria, *Diachronische Wortbildung unter syntaktischem Aspekt*, Heidelberg 2004.

Hentschel, Elke, Vogel, Petra M., *Deutsche Morphologie*, Berlin, New York 2009a.

Hentschel, Elke, Vogel, Petra M., Verb, Elke Hentschel, Petra M. Vogel, *Deutsche Morphologie*, Berlin, New York 2009b, 445–463.

Henzen, Walter, *Deutsche Wortbildung*, Tübingen ²1957.

Heringer, Hans Jürgen, *Morphologie*, Paderborn 2009.

Hockett, Charles F., Two models of grammatical description, *Word* 10, 1954, 10–231.

Hopper, Paul J., Traugott, Elizabeth C., *Grammaticalization*, Cambridge ²2003.

Hurch, Bernhard, *Studies on Reduplication*, Berlin, New York 2005.

Jackendoff, Ray, Morphological and semantic regularities, *Language* 51, 1975, 639–671.

Janich, Nina, *Werbesprache. Ein Arbeitsbuch*, Tübingen 1999, ²2001.

Jakobson, Roman, Waugh, Linda R., *The Sound Shape of Language*, Berlin et al. 1987.

Kauffer, Maurice, Métrich, René, *Verbale Wortbildung im Spannungsfeld zwischen Wortsemantik, Syntax und Rechtschreibung*, Tübingen 2007.

Klein, Wolfgang, Ein Blick zurück auf die Varietätengrammatik, *Sociolinguistica* 12, 1998, 22–38.

Klosa, Annette, *gegen*-Verben – ein neues Wortbildungsmuster, *Sprachwissenschaft* 28, 2003, 467–494.

Kluge, *Etymologisches Wörterbuch der deutschen Sprache*, bearbeitet von Elmar Seebold, Berlin ²³1999, ²⁴2002.

Kobler-Trill, Dorothea, Die Formseite der Abkürzungen und Kurzwörter, D. Alan Cruse, Franz Hundsnurscher, Michael Job, Peter Rolf Lutzeier, *Lexikologie. Ein internationales Handbuch zur Natur und Struktur von Wörtern und Wortschätzen* I, Berlin, New York 2002, 452–456.

Korhonen, Jarmo, Typologien der Phraseologismen: Ein Überblick, D. Alan Cruse, Franz Hundsnurscher, Michael Job, Peter Rolf Lutzeier, *Lexikologie. Ein internationales Handbuch zur Natur und Struktur von Wörtern und Wortschätzen* I. Berlin, New York 2002, 402–407.

Koß, Gerhard, Tabs und Tablinen, Zur Wortbildung bei Medikamentennamen, Rudolf Grosse, Gotthard Lerchner, Marianne Schröder, *Beiträge zur Phraseologie – Wortbildung – Lexikologie*, Frankfurt/M. 1992, 145–159.

Krahe, Hans, Meid, Wolfgang, *Germanische Sprachwissenschaft* II. *Formenlehre*, Berlin 1969.

Kühnhold, Ingeburg, Putzer, Oskar, Wellmann, Hans, *Deutsche Wortbildung. Typen und Tendenzen in der Gegenwartssprache* III. *Das Adjektiv*, Düsseldorf 1978.

Kühnhold, Ingeburg, Wellmann, Hans, *Deutsche Wortbildung. Typen und Tendenzen in der Gegenwartssprache* I. *Das Verb*, Düsseldorf 1973.

Labov, William, *The Social Stratification of English in New York City*, Washington 1966.

Labov, William, *Sociolinguistic Patterns*, Philadelphia 1972.

Lachachi, Djamel Eddine, Zur Stellung der Halbaffigierung in der deutschen Wortbildung, Ludwig M. Eichinger, Meike Meliss, María J. D. Vázquez, *Wortbildung heute. Tendenzen und Kontraste in der deutschen Gegenwartssprache*, Tübingen 2008, 213–229.

Laur, Wolfgang, *Der Name. Beiträge zur allgemeinen Namenkunde und ihrer Grundlegung*, Heidelberg 1989.

Laur, Wolfgang, Ortsnamen I: Siedlungsnamen. Ernst Eichler, Gerold Hilty, Heinrich Löffler, Hugo Steger, Ladislav Zgusta, *Namenforschung* II, Berlin, New York 1996, 1370–1375.

Lawrenz, Birgit, *Moderne deutsche Wortbildung. Phrasale Wortbildung im Deutschen: Linguistische Untersuchung und sprachdidaktische Behandlung*, Hamburg 2006.

Lehmann, Christian, *Thoughts on Grammaticalization*, München, Newcastle 1995.

Lehrer, Adrienne, Identifying and interpreting blends: An experimental approach, *Cognitive Linguistics* 7–4, 1996, 359–390.

Lehrer, Adrienne, Blendalicious, Judith Munat, *Lexical Creativity, Texts and Contexts,* Amsterdam 2007, 115–133.

Lenz, Barbara, Affix-Negation im Deutschen, *Deutsche Sprache* 24.1, 1996, 54–70.

Leser, Martin, *Das Problem der 'Zusammenbildungen'. Eine lexikalische Studie,* Trier 1990.

Leuschner, Torsten, Ausnahmepianist fettgeschreckt – inbleich! Deutsche, niederländische und schwedische Präfixoide im Spannungsfeld von Genealogie, Kreativität und Norm. In Zusammenarbeit mit Kristin Ascoop und Nancy Decroos, *Germanistische Linguistik* 206–209, 2010, 863–892.

Leuschner, Torsten, Wante, Eline, Personale Suffixoide im Deutschen und Niederländischen. Methode und Ergebnisse einer vergleichenden Korpusstudie, *Germanistische Mitteilungen* 70, 2009, 59–73.

Lieber, Rochelle, *On the Organization of the Lexicon*, Bloomington 1981.

Lieber, Rochelle, *Deconstructing Morphology: Word Formation in Syntactic Theory*, Chicago 1992.

Lindqvist, Christer, *Zur Entstehung von Präpositionen im Deutschen und Schwedischen*, Tübingen 1994.

Löffler, Heinrich, *Germanistische Soziolinguistik*, Berlin ³2005.

Lohde, Michael, *Wortbildung des modernen Deutschen. Ein Lehr- und Übungsbuch*, Tübingen 2006.

Luft, Yvonne, *Die Bedeutung von Namen in Kinderbüchern. Eine Studie zur lite-*

rarischen Onomastik im Spannungsfeld zwischen Autor und Leser, Duisburg 2007.

Marchand, Hans, *The Categories and Types of Present-Day English Word-Formation. A Synchronic-Diachronic Approach,* München [2]1969.

Marschall, Gottfried, Echte und falsche Präfixe im Zweistufensystem, Maurice Kauffer, René Métrich, *Verbale Wortbildung im Spannungsfeld zwischen Wortsemantik, Syntax und Rechtschreibung,* Tübingen 2007, 169–179.

Matthews, Peter H., *Morphology. An Introduction to the Theory of Word-Structure,* Cambridge 1974.

Maurer, Friedrich, *Volkssprache. Abhandlungen über Mundarten und Volkskunde. Zugleich eine Einführung in die neueren Forschungsweisen,* Erlangen 1933.

Maurer, Friedrich, *Volkssprache. Gesammelte Abhandlungen. Beihefte zur Zeitschrift Wirkendes Wort,* Düsseldorf 1964.

Mayerthaler, Willy, *Morphologische Natürlichkeit,* Wiesbaden 1981.

Meliss, Meike, *Wortbildungsprozesse in der Anzeigenwerbung für technische Produkte im Vergleich: Deutsch-Spanisch,* Ludwig M. Eichinger, Meike Meliss, María José Domínguez Vázquez: *Wortbildung heute. Tendenzen und Kontraste in der deutschen Gegenwartssprache,* Tübingen 2008, 231–256.

Michel, Sascha, Vom *Terminator* zum *TORminator*. Die Wortbildungseinheit *-minator*: Strukturelle und sozio-pragmatische Analysen, *Muttersprache* 116.4, 289–307.

Michel, Sascha, *Schaden-0-ersatz* vs. *Schaden-s-ersatz*. Ein Erklärungsansatz synchroner Schwankungsfälle bei der Fugenbildung von N+N-Komposita, *Deutsche Sprache* 37.4, 2009a, 334–351.

Michel, Sascha, Das Konfix zwischen Langue und Parole. Ansätze zu einer sprachgebrauchsbezogenen Definition und Typologie, Peter O. Müller, *Studien zur Fremdwortbildung,* Hildesheim 2009b, 91–140.

Möhn, Dieter, Determinativkomposita und Mehrwortbenennungen im deutschen Fachwortschatz. Hinweise auf einen vernachlässigten Benennungstyp, *Jahrbuch Deutsch als Fremdsprache* 12, 1986, 111–133.

Möhn, Dieter, Pelka, R. *Fachsprachen. Eine Einführung,* Tübingen 1984.

Motsch, Wolfgang, Affixoide. Sammelbezeichnung für Wortbildungsphänomene oder linguistische Kategorie? *Deutsch als Fremdsprache* 33, 1996, 160–168.

Motsch, Wolfgang, *Deutsche Wortbildung in Grundzügen.* Berlin, New York 1999, [2]2004.

Müller, Peter O., *Fremdwortbildung. Theorie und Praxis in Geschichte und Gegenwart,* Frankfurt et al. 2005a.

Müller, Peter O., Einführung, Peter O. Müller, *Fremdwortbildung. Theorie und Praxis in Geschichte und Gegenwart,* Frankfurt et al. 2005b, 11–45.

Müller, Peter O., Deutsche Fremdwortbildung. Probleme der Analyse und der Kategorisierung, Peter O. Müller, *Fremdwortbildung. Theorie und Praxis in Geschichte und Gegenwart*, Frankfurt et al. 2005c (2000), 199–218.

Müller, Peter O., *Studien zur Fremdwortbildung. Germanistische Linguistik* 197–198, Hildesheim et al. 2009.

Müller, Wolfgang, Die Beschreibung von Affixen und Affixoiden im allgemeinen einsprachigen Wörterbuch, Franz Josef Hausmann, Oskar Reichmann, Herbert Ernst Wiegand, Ladislav Zgusta, *Wörterbücher. Ein internationales Handbuch zur Lexikographie* I, Berlin 1989, 869–882.

Munske, Horst Haider, Was sind eigentlich 'hybride' Wortbildungen? Peter O. Müller, *Studien zur Fremdwortbildung. Germanistische Linguistik* 197–198, Hildesheim et al. 2009, 223–260.

Murjasov, Rachim Zakievic, Zur Wortbildungsstruktur der Ableitungen mit Fremdsuffixen, Müller, Peter O., *Fremdwortbildung. Theorie und Praxis in Geschichte und Gegenwart*, Frankfurt et al. 2005 (1976), 55–61.

Muthmann, Gustav, *Rückläufiges deutsches Wörterbuch. Handbuch der Wortausgänge im Deutschen, mit Beachtung der Wort- und Lautstruktur*, Tübingen ³2001.

Namislow, Ulrich, *Reizwörterbuch. Für Wortschatzsucher*, Obernburg 2008.

Naumann, Bernd, *Einführung in die Wortbildungslehre des Deutschen*, Tübingen 2000.

Nübling, Damaris, Von *oh mein Jesus!* zu *oje!* Der Interjektionalisierungspfad von der sekundären zur primären Interjektion, *Deutsche Sprache* 29, 2001, 20–45.

Nübling, Damaris, Die prototypische Interjektion: Ein Definitionsvorschlag, *Zeitschrift für Semiotik* 26.1–2, 2004, 12–45.

Nübling, Damaris, *Historische Sprachwissenschaft. Eine Einführung in die Prinzipien des Sprachwandels*, Tübingen ²2008.

Nübling, Damaris, Szczepaniak, Renata, *Religion+s+freiheit, Stabilität+s+pakt* und *Subjekt(+s+)pronomen*: Fugenelemente als Marker phonologischer Wortgrenzen, Peter O. Müller, *Studien zur Fremdwortbildung. Germanistische Linguistik* 197–198, Hildesheim et al. 2009, 195–222.

Ohala, John J., The frequency code underlies the sound-symbolic use of voice pitch, Leanne Hinton, Johanna Nichols, John Ohala, *Sound Symbolism*, Cambridge 1994, 325–347.

Öhmann, Emil, Suffixstudien X. Das deutsche Suffix *-age, -asch(e)*, Peter O. Müller, *Fremdwortbildung. Theorie und Praxis in Geschichte und Gegenwart*, Frankfurt et al. 2005(1974), 305–317.

Olschansky, Heike, *Volksetymologie*, Tübingen 1996.

Olschansky, Heike, *Täuschende Wörter. Kleines Lexikon der Volksetymologien*, Stuttgart 2009.

Olsen, Susan, *Wortbildung im Deutschen. Eine Einführung in die Theorie der Wortstruktur*, Stuttgart 1986.

Onysko, Alexander, Michel, Sascha, *Cognitive Perspectives on Word Formation*, Berlin, New York 2010.

Ortner, Lorelies, Müller-Bollhagen, Elgin, *Deutsche Wortbildung. Typen und Tendenzen in der Gegenwartssprache IV. Substantivkomposita*, Berlin, New York 1991.

Paul, Hermann, *Prinzipien der Sprachgeschichte*, Halle ⁵1937.

Paul, Hermann, Schröbler, Ingeborg, Wiehl, Peter, Grosse, Siegfried, *Mittelhochdeutsche Grammatik*, Tübingen ²⁴1998, ²⁵2007.

Peschel, Corinna, *Zum Zusammenhang von Wortneubildung und Textkonstitution*, Tübingen 2002.

Pfeifer, Wolfgang, *Etymologisches Wörterbuch des Deutschen*, München ⁴1999.

Piller, Ingrid, Iconicity in brand names, Max Nänny, Olga Fischer, *Form Miming Meaning. Iconicity in Language and Literature*, Amsterdam, Philadelphia 1999, 325–341.

Pittner, Robert J., Der Wortbildungstyp „Kopulativkomposition" im heutigen Deutsch, Elisabeth Feldbusch, Reiner Pogarell, Cornelia Weiß, *Neue Fragen der Linguistik I. Akten des 25. Linguistischen Kolloquiums*, Tübingen 1991, 267–272.

Platen, Christoph, *"Ökonymie". Zur Produktnamen-Linguistik im Europäischen Binnenmarkt*, Tübingen 1997.

Poethe, Hannelore, Produktive Modelle der adjektivischen Wortbildung in der deutschen Gegenwartssprache, *Deutsch als Fremdsprache* 25, 1988, 342–348.

Poitou, Jacques, Komposition und Derivation vs. Inkorporation, Maurice Kauffer, René Métrich, *Verbale Wortbildung im Spannungsfeld zwischen Wortsemantik, Syntax und Rechtschreibung*, Tübingen 2007, 1–12.

Pulvermüller, Friedemann, *The Neuroscience of Language. On Brain Circuits of Words and Serial Order*, Cambridge 2002.

Pümpel-Mader, Maria, Gassner-Koch, Elsbeth, Wellmann, Hans, *Deutsche Wortbildung. Typen und Tendenzen in der Gegenwartssprache V. Adjektivkomposita und Partizipialbildungen*, Düsseldorf 1992.

Reischer, Jürgen, *Die Wortkreuzung und verwandte Verfahren der Wortbildung. Eine korpusbasierte Analyse des Phänomens „Blending" am Beispiel des Deutschen und Englischen*, Hamburg 2008.

Ronneberger-Sibold, Elke, Creative competence at work: the creation of partial motivation in German trade names. Ursula Doleschal, Anna M. Thornton, *Extragrammatical and Marginal Morphology*, München 2000, 85–105.

Rubino, Carl, Reduplication, Martin Haspelmath, Matthew Dryer, David Gil, Bernhard Comrie, *The World Atlas of Language Structures Online*, München, Max Planck Digital Library, Kapitel 27 [http://wals.info/feature/27] 2008.

Ruge, Nikolaus, Das Suffixoid "-technisch" in der Wortbildung der deutschen Gegenwartssprache, *Muttersprache* 114.1, 2004, 29–41.

Rumelhart, David E., McClelland, James L., On learning the past tense of English verbs. Implicit rules or parallel distributed processing?, James L. McClelland, David E. Rumelhart and the PDP research group: *Parallel Distributed Processing: Explorations in the Microstructure of Cognition*, Cambridge (Mass.) 1986, 216–217.

Russ, Charles V. J., The integration of foreign suffixes into German. A synchronic and diachronic study exemplified by the adjectival suffixes: *-abel/-ibel, -al/-ell, -ant/-ent, -är/-ar, iv* [sic], and *-ös/-os*, Peter O. Müller, *Fremdwortbildung. Theorie und Praxis in Geschichte und Gegenwart*, Frankfurt et al. 2005 (1986), 391–405.

Sahel, Said, Die Variation der Adjektivflexion nach Pronominaladjektiven und einige ihrer Determinanten. Eine empirische Untersuchung, *Deutsche Sprache* 33, 2005, 355–381.

Sánchez Hernández, Paloma, Über die suffixoidale Funktion bestimmter Personennamen, *Muttersprache* 119.1, 2009, 66–75.

Scheller-Boltz, Dennis, „Bio, Burger oder Genfood – Streit ums Essen", *bio(-)* jetzt als selbstständiges Wort?, *Muttersprache* 118.3, 2008, 243–258.

Schindler, Wolfgang, Reduplizierende Wortbildung im Deutschen, *Zeitschrift für Phonetik, Sprachwissenschaft und Kommunikationsforschung* 44.5, 1991, 597–613.

Schippan, Thea, *Lexikologie der deutschen Gegenwartssprache*, Tübingen 1992.

Schmid, Hans Ulrich, Zölibazis Lustballon. Wortverschmelzungen in der deutschen Gegenwartssprache, *Muttersprache* 113.3, 2003, 265–278.

Schmidt, Günter Dietrich, Das Kombinem. Vorschläge zur Erweiterung des Begriffsfeldes und der Terminologie für den Bereich der Lehnwortbildung, Gabriele Hoppe, Alan Kirkness, Elisabeth Link, Isolde Nortmeyer, Wolfgang Rettig, Günter Dietrich Schmidt, *Deutsche Lehnwortbildung*, Tübingen 1987, 37–52.

Schmidt, Hartmut, Hochkomplexe Lexeme: Wortbildung und Traditionen des Formulierens, Mechthild Habermann, Peter O. Müller, Bernd Naumann, *Wortschatz und Orthographie in Geschichte und Gegenwart*, Tübingen 2000, 135–158.

Schulz, Matthias, *Jein, Fortschrott* und *Ehrgeizhals*. Wortkreuzungen in der deutschen Gegenwartssprache, *Zeitschrift für germanistische Linguistik* 32, 2004, 286–306.

Schwerdt, Judith, *Die 2. Lautverschiebung. Wege ihrer Erforschung*, Heidelberg 2000.

Seiffert, Anja, *Inform-ieren, Informat-ion, Info-thek.* Probleme der morphologischen Analyse fremder Wortbildungen im Deutschen, Peter O. Müller, *Studien zur Fremdwortbildung. Germanistische Linguistik* 197–198, Hildesheim et al. 2009, 19–40.

Selkirk, Elizabeth, *The Syntax of Words,* Cambridge 1982.

Siebold, Oliver, *Wort – Genre – Text. Wortneubildungen in der Science Fiction,* Tübingen 2000.

Simmler, Franz, *Morphologie des Deutschen. Flexions- und Wortbildungsmorphologie,* Berlin 1998.

Simmler, Franz, Pseudomorpheme. Ermittlungsmethoden, Typologie und Sprachgeschichte, Mechthild Habermann, Peter O. Müller, Horst Haider Munske, *Historische Wortbildung des Deutschen,* Tübingen 2002, 75–103.

Sornig, Karl, Lexikalische Einheiten mit wortähnlichem Status. D. Alan Cruse, Franz Hundsnurscher, Michael Job, Peter Rolf Lutzeier, *Lexikologie. Ein internationales Handbuch zur Natur und Struktur von Wörtern und Wortschätzen* I, Berlin, New York 2002. 461–465.

Spencer, Andrew, *Morphological Theory. An Introduction to Word Structure in Generative Grammar,* Cambridge 1991.

Štekauer, Pavol, Lieber, Rochelle, *Handbook of Word-Formation,* Dordrecht 2005.

Stenschke, Oliver, „Ende diesen Jahres": Die Flexionsvarianten von Demonstrativpronomina als ein Beispiel für Degrammatikalisierung, *Deutsche Sprache* 35, 2007, 63–85.

Sternefeld, Wolfgang, *Syntax: eine morphologisch motivierte generative Beschreibung des Deutschen,* Tübingen 2006.

Stoll, Kai-Uwe, *Markennamen. Sprachliche Strukturen, Ähnlichkeit und Verwechselbarkeit,* Frankfurt/M. 1999.

Stump, Gregory T., Word-formation and inflectional morphology, Pavol Štekauer, Rochelle Lieber, *Handbook of Word-Formation,* Dordrecht 2005, 49–71.

Szczepaniak, Renata, *Grammatikalisierung im Deutschen: eine Einführung,* Tübingen 2009.

Szymanek, Bogdan, The latest trends in English word-formation, Pavol Štekauer, Rochelle Lieber, *Handbook of Word-Formation,* Dordrecht 2005, 429–448.

Taylor, John R., *Linguistic Categorization. Prototypes in Linguistic Theory,* Oxford [2]1995.

Taylor, John, *Cognitive Grammar,* Oxford 2003.

Tellenbach, Elke, Wortbildungsmittel im Wörterbuch. Zum Status der Affixoide, *Linguistische Studien / ZISW* A 122, Berlin 1985, 266–315.

Thieroff, Rolf, Präsens, Elke Hentschel, Petra M. Vogel, *Deutsche Morphologie,* Berlin, New York 2009a, 326–338.

Thieroff, Rolf, Präteritum, Elke Hentschel, Petra M. Vogel, *Deutsche Morphologie*, Berlin, New York 2009b, 339–355.

Trudgill, Peter, *Sociolinguistic Patterns in British English*, London 1978.

Trost, Igor, *Das deutsche Adjektiv*, Hamburg 2006.

Tuggy, David, Cognitive approach to word-formation, Pavol Štekauer, Rochelle Lieber, *Handbook of Word-Formation*, Dordrecht 2005, 233–265.

Ungerer, Friedrich, Acronyms, trade names and motivation, *Arbeiten aus Anglistik und Amerikanistik* 16.2, 1991, 131–158.

Van Goethem, Kristel, *Oud-leerling* versus *ancien élève*: A comparative study of adjectives grammaticalizing into prefixes in Dutch and French, *Morphology* 18, 2008, 27–49.

Voigt, Gerhard, Zur linguistischen Bestimmung des Markennamens, Wilfried Kürschner, Rüdiger Vogt, *Grammatik, Semantik, Textlinguistik*, Tübingen 1985, 123–136.

Vögeding, Joachim, *Das Halbsuffix „-frei". Zur Theorie der Wortbildung*, Tübingen 1981.

Wahrig, Gerhard, *Deutsches Wörterbuch*, Gütersloh/München ⁷2002.

Weddige, Hilkert, *Mittelhochdeutsch. Eine Einführung*, München ³1999, ⁷2007.

Wegener, Heide, Das Hühnerei vor der Hundehütte. Von der Notwendigkeit historischen Wissens in der Grammatikographie des Deutschen, Elisabeth Berner, Manuela Böhm, Anja Voeste, *Ein groß unnd narhafft haffen*. Festschrift für Joachim Gessinger, Potsdam 2005, 175–187.

Wellmann, Hans, *Deutsche Wortbildung. Typen und Tendenzen in der Gegenwartssprache* II. *Das Substantiv*, Düsseldorf 1975.

Wellmann, Hans, Zur Problematik einer wissenschaftlichen Sprachpflege: Die „Ismen", Peter O. Müller, *Fremdwortbildung. Theorie und Praxis in Geschichte und Gegenwart*, Frankfurt et al. 2005a (1969), 325–343.

Wellmann, Hans, Fremdwörter des Lexikons oder systemgebundene Ableitungen? Über die Integration der Adjektive auf -*esk* (und -*oid*), Peter O. Müller, *Fremdwortbildung. Theorie und Praxis in Geschichte und Gegenwart*, Frankfurt et al. 2005b (1975), 345–365.

Werner, Otmar, Das deutsche Pluralsystem. Strukturelle Diachronie, Hugo Moser, *Sprache, Gegenwart und Geschichte. Probleme der Synchronie und Diachronie*, Düsseldorf 1969, 92–128.

Weydt, Harald, Konjunktiv, Elke Hentschel, Petra M. Vogel, *Deutsche Morphologie*, Berlin, New York 2009b, 207–224.

Wiese, Richard, Über die Interaktion von Morphologie und Phonologie – Reduplikation im Deutschen, *Zeitschrift für Phonetik, Sprachwissenschaft und Kommunikationsforschung* 43.5, 1990, 603–624.

Wildgen, Wolfgang, *Kognitive Grammatik. Klassische Paradigmen und neue Perspektiven*, Berlin, New York 2008.

Wilmanns, Wilhelm, *Deutsche Grammatik. Gotisch, Alt-, Mittel- und Neuhoch-deutsch. Zweite Abteilung: Wortbildung*, Strassburg ²1899 (anastatischer Neudruck 1911).

Wilss, Wolfram, *Wortbildungstendenzen in der deutschen Gegenwartssprache*, Tübingen 1986.

Wilss, Wolfram, Adjektiv/Substantiv-Kollokationen. Gemeinsprachliche und fachsprachliche Aspekte, *Fachsprache* 20, 1998, 142–148.

Wurzel, Wolfgang U., *Flexionsmorphologie und Natürlichkeit. Ein Beitrag zur morphologischen Theoriebildung*, Berlin 1984.

Sachregister